复旦大学当代国外马克思主义研究中心 编

当代国外马克思主义评论

Contemporary Marxism Review

·总第 23 辑·

上海三联书店

Contemporary Marxism Review (23, Quarterly)

The Journal of the Center for Contemporary Marxism Abroad, Fudan University

Editor-in-chief	**Wu xiaoming**
Executive Editor-in-chief	**Wang xingfu**
Current Issue Editor	**Li yilin**
Edited byEdited by	**The Center for Contemporary Marxism Abroad**
Published by	**Shanghai Joint Publishing Company Limited**

《当代国外马克思主义评论》为 CSSCI 来源期刊(集刊类),本刊由上海易顺公益基金会赞助出版。

本刊获评"复旦大学哲学学院源恺优秀著作奖"。

当代国外马克思主义研究中心顾问：

海外(以姓氏字母序)

Tony Andréani[法]	Jacques Bidet[法]
Iring Fetscher[德]	Agnes Heller[匈]
F. R. Jameson[美]	Georges Labica[法]
Francette Lazard[法]	Michael Löwy[法]
David Mclellan[英]	Jürgen Habermas[德]
Bertell Ollman[美]	John E. Roemer[美]
John Rosenthal[美]	

国内(以姓氏笔画为序)

王邦佐	韦建桦	伍柏麟
庄福龄	刘放桐	李其庆
余源培	杨春贵	陈占安
陈先达	秦绍德	顾锦屏
徐崇温	黄楠森	靳辉明

主　　编：吴晓明
执行主编：汪行福
本辑编辑：李毅琳

学术委员会：（以姓氏笔画为序）

丰子义	王南湜	王德峰	王凤才	朱立元
衣俊卿	冯　平	孙正聿	孙承叔	孙　辉
仰海峰	吴晓明	何　萍	张双利	张异宾
张晖明	张　雄	余文烈	陈学明	陈振明
杨　耕	吴　猛	汪行福	邹诗鹏	林尚立
林　晖	贺　来	俞可平	段忠桥	唐正东
袁　新	顾海良	梁树发	韩庆祥	韩　震
童世骏	曾枝盛			

目　录

一、资本主义批判

西方马克思主义资本主义批判理论在中国：
　　历程、论题及意义 ……………………… 韩秋红　孙　颖（3）
当代资本主义批判
　　——英国马克思主义研究的新视角 …………… 孙秀丽（32）
"加速"资本主义制度精神分裂化
　　——德勒兹资本主义批判三重视域论析 ………… 张　能（52）
赖特·米尔斯与英国新左派的资本主义批判理论
　　建构 …………………………………… 卢　鹏　韩　昫（70）
历史的精神、资本主义现代性的四重形式及其巴洛克气质
　　——B.埃切维里亚对美洲批判理论的
　　　贡献 ……………………… [墨]斯蒂芬·甘德勒（86）

二、西方马克思主义研究

马克思主义生态学构建的三大进路：
　　学术文献史视角 ………………… 郇庆治　陈艺文（123）
大数据时代的批判理论如何可能？ ……………… 蓝　江（156）

作为虚构现实的幻想
　　——马克思主义与精神分析交互视域下的宗教
　　　问题 ………………………………………… 卢　毅（180）
论哈维的"城市革命"思想
　　——以《叛逆的城市》为中心的讨论 ………… 张大卫（198）
论阿多诺的"投射"概念 ………………………… 金　翱（212）
重思漫长的19世纪：
　　1750—1950 ………………… ［爱尔兰］艾德蒙德·柏克（237）

三、马克思主义经典著作研究

德国现代化境遇中的马克思与青年黑格尔派 ……… 韩　蒙（257）
论马克思《论犹太人问题》中现代政治国家的
　　宗教性 ……………………………………… 王旭荣（279）
在共同体中实现善好生活
　　——《1844年经济学哲学手稿》中个体与共同体
　　　关系新论 ………………………………… 李毅琳（300）
从商品的辩证发展看社会主义市场经济的本质特征
　　——重读《资本论》第一卷及相关手稿 ……… 汪帮琼（317）
作为社会形式的价值
　　——重新理解《资本论》中的"价值"范畴 ……… 潘裕文（349）

一、资本主义批判

西方马克思主义资本主义批判理论在中国：历程、论题及意义

韩秋红　孙　颖

摘要：在一定意义上说，某种理论能够在发生地之外产生重要价值，其自身必然包含有助于解决这一时代根本难题的基本观念，它需要将自身的形态特点投射到具体的历史情境中，从而赋予自身新的意义，西方马克思主义资本主义批判理论在中国就是如此。作为当代马克思主义资本主义批判理论总体性的重要组成部分，其在发展过程中对资本主义认识的真知灼见变相启发着中国学者对社会主义制度的思考，其在马克思主义基础理论和当代中国语境中生发出的关涉如何深刻认识马克思主义基本立场与方法、如何审视当代中国社会发展道路和当代中国人生存境遇的研究理路，开启了具有时代性和民族性的中国意义。

关键词：西方马克思主义　资本主义批判理论　中国意义

正如一些学者指出的那样，西方马克思主义就其根本特征来说就是一种批判理论，而对资本主义批判构成其批判理论的魂中之魂，更构成其与马克思主义理论一脉相承的重要内容。当代中国学者对西方马克思主义资本主义批判的研究和分析正是基于其对资本主义经济基础、政治制度、文化观念、生活方式的深刻认知，既衔接马克思主义批判理论的思想方法，更启发中国社会对中国特色社会主义道路、理论和制

度的反思,以此构成了西方马克思主义理论研究的重要话题。时至今日,中国特色社会主义步入新时代,不仅代表中国现代化事业行进至新历史方位,也意味着这是加快构建中国特色哲学社会科学的新机遇期。继往才能开来,梳理西方马克思主义资本主义批判理论的历程、论题并尝试分析其可能开启的中国意义,对于规划西方马克思主义资本主义批判的理论走向,开启国外马克思主义研究之于马克思主义理论和当代社会问题研究更大的价值具有重要的理论意义。

一、西方马克思主义资本主义批判理论的发展历程及特征

西方马克思主义资本主义批判理论作为舶来品,在中国的传播历程遵循纵横交错的逻辑规律,在译介中启发问题意识,在反思追问中澄明真理、批判曲解误释,从而有效推动了围绕资本主义批判主题,异质文化、不同理路间的学术对话与思想交流,为马克思主义正本清源提供重要参照系。从历史逻辑看,西方马克思主义资本主义批判完成了知识型传播、思想史梳理和文化式对话的过程,使其呈现为不断融合入马克思主义理论整体构架的发展态势。

知识型译介丰拓资本主义批判理论视野。"知识型译介"是国内西方马克思主义资本主义批判理论研究的前提与基础。正如黄见德指出:"要认识一个事物,就是要把这个事物对象化,然后才有可能正确地认识它",对非本土思想进行研究首先离不开将其代表人物、主要观点、学派分类等作为知识进行确定性、规范性、还原性的译介与描述,这种技术性、工具性的资料准备工作,通过文字翻译、观点转述、通达顺意的过程,体现对所译介对象及其集中反映问题的理论自觉性。尤其2008年金融危机后,对当代资本主义批判理论著述的译介、重译、再版等工作愈加如火如荼。由此可见出国内学界对西方马克思主义资本主义批判理论的重视程度之高、审视视角之宽、理论热度之强,这也体现

出随着全球资本主义的新发展,当代西方资本主义批判理论及我们对其的把握,具有时代性特征和当代性的进展。总体来看,随着信息化时代的到来以及国内学术界研究水平的飞跃性进步,国内对西方马克思主义资本主义批判理论的译介解读工作愈加呈现规模化、多元化、及时性等当代研究趋势与特征。这为资本主义批判开拓理论视野、增加论据支援、增强思想深度奠定了坚实的基础,为马克思主义资本主义批判思想的正本清源提供镜鉴参比,成为丰拓理论视野、增强理论说服力的有效工具。但同时引起学术界警觉与自省的是,对于尤其是日益呈现新兴化、分散化、表象化、碎片化、解构主义色彩浓重、政治立场愈发多元等特征趋向的当代西方马克思主义资本主义批判理论著述,对其思想价值的辨识度将代替仅仅以翻译准确度为基准衡量引译质量与真实价值的标尺,为日后国内西方马克思主义资本主义批判理论研究的批判性路向所强调。

思想史梳理凸显资本主义批判意识自觉。通过译介对象的整体特征能够在理论焦点中反映出一定的时代问题,解读的过程则彰显问题意识自觉。因此,译介解读伴随在西方马克思主义资本主义批判理论研究的整体过程,充分体现国内对资本主义与工业文明现代性问题的主体自觉。在此基础上,研究渐趋向人物史、学派史、断代史等思想史把握脉络线索、思维方式、逻辑规律,进入"综合梳整型"的述评模式,这是进入对西方马克思主义资本主义批判理论的重大基础性理论研究的条件预备与思路转向。思想性与历史性的统一始终是学术研究的基本追求。思想理论的认识解读离不开思想史的线索把脉,二者是相辅相成的辩证逻辑。但思想史的逻辑梳理则在理论深度上更进一步,围绕理论主题或学术课题梳理整合相关流派思潮,使相关中心议题渐趋成为显学,从思想性历史的知晓通向历史性思想研究。对西方马克思主义资本主义批判理论研究,在起初的翻译引入基础上,以丛书著作的基本形式体现着国内对资本主义批判史的主体性自觉把脉。相关成果从经济—哲学、政治—哲学、文化—哲学等视域展开对西方马克思主义资本主义批判理论的主题式、专题性研究,充分体现了我国学者对资本主义工业文明及其社会问题的思想史把脉,以及借西方马克思主义提供的批判窗口,透视我国现代化过程中的类似问题,凸显对资本主义批判理论研究的主体自觉,以及对资本新形式、资本主义新变化、资本主义现代化模式的历史逻辑脉络的问题意识自觉。国内理论界从多维视角、各家流派梳理整合西方马克思主义资本主义批判理论的生成逻辑、分析进路,使围绕资本主义批判主题展开的思想史研究为准确把握资本运转与资本主义发展的内在规律提供效度。

文化式解读增进资本主义批判主题下的中西对话。文化式解读指在引译梳理的基础上进行符合本民族文化特色、本地区实际情况的观点思想再研究,突出理论研究的原创性、独特性、交互性。如果前两个研究方式阶段是一种"学徒式"的状态,那么,文化式解读则进一步凸显主体自觉转入"自我主张"的研究状态。这样的文化交融性是当代西方马克思主义研究的重要思路方法,围绕资本主义批判主题,对西方马克思主义相关理论的文化式解读主要表现在专题性问题研究方面。基础性和前提性的研究资料与研究内容的奠基呈现了当代西方马克思主义资本主义批判理论的广博多支、盘根错节,为我们"自己讲"奠定了"照着讲"和"接着讲"的基础。当下国内学者愈发注重从问题意识和问题导向出发,选取特定学科方向、或具体概念、或问题视域,充分展开对西方马克思主义资本主义批判理论的专题性研究,凸显资本主义问题研究的当代性与紧迫性的同时,突出该问题研究的专项性、专业化、精琢化,尤以国家级科研项目具有典型代表性。由此可见,国内对西方马克思主义资本主义批判理论研究向追问总结思想特质、当代价值、中国意义进展,充分彰明研究的主体自觉、问题导向、实践意识。从理论重心的偏移上也能看出,当代对西方马克思主义资本主义批判理论的关注逐渐由以往的单一性知识型介绍拓展深化为文化式解读,包括诸现代性问题在内,国内的研究愈发立足于突出的中国问题,积极从中汲取经验借鉴与理论思考,充分结合立足中国实际,在中国模式与西方模式的对比中阐明理论立场与实践路径。更加注重对资本新形态、资本主义新变化在中西文化对话中加强本质性认识，研究的视域广度与思想深度均有质性提升，而非一种学院式纯理论研究或人云亦云的概念复述。因此，某种程度上可以说，当代我国对资本主义制度的批判性认识正在向形成中国特色资本主义批判理论体系的方向行进。

历史地省思西方马克思主义资本主义批判的传播发展历程，可以发现其始终秉持"主体自觉与意识自觉"的基本立场。一是立足中国视域当代问题的主体自觉。西方马克思主义资本主义批判理论研究业已形成以西方模式与西方批判话语为镜，落脚当代中国现代化事业特殊时空条件与境况中的主体自觉。恩格斯曾经指出："每一个历史时代主要的经济生产方式和交换方式以及必然由此产生的社会结构，是该时代政治的和精神的历史所赖以确立的基础，并且只有从这一基础出发，这一历史才能得到说明。"①任何理论研究只有立足于社会现实的物质需求和精神需求才能真正观照现实，正是在这一意义上真正的理论就是思想中把握的时代。当代中国社会处于工业化、现代化、全球化的整体范围之中，面临着与西方资本主义社会经历相似甚至相同的社会现实问题，如：工业生产将科学转化为技术，加快了整个社会产品的更新速度，也增加了社会阶层和社会权力更迭的频率；城市化进程使人们从其祖先的固定居住地中不断地分离出来，被重新卷入城市的新生活中；各种新老大众传播系统生机勃勃，重新形塑新的人群共同体等等。对此，西方马克思主义通过在空间理论中认识城市规划的合理形式，在消费异化理论中认识当代生产与再生产关系，在生态理论中认识人与自然关系的当代建构模式等寻求答案。但我们的研究始终保持着独立性与独特性，即将视域落于当代中国社会现实，明确当代中国问题的地域性与特殊性，在中国社会"五位一体"整体格局上思考西方马克

---

① 《马克思恩格斯文集》第 2 卷，人民出版社，2009 年，第 14 页。

思主义理论所揭示的经济发展与人的发展、经济发展与政治民主、经济发展与文化建设、经济发展与社会和谐、经济发展与生态问题等在其他社会条件下特别是在当代资本主义社会条件下所呈现出的诸多"二律背反"及其根源,总结发展中的规律性加以运用,并对制度条件、社会条件和文化条件下的特殊性展开深入分析,为科学审视当代中国社会发展过程中面临的困扰并推进中国特色社会主义进程做出理论努力。二是体现研究特征当代转型的意识自觉。当代西方马克思主义研究,尤其是对其资本主义批判理论研究,着重强调线索化、体系化的重大基础理论研究,打破以往单一的人物、流派、观点的人头式、点位式、分散化的研究模式,更加注重思想脉络的线索梳理、观点论说的价值意义,力图通过勾勒思想图谱、批判谱系,使西方马克思主义资本主义批判理论研究落实于回答时代所需、现实问题。其一表现出以资本主义现代性问题为焦点与导向,形成具有"围点打援"特征的学科交叉协同的研究取向。"点"指现实问题,"援"指理论支援,围绕相同问题域,孤立的单元学科研究已经不能满足复杂微妙的现实挑战,比如对生态环境恶化问题的讨论,单从环境科学的视角只能提供自然科学的分析、自然科学技术的开发,而无法从根本上解决造成生态环境危机深层人为因素的生态伦理问题,这就需要人文社会科学的介入,因此,环境哲学、深生态学、生态社会主义、生态马克思主义等交叉学科相继涌现,通过不同学科的"视域融合",寻找更好的处理人与自然关系的有效方案。这样既突出了问题的集中性,又拓展了围绕问题铺陈的融跨学科壁垒的多维视角、多元建议,在理论价值上向解决该问题回落。这样一种集中于对中国意义与当代价值的问题关注、理论反馈,注重马克思主义与非马克思主义之间的对话,重视学科间的互援协同的批判性研究模式转型已经成为共识,为发现中国问题的特殊性提供理论镜像,为当代中国马克思主义在资本主义批判主题的话语创新开辟可能性空间。其二表现出"中心开花"式的理论研究思路空间化延展。如果说"围点打援"强调问题的核心性,那么,"中心开花"则欲强调理论的启示性作用。如围绕异化理论展开研究,可以向经济生产方式进行追本溯源式政治经济学批判,也可以向人的存在方式与生存境遇做形而上分析,还可以向"逆全球化"浪潮做新自由主义批判等等。可见,这种从理论思考向问题拓散的省思路向,有助于预警可能出现的社会问题,在现实层面助益中国特色社会主义现代化进程在现代性问题的生发方面防微杜渐。这样一种从西方马克思主义资本主义批判理论的概念与观点系统分析、批判反思拓展辐射到中国特色实情研判的批判性研究方式转型同样构成共识通认的一种研究特征。由于理论思考具有一定的辐射广度、思想深度、现实效度,且积极向社会问题进行透视,因而有助于在比较分析中确证中国方案合理性、中国特色治理理念的优越性,有助于为建构中国特色核心话语提供智识与理论自信。

二、西方马克思主义资本主义批判理论开启的若干论题

思想性的历史与历史性的思想相辅相成、相伴相生,这意味着凡是对思想理论的研究总要将其置于一定线索的思想史逻辑之中,思想史的主轴又反映着普遍关注的核心议题,这样便勾勒出研究对象所处的横纵坐标系,使理论研究的着眼点与落脚点清晰明了。于是,时代问题与理论主线的纵横交织构成理论解读与认识框架的基本模型,即形成特定历史时期的主要研究范式。国内对西方马克思主义资本主义批判理论研究的历史进程除了上述纵向的历史进程,自然也包含在这一历史进程的线性轨迹中呈现出的若干重要话题。

马克思主义基础理论和重要命题中生发出的新空间。无论从理论立场、价值立场还是政治立场而言,对西方马克思主义资本主义批判的研究不约而同遵循马克思主义思想指导地位,从理论内容、研究方法、批判旨归等方面凸显辩证唯物主义和历史唯物主义的方法论立场,进行批判性研究与审思,尤其对金融资本主义新形态、政治哲学新批判、

生态问题新情势等研究前沿热点,形成马克思主义立场基础上的辩证分析与启思。这一立场原则逐渐通过在马克思主义理论意义上把握西方马克思主义的研究思路与当代转型来体现,使对西方马克思主义的研究超越概念观点解析、辨析的思辨性,充分内置现实性、真理性的马克思主义立场导向,击破当代西方所盛行的以解构主义、相对主义消解真理普遍性的基本构型趋势。

从生产力与生产关系矛盾运动立场深刻把握资本主义危机实质。马克思主义理论彻底性和真理性体现之一为马克思主义理论以现实的人及其现实生存状况为立足点,以社会基本矛盾和基本关系的客观性分析为主要思路,以对不平等经济关系及其社会生产方式根源批判为抓手,以实现改变世界和人类解放为价值目标。人类社会发展一般规律与资本主义社会特殊规律的两大发现是马克思主义哲学批判资本主义制度弊端的核心理论武器,也是迄今为止资本主义批判最具洞察力与说服力的理论发现。因此,基于马克思主义生产力与生产关系矛盾运动思想把握资本主义危机实质仍是当代资本主义批判的理论基准,在对西方马克思主义关于金融资本主义批判的思想观点展开辩证分析时尤为关键。西方马克思主义以"晚期资本主义""全球资本主义""金融垄断资本主义""平台资本主义"等概念与逻辑体系对当代资本主义危机进行切脉诊疗,其对当代资本新形态与资本主义新发展的理论把握是准确且有启发意义的。但国内理论界对其的深入分析与批判性认识明确地站在马克思主义立场上,指出资本主义社会一切问题的核心根本在于生产力与生产关系的矛盾运动,也就是明确马克思主义社会历史观立场方法认识当代资本主义新变化及本质规律。"如果你无法看到资本主义生产关系的历史暂时性,那就很难从批判性的视角来解读资本主义的本质",西方马克思主义者往往停留在对当代资本主义劳动过程、劳动形式、剥削形式等进行经验性现象层面的描述,而缺少站在唯物史观立场上对生产力与生产关系的社会历史性特征展开分析研究,虽把脉资本主义问题较为敏锐,但往往陷入解决问题的无力困境。因而,"这实际上启发我们不能把当代资本主义的新变化仅仅当作一种经验事实来加以描述,而是应该把它看成是一种社会历史过程的结果",也就是坚持历史唯物主义的认识立场与方法论原则。如果不从这一根本性上加以分析批判,不认清资本主义生产关系的社会历史基础及其剥削本质的必然性,那么,看上去再合理的观点对于资本主义社会根本变革来说都是一种隔靴搔痒与不切实际的空想。

从"两个必然"立场批判性认识西方马克思主义政治哲学批判。"某些当代国外马克思主义学派在研究旨趣上发生了政治哲学转向,主要体现在:他们对当代资本主义的批判不是指向其既有的经济关系,而是指向其道德伦理规范;强调理性认识在社会结构形成中的建构功能,甚至将经济关系本身也纳入这一建构的对象之中。这与马克思对资本主义的批判路径相比较,恰好形成了一个相反的研究路径。"对此,西方世界在当代常通过左翼思潮表达社会制度变革的激进呼声,以"历史替代性选择"等学说思想要求对资本主义统治形式进行某种程度、某个维度、某些措施的"修补",要求对新自由主义意识形态的消解。西方左翼思想家在对当代资本主义社会形态历史替代性选择的理念解读中,呈现亲马克思主义取向及乌托邦色彩,而只有在历史唯物主义视域中与之展开批判性的对话,才能正确把握西方左翼"共产主义观念"的理论要义。如何"在历史唯物主义视域中与之展开批判性的对话",毫无疑问要坚定"两个必然"理论和科学社会主义思想,"两个必然"仍然是当今世界发展的大趋势,建基于马克思主义政治经济学理论之上对人类社会发展一般规律的重大发现是马克思主义真理性的集中表征之一,只有基于这一彻底性、批判性的认识当代西方马克思主义对共产主义观念的解读,才能准确揭批资本主义的结构性、内在性危机,得出对资本主义生产关系、社会制度进行彻底变革的政治解放道路。因此,一切的根本是要基于生产力与生产关系的物质条件基础或经济组织结构整体出发来认识合理的社会政治模式,要坚定科学理论的现实性、彻底性与真理性,反对华而不实的理论假想,站在马克思主义立场,尤其结合中国特色社会主义发展道路、制度、理念,进行新自由主义批判的研究也是学界正在努力深化与开拓的重要路向。

从马克思主义哲学立场批判人的异化理论。西方马克思主义针对资本主义工业文明对人的存在方式的异化影响和人的生存境遇的负面效应展开文化批判、生态批判,如消费异化批判、技术理性批判、大众文化批判等,在揭示当代人的价值危机方面有突出的理论贡献,对马克思主义的"异化"观点进行了时代化的延伸与拓展。陈学明指出,西方马克思主义是在对马克思《1844年经济学哲学手稿》的"异化"观点进行自我发挥。我国学者充分立足我国现代化进程中具体问题对当代西方马克思主义的社会批判理论、文化批判转向的新动向保持理论跟踪,并结合新科学技术如5G、物联网、人工智能等热点问题进行批判性研究,指出这一关乎人的生存境遇的资本主义现代性批判带来的跨学科协同攻关启示意义突出,但因马克思主义的哲学思维方法要求基于实事求是、辩证分析、理论联系实际基本原则上的"改变世界"的发展革新,所以就人的异化问题或人的解放路径而言,西方马克思主义的理论探讨在成效性和实践性方面确是其一个可塑空间。此外,当代最引人注目的一个重大现代性问题是生态环境恶化问题。对此,对生态马克思主义、生态社会主义的理论关注愈趋热议,也是寻求解救现实问题的重要理论关切。而对于生态治理体系问题,中国所提"人类命运共同体"倡议、"建构全球生态治理体系"等方案具有现实性与原创性特征,我国学者较为重视将西方关于资本主义生态批判理论同我国生态思想和创新理念的理论关系和现实效用问题。对西方马克思主义生态批判的批判性研究当代更加强调回归到马克思主义立场上,必须认真清理现有的生态观念,使马克思主义生态哲学的研究在生态学研究中占据主导地位,引导中国的马克思主义生态哲学研究与体系建构。如果说对文化批判的批判性研究是对人的存在方式合理化问题的当代思考,那么,对生态批判的批判性研究则是对人的生存境遇优质化问题的当代追思,二者都充分体现了立足中国场域、中国话语、中国理念,坚定马克思主义原理方法的理论立场。

中国当代语境和当代状况中提出的新问题。西方马克思主义的资本主义批判在中国的研究不是仅仅面向于西方世界的资本主义制度进行的纯粹理论批判,而是始终将其与中国社会语境中特别是随着市场化过程带来的现代性困境联系起来思考,力图对其进行有效的时空对话,这便使其话题体现为鲜明的中国式问题。

资本空间化论题与中国社会城乡平衡发展问题。空间批判理论是西方马克思主义当代发展的一个重要路向,源于列斐伏尔对资本主义社会日常生活异化的深度批判,直到当代以大卫·哈维为代表从理论与思维范式层面尝试拓展历史唯物主义的空间维度,建构历史—地理唯物主义。当代的"空间转向日益显著"。从理论逻辑来看,空间的本体化路径得到进一步强化;从研究方法来看,跨学科路径日益明显;从批判主题来看,空间的政治化诉求日益显著;从实践方案来看,虚无主义色彩日益明显。可见,空间批判理论形成自身独特的话语体系,具有突出的理论贡献与鲜明的理论局限性,在对资本主义现代社会城市化问题以及城市规划治理等方面的现实性批判,上升到思维模式革新的高度,对我国现代化发展的城市治理体系建构完善具有一定启发意义,对资本新形式的内在认识提供新分析路径,对马克思主义资本主义批判丰富新思路,具有一定理论意义,但其实践方案的虚无主义色彩等理论局限性也引起我们的重视与批判。

微观政治哲学研究与中国社会的平等与公正问题。当代对西方马克思主义资本主义批判研究的政治哲学转向非常明显,尤其是向微观政治哲学偏转。2008年金融危机对新自由主义意识形态造成沉重的历史性打击,在思想界助推对资本主义的政治制度批判、组织模式批判、意识形态批判,推动人们反思有关社会正义、公平、自由等政治哲学问题,相关思潮异军突起,在一片对新自由主义的声讨中形成当代资本主义批判的新转向。"新帝国主义"批判、"后殖民主义"批判等新话语谴责新自由主义全球化泛滥对社会的负面影响,力图从社会主义、共产主义中汲取社会发展模式和制度组织形式等方面的养分,以寻找新自由主义的历史替代方案。由于空间批判思维为以微观个体为空间单位展开研究提供了理论支持,因此,其为生命政治哲学、身份政治哲学等问题的探讨增添砝码。福柯、哈维、伍德等人从资本对个体的宰制出发,重新理解当代技术在资本主义体制下所具有的政治性功能,或资本主义社会权力结构对生命个体的政治性功效,反映当代先进科技以及资本主义模式对人的自然生命及生命意识的改变带来的生命问题与政治问题。

意识形态理论与中国社会共识达成的问题。"共时性"与"差异性"是西方马克思主义资本主义批判理论的一对范畴,通过理论认同而形成观念上的一致性。但其造成的理论内部"共识难题"同样不容忽视。不仅"西方左派在理论前提、现实判断和'革命'战略上都缺乏共识,西方马克思主义陷入了激烈的多元化阶段",而且这种强调差异性的明显"后现代"倾向正在蚕食着马克思主义的整体性思维方法与价值旨归,这种"乱象"大于"群像"的特征的后现代转向应该得到警示。在与马克思主义的关系方面,明显加速着同马克思主义真核脱离的趋势,所谓"后马克思主义"实质上正在非马克思主义、甚至反马克思主义化。

西方马克思主义围绕资本主义批判的主题,在丰拓马克思主义解读思路上的确具有突出贡献与原创性意义,尤其在揭示资本主义现代性问题、批判发达工业文明吊诡社会现象、丰富马克思主义理论解读方式与拓展思路等方面,均着实值得我们的辩证鉴析。与此同时,也需要我们审视,其是否真正贯彻了马克思主义真精神,是否真正弘扬了马克思主义真理性?如果有,那么,是在什么样的条件和语境下怎样传承发展的;而如果没有,那么,当代中国马克思主义又应在哪些方面做出何种努力。这是西方马克思主义资本主义批判理论研究正反两方面对新时代中国特色社会主义现代化事业与当代中国马克思主义研究、发展、传播的重要参考意义。

三、中国模式对西方马克思主义资本主义批判理论的回应

随着中国特色社会主义现代化事业的成功,现代化的西方模式与中国模式形成了鲜明对比,西方马克思主义围绕资本主义工业文明展开的现代性批判理论恰为中国模式的科学性与推动世界文明进步的可期性提供了参比镜鉴,同时在针对多元资本主义现代性问题的理论反思上提供经验启示。更重要的是,"中国特色社会主义之所以展现出一种'世界历史意义',是因为中华民族的伟大复兴不仅在于中国将成为一个现代化强国,而且还在于:它在完成其现代化任务的同时,正积极地开启出一种新文明类型(超越现代—资本主义文明)的可能性"①。

中国模式对现代社会理性滥觞的理性回应。现代性批判者常把理性作为现代性的内核加以口诛笔伐,对理性的批判基本形成全盘否定、辩证肯定两种,前者以非理性主义、后现代主义思路为代表,后者则以马克思主义以及与马克思主义形成一定思想理论关联的西方马克思主义为代表。理性毋庸置疑是现代文明张扬的精神气质,是伴随人类社会发展而形成的精神思想层面上自觉启蒙启智、摆脱以往被宗教神学所禁锢而体现的蒙昧无知状态。对理性的张扬通过对自然世界客观规律的发现,以及在此基础上对技术的发明创造,而确证着人类理性在掌握和应用知识方面的能力及价值。但人类发展进步中所伴生的现代性问题同样来源于理性,是理性被单方面崇奉的结果。无论是马克斯·韦伯所揭示的工具合理性与价值合理性不平衡所带来的个体原子化、社会冷漠的问题;还是法兰克福学派指出技术理性正在成为一种意识形态控制着社会的运转与人的道德判断,从而带来人与社会的单向度问题;抑或生态马克思主义者提出关于经济理性压制生态理性而造成

---

① 吴晓明:《马克思主义中国化与新文明类型的可能性》,《哲学研究》2019 年第 7 期。

的生态环境危机问题等等。西方马克思主义现代性批判的一个重要路向是要求对理性的"再启蒙",即平衡理性主体内部的结构,使理性真正能够发挥其正当的合理性而为实现人的自由提供保障。因此,对理性采取一种辩证理性的态度。后现代思路对理性常采取一种激进否定的态度,其理论最终在片面解构中走向无根、无序、无所作为的"一地鸡毛"。相反,西方马克思主义为一种辩证认识理性的态度提供支持,相信理性自我解救,为"未竟的现代性"(哈贝马斯语)进行自我确证。理性滥觞在当代不仅体现为传统人造物(包括实体产品、组织架构等人为事物)对人的控制,使人求不得真正的自由;还体现出超越人类理性能够认识的"物自体"的萦困,如关于高级人造物(人工智能)的自由意志问题,暗物质的存在与否对人类认识理解宇宙世界的影响,等等。能否在科技发达的网络信息时代超越理性滥觞的困局,重点仍在于能否借理性的张力推动理性的成熟。面对理性滥觞的挑战,我们显然不能跟随"回到前技术状态去"的反理性口号倒行逆施复古主义道路,或片面强调情感意志投入对解决问题之关键性的非理性主义主张,而应站在辩证唯物主义的立场上客观认识理性本身所蕴含的自我解放的可能,即以实践为载体从自发走向自律自觉的过程。当时代精神气质被理智的理性所占据时,理性也将超越其"倒退为神话"的初级状态,而助益于人的自由与社会的发展。同时也应平衡理性结构为现代性困境提供可能出路。自韦伯伊始,西方思想家的现代性觉解便有了对理性内部结构形成二分认识的批判路向,如工具理性与价值理性、技术理性与价值理性、经济理性与生态理性,等等。揭批理性内部结构在资本主义制度下难于自我平衡便构成了一种基本的现代性批判思考。因此,现代性问题常表现为与对理性的引导有重要关系,如何自上而下疏通和运用好理性这一时代气质将是解决现代性问题的重要一环,尤其当与人民的权利义务关系联系起来时亦是如此。如果依据马克思所言,"统治阶级的思想在每一个时代都是占统治地位的思想",那么,社会主义的中国实行人民民主专政政体,实际的统治阶级就是人民共同体。

因此，人民要求自由、进步，与正确发挥理性能力理应是一个合乎主客体相统一的历史总体性辩证法的整体，即通过代表最广大人民利益的中国共产党以弘扬社会主旋律正确引领社会核心价值观是有效合理平衡理性张力的措施。追求自由与遵守秩序是一个问题的两个方面，实际上等同于解决平衡两种理性的关系，即权利理性与义务理性的关系，一旦两者失衡，带来的现代性问题毫无疑问将是西方资本主义社会一直面临的自由之悖谬问题，即形式自由与实质自由的背反。

中国模式对资本逻辑的有效回应。 如果对理性的批判是对现代之思想气质、精神内核的觉解，那么，对资本的批判则是对现代社会运行体系所实存的结构性的现代性批判，其肇始于马克思围绕资本展开的政治经济学批判。但同时，资本主义市场经济"为卖而买"的逻辑，实际也是资本增殖逻辑，对社会历史带来的危害是无穷尽的。这一危害不仅以阶级分析的方法得出社会两极分化、无产阶级被严重剥削，也以实证性的推理论证资本主义内在的固有特征（即社会化大生产与生产资料私有之间不可调和的矛盾）产生的结构性周期危机。如果有人认为前者是马克思思想的人道主义残余影响了其对资本主义的科学判断，那么，后者的说服力显然是被历史事实所证明着的。直至今日资本主义发展被数字化、虚拟化、金融化、全球化、空间化等新形态所充盈代言时，资本逻辑仍未改本来面目，并借这一形态变迁而大有掀起新风浪的趋势。对此，西方马克思主义的认识较前位。在对资本的空间生产、空间占有、空间压缩等问题上从自然地理、城市建筑等层面上升到政治—哲学层面的探讨；追问资本在全球化过程中，从区域化地域殖民到虚拟化空间殖民的转向，思考资本逻辑的限度的同时，为资本的当代运行机制提供重要参考。对照中国社会的发展，反思资本主义发展可以发现，无论资本形式如何变迁，资本本质从未变更。"金融资本主义具有资本更加虚拟、脱域、多元异质的特征。但是，资本所具有的增殖目的和内生逻辑没有实质性的根本改变，仍以实现资本的全球性扩张和加速积累为终极取向。"这种对当代资本主义新变化及其本质的认识是我国学者站在马克思主义方法论原则立场所普遍认同的结论,即认识到资本的运行形式、对社会的管理形式、主导的生产与劳动形式等发生新变化,但资本的内在本质并没有变。易言之,资本增殖逻辑不仅是如何使"钱生钱"的问题,更在于实现这一目的过程中采取的方式是殖民式、剥削式的索取。因此,无论资本的形态如何变化,如果没有认清资本在不合理的生产关系中始终不可能超脱剥削与转嫁的本质,则必将陷入解决问题的困境当中,这是国内对西方马克思主义当代资本主义批判理论展开批判性解读的重要方法论根基,也是被历史事实一再证明的马克思主义资本主义批判真理。而且还要看到,在资本主义制度下的资本增殖逻辑与剥削本质带来的灾难并非一个独立或封闭空间能够单独承受的,最终将是全人类空间整体的大难临头。正如当下的生态环境问题,它是资本流通运转中不计后果的恶业。面对这一恶果的,不单是当时制造恶果者,还有当下和未来的整个人类社会。因此,我国所提出的人类命运共同体倡议,不仅是经济上的合作共赢、互助互惠,同样在于现代化问题的直面与解决上,更需要全球同心协力,既然经济全球化体系中的成员享有全球化带来的效益,则理应共同承接人类性的全球问题,唯其如此,才能共渡难关。同时,我们还可以看到,社会主义市场经济体制对资本逻辑困境提供一种可行出路。既然资本增殖逻辑与剥削实质未有实质性改变,那么,如何在仍然由资本主导的当代有效规避或解决这一根本性问题,其关键在于体制机制能发挥多大程度的、怎样的作用。对此,社会主义市场经济体制在一定程度上因其全局性视野而具有抑制资本逻辑横行的科学性所在。关于市场经济与社会制度是否产生根本冲突早已有相应论证,二者的关键在于能否达成某种形式的和解,为解放和发展生产力提供必要保障。西方的市场社会主义以市场竞争为一切经济活动的运作机制,其实际上仍是自由主义的形式演变。与之有本质性差异,社会主义市场经济体制虽然同样要求市场在资源配置中起决定性作用,但其一方面是强调尊重市场运行规律,以之为经济工作的前提,减少不必要干预导致的供求关系紧张;另一方面表明,对市场资源配置效用的应用与社会主义发展整体战略不构成结构性冲突,即市场经济是服务于社会主义社会发展的经济体制。由于社会发展总体战略是全体人民的智慧与发展需求,因此,符合发展战略的经济投入是同样符合广大人民根本利益的,其能够吸引并获得市场的自觉支持。且社会主义市场经济制度其中深蕴的"社会主义市场精神作为一种新的普遍范畴存在着丰富的内在支撑,获得了超越西方现代性模式的可能性因素"。正因如此,社会主义市场经济绝非具有垄断性质的国家资本主义,也并非国家与市场彼此割裂的市场社会主义,其在运用与疏导资本运转的过程中具有独特的积极作用,始终被理论界所重视。

中国模式对当代人的生存境遇困局的可期回应。工业文明在带来生产力进步的同时为人的生存生产生活方式带来了根本变化,如果自信息技术的发展发达以来的时期可视为第三次信息技术革命浪潮,那么显然,历史事实告诉我们,作为第二次工业革命的延续,信息技术革命带来的信息时代并未解决产业工业、机器工业时代对人造成的一系列现代性困境,反而有将之隐匿化而进一步加强的趋势。如极具代表性的当代文化帝国主义,通过产业体系、意识形态、网络媒体的文化输出,以市场化、商业化的形式,借网络数字信息技术而大肆渗透西方文明优越论,从而造成这种文化意识形态选择是一种市场自发选择的假象,实现文化霸权。可见,这是一种通过文化意识形态渗透以改变人们的思维观念来获取资本主义合法合理性确证的手段,其在历史观上影响人们对生产力与生产关系矛盾运动推动的社会形态发展变迁的基本判断,以历史终结论置换历史进步观;在存在观上影响人们对生存生活生产价值的基本认识,劳动实践成为非本质的外在内容,以享乐主义与消费主义置换劳动价值观等等。如果对理性的批判是一种形而上学批判,对资本的批判是一种实证性批判,那么,对人的生存境遇的批判就构成一种现象学式的批判。西方马克思主义不仅通过对大众文化的消费异化、技术异化批判现代社会群体无知现象,揭露人与人之间的畸变关系;也通过对心理机制、性格压抑等精神分析指出现代社会的道德心理问题;或通过环境保护运动、女权主义运动等新型群体运动抒发随着社会发展而日益分化的阶层群体的利益诉求与思想主张,揭示人与社会正在面临的困境与问题。而中国模式提出的解决方案是正确处理人与人之间的社会关系,构建和谐社会。"人的本质在其现实性上是一切社会关系的总和"①,社会关系是基于劳动生产实践建立起来的人与人之间的联系,一种健康的社会关系应体现为对社会生产、社会发展的推动作用,而资产阶级统治的资本逻辑主导的社会中,"人和人之间除了赤裸裸的利害关系,除了冷酷无情的'现金交易',就再也没有任何别的联系了"②,异化的关系形式充盈社会生产与交往的各个环节,并在资产阶级意识形态的包装与渗透中,使人们安于现状、享乐于消费文化。当下尤其以网络和人工智能环境带来的相应问题最为体现时代性。网络使信息互通更加高效、多元,同时为有关道德与价值问题的滋生提供了方便的平台,其所起到的带动舆论导向、舆论节奏的作用为一些意识形态渗透提供了渠道,人与人之间的关系除了在"现金关系"中愈发冷漠无情,而且通过虚拟空间增补了"真假难辨"的隔离带,助长着这种原子化关系的膨胀。而人工智能则正在从根本上以改变生产方式的形式改变着人的生存生活方式和观念,在此过程中变更着人与人之间的交往方式与关系。尤其当人工智能具备自主意识时,有关人与人之间的情感问题、思想问题、抉择问题、道德问题等,将面临着何种程度的云计算与大数据的掌控或智能机器的取缔,这种对人的存在具有某种程度危机威胁的问题已初露端倪。不但人与人需要和谐,人与自然也需要可持续发展。马克思在《1844年经济学哲学手稿》中指出"社会是人同自然界的完成了的本质的统一,是自然界的真正复活,是人的

---

① 《马克思恩格斯文集》第1卷,人民出版社,2009年,第505页。
② 《马克思恩格斯文集》第2卷,人民出版社,2009年,第34页。

实现了的自然主义和自然界的实现了的人道主义"①,恩格斯在《自然辩证法》中强调人通过改变自然界为自己的目的服务,实现对自然界的支配,是人与动物的本质区别,但是"我们不要过分陶醉于我们人类对自然界的胜利。对于每一次这样的胜利,自然界都对我们进行报复"。② 马克思主义经典作家对人类社会与自然界之间辩证关系的说明要求人与自然间建构起和谐共处的有机模式,即人通过劳动实践对自然界的认识与改造要遵循自然发展规律,不可过度取材、过度加压,不仅从自然界索取生产生活资料,同时生产出对自然环境无害、甚至有益于自然环境生态循环的产品与人工能源资源。由于工业生产过程未充分考虑或有效解决对自然环境的危害,其所带来"自然界的报复"已普遍化于全球,为当今全球治理的巨大难题之一。因此,只有从长远利益考虑可持续发展理念的贯彻,才能实现人与自然的和谐相处与有机统一。

习近平新时代中国特色社会主义思想提出的"人类命运共同体"倡议及其包含的"相互依存的国际权力观""共同利益观""可持续发展观"、促进"全球治理体系变革"的"全球治理观",以及"创新协调绿色开放共享"五大发展理念等,是马克思主义有关人与自然关系、人与社会关系思想的新时代发展创新,对回应生存境遇现代性困局、维护国际和平稳定、构建和谐稳定社会、促进共同发展、共创繁荣美丽世界,提供重要的中国智慧。

四、结论与反思:新话题迭出中 仍然要坚持的基本原则

对西方马克思主义资本主义批判理论的研究归根到底要为新时代中国特色社会主义现代化事业与当代中国马克思主义理论发展服务。

---

① 《马克思恩格斯文集》第1卷,人民出版社,2009年,第187页。
② 《马克思恩格斯文集》第9卷,人民出版社,2009年,第559页。

尤其对于资本主义批判的时代主题,当下对西方马克思主义思潮的研究,更需要超脱出"照着讲"和"接着讲"的藩篱,进行"自己讲"的主动建构,"要按照立足中国、借鉴国外,挖掘历史、把握当代,关怀人类、面向未来的思路,着力构建中国特色哲学社会科学,在指导思想、学科体系、学术体系、话语体系等方面充分体现中国特色、中国风格、中国气派"。这是西方资本主义现代化模式日益被历史否证,走向落后于时代的退步衰落,而中国智慧、中国创造、中国模式日益被世界人民认可、日益崛起的时代,进行西方马克思主义资本主义批判理论研究的重要任务与突出意义。西方马克思主义资本主义批判理论作为现当代西方工业文明社会的现实语境所生发出来的特殊理论形态,其之于当代中国的意义主要是提供了一个重要话题和契机,即在当代性前提下重新思考资本主义当代处境和发展变化。这就需要我们在西方马克思主义资本主义批判开启的话题中继续探讨和辨识什么是马克思主义、什么是资本主义、什么是社会主义,实现当代中国马克思主义理论的创新发展。

始终立足马克思主义理论真理性作为出发点省思西方马克思主义资本主义批判理论,发展中国化马克思主义理论。西方马克思主义资本主义批判与中国特色社会主义理论的建构始终是同根同源的,这需要我们从马克思主义同源性中透视其理论关联。一是共通点。对于源出于异质文化背景和历史语境的二者,难能可贵的却是在与马克思主义的关联及资本主义批判主题方面存有共同之处,都承认马克思主义的重要理论地位,都对资本主义生产方式进行质疑,都以对马克思主义某方面的继承与发展作为理论旨趣或实践目的。这样一来,突出了马克思主义对发展至今的现代资本主义社会的理论有效性。易言之,二者在具体论域和思路上可能各有侧重、各存千秋,但对马克思主义的重要性能够达成共识,这就为理论的沟通提供了前提条件。二是差异点。我们需要认清二者各自独有的理论特征、思想特质,才能辨析何以是对马克思主义资本主义批判要义的正解,如何传承发展马克思主义才是时代所需,才能实现马克思主义真理光芒。笔者以为,西方马克思主义始终在西方思想史传统中汲取着理论养料,其基本文化境遇从未跳脱出资产阶级统治的框架,源于母体的思维范式血缘依赖是理论呈现地域性特色的主因,其能够自我立言的同时,一些旧有思维观念在当代却存有一定的弊端,如西方中心主义的思维取向、西方话语中心论的范式认同、西方话语霸权的默认等等,正是这些陈旧的思维观念束缚着西方马克思主义,使其难于超脱固有解释模型,习惯性地在理论落于实践的关键环节滑向折中主义,造成资本主义批判的不彻底性或空想性,在理论内质方面偏离马克思主义的实践哲学向度。如西方社会存在的一些环保主义运动、女性主义运动。尤其以"后马克思主义"思潮为代表,其解构马克思主义的过程明显具有伪马克思主义的色彩。因而单从理论方法而言,西方马克思主义资本主义批判理论的相关思想特质既衬托出当代中国马克思主义的深刻性与标杆性,又警示当代中国马克思主义思想理论发展的要义与原则。西方马克思主义资本主义批判理论发展史并不短暂,但至今未能对西方社会资本主义现代性问题实现有效整改,不能排除的一个原因在于其在思想理论上仅将马克思思想作为引证的工具,核心目的是实现利益诉求。也就是说,在理论的起点就偏离了马克思主义精神及信仰,那么,何谈贯彻马克思主义真理,根本改变资本主义生产关系的志向。其最终必将在妥协性地期待资本主义自我修缮中销声匿迹。而当代中国马克思主义始终秉持也始终要求秉持马克思主义指导地位,不是把马克思主义原教旨化地当作"圣经",更反对把马克思主义仅仅作为论说争辩的理论工具,而是把马克思主义的无产阶级立场、共产主义信仰、辩证唯物主义与历史唯物主义方法论真核贯彻于理论发展始终,以推动发展马克思主义真理前行再放光芒作为任务使命。这是当代中国马克思主义同一些西方马克思主义思潮的根本性区别,当代中国马克思主义的资本主义批判拒绝纸上谈兵,拒绝画饼充饥,而要求脚踏实地着眼于社会发展与人的解放事业,是一种真正的马克思主义的表现。西方马克思主义资本主义批判理论在思想理论上曾要求对马克思实践哲学的复归,但就"执行力"而言差距太大。不是强调主体政治对促动改变世界的或然性事件发生的基础性地位,就是寄托革命胜利于"有机知识分子",或者躲进书斋专修社会批判理论却对社会变革嗤之以鼻。这种给人以折中性、妥协性的唯唯诺诺之感恰恰反衬着当代中国马克思主义的坚定性与果决性。中国马克思主义的发展始终立于理论与实践相统一的原则,不仅理论分析与逻辑架构注意彰显辩证唯物主义与历史唯物主义真理内核,而且实践内容与方式更加注重遵循马克思主义基本原理与方法,并且强调理论与实践彼此推动促进,在开放的体系中实现发展,从而发挥马克思主义的整全性特征。这正是当代中国马克思主义坚持与发展马克思主义原则方法最突出的精髓。正是在这样的辩证唯物主义与历史唯物主义的方法论指导与应用中,我国发展的成效与马克思主义中国化理论遥相呼应,散发出马克思主义真理光芒。可以说,对理论与实际相结合原则的贯彻落实是中国马克思主义相比于西方马克思主义在传承马克思主义精髓、批判资本主义等方面最鲜明的差别或优势之处,因为只有注重理论与实践相结合、注重理论与实践的开放性与包容性,才是对要求"改变世界"的马克思主义精神的最基本的发扬,才能坚定共产主义信仰,推动实现社会进步发展与人的解放事业。

始终在历史唯物主义立场认识西方马克思主义资本主义批判理论,开掘马克思主义中国化更广阔空间。现代化进程总会伴随老问题和生发新挑战。只要尚未跳脱出马克思主义所指明的历史时代,即现代性时代,那么,一系列既具有中国特色和中国典型,又一定程度上反映出普遍性的突出的时代问题就会始终伴随着现代人的生存生活。因此,如何对资本主义现代性问题进行中国认识,如何对当代资本主义本质特征做出中国总结?从普遍性与特殊性的统一中发出当代中国马克思主义声音,既有助于指导我国现代化事业稳步发展,也有助于向世界说明中国经验,这是当代中国马克思主义亟需展开的理论工作,也是研究西方马克思主义资本主义批判理论,从中汲取理论经验的落脚点之一。这就需要我们注意概念范畴与逻辑布展的话语经验。虽然西方马克思主义对资本主义的批判存在诸如批判不彻底、革新不根本等问题,但其对马克思主义理论发展的贡献是有目共睹的,特别是在话语创新、理路丰拓等方面。西方马克思主义对马克思主义传承较为到位的一点即对资本主义社会现实问题的批判,也就是理论着眼点的现实性。正是围绕工业文明的现实问题,西方马克思主义进行切脉诊疗、"照方抓药",以话语创新的方式一针见血指明问题的症结。如"消费异化""性格压抑机制""技术意识形态"等概念范畴,都是西方马克思主义在把脉资本主义社会现实问题时采用的相对于以往的新词汇、新概念、新范畴。围绕这些概念范畴与马克思主义资本主义批判相关理论结合起来,西方马克思主义建构起自己的话语体系与逻辑架构,如"社会批判理论""交往行为理论""历史—地理唯物主义"等。无疑,这是值得当代中国马克思主义进一步借鉴思考的:即如何使西方马克思主义围绕资本主义批判形成的思想史资源为我们的话语创新加码助益。再有,要注重在话语的原创性方面产生实质性突破。我们当下的资本主义批判话语常直接假借西方已有的概念范畴,而少有原创性的对当代资本新形态的中国式把握。但我们知道,资本主义批判是当代世界性的理论话题,对之形成精准独到的描述,是推动针对资本主义困局所提中国方案为国际社会认可的前提,一旦知识论的认识不充分,就会影响理论体系的逻辑性与价值性。因此,我们应看到,正是地区差别生发出不同的解释马克思主义的路向印证着马克思主义"一切以时间地点条件为转移"的辩证法思想,这一方面要求我们应以求同存异的包容心态与之展开对话交流,互相增益;另一方面强调马克思主义真精神的本土化传承与发展,认识到民族文化基因对于当代中国马克思主义发展的重要话语资源支援作用,深入挖掘中华历史文化资源对建构当代中国马克思主义的话语与思想的支援,有助于建构起独特的概念体系。还有,要注重跨学科协同攻关的研究方法。跨学科研究已是当下哲学社会科学研究的必要思维方法之一,而这一方法在西方马克思主义发展伊始便得到相当的重视与应用,尤其在法兰克福学派那里被发扬光大。可以说,跨学科研究成为西方马克思主义的标签之一,也是其对马克思主义最大贡献之一。无论是起先的心理学、社会学、艺术美学分别与马克思主义结合建立形形色色的西方马克思主义,还是到福柯权力批判理论时跨哲学、历史学、心理学、精神分析、政治学,哈贝马斯交往行为理论跨哲学、语言学、心理学、历史学、经济学、国际关系学,等等,西方马克思主义跨学科融合的逻辑理路从二元走向多元的发展是值得我们认真研思的。由于自然科学与人文科学之间存在着宇宙论、形而上意义的互通性,如何通过打通学科壁垒实现话语创新是未来哲学社会科学重要的路向。这一路向放置在当代中国马克思主义发展的视阈之下同样适用,且围绕资本主义批判的当代热题极为有针对性和建构性的必要与可能。

始终在观照西方马克思主义资本主义批判理论同时,不断确立作为历史使命和理论使命的完成者的理论自信和文化自信。从本质上看,资本主义批判理论问题不是一个抽象思辨的理论理性问题,而是一个深刻而复杂的社会现实的实践理性问题。新时代中国特色的社会主义及现代性建构,发生于中国在全球资本主义背景下实现自身社会转型的特殊过程中。一方面,中国是在西方资本主义强势现代化的外部背景下展开其现代性诉求的,西方现代资本主义的资本逻辑原则及其所具有的支配性、扩张性本质,不可避免地会对中国现代性的自主建构产生挤压和逼迫性影响。另一方面,当代中国社会转型使经济体制深刻变革、社会结构深切变动、利益格局深度调整、思想观念深入变化,各种社会生活矛盾与现实问题成为产生更加复杂理论的深刻背景。这种现实状况使得西方马克思主义资本主义批判理论研究具有更加突出的问题意识和现实意义。中国化马克思主义需要完成新时代的历史使命和任务。当代世界正面临深刻的精神问题、文化危机、制度临界和文明困境。在此背景下,对当代西方马克思主义资本主义批判理论新进展的整全性、系统性、前沿性把握具有重要的现实意义。一是深切认识世界范围内各种思想文化交流交融交锋,各种制度文化碰触碰撞碰壁,国际意识形态领域斗争深刻复杂,西方国家加紧对我国进行意识形态及制度文化渗透,抵御和防范西方敌对势力对我国进行"西化""分化"的任务更加繁重;二是深刻理解在新时代的重要历史节点上,国内各种社会矛盾和问题相互叠加、集中呈现,意识形态领域特别在制度文化建设方面出现的模糊、错误、极端认识倾向不容忽视,用主流意识形态引领社会价值观,坚定中国道路自信、文化自信与制度自信的实践自信的任务更加艰巨;三是深度揭示在全球资本主义时代,资本逻辑已经与科学技术、大众文化和日常生活中的消费主义内在紧密地结合在一起,既构成了西方当代资本主义批判理论的新变化与新进展,也构成了意识形态领域制度文化建设的"现代性共谋"。通过对西方马克思主义资本主义批判理论的历史逻辑、理论逻辑及实践逻辑的梳理、把握、阐释与批判,为我们对资本主义社会整体的存在方式、内在结构、运行机制、社会功能等要素的新变化展开全景式勘察、在资本主义新境况的当下做出马克思主义意义上的新解读与新判断,把握马克思主义资本主义批判理论的独到建树与真理性,抵御西方敌对势力的和平演变和"西化""分化"的危险,加强主流意识形态的吸引力、感染力和凝聚力,探索资本主义批判理论的中国话语体系建构以及为杜绝重走资本主义现代化道路中的弯路提供了重要的借镜和参考。有助于认清资本逻辑的本质、规律和历史后果,充分揭露当代资本主义各种问题的真相与迷思,坚持对资本主义批判理论的再批判立场,巩固和加强马克思主义理论的指导地位,坚定中国特色社会主义的理论自信、道路自信、制度自信和文化自信,克服和规避资本逻辑对中国现代性建构的负面作用,在理论自信与文化自信高度自觉的基础上,推进马克思主义的中国化、时代化和大众化。这是一件新时代的历史使命任务。同时,中国的马克思主义理论研究者要确立新时代的学术担当的理论自信和学术自信。通过研究西方马克思主义资本主义批判理论的思想观点,将其多元的、分散的、各派别的思想观点及学说理论进行整体式立体化的逻辑研究,有效展陈与揭示资本主义批判理论的思想谱系和逻辑系统,为其建构出以批判理论为方法论的本体论、认识论、逻辑学体系,说明其具有的"哲学史就是哲学"的西方哲学在当代的沿革及延伸性,有助于以马克思主义现代性批判理论的价值原则和分析方法,深刻认识和科学把握现实生活中各种社会问题,增强理论自觉,为贯彻落实习总书记系列讲话精神,牢牢掌握思想理论和学术研究的话语权,在对西方资本主义批判理论新变化新进展的再把握、再阐释、再批判中,推进马克思主义理论学科学术话语的理念创新、方法创新、实践创新。

始终在人类命运共同体语境下推动当代中国马克思主义"走出去"。当代中国从富起来到强起来的伟大飞跃昭示着中国模式的合理性,也意味着在国际舞台上从追赶者角色向引领者角色的新时代转变,大国崛起将承担更多推动世界文明进步的责任,而当代中国马克思主义也肩负着实现21世纪马克思主义真理再放光芒的主要使命。"在起点上要搞清楚我们与21世纪国外马克思主义的历史方位关系:我们不是它的追随者,而是它的同时代人。"这是创新发展21世纪马克思主义与当代中国马克思主义的站位要旨,更加强调坚定道路自信、理论自信、制度自信、文化自信,承担起世界马克思主义发展的重要领军者角色。然而,当代中国马克思主义面临的困境之一恰在于如何进一步提升国际化水平与国际认同度,在马克思主义理论层面增强异质文化间的互通交融,使马克思主义中国化理论成果与实践经验取得世界范围的全面认识、深入理解、广泛认同,为当代世界共同的资本主义批判这一时代问题寻求思想共识与发展道路提供中国智慧,为马克思主义真理光芒的当代绽放增强理论与现实支撑。对此,应注重如下工作的推进:加强人才队伍建设,以专业人才学术交流为跳板增强国际影响力。所谓真理越辩越明,互动对话才能促使异域、异质文化理论的彼此包容理解、互释交融,突破视域的瓶颈,绽放真理的光芒。而理论发展与传播主要依靠专业的研究人员、科研团队的整体力量。因此,加强通晓西方马克思主义、精通马克思主义理论的专业人才梯队培养建设,才能在国际交流中与他者形成对话互动,有利于资本主义批判主题寻根探律,对资本新形式、新变化的本质特征形成共识,为社会进步发展探索符合各地区实情的模式方案;有利于准确表达中国之见,与他国之意彼此互动,从而在两者间架起沟通的桥梁,促进彼此间的理论视野与见闻,增强彼此的文化理解与互释,为求同存异提供前提基础。人始终是决定事物走向的关键一环,只有学科人才队伍的健硕才能促动学科的成长与学识的传播。这也对学科后备力量提出时代要求,即应肩负起讲好中国故事、讲出中国风采的历史使命。强调具备世界马克思主义的广阔视野,以求同存异的理论姿态拓展国际对话空间。因为马克思主义的真理弘扬应以群像的方式散播于世界,而绝非一家独大或唯我独尊的局面,否则必然会重蹈共产主义理论与实践衰落的悲剧。虽然马克思主义在实践方面的成功当属中国特色社会主义事业的成就,但这并非意味着马克思主义中国化理论成果能够为其他地区发展所照抄照搬,但同时也不意味着当代中国马克思主义是片面偏颇的理论形态。相反,正是我们对国际社会敞开胸怀、积极促动广泛交流与对话,才更加彰显了马克思主义的开放性。中国方案、中国故事面向世界,目的在于在马克思主义理论和社会发展实践等各方面促进世界各国家地区能够携手并进。在国际社会,新自由主义、社会民主主义等思潮的力量依然占中心地位,对马克思主义形成了包围、排斥、打压等负面影响,这就更加要求世界马克思主义思潮能够团结一致,在求同存异中共同推进当代马克思主义的新发展。而一种片面排斥西方马克思主义,或全盘否定西方思想界对马克思主义的解读的态度取向,只会在狭隘中最终使自身陷入被动。因此,我们始终强调包容胸怀、广阔视野对于马克思主义研究的重要性。在与西方马克思主义的遥相呼应中加强体系建设,以有效回应世界问题的理念效度增强国际话语权。可以说,马克思之后的马克思主义呈现着明显的地域性特征,尤其在当代更是如此。只有将西方马克思主义和中国马克思主义同时放在马克思主义的坐标系中加以反思研判,才能在全面铺展马克思主义发展的时间历史与空间共时结构的完整图谱、谱系中准确认识马克思主义、当代中国马克思主义的理论方位、中国特色社会主义现代化治理体系与全球治理体系的理念价值；才能在推动理论与实践前行中不至误入歧途或马失前蹄。这同样是遵循马克思主义整体性思维逻辑的方法论实践。当代西方马克思主义研究并非"独善其身"的思辨性、实证化的研究，而已成为当代中国马克思主义视阈中不可或缺的重要维度。西方马克思主义在资本主义批判、现代性批判等问题上具有理论思考的先在经验，其中的合理因素能够成为评议与衡量当代中国马克思主义对资本主义认识评判之科学性、原创性的一定参考指标，且会是影响马克思主义国际化标准的重要因素之一。对其加以重视有助于在国际环境和视野下把握当代中国马克思主义理论成果的真正价值与意义，避免保守主义，助推在国际交流中确立话语权。在当代中国马克思主义与世界马克思主义思潮相呼应、配合中，共同研判、应对资本主义批判这一时代问题的核心症结，寻求思想共识与发展道路。

（作者　韩秋红，东北师范大学马克思主义学教授；孙颖，东北师范大学马克思主义学博士生）

The Critical Theory of Western Marxism in China: Course, Proposition and Significance

HAN Qiu-hong　SUN Ying

Abstract: In a certain sense, a theory can produce important value outside the place of its occurrence, it must contain the basic concepts which are helpful to solve the fundamental problems of this era, it also needs to project its own morphological characteristics into specific historical situations so as to endow itself with new meaning. This is the case of Western Marxist critical theory of capitalism in China. As an important part of the totality of contemporary Marxist capitalist critical theory, in the process of its development, its profound understanding of capitalism inspired Chinese scholars to think about the socialist system. How to deeply understand the basic stand and method of Marxism, how to examine the road of social development in contemporary China and the way of research on the living conditions of contemporary China in the basic theory of Marxism and contemporary Chinese Context. It has opened up the significance of China with times and nationality.

Key Words: Western Marxist; Critical theory; Capitalism; Chinese mode; Community with shared future

当代资本主义批判*

——英国马克思主义研究的新视角

孙秀丽

摘要：近年来，英国马克思主义研究蓬勃发展，并呈现出多维度、跨学科、批判性和全球意识等特征。围绕当代资本主义的危机和困境，英国马克思主义学者在继承和发展马克思主义历史遗产的同时，也提供了有关当代资本主义社会丰富的诊断分析和解放策略。本文试图从数字资本主义批判、女性主义批判、生态主义批判、新自由主义批判和未来新社会等几个方面介绍英国马克思主义研究的新视角，从而对我们深入理解资本主义提供理论启发，同时也说明，英国的资本主义批判在理论视域和现实关注等层面有待进一步深化和扩展。

关键词：英国马克思主义　当代资本主义　社会批判　替代性方案

2008年金融危机爆发，全球资本主义经历了严重的动荡和危机。在这之后，西方学界重新燃起对马克思主义的兴趣。对于拥有悠久批判传统的英国左翼学者来说，马克思主义研究也日益成为其回应当代

---

* 基金项目：本文为教育部人文社科青年基金项目："艾利斯·扬的批判政治哲学思想探究"（19YJC710064）的阶段性研究成果。

资本主义现实问题的重要理论视角。恰如霍布斯鲍姆所说,"我们无法预见21世纪世界所面临的问题的解决方案,但是,倘若这些解决方案要获得成功的机会,它们就必须提出马克思所提出的问题,即便它们不愿意接受马克思的各类信徒所给出的答案"。①

现代社会,资本主义发展呈现出一些新的特点。一方面,全球化的资本主义世界在一些关键方面与马克思所预见的世界极为相似。另外,资本全球化、福利国家的出现、媒介技术的发展等给资本主义社会带来改变的同时,也使其陷入结构性困境。伴随新科技的发展、经济紧缩以及生态的持续恶化等,全球范围内出现种种危机,矛盾不断凸显。秉承马克思的批判精神和解放意旨,英国的马克思主义学者和左翼学者致力于探究这些时代课题,并关注当代资本主义发展的最新特征及变化。通过借助马克思等思想资源,英国的马克思主义者在数字资本主义批判、女性主义批判、生态主义批判、新自由主义批判等方面提供了一些值得关注的新视角和新观点。在对资本主义社会的危机进行批判和诊断的同时,他们也积极寻求替代性的解决方案,重塑共产主义理念,试图建立更加美好的社会。本文试图从以下几个方面介绍英国左翼学者和马克思主义者的最新研究视角及思想意义。

一、数字资本主义批判

众所周知,当代社会是一个数字化的社会。数字技术、媒介传播等深深影响着人们的生活,改变了人类的生产方式和交往方式,同时也改变了当代资本主义的存在样态。随着信息技术和互联网的发展,"媒介技术批判""网络社会批判"等成为西方左翼批判的新领域。近年

---

① 转引自俞吾金:《探寻马克思的当代意义》,《马克思主义与现实》2014年第1期,第201页。

来,数字资本主义批判也日益成为一些学者的研究热点。①

  英国威斯敏斯特大学教授克里斯蒂安·福克斯(Christian Fuchs)是数字资本主义批判方面的著名代表。福克斯专注于媒介与社会的关系、媒介与传播的政治经济学,以及数字媒介与信息技术的伦理等问题的批判性研究,在西方学界具有广泛影响。在《在数字资本主义时代重新阅读马克思》②中,福克斯致力于考察马克思思想与数字资本主义时代的关联。自2008年以来,意识形态危机、经济危机以及新自由资本主义的现状要求我们重新思考马克思。在福克斯看来,倘若要有效地拒绝资本主义,我们必须真正地理解马克思。而今天的马克思主义必须理论化这样的内容,即传播技术、媒介表征以及数字化究竟是如何重新定义当代资本主义的。对于马克思主义的批判性知识而言,这是一项紧迫的需要。这些批判性知识不仅是我们改变世界的重要基础,也意味着从数字资本主义转向传播社会主义以及数字共产主义的交往方式。在福克斯看来,数字和传播资本主义是今天资本主义的重要维度。在当代资本主义社会,知识劳动、数字传播技术以及信息商品等起到重要作用。在这个背景下,重新阅读马克思意味着在21世纪以一种历史的和辩证的方式继续发展马克思的阶级分析和资本主义批判,也意味着去考察资本主义如何不仅是一种经济形式,也代表着改变和破坏人们生活、社会以及自然的社会形式。通过探究马克思许多有影响力的著作(如《资本论》《德意志意识形态》和《共产党宣言》等),福克斯重新援引马克思的机器、技术、传播和意识形态等概念,并指出这些概念预见了数字时代的重要主题。在美国左翼学者、"交往资本主义"的提出者乔迪·迪恩(Jodi Dean)看来,福克斯是当代资本主义媒介研

---

① 其中著名的研究学者包括乔迪·迪恩(Jodi Dean)、叶夫根尼·莫罗佐夫(Evgeny Morozov)、尼克·戴尔-威瑟福特(Nick Dyer-Witheford)、马克·安德列耶维奇(Mark Adrejevic)以及弗雷德·特纳(Fred Turner)等人。
② Christian Fuchs, *Rereading Marx in the Age of Digital Capitalism*, London: Pluto Press, 2019.

究的世界著名马克思主义分析者。福克斯指出了马克思对于理解今天世界的重要性,也帮助人们理解如何对其进行改变。

另外,值得关注的是福克斯与大卫·钱德勒(David Chandler)合编的文集《数字化客体、数字化主体:大数据时代中资本、劳动与政治的跨学科视角》①,其中对数字资本主义进行了更加具体和跨学科的分析。福克斯和钱德勒认为,现时代是一个数字化的时代。通过破坏主体与客体、国家与社会、政治与经济、公共与私人、消费与生产、时间与空间、心灵与身体、劳动与娱乐、文化与自然、人类与后人类等的传统二元体系,数字化转变从根本上改变了政治的未来。在这一背景下,他们探究了在数字化主客体以及大数据时代中的行动主义、研究以及批判。福克斯和钱德勒指出,存在两种数字化发展的主张:乐观主义者断言"数字化"的承诺,其中包括新的共同体形式、认知和感觉的替代性方式、创新、参与文化、网络行动主义以及分散民主等;悲观主义者则认为,数字化技术不仅带来了积极的改变,通过新的控制形式、网络专制主义和剥削以及非人性化的监督社会,数字化技术也深化和扩大了支配。对于数字化对社会的影响以及数字化行动主义的潜力、陷阱、限制以及形态的相关主张,文集提供了多样化的跨学科评价。其中,反思的主要问题在于:计算社会科学、数字人文学科以及无所不在的数据化是会导致威胁批判性研究的数字化实证主义,还是会导致理论与社会的新视野。这些问题的关注和思考对于我们重思现代社会人与技术、人与数字之间的关系具有启发意义。

在《资本是死的:这样更糟么?》②中,麦肯齐·沃克(Mckenzie Wark)对信息资本主义的新机制进行了批判性分析。沃克致力于媒介

---

① David Chandler and Christian Fuchs, eds., *Digital Objects, Digital Subjects: Interdisciplinary Perspectives on Capitalism, Labour and Politics in the Age of Big Data*, London: University of Westminster Press, 2019.

② Mckenzie Wark, *Capital is Dead: Is This Something Worse?* London: Verso, 2019.

理论、批判理论以及全球信息资本主义的研究,她最有名的代表作是《黑客宣言》(2004)①,在这本书中,通过考察信息时代的阶级划分,沃克批判了数字文化和全球时代的信息商品化。在《黑客宣言》的基础上,沃克在新书中进一步考察了信息资本主义的特征及表现,并讨论了一种新的统治阶级——"引导者阶级"(Vectoralist Class)。这个新出现的阶级并不掌握任何生产资料,他们通过占有和控制信息而获得权力。而且,通过运用信息的力量,这种新阶级可以绕过劳动和社会运动所导致的任何阻碍。在沃克看来,尽管技术乌托邦主义的辩护者们庆祝作为资本主义改进的技术创新,但是对工人和世界而言情况可能变得更加糟糕。例如,就像肖莎娜·祖博夫(Shoshana Zuboff)在《监控资本主义时代》②中所指出的,一些大型公司和数字平台通过技术监控主导资本主义社会,从而构建了一种新的资本权力控制体系。其中,技术成为预测和控制人类行为、为资本牟利的工具,进而导致社会的不平等。美国学者加勒特·皮尔曼(Garrett Pierman)指出,沃克的著作在当代左翼政治理论中作了一个及时的介入。自福柯开始,在批判传统中试图更精确地勾勒当下的新兴权力经济一直是左翼政治理论的课题。全球信息资本主义的发展增加了这一任务的复杂性。伴随数字领域出现新的劳动空间,也出现了新的剥削形式和阶级斗争,这些新的变化需要左翼学者的关注。沃克的著作为分析这些变化和路径提供了一种启发性的参考,并在当代马克思主义研究中促进了当代经济的历史唯物主义分析。

二、女性主义批判

近年来,伴随 metoo 运动、女性主义运动的兴起,性别压迫和性别

---

① McKenzie Wark, *A Hacker Manifesto*, Carrbridge, MA: Harvard University Press, 2004.
② Shoshana Zuboff, *The Age of Surveillance Capitalism*, New York: Public Affairs, 2018.

剥削问题越来越受到人们的关注。作为透视社会正义、实现人的解放的重要向度,女性主义和性别平等也成为英国左翼学者关注社会现实、反思资本主义的重要方面。性别压迫和性别歧视问题非常复杂,它往往与资本主义、帝国主义、种族主义、后殖民主义等问题交织在一起,因而也有着不同的诊断和解放视角。值得关注的是,在性别压迫的诊断方面,英国马克思主义和左翼学界重新燃起对社会再生产理论以及女性斗争的兴趣。

尽管马克思主义与女性主义之间存在着复杂的关联①,从马克思主义的角度探究性别压迫一直是女性主义研究的重要议题。早在20世纪60、70年代,一些女性主义学者就开始建立马克思主义与女性主义的联结。过去十年来,围绕"社会再生产理论"的相关讨论重新获得学界关注。其中,英国普卢托出版社出版的《社会再生产理论:重绘阶级、重思压迫》②就是这方面的代表性著作。在导言中,女性主义著名研究学者、主编提泰·巴塔查里亚(Tithi Bhattacharya)指出,社会再生产理论(Social Reproduction Theory,简称SRT)关注与生产过程不同、但具有重要意义的社会再生产领域。在她看来,与从价值、剩余价值入手去思考资本主义剥削与压迫的视角不同,社会再生产领域也是理解当今资本主义社会不平等和剥削的重要领域。在马克思那里,劳动是人类历史的首要前提。但是,资本主义虽然承认市场的生产性劳动,而那些支撑和再生产工人的大量的家庭的、社群的劳动却容易被无视。巴塔查里亚认为,SRT理论从两个方面扩展了对马克思主义和资本主义的传统理解。一方面,SRT理论对"经济"提供了更加广泛和详细的解读。按照这种观点,将经济仅仅理解为包含工人和资本家的系统是

---

① Hardi I. Hardman, "The Unhappy Marriage of Marxism and Feminism: Towards a more Progressive Union", *Capital and Class*, vol. 3, no. 2 (Summer 1979), pp. 1 – 33.

② Tithi Bhattacharya ed., *Social Reproduction Theory: Remapping Class, Recentering Oppression*, London: Pluto Press, 2017.

不充分的,这种理解无法考察更加广泛的社会再生产系统。另一方面,SRT 理论将(性别、种族等方面的)压迫视为是由资本主义生产所塑造的结构性问题,而不是一种边缘化的分析或者与经济进程相分离的附属问题。通过这种方式,SRT 理论也建立了马克思主义理论与具体的压迫研究之间的对话。巴塔查理亚指出,马克思只是潜在地指出了社会再生产与生产活动的关系,但遗憾的是,他未能予以详细阐发。巴塔查理亚希望通过社会再生产理论研究,让原本被忽视了的性别歧视、种族压迫等非生产性劳动的剥削和压迫,能够与生产领域的剩余价值剥削一道受到马克思主义学者的重视。

另外,英国马克思主义学者也肯定女性主义运动之于左派运动和社会解放的价值和意义。在《危机中的团结?紧缩英国中的无政府主义、女性主义和左派合作的界限》一文中,丹·基思(Dan Keith)等人分析了目前英国左派面临的困境及女性主义的重要性。其中,基思主要讨论了三种反抗行动:无政府主义、女性主义、马克思主义和社会主义行动。基思认为,考虑到左派观念和实践的融合,需要关注目前左翼政治的"女性主义转向"。这是因为:(1)性别作为一种权力关系,在包括左派行动在内的所有社会行动中扮演着型塑话语和实践的作用。当追溯性别操演时,女性主义提醒我们注意:性别问题并不总是意图行为的结果,重要的是去探究性别压迫是如何在不知不觉、甚至是不情愿的情况下发生的;甚至在一些进步性的行动团体中,不同个体行为和集体行为也潜在地再复制着性别歧视和等级观念。(2)鉴于女性主义作为社会运动和媒体讨论所具有的可见的活力,英国左派对未来的反思需关注女性主义的努力。(3)社会运动不是统一的、静止的实体,而是带有多种边界的情境化的、流动的反抗方式。因而,需要观照包括性别解放在内的不同的行动目标,从而促进左派政治的发展。另外,基思还指出,在当下政治话语中占支配地位的女性主义实际上是个体化的、新自由主义女性主义的变体,而早期"社会主义的女性主义"(socialist feminism)对资本主义的系统批判已经趋向边缘化。因而,他建议找出

"女性主义的社会主义"(feminist socialism)发展的阻碍,关照性别解放旨趣与其他解放意旨的联结,从而增强左派的团结。①

针对当前女性斗争存在的理论和实践问题,巴塔查理亚与南希·弗雷泽(Nancy Fraser)、辛西娅·阿鲁萨(Cinzia Arruzza)的合著《99%的女性主义:一份宣言》②引发学界广泛关注。该书被称为是"新全球女性主义宣言"。在书中,三位作者主要总结了过去三年来国际妇女罢工所带来的教益,介绍了马克思主义关于资本主义压迫妇女的基本观点,其主要目标在于描绘一个反资本主义的女性主义。在她们看来,这种女性主义既反对精英阶层的新自由主义女性主义,也反对阶级简化论。新自由主义的资本主义导致了全球经济、社会、政治和环境的危机。自由主义的女性主义未能解决根深蒂固的不平等体制,这是导致性别压迫的根源所在。如果女性主义赋权只服务于1%的人群,那么,这样的女性主义就是空洞的,且会忽视绝大多数工人阶级女性以及底层女性的真实处境。只有以工人阶级女性诉求为优先项的、具有广泛基础的女性主义,才能创造一个更加稳定、平等和人道的社会秩序。作者试图描述一种普遍主义和相互协作的女性主义,它与反种族主义、酷儿、环境、移民以及劳动权利等运动团结在一起。所以,该书既是一本思想著作,也是一本行动指南。作者试图通过这样一份宣言,呼吁新的国际主义和反资本主义的女性主义运动,并争取更好的世界运动的社会和政治的联结。

综上,女性主义批判关注资本主义对于性别平等和性别解放的影响,并探究现代社会不同压迫形式的产生机制,具有重要的理论和实践意义。鉴于现代社会性别劳动分工以及"私人领域"的压迫仍然存在,

---

① Bice Maiguashca, Jonathan Dean, Dan Keith, "Pulling together in a crisis? Anarchism, Feminism and the limits of left-wing convergence in austerity Britain", *Capital and Class*, vol. 40, no. 1 (January 2016), pp. 37–57.

② Cinzia Arruzza, Tithi Bhattacharya, Nancy Fraser, *Feminism for the 99%: A Manifesto*, London and New York: Verso, 2019.

社会再生产理论及相关的马克思主义的女性主义分析视角重新开启了人们对性别压迫和资本主义之间关系的思考,这依然是当代女性主义进行性别诊断和阐释的重要维度。

三、生态主义批判

当今人类社会不仅遭遇经济危机,也面临着严重的生态和环境危机,如气候变化、水资源短缺、生物多样性锐减、海洋污染等。全球化时代,一些生态问题已经超越国家和地区的界限而成为全球性的问题。因此,气候和环境问题引发人们越来越多的关注,而且逐渐成为左翼学者热议的话题。伴随着人类生存环境的日益恶化,生态危机和环境保护议题也成为英国马克思主义研究关注的焦点之一。

英国诺丁汉大学的莱纳·格伦德曼(Reiner Grundmann)试图立足于人类中心主义立场建立马克思主义与生态学之间的内在关联。格伦德曼不同意西方绿色思潮对"支配自然"观念的批判,认为这些批判将"支配自然"观念归咎于近代理性主义哲学二元对立的理论确定,并将这种设定视为生态危机的根源。与一味地批判"支配自然"的观念不同,格伦德曼借鉴马克思思想对这一观念进行了辩护。他认为,"支配自然"是人的力量释放的前提和基础,是人类文明发展的基本诉求,它不应受到道德谴责。生态危机的原因在于人类支配自然的方式不合理:在资本主义条件下,这种支配行为以工具理性和经济理性为主导的方式存在。因而,对待自然的正确方式不是去盲目地征服,而是对其进行合理地开发利用。共产主义条件下的控制自然是人类控制自然的最高境界。

牛津布鲁克斯大学的大卫·佩珀(David Pepper)也是英国生态马克思主义的主要代表之一。他坚持生态社会主义是一种人类中心主义和人道主义,批判资本主义制度导致的社会不公和环境退化。佩珀认为,资本主义以利润为导向,这就决定了它要不断地掠夺自然,并把自然作为获取利润的对象。因而,他反对将资本主义社会中人与自然的矛盾凌驾于社会矛盾之上,或者将二者等量齐观。在佩珀看来,生态问题主要是由对待自然的特殊方式带来的。资本主义生产方式不仅决定了资本主义社会中人与人之间剥削与被剥削的关系,而且也决定了人类与自然的关系,即资本主义对自然的剥夺是资本主义剥削的一部分。这样,对自然的支配并不是造成生态危机的原因,而是资本主义利润最大化的生产方式导致了生态危机。由于资本主义生态矛盾的存在,使得可持续发展及"绿色资本主义"成为不可能。

此外,佩珀还关注发达国家向发展中国家转嫁生态危机的生态殖民主义问题。在他看来,环境质量与社会物质财富的丰裕或缺乏紧密相关,西方资本主义国家通过对第三世界国家资源的掠夺来维持和改善自己的环境,使之成为全世界羡慕的对象。跨国公司对世界的无尽掠夺及资本主义全球化,造成了发展中国家和落后国家的生存困难,如土地沙化、污染严重、粮食供应不足、资源短缺、南北差距增大等问题。为了解决生态危机问题,佩珀提出"生态社会主义"构想。他认为,生态社会主义需要生产力的发展,不能单纯为了保护环境而使经济发展处于停滞状态。只有理性和人性的经济增长,生态危机才能得到减缓和遏制。因而,当代生态社会主义者除了考察整个世界的复杂性之外,还要关注生态社会主义的实践性,并且建构顾及社会环境、关注生产的社会需要的替代性选择,而非仅仅考虑资本利润、满足消费主义。①

德里克·沃尔(Derek Wall)被称为是继佩珀、泰德·本顿(Ted Benton)和萨拉尔·萨卡(Saral Sarkar)之后欧洲新一代生态学马克思主义者,他致力于阐述生态社会主义的全球视野和国际向度。② 沃尔指出,"绿色资本主义"方案已经遭受全球性失败。原因在于以市场或

---

① David Pepper, "On Contemporary Eco-socialism", in Huan Q. ed., *Eco-socialism as Politics*, Dordrecht: Springer, 2010, pp. 33 – 44.
② 详见蔡华杰:《生态社会主义的全球视野与国际向度——德里克·沃尔的生态社会主义思想述评》,《华中科技大学学报》(社会科学版)2013 年第 4 期。

技术为手段的解决方式最终受益的是资本主义,在资本逻辑和利润追逐的驱使下,生态危机不可能会得到解决;而且,某些环境问题具有全球性质,因而需要世界性的、而非地方性的措施才能真正解决。沃尔强调,生态社会主义才是替代资本主义解决生态问题的方案。其中,包括尊重自然的生态学原则,建立恰当所有权的共同体,以及把国家之间的跨国合作与民主原则相结合等具体方案。此外,沃尔还强调生态社会主义的社会关怀、平等价值等内容。① 总之,沃尔在全球视野下将生态社会主义分析与政治哲学分析联系起来,并关注现实的生态运动,通过阐明生态社会主义的替代性选择,推进了生态社会主义的理论与实践的融合。

综上,在生态学马克思主义看来,资本主义生产关系、阶级关系直接导致了环境退化和生态危机,即资本主义制度是导致生态危机的真正根源。英国生态学马克思主义批判以生态视角为切入点,围绕着马克思主义与生态学的关联、如何支配自然、生态政治等问题对资本主义统治的新形式进行了反思,重新审视了人与自然、生态问题与资本主义制度的关系,以及社会平等与环境正义等议题,开拓了资本主义批判的视野,有助于理解和探究解决生态问题的实践方案。

四、新自由主义批判

今天,新自由主义市场经济蔓延全球。为了拯救资本主义,新自由主义试图通过私有化和自由市场来延缓资本主义的结构性矛盾和危机,但却导致了许多社会政治经济问题,造成了新的剥削方式和不平等。新自由主义批判也成为英国马克思主义学者思考和关注的热点,其中涉及新自由主义、帝国主义、全球资本主义等方面的批判。他们从

---

① Derek Wall, *The Rise of the Green Left: Inside the Worldwide Eco-socialist Movement*, London: Pluto Press, 2010.

不同角度揭示资本主义的新特征和新变化,深化了资本主义的批判和研究。

1. 新自由主义分析。在《新自由主义、市场社会主义与后资本主义》一文中,大卫·莱恩(David Lane)指出,新自由主义是一种综合性的意识形态,将市场竞争视为是提升人类福祉的最好途径。这种市场竞争通过资本、劳动力、商品和服务的自由流动,以及私有财产保护与最低限度的国家监管来实现。新自由主义强调,个人利益只能通过激烈的市场来实现,国家和社会不能统筹所有的利益,"交易经济"是协调动态经济的很好的形式。新自由主义虽然推动了资本主义全球化的发展,但也导致了许多社会困境。其中关于替代新自由主义,莱恩总结了两种观点:(1)企业要考虑社会责任而非仅仅追求利润最大化;(2)市场社会主义作为一种替代新自由主义的意识形态,具有理论和实践的可行性。另外,莱恩还介绍了新诞生的"后资本主义"思潮。"后资本主义"批判资本主义全球化,认为资本主义将被内部产生出来的新形式取代,并以信息技术、信息产品和协作生产为基础。但是,"后资本主义"依然存在着生产力与生产关系的矛盾,有可能导致一种技术决定论,忽略所有制关系以及全球化企业对经济和国家的影响。虽然指出了改变的可能性,但莱恩对当前的反资本主义运动仍保持怀疑。①

2. 新帝国主义批判。"冷战"结束后,世界经济和政治格局发生了重大变化。一些左翼学者认为,与传统的资本主义自由竞争阶段不同,资本主义垄断阶段表明其已经进入帝国的时代。在运行机制上,资本在全球的统治已经不再直接借助国家强力。因而,由资本竞争导致的主权国家的地缘政治问题不再重要。在《帝国主义和全球政治经济》一书中,卡利尼科斯围绕全球资本主义运行机制对帝国主义进行了分析,并关注主权国家在全球资本主义运行机制中的地位。具体而言:

---

① [英]大卫·莱恩:《新自由主义、市场社会主义与后资本主义》,黄斐编译,《国外社会科学》2017年第3期。

(1)考察了列宁—布哈林对帝国主义分析的历史有效性,从而更深入地理解两种不同的竞争形式:地缘政治竞争与经济竞争。卡利尼科斯指出,一旦帝国主义被概念化为两种竞争形式的"交叉"(intersection),"洲际竞争就被整合进更大的资本积累进程中,而且这一进程会持续很长时间"。① 因此,在现存国际体系发生变化的情况下,要超越对帝国主义的简单解读。(2)通过将国家体系整合进资本主义生产方式来分析帝国主义。卡利尼科斯认为,国家体系的持续不能被理解为仅仅与资本主义的过去有关,它作为资本主义竞争逻辑的必要的伴随物能够帮助资本主义政治系统的再生。(3)由于在全球竞争中所处的历史情境和经济地位不同,帝国主义呈现为不同的形式。现代帝国主义批判的重点是要理解经济逻辑与地缘政治逻辑如何彼此强化,并分析在全球政治经济秩序中不同的帝国主义形式是如何被建构的。卡利尼科斯在对帝国主义概念进行批判性重估的基础上,提供了反思当代资本主义的独特路径。

约翰·史密斯(John Smith)的《21世纪帝国主义:全球化、超级剥削和资本主义的最后危机》也是新帝国主义批判的代表性著作。在书中,史密斯结合马克思的价值理论和列宁的帝国主义理论,考察了新自由主义全球化时代资本主义国家的发展特征和剥削状况。他指出,生产全球化反映了跨国企业的权势大幅拓展,其中绝大多数跨国企业来自帝国主义国家。其中,史密斯基于许多具体实例深入揭示了当今帝国主义如何通过"全球劳工套利"(global labor arbitrage)方式剥削被压迫的国家的,即这些跨国企业为了降低成本、获得利润,通过外包或引进移工,以廉价的国外劳工代替本国工人。这是生产全球化的主要驱动力。史密斯指出,新自由主义全球化是资本主义发展的新帝国主义阶段——在这个阶段,资本输出与民族压迫密不可分。而且,经济的本

---

① Alex Callinicos, *Imperialism and Global political economy*, Cambridge: Polity Press, 2009, p. 15.

质定义了帝国主义的本质：即北方资本家对南方活劳动的剥削。史密斯强调，超级剥削（指高于全球平均值的剥削率）的盛行与资本主义的系统性危机相关，"帝国主义国家的消费水平及其剥削率是由南方工人的生产力及其工资所决定的"。① 该书荣获首届巴兰—斯威齐纪念奖，对全球资本主义特征和剥削方式的分析具有重要贡献。

3. 全球资本主义批判。纵观当前世界局势，全球化进程和世界秩序正在发生新的变化。即便全球化已深入人心，但现在仍面临巨大的挑战。一系列国际事件表明，作为全球化推动者的美欧正在收缩，世界开始出现"逆全球化"或"反全球化"的现象，民族主义、民粹主义浪潮兴起。针对这一现状，值得关注的是著名左翼学者迈克尔·哈特（Michael Hardt）和安东尼·奈格里（Antonio Negri）的文章《帝国：20年之后》②。在该文中，哈特和奈格里考察了《帝国》写作20年之后当代资本主义发生的新变化，并对全球资本主义进行了批判。他们指出，当《帝国》首次出版的时候，全球化的经济进程和文化进程占据了核心舞台，每个人都会看到某种新的世界秩序正在出现。今天，全球化又一次成为核心的问题。但是，现代政治光谱中的评论家们正在实施事后检查。例如，一些欧洲或北美的权威政治分析者会哀悼自由国际秩序的衰退，新的统治势力则呼吁国家主权的回归、削弱贸易条约、预示贸易战以及抨击超国家机构等，从而激发了种族主义以及反对移民的暴力。即使一些左翼学者也宣布一种复兴的国家主权，并将其视为反对新自由主义、跨国企业以及全球精英的防卫武器。面对这样的局面，哈特和奈格里认为，全球化并未死亡或衰退，但是却不容易辨认。全球化秩序虽然面临着危机，但这些危机并未阻止全球化结构的持续性法则。

---

① John Smith, *Imperialism in the Twenty-First Century: Globalization, Super-Exploitation and Capitalism's Final Crisis*, London: Monthly Review Press, 2016, p. 220.

② Michael Hardt and Antonio Negri, "Empire, Twenty Years On", *New Left Review*, vol. 120 (Nov/Dec 2019), pp. 67–92.

在他们看来,重要的是去探究过去二十年来的两种趋势:一是包括但不限于民族国家力量的变化的全球治理体制;二是全球资本主义生产和再生产结构的趋势。同时,在全球语境下,识别和促进反抗和解放潜力的关键在于阐释规则与剥削的首要结构。

五、社会构想和替代性方案研究

在全球资本主义危机背景下,英国马克思主义研究者除了揭示当代资本主义的新特征及其内在矛盾之外,还试图提供关于资本主义的替代性选择。正如美国政治哲学家塞拉·本哈比(Sara Benhabib)所指出的那样,社会批判分析除了规范阐释维度,还需要解放乌托邦维度,后者在某种程度上对经验分析起到规范引领的作用。尽管马克思并未详细阐发未来社会究竟是什么样子,他只是希望"在批判旧世界中发现新世界",但关于共产主义、未来社会构想及资本主义替代性选择等仍然是一些英国马克思主义学者试图探究的课题。

首先,当今激进左翼思想家的一个重要理论关注是"共产主义的复兴",其中,"新共产主义"成为马克思主义研究的热点之一。在这方面,值得关注的是英国政治理论家艾伦·约翰逊(Alan Johnson)的文章《新共产主义:恢复乌托邦的妄想》①。在文中,约翰逊将奈格里、哈特、巴迪欧、齐泽克等人对共产主义的新阐释视为"新共产主义"学派。金融危机的爆发使人们对资本主义经济系统产生怀疑,从而为新共产主义创造了政治空间。新共产主义的吸引力主要在于,它宣称当代自由资本主义社会的诸多危机不仅是系统性的,而且是相互关联的;立法改革无济于事,只有通过革命方式才能解决这些问题。新共产主义者梦想着在21世纪重新锻造共产主义"假说"的存在方式,并希望从对

---

① Alan Johnson, "The New Communism: Resurrecting the Utopian Delusion", *World Affairs*, vol. 175, no. 1 (May/June 2012), pp. 62 – 70.

抗体系的过程中产生出新共产主义运动。针对这一理论视角，约翰逊认为，作为大写的"理念"或永恒的"假说"，"新共产主义"变成了"旧共产主义"的单纯重复。除了在理论层面无视曾经的历史经验之外，也容易对现实施暴，即诉诸极端暴力解决现实问题。他指出，需要警惕新共产主义成为左翼极权主义的一种形式。约翰逊的分析关注共产主义的规范内容，启发了当下对"新共产主义"实践困境的反思。

其次，针对现代社会劳动、技术等的新发展，一些左翼学者致力于对"共产主义"理念进行再阐发。例如，在《全自动享受共产主义宣言》①一书中，亚伦·巴斯蒂尼（Aaron Bastani）勾勒了基于现代科技与社会发展的新的共产主义构想，提出了超越工作、匮乏以及资本主义的一种新社会的另类政治。巴斯蒂尼认为，在21世纪，新科技的发展将人们从劳动中解放出来，自动化成为每个人通往自由、享受以及幸福世界的重要道路。在马克思对新社会的描述中，其中一个特征就是消除劳动与享受、体力劳动与脑力劳动之间的区别，也即从"必然王国"进入"自由王国"。巴斯蒂尼指出，所谓"共产主义"指的是一个超越匮乏，也即享受的世界，科技的进步为人类未来发展提供了新的视野。在书中，巴斯蒂尼召唤了一种新的希望，并展现了我们如何获得丰富的能源、克服工作问题、超越生物限制，以及为每个人建立有意义的自由等内容。在巴斯蒂尼看来，这种社会预示着历史真正的开始，而非历史的终点。

在《器具意识：社会媒介时代的集体思维、意志与行动》②中，乔斯·汉兹（Joss Hands）则呼吁一种"器具共产主义"（Gadget Communism）。与巴斯蒂尼对技术发展的乐观态度不同，汉兹更加关注现代社会人工智能的发展及科技的应用对于人类社会的挑战，并试

---

① Aaron Bastani, *Fully Automated Luxury Communism: A Manifesto*, London: Verso, 2019.

② Joss Hands, *Gadget Consciousness: Collective Thought, Will and Action in the Age of Social Media*, London: Pluto Press, 2019.

图提供改变的可能性出路。在这本书中,汉兹从政治与社会系统角度出发,对社会媒介时代的器具意识以及新的社会政治力量进行了理论探讨。在他看来,所谓"器具"指的是诸如智能手机之类的事物。这些器具不仅反映了人类的思想,也改变了人类的思维和意识,成为人们日常生活中不可分割的一部分。同时,人类生活也受到不同程度的控制和剥削。汉兹认为,今天网络器具的普遍存在提供了社会政治变革的新机会,但也具有陷入异化和麻木的危险。资本主义推动了器具的产生,同时器具也加强了资本主义的运行模式。对于人们会通过共享连接提高自我意识,还是会任凭资本主义的"器具大脑"推动自己不断消费,汉兹进行了探究,并指出了未来的两种可能:一种是反抗式的"器具共产主义",即通过科技解放人类,实现人类的共同利益;另一种则是剥削式的技术资本主义。在他看来,器具意识主要从两个方面考察了作为历史政治力量的意识的改变:一种是依据感觉的个体意识,一种是阶级意识。汉兹认为,以"关怀、成长与团结"为指导的社会主义器具意识将是最好的方向,并强调集体行动与集体协作的新形式。

此外,约翰·霍洛威(John Holloway)是有关资本主义替代方案研究的代表性学者。霍洛威是英国开放的马克思主义(Opening Marxism)①的创立者,曾著有《裂缝资本主义》②、《居于、反对与超越资本主义》③等书。霍洛威批判以资本和国家为中心的传统资本主义和历史目的论,强调对资本主义的超越需要在体制上打开裂缝。在《我

---

① "开放的马克思主义"(Open Marxism)是这样一种马克思主义流派,它借助于对共产主义的自由社会主义批判,强调通过基于马克思"实践反思性"概念的辩证方法对实践和历史敞开的需要;在对马克思思想进行反思的同时也借鉴卢卡奇、阿多尔诺、海德格尔等人的思想,批判黑格尔主义的马克思主义研究路径,推崇不确定的历史观;主要代表人物有霍洛威、西蒙·克拉克(Simon Clarke)、维尔纳·博内费尔德(Werner Bonefeld)等。
② John Holloway, *Crack Capitalism*, London:Pluto press, 2010.
③ John Holloway, *Against, and Beyond Capitalism:The San Francisco Lectures*, CA:PM Press, 2016.

们就是资本的危机》一书中,霍洛威指出,资本主义的危机既是资本的危机也是支配的危机。它是资本无法有效剥削我们以维持其自身利润率的表达,是资本无法使我们完全服从其逻辑的表达,也是资本无法以不断扩张的方式形塑我们日常活动的表达。在这个意义上,我们就是资本的危机,而资本的斗争就是让我们更加有效地服从。所以,霍洛威强调,对于任何支配系统来说,不服从都是一个核心的问题。在他看来,我们就是不服从本身。我们既是攻击的对象,也是希望的对象。霍洛威呼吁人们通过不服从抵抗资本的逻辑。这与霍洛威在《裂缝资本主义》等书中所表达的主题一致,即对资本主义体制的反抗是无休止的否定运动,体现为各种矛盾、断裂、对抗和拒绝,正是在这些裂缝中存在着"解放的希望"。

在《清晰的光明未来:人类的激进辩护》[1]中,英国伍尔弗汉普顿大学客座教授保罗·梅森(Paul Mason)从人道主义的立场出发分析资本主义的替代方案。梅森深受马克思主义的人道主义,尤其是马克思的《巴黎手稿》以及杜娜叶夫斯卡娅思想的影响。在书中,梅森延续了其在《后资本主义:我们未来的指引》[2]的批判视角,揭露现代社会的经济和政治通过数字以及算法控制着人类的生活,创造了"新自由主义的自我"(neoliberal self)。他指出,技术的发展虽然将人类从工作、物质以及一些疾病中解放出来,但是它仍然需要受到人类的掌控。在梅森看来,掌控的关键在于微观层面的抵抗:拒绝执行市场资本主义所要求的程序,反对压迫和暴力。他认为,仅仅为新技术强加伦理规则、安全标准以及审慎的规则是不够的。他倡议人们为了创造未来必须开始行动。同时,这种行动也需要一种形塑抵抗的共享的道德哲学。因此,他呼吁重塑人文主义,并提供一种新的人类视角,其中人类不再

---

[1] Paul Mason, *Clear Bright Future: A Radical Defence of the Human Being*, London: Penguin, 2019.

[2] Paul Mason, *PostCapitalism: A Guide to Our Future*, London: Penguin, 2016.

是木偶、消费者或机器中的齿轮。通过考察不确定时代的社会、经济以及政治力量,梅森提供了通往人类未来的一种乐观指引。

综上所述,通过提供当代资本主义社会的批判及替代性方案分析,英国马克思主义在新的历史条件下继续发展,并呈现出多维度、跨学科、批判性、全球意识等特征。社会批判的目的不是危机管理,而是通过危机诊断来鼓励未来的改变,从而可以更好地促进社会的变革和人的解放。面对现代社会的种种困境和问题,英国马克思主义的最新研究有助于我们把握资本主义社会的内在矛盾和危机,同时,也有助于继承和发展马克思的批判精神与解放精神,从而更好地应对和解决新的时代课题。由于经验主义和工人运动的传统,英国的马克思主义研究具有本土特征,且在理论诊断与现实改变之间仍然存在张力。在研究视域和现实关注等方面,当代资本主义批判还需理论和实践的继续探索。

(作者 上海外国语大学马克思主义学院讲师)

A Critique of Contemporary Capitalism
——New Perspectives from British Marxist Studies

Sun Xiuli

Abstract: In recent years, British Marxist studies have flourished and have been characterized by multi-dimensionality, interdisciplinarity, criticality and global awareness. Around the crisis and dilemma of contemporary capitalism, British Marxist scholars, while inheriting and developing the historical legacy of Marxism, have provided rich diagnostic analysis and emancipatory strategies concerning contemporary capitalist society. This paper attempts to show new perspectives of British Marxist studies from several aspects, such as digital capitalism critique, feminist critique, ecological critique, neoliberal critique and new society of the future, so as to provide theoretical inspiration for our deeper understanding of capitalism, while also showing that the critique of British capitalism needs to be further deepened and expanded at the levels of theoretical horizon and practical concerns.

Key Words: British Marxism; contemporary capitalism; social critique; alternatives.

"加速"资本主义制度精神分裂化

——德勒兹资本主义批判三重视域论析

张 能

摘要：德勒兹曾长期致力于批判资本主义的研究。德勒兹对资本主义的批判内在地包含着三重视域或向度：资本主义的欲望经济学批判，即以压制的权力去操控欲望；资本主义的精神分析批判，即精神分析对欲望的投射纠缠于俄狄浦斯的图形或结构，而无法达到力比多的社会包围这一层面；资本主义国家装置的批判，即它代表着对各种欲望流动力进行捕获或者摧残的权力组织。在德勒兹看来，要在资本主义这个制度寻找创造力，方法就是要使这个制度精神分裂化，即通过精神分裂令资本主义制度不断分裂分化，破坏其集权等级系统，从而实现新的事物创造的可能。或者说，通过对资本主义的批判性分析，德勒兹希冀或者呼唤的是一种新的创造和新的力量的到来。

关键词：德勒兹 资本主义 欲望 生产 精神分裂 战争机器

德勒兹作为后马克思主义的代表人物，曾多次声称自己就是马克思主义者(Marxists)。德勒兹说道："迦塔利和我仍然是马克思主义者，在我和迦塔利两种不同的思维方式中，但是你或许可以看到我们在思考政治哲学时都会转向对资本主义的分析，并且这种分析的思维方式已经得到推进。我们会发现，在马克思那里，最令人感兴趣的事情就是,马克思将资本主义作为一内在的系统(immanent system)来进行分析。"①德勒兹继承了马克思对这一作为"内在系统"的资本主义分析的理路,对表征资本主义社会的固化的思维教条(如生产—欲望、精神分析、战争机器等等)进行了批判攻击。譬如,在德勒兹看来,生产—欲望就是资本主义对欲望的一种编码;精神分析就是一种对资本主义的投射或反映;战争机器的目的不再是作为实现国家制定的目标和方法,而是资本积累本身等等。德勒兹反对"生成—欲望"论、权充资本主义木偶的"精神分析"和着力于同质化的国家思维,其实在另一个层面即在反对资本主义社会的种种思想、政治、经济的规训和控制,进而在资本主义制度中寻找一种创新的潜在力量。德勒兹这种致力于资本主义制度分裂化的努力,在某种意义上就是加速资本主义的流动,实现制度本身的分裂化。

一、加速资本主义欲望经济:"单义性"的欲望流

在德勒兹与迦塔利早期合著的《反俄狄浦斯》一书中,德勒兹提出了欲望其实就是一种生产,而不是一个缺乏。然而,资本主义制度所规定的欲望往往是对某物的一种"缺乏",即将欲望与"缺乏"关联在一起,比如阉割情结(弗洛伊德),抑或欲望总是欲望着对象的欲望(拉康)。

弗洛伊德的欲望根植于本真性的自我(das Es)即"冲动",这种"冲动"构成了被抛弃和压制的欲望的一种显现。然而在拉康看来,欲望不根植于冲动,它关联的仅仅是对他者的欲求,"欲望(desire)总是表现为对他者的欲望(desire of other)"②。"拉康所称谓的欲望为它者

---

① Glles Deleuze. Negotiations 1972–1990, translated by Martin Joughin, New York: Columbia University Press, 1995, p.171.
② Pieter De Vries. "*Don't compromise your desire for development*! *A Lacanian/Deleuzia rethinking of the Anti-Politics machine*", Third Word Quarterly, Vol. 28, No. I, 2007, p.32.

微小的客体(small objects of other)所触发,而这个他者微小的客体即作为欲望升华了的客体而触发着欲望"①。拉康的欲望表现为他者的欲望,而且此欲望总是受客体的触发而表现出某种"伪"的性质。人的欲望作为"伪我要"的欲望而表现出,这种"伪我要"是无意识的行为,并且这种无意识的"伪我要"消解了那个作为无意识基础的本能原欲的结构。"伪我要"的欲望总是虚假的,你以为是你自己需要,而恰恰从来都是承载着他者的欲望。伪欲望理论的表达就构成了拉康欲望哲学的核心。拉康进一步说,欲望也不同于弗洛伊德所讲的心理性愿望——"然而,不同于弗洛伊德对索福克勒斯的俄狄浦斯的诠释,拉康并没有责备哈姆雷特自身所被压抑的情绪感受,而是暗示格特鲁德自身对于克劳迪亚斯的欲望让哈姆雷特远离了阉割的情结和他想要知道的东西"。② 这也即是在说愿望是有意识的,而欲望是无意识的。

无论是弗洛伊德的根植于"冲动""压抑"的欲望观,还是拉康所说的"伪我要"的欲望观,在德勒兹看来,都是资本主义社会控制形态下"欲望"观的典型代表。这种欲望观,即将欲望作为一种精神性的心理活动,或者说它是源于一种匮乏。当我们欲望、欲求一个东西的时候,恰恰在说明我们自身是缺乏这个东西,存在一个空虚,需要外来的东西加以填补。但是,德勒兹所理解的欲望是趋向于外部运动的。在一般意义上,我们也将欲望与外部对象关联在一起,但是这种关联它指向是内在这一缺乏/空虚性,即把外在对象内在化,来填补其内在的空虚性(空缺)。然而,"对于德勒兹和迦塔利来说,真正的政治需要它思索性欲的流动、生成和反俄狄浦斯的差异:它反对这样一种观点即认为儿童压抑其对母亲的欲望变得跟父亲一样。真正反俄狄浦斯的欲望是

---

① Pieter De Vries. "*Don't compromise your desire for development! A Lacanian/Deleuzia rethinking of the Anti-Politics machine*", Third Word Quarterly, Vol. 28, No. 1, 2007, p. 32.

② Kristyn Gorton. *Theorizing desire from Freud to Feminism to film.* London: Palgrave Macmillan, 2008, p. 18.

'孤儿'：它没有身体上的认同或者家园"①。在德勒兹看来，欲望既不是根植于无意识的，也不是作为对某种对象客体的欠缺。相反，它是无家园的、无身份认同的，它是差异之流。这种表征差异之流的欲望与生产相关联。"欲望生产是通过力比多的投入而产生现实，就像社会生产通过劳动力的投入而产生现实一样。因此，欲望不是作为一种幻象，而是作为一种精神生产和有形生产而规定的"②。

为了彻底破除资本主义的源于缺乏的欲望观，德勒兹不仅将欲望与生产结合起来，同时，还将欲望与机器并置，即认为欲望就是生产机器。德勒兹在这里所谈论的机器是一种"抽象机器"（abstract machine），这种"机器"它区别于"技术性的机器"（technical machines）。抽象机械是内在于聚合体的/组合体的，聚合体表达的是一种异质性的聚合。在这种方式下，人并不是作为"技术性机器"的一部分，而是"抽象机器"的部分，也就是说我们是机器，在这种意义上，我们的欲望必定与机器相关联，而这种机器必须被连接到欲望的非技术化的过程（non-technical processes of desire）当中，以使得机器得以运转。③ 诚如古廷（Gary Gutting）所言，"他们谈论'机器'并不是要赞成任何一种机械论或者决定论，而是要强调欲望的多产性。用他们的话说，一部'机器'是一个生产的（创造的）实体，说我们是欲望的机器就是说构成我们存在的欲望在其本身就是创造的成就，而与被欲望之外的诸因素（世界、人性）决定的缺失不相对应"。④ 每一个思想个体的人都是一台小机器，"生产"以及"产生"一些东西是机器自身的效果。"生产属于这样一类事物，它总是要'嫁接'到作为生产的产物上，由此，欲望生

---

① Colebrook C. *Gilles Deleuze*. London：Routledge，2002，p. 143.
② Adrian Parr. *The Deleuze Dictionary*. Edinburgh：Edinburgh University Press，2005，p. 65.
③ Eugene B，Genosko，Gary，& Watson，Janell. *The Deleuze and Guattari Dictionary*. London：Bloomsbury，2013，p. 17.
④ Gutting Gary. *French philosophy in the twentieth century*. NewYork：Cambridge University press，2001，p. 341.

产是作为生产的产物而存在着,正如每台机器是作为连接其他机器而存在的一样"。① 机器之间处以相互"连接"之中,并无独立自为。"机器之间相互驱动,驱动其他机器的机器或者被其他机器所驱动,在驱动之间会携带相应必要的链接。一台器官机器被另一台能源机器所接入(couplage):一台机器所生产的能量之流为另一台机器所截断(coupe)"②。欲望自身就是一部机器,它构成万物生产的原因,它总是制造着与局部客体以及别的欲望机器的连接。

德勒兹的"欲望—生产"强烈抵制"辖域化","欲望—生产"关涉的只是一种(对资本主义的)斗争性和对抗性、流动性与生产性。"反俄狄浦斯试图找寻到'解辖域化'(deterritorialized)的欲望之流,这些欲望之流未被汇编入俄狄浦斯的编码程序,同时辖域化了的神经质患者、欲望生产/机器作为逃逸线逃离了俄狄浦斯的编码(code)"③。在这里,逃离俄狄浦斯的编码就是逃离资本主义的编码。因为,资本主义将欲望作为一种被"编码"的欲望来看待,致使所有的欲望都呈现为一种"生产—欲望",它也是一种缺乏性的欲望。在这种资本主义"编码"的欲望之中,所有社会整体的概念都需由意识形态来界定。而对于德勒兹来说,这些对社会整体(权力)的常见解释的问题,是与利益一起产生的:它假设我们来到这个世界的时候总是带着现成的理念或者欲求某种特定的目的的欲望。而德勒兹的方法是去解释,这些利益(个人主义、或资本主义)是如何从欲望(具体的身体连接)之中产生的。④ 换言之,德勒兹所要探寻的是一种"微观"的层面,他追求的是一种"解码"的"单义的(univocal)欲望流"。这种欲望之流之所以是"单

---

① Deleuze G,& Guattari F Ì. *Anti-oedipus:capitalism and schizophrenia*. New York:viking press, 1977, p.6.
② Deleuze G,& Guattari F Ì. *Anti-oedipus:capitalism and schizophrenia*. New York:viking press, 1977, p.1.
③ Deleuze G, & Guattari F Ì. *Anti-oedipus:capitalism and schizophrenia*. New York:viking press, 1977, p.xvii.
④ Colebrook C. *Gilles Deleuze*. London:Routledge, 2002, p.92.

义的",是因为,"在它之中无任何权力的形式可以作为其他权力形式的基础,权力并不压迫我们,而是生产我们"①。据此,德勒兹凭借此"单义性的欲望流"的理论来诠释普遍存在于资本主义和当代社会的精神分裂症这一现象。其实,德勒兹对"流"这一概念的使用可以追溯到凯恩斯那里,并将"流"这一概念与马克思的生产概念进行了整合。马克思认为,我们可以从资本这一视角来回顾世界历史,德勒兹亦从中受到启发,认为对历史的解读可从持续解码的流(a progressive decoding of flows)来进入。②

德勒兹指出,欲望作为具备生产的能力,它开端于连接,通过与其他欲望机器的连接,生命的力量得以扩充,这些连接和生产最后形成了社会的整体。德勒兹的微观政治欲望哲学从"反语境"的角度揭示:"欲望连接所形成的社会整体这一概念并非是通过意识形态来形成的,相反,社会整体是积极的和生产性的,社会整体采用欲望,那是为了生产出利益,即被编码的、组织化的欲望形式"。③ 在德勒兹的理论中,欲望体现了一种装配和生产的能力。作为一种欲望——生产它不再是一种法令或者法则,它也不再盲目地追求某一个目标,也永远不可能停止。相反,它四处狂窜,它表征了某种例外的可能,即破除资本主义的等级体制和塑造的新的理论及生活形态。

一般意义上,我们认为在《反俄狄浦斯》一书中德勒兹极力倡导革命和解放的政治实践活动,其实,在某种意义上相较于革命和解放,德勒兹更关注于资本主义的欲望经济学这一主题,即对以"俄狄浦斯"情结为核心的资本主义展开全面的心理分析。这种分析其实质表现为对资本主义(编码)制度的抵抗。并且,德勒兹还重点考察了这些资本主义体制是如何从欲望之中产生出来的。

---

① Colebrook C. *Gilles Deleuze*. London: Routledge, 2002, p. 94.
② Daniel W. Smith. *Essays on Deleuze*. Edinburgh: Edinburgh University Press Ltd, 2012, p. 166.
③ Colebrook C. *Gilles Deleuze*. London: Routledge, 2002, p. 91.

二、加速资本主义的绝对极限——精神分裂

依据德勒兹而言,关于欲望的生产其实刚开始是由精神分析学所发现的,弗洛伊德发现了作为力比多的欲望、生产的欲望,而同时他又不断地使用力比多在家庭中的表现(俄狄浦斯)并一再将之异化。德勒兹说:"欲望生产、无意识生产是精神分析的重大发现,但是,一旦俄狄浦斯进入其中,此发现便迅速地被埋葬在一系列新的唯心主义的标语之下:古典的剧院为无意识的工厂所替代;表现为无意识的生产单元/部件所代替;一个不能推动任何事物除了表达它自身之外的无意识——在神话中,悲剧,梦——为生产性的无意识(inconscient productif)所代替"①。德勒兹并没有否定精神分析学这一发现,他所在意的是,是否将之转入俄狄浦斯的三元结构(爸爸—我—妈妈)之中。因为,在德勒兹看来,俄狄浦斯所代表的三元结构是充分配合西方资本主义制度下的核心的家庭单元。也就是说,精神分析与现行的资本主义制度的发展是相契合的,没有对资本主义的现行制度提出任何的挑战或者制衡的作用。"家庭里的三元结构其实是对资本主义制度中的另一个三元结构——领导者/资本家(爸爸)、欲望的客体/消费品(妈妈)、雇员/消费者(我)的表征。因资本主义制度所产生的反常或者变态,被纯粹解释成只属于私人或个体的精神心理病。主流的精神分析学,仿佛就是一个修理厂,把有问题的毛病的构件,用一套划定的解释去治理和定位。可以修理好的,便送返资本主义制度中作正常运作;无法修理的,就有一套有系统的方法来加以控制,以防止对制度本身可能产生任何破坏性"②。德勒兹的欲望理论构想反对精神分析学,其重要

---

① Deleuze & GuattariFÎ. *Anti-oedipus: capitalism and schizophrenia*. NewYork: vikingpress, 1977, p.24.
② 罗贵祥:《德勒兹》,东大图书公司,2016年,第83页。

的挑战就是认为生命和欲望的理念不能源自一个封闭的有机体。对德勒兹来说,弗洛伊德精神分析学问题是,它通过封闭的个体或者自我来开始它的分析,而非在政治学、社会学上来解释自我的问题。在德勒兹看来,生命并没有原初的封闭状态(俄狄浦斯的三元结构),也就是说,生命并不起源于封闭的有机体,而是起源于生命的涌动。德勒兹并不让欲望来反对生命,相反,生命就是欲望之流,欲望就是生命通过创造与转变而实现的扩张。

德勒兹反对固置于俄狄浦斯三元式结构的精神分析,因为这种模式分析纠缠于俄狄浦斯的图形或结构,它只纠缠于家庭的包围,而无法达到力比多的社会包围这一层面。据此,德勒兹将欲望的生成投放到整个社会层面。整个社会俨然就是一台巨大的生产着欲望的生产机器。"他们表达主体,或者原型的主体是作为欲望机器(desiring-machines)来看待的,后来,在资本主义和精神分裂症的第二卷即《千高原》中,这个欲望生产的理论被扩展到自然社会世界,的确,这里两种机器之间不存在本质的区分,即无论作为人的机器和作为自然社会的机器"①。社会这台生产机器在"社会体"(socius)这一假想的平面塄域当中实现它欲望的生产。德勒兹认为,"社会体"它的主要职责就是协调社会物质流和对欲望流进行编码,它也是社会生产过程的行为者。在德勒兹的表达中,"社会体"对一切流进行编码并对社会的物质流进行控制与调节,在不同性质的社会中,社会欲望生产机器据此会变换成不同的历史形式,如辖域机器、专制机器和资本主义机器。与此同时,也存在着三种不同形式的"社会体",即大地、君主与资本。所以,德勒兹说道:"欲望生产和社会生产都是同一个生产机器,但是并不是属于同一社会制度,也并不是对综合(syntheses)的同种运用"。②

---

① S. O'Sullivan. *Art Encounters Deleuzeand Guattari*: Thought Beyond, London: palgrave Macmillan, 2005, p. 24.
② Deleuze G, & Guattari F Ì. *Anti-oedipus*: *capitalism and schizophrenia*. New York: viking press, 1977, p. 288.

精神分析与俄狄浦斯是联系在一起的,它囿于家庭的"坐标",同时它属于资本主义,这即使得德勒兹批判的矛头瞄准它,德勒兹所宣扬表达的精神分裂分析在一定程度上表达了对资本主义的批判。正如 Eugene W. Holland 所言:"精神分裂将精神分析界定为是对资本主义的反映或者投射,作为历史唯物主义精神病学的精神分裂分析,不仅要求精神分析的理论遵循无意识的综合,而且所有社会关系都应该符合无意识综合。因此,在马克思主义意义上,精神分裂分析是革命性的而精神分析则不然"。① 对于德勒兹而言,《反俄狄浦斯》的首要目标就是被称作"历史唯物主义精神病学"的精神分裂分析取代囿于家庭坐标的精神分析。伊丽莎白·卢迪内斯库也说道:"这位属于人群和多样性的哲学家表示,他要以公设为基础,重新思考人类社会的历史;而依据这个公设,资本主义、专制暴政和封建主义就会在一个'成功的'——也就是摆脱了所有精神病学话语控制的;处于自由状态的、脱离了异化的疯狂——精神分裂症的欲望机器中找到其限度。正是在这点上,德勒兹展开了对精神分析的重要批判"②。而且,德勒兹强调,"就欲望,尤其是精神分裂的欲望而不是就理性而言,无意识也是根据特定的一套综合来运作从而加工并构成经验,而精神分析则必须符合这些程序,否则便是无效的"③。在此基础上,所以德勒兹说,精神分析从根本上说都是抑制欲望机器的一种器具,而绝不是无意识本身的一种形成。

德勒兹称他们的方法为精神分裂分析法,此种方法与精神分析方法不同,精神分析的方法在衡量事物时更倚重于神经机能病与阉割,而

---

① Eugene W. Holland. *Deleuze and Guattari's A Thousand Plateaus*:*A Reader's Guide*, New York:Continuum Publishing Corporation, 2013, p.7.
② [法]伊丽莎白·卢迪内斯库:《风暴中的哲学家》,汤明洁译,华东师范大学出版社,2018年,第295页。
③ Eugene W. Holland. *Deleuze and Guattari's A Thousand Plateaus*:*A Reader's Guide*, New York:Continuum Publishing Corporation, 2013, p.7.

"精神分裂症分析开始着手分析有关精神分裂症患者的失败与突破"①。正是在这个意义上,分裂分析可以被视为一种后现代理论/实践,并试图创造出新的后现代思维模式和政治观点。在《反俄狄浦斯》中,德勒兹这样描述精神分裂分析的理论:"精神分裂症的理论的构想奠基于三个概念,这三个概念构成了这个理论自身的三元模式:分裂、自闭、时空或者在世界之中……,对于这三个概念来说是很普通的,因为它们通过'身体形象'这一媒介将精神分裂症的问题同自我联系了起来。自我的概念,如同父亲—母亲(papa-maman),早已为精神分裂者所摈弃。自我或者说指涉到另外一个层次,已经超出了与之关联的问题域"②。在这里,"精神分裂者"并不是一种精神疾病,它能够对资本主义生产模式产生一种抗衡、挑战的效用。"德勒兹和迦塔利所理解的精神分裂者,其实泛指艺术家、科学发明家、革命分子及一切具有创造性的人。精神分裂才是资本流动的最终极限,但资本主义不可能到达最终极限,否则整个制度便会崩溃,所以资本主义制度必定要控制精神分裂这个绝对极限,而最有效控制精神分裂的方法,就是以'俄狄浦斯'为本的心理分析学"③。也正是在这个意义上,"精神分裂"就是资本的边界。德勒兹在《反俄狄浦斯》中一直坚持认为,精神分裂者不是革命的分子,但是精神分裂这个过程却潜藏着巨大的革命力量。德勒兹和迦塔利是以拉康对"精神分裂症者"的解释作为出发点,去对抗以"俄狄浦斯"所代表的统治世界,寻找一种革命的解放的力量。据此,"精神分裂者"构成了对抗资本主义及现有制度的一种新生力量。

我们知道,在精神分裂分析下的欲望阐释是将欲望看待成一个生产的过程,而且还被认为是一工业"生产"的过程。德勒兹攻击精神分

---

① Deleuze G, & Guattari F Ì. *Anti-oedipus: capitalism and schizophrenia*. NewYork: viking press, 1977, p. xvii.
② Deleuze G, & Guattari F Ì. *Anti-oedipus: capitalism and schizophrenia*. New York: viking press, 1977, p. 22 - 23.
③ 罗贵祥:《德勒兹》,东大图书公司,2016年,第94页。

析的主要原因在于他们认为精神分析把欲望机器变成了一个被动的再现剧场,把欲望限制在俄狄浦斯和家庭这一有限空间之中。而这种对欲望的"辖域化",即将欲望限制于俄狄浦斯和家庭之中,不只是精神分析学的理论方法,而同时也是"辖域"(资本)对所有欲望生成的固化,然而,亦如 Claire Colebrook 所说的那样,"德勒兹反对资本主义,它更意味着对资本主义出现的力量的一种拦截:即倾向于同一、整体量化、通过一种尺度或'辖域'(资本)对所有生成进行固置"。[①]

三、加速资本主义"国家装置":游牧民

德勒兹对资本主义制度的精神分裂分析不仅仅只局限于社会领域,同时它还涉及政治生活的层面。如对资本主义国家装置的批判和对战争机器(the war machine)作为"非战争"形式的肯定。德勒兹反对资本主义的"国家装置",进而在一种开放式、生成式的语境中形成了"游牧者"这一概念。

德勒兹的"游牧者"这一概念其自身就是对国家式思维模式(城邦思维模式)的剥离,国家式思维与游牧式思维是相对立、斗争的。国家式思维其本质即是一种层级式、总体化的捕获,它总是将所有的(商品、金钱等)予以承纳而汇入中心式的集体。国家思维在其本质上就是捕获,划定界限,创造出同质化的事物。游牧式思维却与国家式思维相对抗,它总是想抵制这种外化驾驭的枷锁或者控制,游牧者总是通过发明千方百计的技术来反抗国家式的思维,他们通过一种漫游者的身份来抵抗征服他们的国家层化权力。根据德勒兹,这种游牧者带有一种精神分裂革命式所具备的思想倾向,即主动逃亡边缘,逃离中央集权,拒绝身份认同,等等。但是,德勒兹又说道,不能将精神分裂者与革命分子混迹一团,精神分裂描述的只是革命的潜力,而不是有关革命活

[①] Colebrook C. *Gilles Deleuze*. London: Routledge, 2002, p. 65.

动的现实策动。并且,这种游牧式的思维关联到战争机器这一重要的概念。

所谓的战争机器,绝对意义上来讲并不是以战争作为其目标,它与战争无任何实质性的联系。战争机器寻求着战斗,但在另一种情形之中,战争机器则从根本上回避着战斗。严格意义上的战争似乎确实以战斗为其自身的目的,但游击战则明确以非战斗(non-bataille)为目的。战争的发动最早并不是由国家操持的,战争并不构成国家的目的对象,毋宁说正相反,古老的国家看起来也并不拥有战争机器,它们所拥有的为统治服务的警察或者监狱的机构。这些古老的国家之所以顷刻间消失于历史的茫茫洪流之中,无一例外都是为游牧者所发明的战争机器所摧毁的。也正是战争机器回击、摧毁了那些古老的国家。然而,国家很快就接受了历史的教训——将战争机器据为己有。但是,如何将战争机器据为己有,即为自己构造出一部与国家统治目的相一致的战争机器? 我们所说的军队或者军事机构,其实都不是战争机器本身,而仅仅是国家为了将战争机器据为己有而不得已为之采取的形式。也就是说,当国家将战争机器据为己有之时,战争机器就明显地改变了其自身的本性和功能,因为它现在转而用来对抗游牧民族和所有那些国家的毁灭者。也正是国家将战争机器据为己有之后,战争机器才试图将战争作为其自身的目的。概而论之,国家机器将一部战争机器据为己有,战争机器将战争作为其目的对象,而战争又沦为国家目的的附属物,这三者是同时进行的。因而,"问题更在于对战争机器的占有,绝非去实现战争这一目的。国家装置将战争机器据为己有、使'它'从属于政治的(politiques)目的,与此同时,又将战争作为它的直接目的对象"①。这即是说,战争机器与战争二者并不存在必然性的联系,只有当其基本策略与国家装置产生抵牾时(受到国家装置的阻碍),战争才成为战争

---

① [法]德勒兹、迦塔利:《资本主义与精神分裂(卷二):千高原》,姜宇辉译,上海书店出版社,2010年,第548页。

机器可供选择的唯一目标。总体上,德勒兹对战争机器这一概念并未给出准确的定义,与国家装置相比较而言,它更趋于一种自在的存在,它直接指认的是解域化、创变、生成。

德勒兹进一步指出,战争机器与线性装置有关。战争机器作为线性装置,它自身是建构在逃脱线之上的。战争机器的基本功能就是解域,产生逃逸线。正是此意义上,它才指涉空间。"对于德勒兹来说,战争机器不失为一种特别的占领(occupying)的、扩展的、时空(space-time)或者是创造新的时空的方式,诸如革新运动、艺术性的运动,在这个意义上讲,都是战争机器"①。当然,此空间不是一般意义上的"空间",它是"平滑(lisse)空间"。根据德勒兹的描述,"平滑空间"是持续变化流动的、局部区域多元并置的空间,它实行的是局部定向的,是个异质的、开放的区间。而作为游牧民族的"漫游者"躲避着国家装置的"辖域化"与操控,并进入到相关的"平滑空间"当中。德勒兹把国家装置本身与领土、土地和非领土化这样的一些限定关联在一起,进而指出,当领土不再被继续开发即纳入一种即时比较的对象范畴,并由此卷入一种非领土化的运动时,国家装置便诞生了。德勒兹曾经区分了两类:"绝对去领土化"和"相对去领土化"——前者的典型就是游牧民族,而后者的典型就是资本。作为游牧民族的游牧者,不断越出旧的空间,从一个地方跑到另一个地方,创造新的空间。作为对抗着内向的暴政体的游牧者居于这样一种空间形式,即趋于开放性的、不确定性的、非同质性的和非共通性的,这种非闭合的空间即德勒兹所说的"平滑空间"。例如,我们现实生活中的沙漠、草原、冰原或者海洋等都属于"平滑空间"这类范畴。平滑空间正是最小偏离的空间,因为它不具有同质性,除非是在无限接近的点之间,而邻域(voisinages)之间的连接则是独立于任何确定的路径而实现的。它是一种"接触的空间"(un

---

① S. O'Sullivan. *Art Encounters Deleuze and Guattari*: *Thought Beyond*. London: palgrave Macmillan, 2005, p.82.

espacede contact),微小的(触觉的或手的)接触活动的空间,而非一个视觉的空间(就像欧式几何的层化空间)。平滑的空间是一个场、一个异质性的平滑空间与一个极为特殊的多元体的类型连接在一起:非度量的、无中心的、根茎式的多元体,它们占据空间,但却不"计算"空间。在德勒兹看来,作为发明战争机器的游牧者既不能等同于移民。对于土地的不同关系可以很好地解释这种差异。移民与土地的关系是"解辖域化"伴随着再"结辖域化",也即,当他们撤离了现存的土地,表征着解除了对原有土地的辖域化,而等到他们抵达一个新的地方后,又会重新建立起对新土地的辖域化关系(结辖域化)。然而,对于游牧民来说,不存在所谓的解辖域化—结辖域化二重化关系。具体而言,游牧民真正意义上构成了土地的解辖域化,大地作为其生活的唯一支撑,是流动的生产生存的唯一平面,没有统一固定的模式。由此,游牧式生存本质上已经是解辖域化的或者是正在解辖域化的生存。当然,游牧者既不能等同于移民的同时,也不能将它仅在的唯一即作为异质性的平滑空间,它是指逃逸于权力、组织官僚对其控制和编码的后现代主体。如同他们早先推崇分裂主体那样,德勒兹现在拥护游牧者。德勒兹说:"考古学家引导我们不要将这种游牧主义设想为原初状态,而应将它看作惯于定居的群体突然发起的一次冒险,这些定居群体为一种移动魅力、一种外向性魅力所推动"①。只要受到"外向性魅力"的驱动,他们就会逃离资本主义社会体制的编码。

罗斯·布拉多蒂曾提倡游牧主体:即通过多样的行动和干预而形成多样性身份认同的身体。将一个人指认为女人、白人、中产阶级,等等,并不是对存在的质疑,这些只是与政治差异的其他身体和其他事件相遭遇的结果而已。② 同时,这个作为由游牧者发明的"战争机器并不能仅仅被理解反资本主义(anti-capitalist),至少有左翼(left wing)上的

---

① 汪民安、陈永国编:《尼采的幽灵》,社会科学文献出版社,2001年,第167页。
② Colebrook C. *Gilles Deleuze*. London: Routledge, 2002, p.150.

意义,的确,资本主义是我们时代的光滑空间。然而,战争机器反对这种因为对欲望的控制而造成的堵塞(blockages)在'解辖域化'的流上形成'再结域'(reterritorialisations)"。① 也就是说,战争机器是作为抵制资本主义相对解域的力量而规定的,它总是趋向于绝对解域的,据此,在政治意义上,它属于"前卫派"(avant-garde),而不是属于民主大众的。

总而言之,亦如 Eugene W. Holland 所言,无论是战争机器还是游牧者都是作为"物种内社会组织问题"的"解决之道"的形式而呈现的。游牧者指向了这样一种人类生活状态:所有社会组织的模式都是内聚于群体活动本身的,而不是由一个超验的要求凌驾其上。在此,正是这个概念的组成成分,描述了各种不同游牧主义的实例、评估他们创造性重复的潜质。② 对于德勒兹而言,游牧民倾向于经历不同的实验或者体验,其目的不在于抵制确定的再现的思想形象,而是要不断去激活原始流动、创造的能力,也只有经历这种流动的力量与变向冒险的体验及经验过程,才能真正地改变资本主义现有事物既定的形态。换言之,德勒兹的游牧哲学强调,在一种鼓动的流向中来破除一系列的资本主义社会组织控制及规范,并在这种破除中表达一种生产的效应及能力。

四、结语:资本主义制度的精神分裂化

从上面的论述我们可以得知,德勒兹批判哲学试图加速资本主义的流动率、催动资本主义制度的分裂化。德勒兹反对"生成—欲望"论、权充资本主义木偶的"精神分析"和着力于同质化的国家思维,其实在另一个层面即在反对资本那种使得资本主义出现的理论/力量

---

① S. O'Sullivan. *Art Encounters Deleuze and Guattari*: *Thought Beyond*. London: palgrave Macmillan, 2005, p.81.
② Eugene W. Holland. *Deleuze and Guattari's A Thousand Plateaus*: *A Reader's Guide*. New York: Continuum Publishing Corporation, 2013, p.127.

(如同一或同质)。在资本主义当中,不在乎什么东西(如商品、金钱等等)在轮回流动,只要它在不断地处于流动当中即可。因为,只有在不断地流动当中,资本主义才可以通过资本对所有的生成进行编码("符码化"),也即对欲望可以进行压制甚至摧残。资本主义表面上是一种鼓吹吞并、无限量扩张的制度。资本超越了国家、民族、文化而渗透于世界的每一个角落。工人变成了生产的流动力,在市场上可以自由地出卖劳动力,而货币可以购买这些劳动力,从而使金钱变成了极富弹性的金融流动力。在某种意义上说,在资本主义当中,所有的东西都用金钱来衡量并纳入市场化的机制之中,金钱变成唯一的衡量尺度。"就目前来说,资本主义可以将任何时代作为一个可获得的商品(available commodity)来看待:我们观看历史剧目,穿'复古'的时装,购买人工制品和历史纪念品,甚至将其他的文化计入市场当中作为一种基于我们自身文化'更落后的'或者'更原始的'版本来看待"①。当然,我们不可否认的是资本主义具有"解辖域化"这一积极倾向,但是,这种"解辖域化"毕竟会伴随着"再辖域化",也就是说,资本主义所具有的解域力量只是相对的,并非绝对。亦如贝斯特、凯尔纳所说的,"资本主义作为一种世界性的制度在消解旧的控制形式时对新的控制形式的生产"②。资本主义就是在这种"消解"与"生产"中构成了其自身相对的解域力量。而具有绝对解域力量的是精神分裂症者和游牧者,而这也是德勒兹对后资本主义社会真正具有绝对"解辖域化"力量的一种期待。

总之,从德勒兹有关资本主义批判三重视域的论析中可以看出,德勒兹并没有提供任何一种取代资本主义制度新的方案。或许在德勒兹看来,重点不在于通过批判来建构一种新的制度方案,关键在于通过描

---

① Colebrook C. *Gilles Deleuze*. London:Routledge,2002,p.66
② [美]贝斯特、凯尔纳:《后现代理论:批判性的质疑》,张志斌译,中央编译出版社,2001年,第110页。

述这种现存体制的运行机制(力量的互动关系),进而去寻求一种新的创造和新的力量。无论是欲望机器、无器官身体还是游牧民,它们只是作为力量凝聚的短暂的形式,当力量产生变向或者彻底消失时,这些临时短暂的形式也会随之发生改变。德勒兹所倚重的区别于精神分析的分裂分析就是这样一种对力量变向过程的描述,它的目的就在于彰显某种活力和真正的创造性,而并非要得出一个确定的结论或者固定的再现形象。根据德勒兹的论述,资本主义并不是一个充满创造力的制度系统,它只是操控权力、利益及控制人的一种策略。当我们说资本主义充满了无限的创造力,很多时候是因为它掌控了高技术的发明或者新的观念,但是这些高科技技术或者观念很快会变成约束和控制人的一种技术。① 由此,对于德勒兹而言,要在资本主义这个制度里寻找一种新的创造力,其前提就必须要使资本主义这个制度本身实现精神分裂化,而只有精神分裂者才能抵抗资本主义制度,也只有精神分裂者或者游牧者才能使得资本主义制度不断分裂分化,破坏资本主义集权等级系统,从而实现创造新的事物的可能。

(作者　西南大学西方马克思主义研究所副教授)

---

① 具体参阅罗贵祥:《德勒兹》,东大图书公司,2016年,第91—95页。

"Accelerating" the Schizophrenia of Capitalist System
——On Deleuze's Critique of Capitalism from Three Perspectives

ZHANG Neng

Abstract: Deleuze has been devoted to the study of critical capitalism for a long time. Deleuze's critique of capitalism inherently contains three perspectives or dimensions: the critique of capitalism's economics of desire, that is, manipulating desire with the power of suppression; The psychoanalytic criticism of capitalism, that is, the psychoanalytic expression of desire, is entangled in Oedipus's figure or structure, and cannot reach the level of libido's social encircling; The critique of the capitalist state apparatus is that it represents the power organization that captures or destroys all kinds of desires. In Deleuze's opinion, to find creativity in the system of capitalism, the way is to make this system spiritual fragmentation, that is, to make the capitalist system constantly divided and divided through schizophrenia, destroy its centralized hierarchy system, so as to realize the possibility of creating new things. In other words, by critical analysis of capitalism, deleuzschild may have called for the arrival of a new creation and a new force.

Key Words: Deleuze; capitalist; desire; produces; schizophrenic; war machine

赖特·米尔斯与英国新左派的资本主义批判理论建构*

卢 鹏　韩 昀

摘要： 作为英国马克思主义发展的重要载体,英国新左派在其理论建构过程中广泛吸收了不同理论家的研究成果。其中,美国社会学家赖特·米尔斯在"破"与"立"两个基本维度对其产生了极为深刻的影响：一是批判当代发达资本主义社会的民主制度和大众文化；二是建构资本主义社会中左派知识分子的历史任务和政治目标。但现实语境和理论资源的不同又导致两者存在明显差异性。通过考察米尔斯和英国新左派的理论对话过程,有助于我们从更客观的学术史角度理解并评价英国马克思主义理论的价值与不足,并从整体背景下把握当代西方左派的现实关怀和理论初衷所在。

关键词： 赖特·米尔斯　英国新左派　资本主义批判　政治目标

作为20世纪重要的社会学家和文化批评家,赖特·米尔斯(Wright Mills, 1916—1962)不仅是美国新左派的精神先锋和思想导师,更对英国新左派等欧洲左派理论的思想建构产生了重要影响。当

---

* 基金项目：本文系福建省中国特色社会主义理论中心一般项目(2019ZTD05)的阶段性成果。

前,国内相关研究者更多地将注意力放在阐明英国新左派与其内部传统的理论渊源之上,虽然多少指认过米尔斯和英国新左派之间的理论关联性,但始终缺乏具体的论述。不可否认,英国新左派的理论面貌确实具有鲜明的民族性特点,但如果过分强调产生它的民族语境,则会在潜意识层面支持了佩里·安德森(Perry Anderson)、汤姆·奈恩(Tom Narin)等人对英国新左派生成期的指责和攻击,即早期新左派不过是一群狭隘的民族主义者,他们不仅对英国激进主义传统盲目自信,更在理论上完全不具有任何国际视野。但事实上,这些批评是不公允的。通过考察米尔斯对英国新左派理论建构过程的影响,有助于我们对英国新左派兴起和发展的学术史历程有更为清晰的认识,并从整体上把握当代西方左派的现实关怀和理论初衷所在。

20世纪50年代,苏共二十大的召开、英国侵占苏伊士运河等一系列重大事件相继发生,造成了英国共产党党内的严重危机,众多党员退出党组织。① 退党之后,其中一些知识分子和另一些独立知识分子集结在一起,形成了我们今天所熟知的英国新左派,成为当代英国马克思主义发展的主要载体。众所周知,早在19世纪末,英美政府均已开始着手建立并完善资本主义社会保障制度,但两次世界大战在阻断英国建立进程的同时,却极大推动了美国的经济发展,并使美国在20世纪20—30年代率先完成福利国家建设。战后英国在经济恢复良好的态势下奋起直追,终于在40年代末宣布建成福利国家。这种经济发展所走的相同轨迹以及美国成为世界中心的现实,令英国新左派从诞生之日起就发现,本国的社会面貌正是美国经济学家约翰·加尔布雷斯(John Galbraith)在《丰裕社会》(*The Affluent Society*, 1958)中对美国社会的描绘,即人民生存状况明显改善,物质生活水平迅速提高,劳资

---

① 英国共产党在此期间退党人数约七八千人,占英国共产党总人数五分之一,参见 Michael Waller and Meindert Fennema. *Communitist Party in Western Europe Decline or Adaptation*, Basil Blackwell Ltd, 1988, pp. 241 - 242。

矛盾极大缓解,消费主义全面兴起。与这种社会状况相适应的是,美国理论界在20世纪上半叶已经出现了一系列影响力较大的相关研究成果。于是,这些分析也顺理成章地被后来的英国主流理论界用来理解变化了的英国社会。其中,具有重要影响力的有阿道夫·伯利(Adolf Berle)、加德纳·米恩斯(GardinerMeans)合著的《现代公司与私有财产》(The Modern Company and Private Property,1938)和丹尼尔·贝尔(Daniel Bell)的《意识形态的终结》(The End of Ideology,1960)等著作。前者分析了美国公司制兴起带来的影响和后果,宣称"产业财富的'所有者'仅仅剩下象征性的所有权"。① 其言下之意就是,在发达资本主义国家经济生活中占主导地位的现代公司形式已经成功实现了所有权和统治权的分离,物质财富的占有者不再享有政治上的统治权。后者则以文化问题为中心,指认在战后福利国家建设中,左派和右派在政治意义上的趋同化已成为不争事实,作为意识形态的马克思主义逐步烟消云散了。究其实质,这些理论最终不过是宣扬处于福利社会阶段的资本主义国家已经实现了本质的蜕变,不再是马克思所批判的那种资本主义国家了。或者换句话说,资本主义在不断发展中必然能够克服自身局限,马克思的社会主义已经丧失了历史合法性。这种高度相似的现实和理论语境为米尔斯和英国新左派提供了天然相同的"理论基因":他们不仅要同美英国内这些维护资本主义制度的理论作斗争,更要在批判的基础上提出当下左派知识分子的理论与价值诉求。因此从整体看来,米尔斯对英国新左派理论建构的影响可以从"破"与"立"两方面来进行具体的分析与阐释。

一、对当代资本主义民主制度和文化的全面批判

米尔斯对美国民主制度的抨击,集中于他20世纪40—50年代出

---

① [美]阿道夫·A. 伯利、[美]加德纳·C. 米恩斯:《现代公司与私有财产》,甘华鸣、罗锐韧、蔡如海译,商务印书馆,2007年,第78页。

版的三部曲之中[《权力新贵》(New Man of Power, 1948)、《白领》(White Collar, 1951)和《权力精英》(The Power Elite, 1956)]。这三本著作分别以劳工领袖、新兴的中产阶级和统治阶级为研究对象,全方位图绘了美国阶层和权力的现状,揭露了美国政府沾沾自喜的"民主制度"的实质,指出美国社会的统治权仍掌握在少数人手中的社会现实。这些研究在理论逻辑、路径、结论等方面均给予英国新左派以重要启发,并在如下两方面得到了集中展示。

一、对美国理论界占支配地位的民主学说进行全面反击,力证发达资本主义社会中财产所有权和统治权力之间不可分的联系。在米尔斯看来,不论是打着"精英"还是"多元"旗号的民主论,都不过是"缺少严格的分析和社会学想象的结果"①,是那些已经投身于美国保守势力的知识分子的谎言,真正的社会现实是,"军事领袖、企业行政官、政治董事,倾向于齐心协力,共同组成美国的权力精英"②。在此纲领的激励和指引下,英国新左派的成员们也开始对当时英国统治阶级大力宣扬的民主社会论进行批判,正如其重要代表人物拉斐尔·萨缪尔(Raphael Sameul)所说:"新左派相信过夫的统治阶级仍然毫发无损,并且大量的经验研究——或'权力精英分析'——的确正致力于勾勒其大致轮廓"③。其中,英国政治学家拉尔夫·密里本德(Ralph Miliband)受米尔斯的影响最大且最具代表性。两者都将国家问题作为自己的重要研究领域,虽然密里本德的著作以英国为研究对象,但他相信,"处于发达资本主义条件下的国家对于受它统治的并大大地

---

① [美]赖特·米尔斯:《权力精英》,许荣,王昆译,南京大学出版社,2004年,第31页。
② [美]赖特·米尔斯:《权力精英》,许荣,王昆译,南京大学出版社,2004年,第7页。
③ Raphael Samuel. Born-again Socialism, in Out of Apathy: Voices of the New Left Thirty Years, H. J. Glock, R. Archer(ed), London: Verso, 1989, pp.39-57.

衰弱的国家来说,表现出许多基本的一致性"①。正因如此,在他最重要的著作《资本主义社会的国家》(The State of Capitalism Society,1969)一书中,不难看到他对米尔斯相关理论的大力支持和多处借鉴。

总体来看,密里本德基本沿袭了米尔斯的批判立场。两人都强烈反对以马克斯·韦伯(Max Weber)、约瑟夫·熊彼特(Joseph Schumpeter)等人为代表的精英民主论和罗伯特·达尔(Robert Dahl)等人倡导的多元民主论。前者认为人人参与政治统治不过是一种无谓的幻想,但人民却可以通过多种途径对精英统治施加影响,而民主就在这个过程中得以体现。后者则相信随着资本主义社会的发展,所有权与控制权的成功分离将会令权力精英集团日益分裂而呈现出碎片化图景,随之,各个权力集团相互制约,而任何不同阶级的个人也都可以通过竞争获得权力。在米尔斯和密里本德看来,这些分析西方民主变化的理论不过"只是为了使自由主义更加完善"②,为资产阶级民主制套上理论合法性的外衣。资本主义国家真正的现实是:各个领域的权力精英们在意识和政治上有着很强的聚合力,他们联合起来共同构成了当代资本主义社会中的统治阶级,而人民在任何意义上都绝对无法参与国家统治。因此,发达资本主义国家虽然在表面上呈现出巨大的变化,但这种变化根本不足以改变其社会性质,人民作为被统治阶级并不享有真正意义上的自由。此外,密里本德关于军事领袖的理论分析也基本以米尔斯在《权力精英》中的相关分析为直接论据,可见其受米尔斯的影响之深。简而言之,两人都跳出了现有制度的条框,在超越资本主义制度的意义上对西方民主社会理论做出了有力的批判。但也应指出,相较于米尔斯而言,身为马克思主义者的密里本德更加强调这种精

---

① [英]拉尔夫·密里本德:《资本主义社会的国家》,沈汉、陈祖洲、蔡玲译,商务印书馆,1997年,第12页。
② 李良栋:《自由主义旗帜下两种不同民主理论的分野》,《政治学研究》2011年第9期,第29—35页。

英制度的形成与阶级社会之间不可分割的关系,更倾向于在统治阶级的意义上理解"权力精英"。

除此之外,米尔斯对权力精英进行具体化勾勒批评的方式也不难在英国新左派那里看到具体应用。众所周知,英国新左派在发展之初一直被认为是"两个相关却又存在差异的传统的结合"①,这两种传统的阵地分别是前共产党员 E. P. 汤普森(E. P. Thompson)等人主编的《新理性者》(New Reasoner)和牛津大学学生②所创建的《大学与左派评论》(University and Left Review,以下简称 ULR)。两者的显著不同体现在:前者倾全力研究马克思主义中的经典问题,后者则更加关注资本主义的现实变化和当前境况。就此而言,致力于理解现实问题的米尔斯显然对 ULR 一脉更具吸引力。而事实也确实如此,在米尔斯的启发下,ULR 的成员们写作了一系列分析英国权力精英的文章,这些文章大部分收录于 ULR 编委会所编的名为《局内人》(The Insiders)的小册子中,具有代表性的有巴拉特·布朗(Barratt Brown)的《管理者》(The Controllers)③、克莱夫·詹金斯(C. Jenkins)的《权力巅峰》(Power at the top,1959)、密里本德的《谁在统治英国》(Who governs Britain? 1958)等。作者们虽然多采用英国传统的经验分析方法,但却基本挪用了米尔斯的逻辑框架和理论观点来分析英国现实状况:他们以工党新时期的修正主义方案《工业与社会》(Industry and Society,1957)为靶向,明确指出,英国工党以公司股东的存在来印证英国所有

---

① [英]斯图亚特·霍尔:《第一代新左翼的生平与时代》,王晓曼译,《国外理论动态》2011 年第 11 期,第 85—93 页。
② 该杂志的主编分别为斯图亚特·霍尔(Stuart Hall)、查尔斯·泰勒(Charles Taylor)、拉尔夫·萨缪尔(Raphael Samuel)以及加布里埃尔·皮尔森(Gabriel Pearson)。
③ 具体包括 M. Barratt·Brown, The controllers Ⅰ, University and Left Review, 1958(5):53 - 61; M. Barratt·Brown, The Controllers Ⅱ, University and Left Review, 1958(6):38 - 41; M. Barratt·Brown, The controllers Ⅲ, University and Left Review, 1959(7):43 - 49。

权和统治权分离的做法,使他们忘记了在这些企业背后施加影响的精英群体,沦落为现行制度的忠实维护者。继而,他们又站在整体高度上批判了英国多数知识分子对现行制度的维护或默不作声的立场和态度,拆穿了资本主义隐藏在含情脉脉民主面纱下的严酷统治。通过这些分析,英国新左派不仅真正触及了英国的权力中心,也为当时新左派内部的"阶级与无阶级"之争提供了更多的理论依据,来反击那种认为阶级社会现实正在消解的论调,正如霍尔所言:"在当代资本主义温和的脸庞背后技巧性地掩盖起来的真实的阶级图景,全方位地讲述了米尔斯的《权力精英》所要描述的东西"①。

二、批判当代发达资本主义社会以文化为手段所造成的人的异化的不断加深。不论是米尔斯还是英国新左派,都根据英美社会的基本事实判定,与物质意义上的福利时代相对应的是精神意义上工人阶级的冷漠状态。米尔斯毫不留情地指出:"有关美国政治的最切合实际的判断,莫过于大众普遍冷漠这一事实,如今这是比忠诚和造反都更具意义的现实"。② 从客观方面来说,发达资本主义国家通过"权力的集中、正统的形成和制度的完善"③令工人阶级不仅产生了对改变现实政治的无力感,更使工人阶级汲汲于在现有制度下获得个人生活的改善。而从主观方面来看,工人阶级在战后发现,自己多年来为之奋斗的许多生存目标都成为了现实,资本主义看起来似乎可以依靠自身的不断完善实现社会的民主化。为了对大众冷漠的产生和现状做出深刻理解并提出对策,更为了对权力精英统治形成的社会机制进行深入挖掘与分析,米尔斯将自己的很大一部分精力放在对工人阶级文化批判之上,并试图通过这种文化批判深入进政治批判之中,而这种理论关怀必然会

---

① [英]斯图亚特·霍尔:《无阶级的观念》,张亮、熊婴编:《伦理、文化与社会主义》,江苏人民出版社,2013年版,第165页。
② [美]莱特·米尔斯:《白领》,周晓红译,南京大学出版社,2016年,第329页。
③ [英]爱德华·汤普森:《新左派》,张亮、熊婴编,《伦理、文化与社会主义》,江苏人民出版社,2013年,第210页。

得到正试图以文化为突破口摆脱苏联马克思主义的英国新左派的热烈回应和思考。

首先,将文化批判建立在异化理论的基础之上。米尔斯以马克思提出的"异化"理论作为自己文化批判的基点,并以马克斯·韦伯(Max Weber)对科层制批判的相关思想对该范畴进行了改造。在米尔斯看来,在资本主义新阶段,统治者运用文化途径使异化超出了马克思所重点论述的劳动范围,深入到人性之中,新兴的"白领"就是最具代表性的阶层,用米尔斯自己的话来说就是:"我们下一代人的'常识'正在越来越受他们完全暴露于其中的大众媒介所带来的框框的限制,而很少是由于坚定的社会传统的结果"。① 该异化思想得到了以霍尔为代表的新左派的赞同。霍尔同样承认马克思所说的异化劳动思想,但认为这种异化所带来的痛苦感只在传统工业部门依然存在,而在"那些能够且已经实现机械化和自动化的工业中",虽然工人阶级同样也在被异化,但"受到苛严的劳动纪律残酷对待的工人阶级再也意识不到他们的异化本质了,可以说,今天的异化劳动已经内嵌到公司本身的结构中了"。② 也就是说,他们都认为英美的资本主义社会已经实现了全面异化:统治者通过文化途径实现了权力的垄断和集中化,在这种文化统治下,人民不再具有提出任何异议的能力,成为了非理性的个体。因此,当前批判资本主义的首要任务是,从日常经验的文化角度反思工人阶级阶级意识丧失的原因,唤醒被意识形态控制的人民。此外,霍尔任主编的 ULR 也将米尔斯经常反复提及的文化、媒介和教育等问题作为自身最为重要的理论议题,刊发了大量关于这些问题的文章。

其次,扩展文化的涵义,使文化成为理解社会的基本维度之一。米

---

① [美]赖特·米尔斯:《权力精英》,许荣、王昆译,南京大学出版社,2004 年,第 312 页。
② [英]斯图亚特·霍尔:《无阶级的观念》,张亮、熊婴编:《伦理、文化与社会主义》,江苏人民出版社,2013 年,第 159 页。

尔斯发现,文化不仅是当前消费社会再生产的一方面,也是统治阶级在财产和权力之外维护自身统治地位的重要手段。在此基础上,米尔斯对媒介和文化背后隐藏的意识形态进行了深刻批判,对公民社会(Public Society)和大众社会(Mass Society)的区别做了鞭辟入里的分析,阐释了造成当前"普通人的弱智化"的原因。在他看来,资本主义意识形态通过媒介控制了人们的思想,造成的后果便是"操纵取代了权威,殉葬品们对自己的悲惨境遇茫然无知"。① 其实,他所说的这种文化在很大程度上就是英国新左派代表人物雷蒙·威廉斯(Raymond Williams)所说的"一种整体性的生活方式"。这种对文化重要性的解读激发了英国新左派进行文化研究的信心,促使他们以挑战并改变现今统治工人阶级的意识形态为己任。

20世纪50年代末,米尔斯在富布莱特奖金(Fulbright fellowship)赞助下到欧洲进行广泛游历,并于1959年在伦敦政治经济学院(London School of Economics and Political Science)进行了三场以"文化与政治"(Culture and politics)为主题的学术讲座。在此之前,虽然他曾与密里本德、汤普森等英国新左派的重要成员有书信来往,但此行直接促使他和英国新左派建立起更为密切的直接交往,也使其理论影响力在英国新左派内部大大拓展。这些讲座的重要议题是:在保守主义大行其道的现实之下,左派知识分子如何对这种意识形态作出回应,以及这些回应将会在促进社会变革方面所起到的基础性作用。而这些指导性方案对正为同样目标奋斗不懈的新左派而言无疑具有重要现实意义和价值,因为后者相信,"要维护特定阶级在社会中的重要主宰作用,虽然必要时靠权力,但却不仅仅是靠权力,虽然总是靠财产,但也不是仅仅靠财产。它还要靠,而且不可避免地要靠人们所经历的文

---

① [英]莱特·米尔斯:《白领》,周晓红译,南京大学出版社,2016年,第329页,第111页。

化"。① 在此种认识上,英国新左派在理论生成阶段将批判当前工人阶级文化中的资本主义意识形态,发扬工人阶级激进革命传统作为自己的重要政治战略,这也是为什么丹尼尔·杰瑞(Daniel Geary)声称"当米尔斯声称文化机构具有权力时,他也就和英国新左派结盟了"②的原因所在。

二、当代西方左派知识分子的历史使命和政治目标

(一)左派知识分子的历史使命

如上所述,米尔斯和英国新左派都将自己的首要目标定位在对资本主义制度进行批判之上,但两者都绝非为了批判而批判,而是希冀在此基础上澄清问题,采取行动,实现从根本上改变资本主义制度的政治目标。那么,他们首先面临的共同问题就是,作为左派激进知识分子,他们可能并应当承担何种使命,发挥何种作用?米尔斯给出的答案——成为"公共知识人"——在很大程度上亦得到了英国新左派成员的赞同与支持。

在米尔斯看来,实现这一目标需要做两方面的基本工作:一、以实际行动证明所谓"意识形态的终结"的虚幻性,因为这种理论"反映了知识分子对知识界那种俯首顺从、自我庆贺风气的不安心理"③,"代表的是对制定一种详细明确政治哲学的反对声音"④。而与这种被权力雇佣的知识分子相反,真正的左派知识分子必须直面制定详细的反资本主义政治计划的需要,"让那些老妇们自作聪明地去唠叨'意识形态

---

① [英]雷蒙·威廉斯:《你是马克思主义者,对吧?》,祁阿红、吴晓妹译,《希望的源泉》,译林出版社,2014年,第82页。
② Deniel Geary, *Becoming International Again: C. Wright · Mills and the Emergence of a Globle New Left*, Journal of American History, 2008(2): 710-736.
③ 钟文范:《美国新左派运动诸问题初探》,《世界历史》1983年第3期,第73—83页。
④ C. Wright Mills, *letter to the New Left*, New Left Review, 1960(5): 18-23.

的终结吧',我们正再次开始行动"①。而在行动的过程中,由于两者都相信文化在这个全面异化的社会中所具有的变革性意义,因此在他们看来,对"文化机构"的批判和再利用无疑应是左派政治战略的关键性步骤。但在具体操作过程中,两者却在"知识分子与文化机构之间的关系"这一问题上产生了分歧。米尔斯认为,知识分子应当从统治阶级那里收回"文化机构"的统治权,"现在,我们应当收回我们的文化机构并为了我们的目的使用它"②。但此时以汤普森为代表的英国新左派却认为,知识分子从未占领过文化机构,又何谈"夺回"呢?现在的行动应该是"建设一个牢牢掌握在新左派手中的替代性'文化机构'——无论这一过程有多缓慢,都必须坚定不移地进行下去"③,这其实已经较为明显地反映出两者对知识分子在社会革命中地位的不同认识。二、米尔斯相信,由于当前工人阶级阶级意识的衰退、新中产阶级的出现等原因,能够推动历史变革的代理人已经由原来的工人阶级转变为知识分子和青年学生。但他同时也指出,疏远现实、埋首书斋的专家已经构成了知识分子的绝大部分,其特点是"不再能够把自身当做发掘公共议题、增进公共讨论的一种催化力量"④。因此,他哀叹道:"我们真的已经到了对一件该死的事情不再能说出'怎么办'的地步了吗?"⑤在此背景下,他积极号召左派知识分子行动起来,成为具备"利用信息增进理性"⑥的"社会学的想象力"的公共知识人,使自身可以

---

① C. Wright Mills, *letter to the New Left*, New Left Review, 1960(5): 18-23.
② C. Wright Mills, *The Decline of the Left*, in *Power, Politics & People: The Collected Essays of C. Wright Mills*, Irving Louis Horowitz (ed), Oxford University Press, 1963, p. 232.
③ [英]爱德华·汤普森:《新左派》,张亮、熊婴编,《伦理、文化与社会主义》,江苏人民出版社,2013年,第210页,第215页,第217页,第222页。
④ 赵刚:《知识分子米尔斯先生》,《读书》2003年第11期,第3—12页。
⑤ C. Wright Mills, *Letters and Autobiography Wrights*, Kathryn Mills and Palema Mills (eds), University of California Press, 2000, p. 121.
⑥ [英]赖特·米尔斯:《社会学的想象力》,陈强、张永强译,生活·读书·新知三联书店,2005年,第3页。

在迷雾重重中看清社会现状的本质。在提出理论方面的要求后,米尔斯身体力行,到西欧国家走访,到古巴考察革命现状,为促进现状的改善著书立说,进行公共演讲。在这个意义上,他所提倡的"作为行动者的左派"无疑成为了正处于理论生成阶段的英国新左派的精神向导。他对知识分子的历史定位给予了英国新左派成员们一种极大的鼓励,让他们能够视自身为改变现实状况的重要力量,积极投身于社会主义事业。不难发现,英国新左派在理论生成阶段的很多重要人物都不仅仅是象牙塔中的学者,更是政治活动家。这其中有欧洲核裁军领导人 E.P.汤普森、投身种族运动的霍尔、致力于推进加拿大民主进程的查尔斯·泰勒(Charles Taylor)等等。反过来,这些现实活动也影响了他们的学术研究旨趣,使他们的学术研究有着强烈的现实关怀,始终保持着对现实的介入,并从根本上使英国早期新左派形成了与后期新左派的不同面貌:它不仅仅是"一种学术倾向或研究思想"①,更是影响深远的现实政治运动。

(二) 开辟新的政治空间

尽管米尔斯在诸多方面对英国新左派形成了深刻影响,但就理论传统而言,两者之间依旧存在着极大裂痕。概括来说,前者虽然研究过马克思主义,但无疑更多地受惠于马克斯·韦伯、托伦斯坦·凡勃仑(Thorstein Veblen)等人的社会理论,而新左派则在其产生之日起就深深植根于马克思主义传统。但是,当他们作为对现实不满的左派激进知识分子时,他们所面临和发现的问题却是极其一致的:1. 两方都处在冷战阵营中的资本主义阵营,并且都作为"对国家制度不满的少数派";2. 认识到目前的资本主义几乎已经实现了对被统治者的全面压制,用米尔斯的话来说就是:"当前英美两国均处于资本主义发展的第四个阶段(The Forth Epoch),该阶段的思想标志就是关于自由和理性

---

① 乔瑞金:《英国的新马克思主义》,人民出版社,2013年,第1页。

的思想变得不具有什么意义,而理性的增长并不能被假定是为了自由"。① 在此背景之下,尽管两者倚重的资源不同,但他们作为成长于上世纪50年代行动着的左派知识分子,既无法认同斯大林领导下苏联的所作所为,又不对资本主义抱有任何期望,因此,他们对这两种社会道路都产生了幻灭和厌恶感。在反对的基础上,他们重新出发,希望探寻自身所处的发达资本主义国家社会变迁的可能性,寻找一种适应本国现实的社会主义革命理论。而这种理论在他们看来,首先肯定不能是苏联社会主义和英美资本主义的翻版,而应是符合本国现实的第三种社会主义政治空间。总的来看,虽然这种政治空间最终不免由于种种缺陷沦为"乌托邦",但毕竟反映了他们在变化了的时代背景中重新开拓社会主义可能性的努力。

三、余论

综上所述,米尔斯在批判资本主义制度和重构左派政治目标等方面深刻影响了英国新左派在生成阶段的理论范式和行动方式,但这绝不意味着两者分享了完全一致的理论观点。其最为重要的理论分歧,无疑是对工人阶级历史地位的看法。米尔斯在《致新左派的一封信》(*Letter to the New Left*, 1960)中虽然肯定了英国新左派在文化事务方面所取得的成绩,但对他们在社会主义代理人方的立场却十分不满。在他看来,当前工人阶级的阶级意识已经基本消逝,工人阶级的领袖也成为了资产阶级的合谋者,因此,工人阶级在新的历史阶段已经不能承担推动历史进程的任务,对此,米尔斯直言道:"我不是十分明白一些新左派的理论家在面对那些现在反对这些期望的真实的历史证据面

---

① C. Wright Mills, *Culture and Politics*, in *Power, Politics & People: The Collected Essays of C. Wright Mills*, Irving Louis Horowitz(ed), Oxford University Press, 1963, p.237.

前,为什么如此激烈地坚持发达资本主义国家的'工人阶级'现在还是作为历史主体,或者是作为主要的主体"①。在批判的基础上,米尔斯坚信知识分子应该并已经取而代之,历史的未来现在就握在知识分子手中,"谁正在对马克思所说的'所有的旧阵营'感到厌烦? 谁正在以激进的方式思考并展开行动? ……是年轻的知识分子"②。

对于米尔斯依据美国现实得出的这一结论,英国早期新左派在一定程度上表达了他们的理解之情。因为就美国现实历史来看,工人阶级确实未曾形成过真正的政治力量,因此米尔斯的判断绝非空穴来风。但他们却坚决反对米尔斯将这一判断直接应用于英国的工人阶级。他们宣称,英国相较于其他资本主义国家而言最大的优势就在于"共产主义和社会民主主义的对抗没有对传统工人阶级造成巨大的混乱"③。因此,当米尔斯在嘲讽英国新左派还沉浸在"劳工形而上学"的梦境中时,汤普森则热情呼吁"新左派不能置身于工人运动之外"④,密里本德也批判米尔斯抛弃工人阶级的做法使他"站在左派一边而不能成为真正的左派"⑤。事实上,英国早期新左派最重要的理论贡献就是坚守理性自由人立场,以历史和文化为线索肯定了工人阶级的主体能动性,这与后期新左派那种以更为模糊的"历史集团"观点来替换"工人阶级"的做法形成了鲜明对照。

从整体来看,米尔斯在思想和行动上对英国新左派产生的重大影响,标志着欧美左翼在一定意义上形成了一种联合的力量。这种力量不仅使他们对资本主义的批判既立足于本国现实,又超越了民族国家的范围,而且也激励着更多的西方知识分子在向社会主义前进的道路

---

① C. Wright Mills, letter to the New Left, New Left Review, 1960(5): 18 – 23.
② C. Wright Mills, letter to the New Left, New Left Review, 1960(5): 18 – 23.
③ [英]爱德华·汤普森:《新左派》,张亮、熊婴编:《伦理、文化与社会主义》,江苏人民出版社,2013年,第217页。
④ [英]爱德华·汤普森:《新左派》,张亮、熊婴编:《伦理、文化与社会主义》,江苏人民出版社,2013年,第217页。
⑤ Ralph Miliband, C. Wright · Mills, New Left Review, 1962(15): 15 – 20.

上保持前进的步伐。但米尔斯的理论路数毕竟与作为马克思主义重要载体的英国新左派是截然不同的。前者虽然深受马克思主义影响,但却始终与马克思主义保持着显而易见的距离。不论是他的革命主体理论,还是他关于当前资本主义社会情况的判断,都过于浪漫主义化了,而英国早期新左派则更希望将米尔斯的社会批判理论与马克思主义结合起来,使之成为自己的理论利器。在这种理论逻辑的推动下,他们在文化研究、国家理论、民主批判等诸多方面取得了不小的突破与成就,但就其结果来看,这种努力并不完全是成功的——他们确实关注到了当前资本主义社会中出现的新问题和新情况,并且将批判的矛头通过文化切入到政治批判之中,但是他们过于关注当下,并没有考虑到更为宽广的历史背景,更没有将批判的矛头从上层建筑的领域深入到经济基础之中。换句话说,他们对资本主义的认识始终是局部的而非整体的,并未形成对资本主义的根本挑战。

(作者　卢鹏,厦门大学马克思主义学院博士研究生;韩昀,华侨大学马克思主义学院讲师)

Analysis of Wright Mills's Influence Upon the Capitalist Critical Theoretical Construction of the British New Left

LU Peng HAN Yun

Abstract: Wright Mills who was a scholar of sociology and cultural criticism had greatly influenced the formantion and developemnt of British new left, this influence reflected in two important aspects: 1. Giving a comprehensive criticism of pyramid structure of the capitalist society; 2. Exploring the the possibility of leftist intellectuals in the capitalist society. But at the same time, since the different theoretical resource and practical context, both of them performed the differences responses in the subject of socialist revolution, and so on. It will help us understand and evaluate the theoretical value and insufficiency of early British new left from a more objective academic perspective view by investigating the theory of Mills and the New left early dialogue process.

Key Words: Wright Mills; British early new left; critique of capitalism; political object

历史的精神、资本主义现代性的四重形式及其巴洛克气质

——B.埃切维里亚对美洲批判理论的贡献

[墨]斯蒂芬·甘德勒* 著　谢　静 译

摘要： 墨西哥学者玻利瓦尔·埃切维里亚(1941—2010)是拉美马克思主义的主要代表人物之一，他长期致力于美洲批判理论的构建和拉美马克思主义的发展。本文旨在解读他的核心概念"历史的精神"及其相关理论。埃切维里亚认为，资本主义现代性精神气质有四种形式，即：现实主义气质、浪漫主义气质、古典气质和巴洛克气质，并特别关注后者。在埃切维里亚看来，拉丁美洲特殊的历史背景造就了当地资本主义现代性的巴洛克气质。这种精神气质建立于拉美社会的经济结构基础之上，植根于生产和消费使用价值的基本形态中，是整个社会符号系统的基础。巴洛克气质的重要特征是文化混血，在拉丁美洲存在着一种较为模糊的共存方式，以及随之而来的不发达的交往行为。与哈贝马斯等人对不发达交往行为的观点不同，埃切维里亚认为巴洛克气质无视殖民主义及其资本主义后果，具有通过鼓励与他者的和谐共处为模糊这些界限和限制提供了可能性，能够将误解作为一种交往

---

* 作者斯蒂芬·甘德勒是墨西哥民族自治大学政治与社会科学系教授，致力于推动当代拉丁美洲批判理论的发展。

方式重新功能化,允许和平共处,因此,它在现实主义气质失败的地方却获得了成功。

关键词： 埃切维里亚　现代性　历史的精神　巴洛克气质　拉丁美洲

玻利瓦尔·埃切维里亚[①]理论成果的核心也是其最具独创性的"历史的精神"[②]概念。这一概念在这位墨西哥民族自治大学

---

① 参见 1994 年埃切维里亚著《巴洛克气质》。除了埃切维里亚的这篇文章,他的长篇论文《现代性与资本主义（15 篇）》(*Modernidady capitalismo* [15 tesis])对他的历史精神概念也很重要,尤其是其中第 7 篇文章：《资本主义现代性的四重气质》(*El cuadruple ethos de la Modernidad capitalista*)。然而,这篇论文的文本在很大程度上被包括在《巴洛克气质》中并被重新表述。一般来说,我们通常遵循后者(Bolívar Echeverría, La identidad evanescente, *Las ilusiones de la modernidad*. Mexico City: UNAM/El Equilibrista. 1995, pp. 163 – 167)。第 6 篇文章《不同的现代性和资本主义存在的不同方式》和第 8 篇文章《西方欧洲与资本主义现代性》讨论了类似的问题(Bolívar Echeverría, La identidad evanescente, *Las ilusiones de la modernidad*. Mexico City: UNAM/El Equilibrista. 1995, pp. 161 – 163、167 – 181)。最后,在《关于巴洛克的对话》(Echeverría and Kurnitzky 1993)一书中,对历史精神气质的概念,特别是巴洛克气质,还有一些其他重要的解释。我们在其中发现了玻利瓦尔·埃切维里亚 1991 年在乌纳姆主持研究项目的框架内对巴洛克气质进行的五次讨论的副本,其中有赫斯特·库尔尼茨基的参与,以及埃切维里亚关于同一主题的两篇短篇文章。这些关于巴洛克风格的对话问题在于它们只是对话,而不是严格意义上的辩论。也就是说,他们不断地提出了一系列有趣的想法,没有看到他们在多大程度上是互补或相互矛盾的。乍一看,这些对话呈现出一种普遍和谐的面貌,几乎就像一个单一的想法被分发给不同的发言者,由他们通过交流加以阐述。只有更为仔细地观察他们,才会产生一些差异上的怀疑,在谈话的字里行间,参与者会互相批评。但如果我们希望更准确地认识到这一点,有必要对每种情况下所选择表述的细枝末节进行心理上的分析。这在一定程度上限制了轻松地引用对话来记录埃切维里亚立场的可能性,因为这些想法是在参与者之间形成的,正如我们所说的,没有留下明确的迹象表明谁在想什么。因此,一项科学工作需要在容易识别的、总是自我相同的论述主题的世界中前进,这种类型的文本带来问题。因此,在本文中,我们仅仅偶尔使用有关巴洛克的对话。

② Wilhelm Gemoll, *Griechisch-Deutsches Schul- und Handwörterbuch*, K. Vretska, Vienna: Freytag, 1965, p. 360.

(UNAM)荣退教授最后的作品《资本主义现代性的四重气质》中仍然得以体现。下面,让我们对他的这一概念进行逐步的解析:

"ethos"一词从词源上指向希腊词汇"τὸ ἦθος"。它原初的意思首先是"经常的居住地",引申为人的住所、牧场和马厩以及太阳的"位置"。它的第二层意思是习惯、用途以及习俗,第三层意思则指气质、思维方式和心理。① 埃切维里亚是在后两层意义上使用这一术语的。希腊词汇在这两个相近意义上的模糊性对他阐述这一概念具有启发意义。"'ethos'一词具有模糊性或双重含义带来的优点,它将'使用、习俗或惯性行为'的概念与'气质、个性或生活方式'的概念结合在一起。"②

根据埃切维里亚判断,这两个意思中的第一个含义具有某种"防御性或是被动"的意味;而第二个含义则与之相反,具有"进攻性或是主动"的意味。③ 在被动意义上作为"习俗"来讲,"世界存在于我们之中,这在每一步上都使得我们免于诠释它";相反,在主动意义上,"气质"指的是"我们自身存在于这个世界之中,它以某种方式对我们施以恩惠"。④ 埃切维里亚认为,"ethos"在其原初的意义上,已经展现了这种主动与被动的含糊性。"ethos一词……在其住宅或是住所的基本含义上,在意指'避难'……和意指'武器'时发生了结合。"⑤

---

① Bolívar Echeverría, El ethos barroco, *Modernidad*, *mestizaje cultural*, *ethos barroco*, Mexico City: UNAM, 1994, p. 18. 按照拉丁国家的传统,埃切维里亚只提供希腊语单词的拉丁拼写。这样做,他搁置了两个词由于希腊语书写上不同所带来的歧义: τοέθος,其含义为"习惯、习惯、使用",以及前面提到的版本(Wilhelm Gemoll, Griechisch-Deutsches Schul- und Handwörterbuch, K. Vretska, Vienna: Freytag, 1965, p. 241)。

② Bolívar Echeverría, El ethos barroco, *Modernidad*, *mestizaje cultural*, *ethos barroco*, Mexico City: UNAM, 1994, p. 18.

③ Bolívar Echeverría, El ethos barroco, *Modernidad*, *mestizaje cultural*, *ethos barroco*, Mexico City: UNAM, 1994, p. 18.

④ Bolívar Echeverría, El ethos barroco, *Modernidad*, *mestizaje cultural*, *ethos barroco*, Mexico City: UNAM, 1994, p. 18.

⑤ Bolívar Echeverría, El ethos barroco, *Modernidad*, *mestizaje cultural*, *ethos barroco*, Mexico City: UNAM, 1994, p. 18.

埃切维里亚最终认为"ethos"一词的双重意义应归因于这一事实，即所描述的两种意义既能够被理解为主观情况的决定，也可以被理解为客观环境的决定。"在主体与客体中同样存在的……历史精神可以被看作是生活世界建构的总体原则"。[1]

如果要去定义埃切维里亚提出的这一历史精神概念的内容，我们就要从使用价值的真正从属到价值的生产着手，这在他的作品中被反复讨论。从概念上来说，关于"ethos"的研究追随着对使用价值的研究，例如，当后者被反复描述为"自然形式"[2]，并在关于ethos的调查研究中，使用价值的生产与消费被理解为再生产的"社会自然"过程。[3]

最终，生产的资本主义模式趋向于所有使用价值的毁灭，献祭在其毁灭逻辑圣坛。价值生产同时要求最低使用价值生产的事实，以确保其自身的可持续性，正如马克思在他的作品不同的地方仍然假设的那样，这并不必然意味着这一过程有一个天然的屏障，也并不意味着这种内在于资本主义条件下的毁灭性趋势在某些时刻将对其自身的关系施予致命的打击。相反，正如罗莎·卢森堡在其"社会主义还是野蛮"的著名口号中所表明的那样，存在着一种可能性和风险，即自我毁灭可能是对整个人类的毁灭。用经济术语来表述，即如果使用价值彻底消失，那么，其价值与剩余价值也将随之消失，因而由他人带来的对人类的剥削也将随之消失。但是，这一切都并不值得庆祝：虽然压制性的资本主义生产关系必然从地球上消失，但人类本身也将从地球上消失。这是由于没有使用价值，也就是说，没有满足需求的手段，人类一天也活不下去。在保障使用价值生产的同时，我们必须明确：要面对的是对

---

[1] Bolívar Echeverría, El ethos barroco, *Modernidad, mestizaje cultural, ethos barroco*, Mexico City: UNAM, 1994, p.18.

[2] Bolívar Echeverría, El ethos barroco, *Modernidad, mestizaje cultural, ethos barroco*, Mexico City: UNAM, 1994, p.20.

[3] Bolívar Echeverría, El ethos barroco, *Modernidad, mestizaje cultural, ethos barroco*, Mexico City: UNAM, 1994, p.19.

使用价值之于价值从属关系的克服。这并不是什么新鲜事物。但是,在前面段落中应该看到的事实是,从埃切维里亚社会哲学的视角来看,这种将使用价值的生产从价值的生产中解放出来的迫切需要绝非儿戏,也是不能够单凭一种"弥赛亚行为"就能完全解决的。从历史观点上来说,使用价值的生产和价值的生产如此紧密地交织在一起,以至于想象,或是实际去实现这种解放似乎都是一项不可能完成的任务。以致二者的分割无法想象,遑论实现。

埃切维里亚聚焦于这个已经为一代代非教条化马克思主义者们以不同方式所思考的困境,他试图从存在出发,这也不是什么新的事物,因为马克思本人的理论很大程度上就是对现存资本主义关系的批判。然而,埃切维里亚远远超出了马克思通常意义上的生产范畴,他将日常生活中的每一个瞬间都聚集到他的分析之中。在各种非教条化的马克思主义思潮中,这也不是什么新鲜事物,在众所周知的"西方马克思主义"中,这已经被小心翼翼地付诸尝试。例如,格奥尔格·卢卡奇便在《历史与阶级意识》中,对于意识形态的问题投入了大量的关注,并冥思苦想为何虽已具备客观条件,但是历史主体仍然未走出"史前史"(马克思)。而根据埃切维里亚的自我认知,他也超越了这一点。他的分析并不仅仅是意识形态,还有更多的日常生活形式。一切使原本无法忍受的统治关系变得可以忍受的事物,他都试图予以解读,但与卢卡奇的《历史与阶级意识》不同,埃切维里亚并不仅仅以简单的意识形态形式唤醒虚假的客观表象。存在的东西并不是完全难以忍受,甚至是可以接受的,但从根本上又是无法改变的。除此之外,还有一些行为方式、社会制度以及一些赋予无价值生活以价值的其他事物。如上所述,问题的核心在于这些日常生活的形式不能够在生产的商品形式(即价值关系)的基础之上被简单地理解与分析的事实,而是必须在不同情况下参照价值生产与消费的具体形式去理解。

这些日常生活形式因地、因时而异的总体性,其总体社会功能在于使普遍的社会关系可以被忍受。这些使用价值趋向于毁灭的社会关系也是不可容忍的,它们被埃切维里亚称作为"历史的精神"①,他说:"那些我们能够称之为'历史的精神'的结构性社会行为可以被看作生活世界建构的全部原则。这是一种试图赋予无价值事物以价值的行为。"②

此后,他谈及了作为"与资本主义共存奇特方式"③的、确定的历史精神。在另一个文本中,他将不同的精神气质理解为构建"通过资本主义现代性使生活世界成为可能"的"不同复杂自发性"的基础④,或是作为"归化资本主义的形式"。⑤ 历史的精神是一种总体性,这种总体性在实际的、非人的资本主义生产关系下使之可能作为人或是作为一个社会而生活的效用、社会制度、思维和行动方式、工具、使用价值生产和消费方式。历史的精神不需要不断地为这些关系所导致的各种问题寻求解决方法,不同的精神气质作为"复杂自发性"日益差异化的不同基础呈现。正是通过它们,行为的具体形式才被预先确定。这种形式不仅使我们能够容忍现存关系中不可容忍的矛盾,而且甚至使它们看上去像是无意识的,亦即本能甚或自发的。

只有对不同形态的历史精神进行分析,才能全面认识到普遍社会关系问题的确切情况,这对于理解"为何这种破坏性的社会形态还不能够被克服"这一命题是必需的。在最好的情况下,这种办法可以形成克服这种困难所必需的出发点。

现存现代性之下的实践生活必须在客观形式围绕着占支配地位的

---

① Bolívar Echeverría, El ethos barroco, *Modernidad, mestizaje cultural, ethos barroco*, Mexico City: UNAM, 1994, p. 18.
② Bolívar Echeverría, El ethos barroco, *Modernidad, mestizaje cultural, ethos barroco*, Mexico City: UNAM, 1994, p. 18.
③ Bolívar Echeverría, El ethos barroco, *Modernidad, mestizaje cultural, ethos barroco*, Mexico City: UNAM, 1994, p. 20.
④ Bolívar Echeverría, *Las ilusiones de la modernidad*. Mexico City: UNAM/El Equilibrista. 1995, p. 164.
⑤ Bolívar Echeverría, *Las ilusiones de la modernidad*. Mexico City: UNAM/El Equilibrista. 1995, p. 164.

存在建立的世界中发展,这个世界就是资本主义的现实或是事实。在这里,我们本质上要面对的是这样一种现实,即构成社会生活的两种同时进行的动力之间对立趋势的永恒矛盾的现实:一个趋势,就劳动和享乐过程指向的使用价值而言,即社会生活自身;另一个趋势,就资本"抽象价值的价值增值"或是积累的过程而言,即其财富的再生产。而在我们正在面临的这场冲突中,前者一再地和不断地被牺牲并受到后者的支配。①

然而,在今天由资本主义关系所支配的历史精神的逻辑之中,使用价值和价值之间的矛盾根本不存在。无法忍受的现存关系被吸纳,旨在通过将它们想象为人类的"第二自然"从而使它们可以被忍受,并因此不再可能提出质疑或是改变。不可调和的事物因此被转化为和谐的事物。这样的陈述表明埃切维里亚与西方马克思主义之间显然存在密切关系,并且这种关系不仅仅表现在术语层面:"资本主义的现实是一种必然的历史事实",他说:"没有任何逃脱的可能,因此,它必须与生活世界的自发构建相结合"。埃切维里亚进一步认为,"资本主义的现实必须通过精神气质被转变为第二自然,这种第二自然确保了日常生活存在中不可或缺的'和谐'"。②

但是,不能让听起来与西方马克思主义的意识形态批判相类似的东西模糊了他的历史精神概念与意识形态概念之间的决定性区别。精神气质的概念更为宽泛,它比意识形态的概念包含更多的形式,同时又声称包含更多的内部差异。卢卡奇和埃切维里亚都是从商品的二重性出发,但是差异在于以不同的视角着手进行概念化这一事实存在着一种密切的关系。简而言之,前者试图从商品生产的价值方面入手,而后者则是从使用价值方面着手来解决问题。卢卡奇从商品的价值方面入

---

① Bolívar Echeverría, El ethos barroco, *Modernidad, mestizaje cultural, ethos barroco*, Mexico City: UNAM, 1994, p. 19.
② Bolívar Echeverría, El ethos barroco, *Modernidad, mestizaje cultural, ethos barroco*, Mexico City: UNAM, 1994, p. 19.

手,认为它所表达的无非是一种社会关系,他所表现的无非是一种客观现象,即商品赋予自己以生命。他看到生产体现在商品价值方面的社会属性,但是这一属性仅仅作为使用价值的表象,从直接知识中被移除了。对卢卡奇来说,这取代了商品与生产私人方面的关联,同样存在于不被理解的商品二重性中。卢卡奇的兴趣首先在于解释意识形态如何必然从生产在商品形式之下发展这一事实中出现,其目的在于进一步解释为什么在他的时代,尽管有着既定的客观条件,但是必然的和期待已久的革命主体仍然未能得以发展。

对于拉丁美洲学者来讲,这是另一回事,这与他们迥异的历史经历有着很大关系。对于卢卡奇以至于整个西方马克思主义而言,核心问题是:意识的物化形式是如何可能也存在于被压迫阶级尤其是无产阶级中的,而后者作为潜在的革命者,又怎么会有反革命的意识呢?(这一问题随着法西斯和民族社会主义的兴起,同时作为一个理论问题和实践问题变得更加尖锐了)对于埃切维里亚来讲,这个问题以些许不同的形式出现。① 拉丁美洲并没有经历这种大规模的从传统左派朝向法西斯主义或是纳粹运动的背弃;正是这一背弃使得卢卡奇的《物化与无产阶级意识》这个文本在西方马克思主义尤其是法兰克福学派的源起中如此重要。② 相反,几十年来占据了拉丁美洲批判左翼的是与之不同的问题,而它在一定程度上延续到了今天(只要左派还继续存在):欧洲中心主义,影响了大部分的左派。这种欧洲中心主义是有问题的,并不是因为它暗示着(正如今天在表面上经常声称,但却非

---

① 从这方面看,埃切维里亚本人在谈到他在拉丁美洲的那一代人时写道:"这一代左翼知识分子更多地是在古巴叛军的异端冲动下长大的,而不是在反法西斯斗争的记忆中长大的……"(Bolívar Echeverría, *La identidad evanescente*, *Las ilusiones de la modernidad*. Mexico City: UNAM/El Equilibrista. 1995, p. 78)。此外,这构成了阿道夫·桑切斯·巴斯奎兹与其重要传记之间的差异,这无疑表现在理论分歧上类似于埃切维里亚与卢卡奇理论勾勒之间的差异。

② Lukács, G., *History and Class Consciousness: Studies in Marxist Dialectics*, London: The Merlin Press Limited (trans. by Rodney Livingstone). pp. 83 – 222.

常琐碎的批判那样)"民族自尊的缺失"或类似的畸变,而是因为它导致并持续导致严重的政治错误。这首先表现在跨阶级的政治联盟之中。通过对20世纪拉丁美洲的现实与欧洲封建主义两者之间据称的相似之处进行观察,在极少的概念努力基础之上即可以得出结论,这一大陆仍然处于封建时代。由此可以认定的是,下一步革命将是资产阶级革命,然后就像预先指明的那样,继续进行社会主义或是共产主义革命。在过去或是现在由这种论点所论证合理性的政治其自身在迎合民族资产阶级的同时对与任何"落后"阶级的合作加以谴责。这些"落后"阶级,如贫困的农村人口,没有土地的农民,坎皮西诺人,还有更难以想象的土著人口,他们被认为极其落后,甚至是前封建时代的。①

接下来的问题在过去和现在都不是在组织上和意识形态上趋向于极右翼,背弃绝大部分传统左派,而是对民族资本主义资产阶级迎合的同时拒绝与这些国家代表了最受排斥社会阶级的组织建立联盟。并且一般来说,他们比当地的工业无产阶级更加反叛。这个问题在理论上主要是由欧洲中心主义引起的,埃切维里亚发展了民族精神的概念,以凸显在不同的情况下社会关系的自我欺骗与忍耐所假定的形式多样性。然而,我将试图表明,在某些场合,他实现这一步骤更多地是通过强调这些精神的多样性,而不是它们的虚伪性。(资本主义现代性的四重气质是虚伪的,因为它们使不能被容忍、也不应该被容忍的东西成为可容忍的,也就是说,它们不仅使人类能够在资本主义生产关系下生存,而且使那些现存的社会关系自身也能够"生存"。)

因此,尽管埃切维里亚确定无疑超越了马克思,尤其是在对卢卡奇的阅读中,这在广义范围内与阿道夫·桑切斯·巴斯克斯②的观点相

---

① 在拉美左派中这个欧洲中心主义是得到支持的,此外,由于莫斯科这个欧洲城市对整个共产主义世界的影响,这个影响不仅仅是俄国革命成功的影响,还有来自旧沙皇城市的物质和后勤支持(这通常相当可观)。
② 尽管桑切斯·巴斯克斯在阐述了他的中心思想之后才接触到卢卡奇的文本。

似。总之,为了避免不必要的重复有限分析,就仍然有必要借助于西方马克思主义对于马克思特有的解读。但是在回归到(卢卡奇意义上的)马克思主义意识形态概念并将其与埃切维里亚的精神气质概念进行对比之前,我们必须首先更详细地讨论后者。精神的概念比意识形态的概念更为宽泛,因为如前所述,它包含了社会过程的主观和客观两个方面①,并且它已经远远超出了马克思主义对意识形态最宽泛的理解(法律、政治、宗教、美学或哲学意义上的意识形态——简称意识形态形式②)。例如,历史精神的核心方面是前面讨论的使用价值的生产,它在不同的情况下各不相同,并且超越了这些意识形态形式。因此,精神的概念可以理解为埃切维里亚对使用价值与符号之间关系分析的延续。有鉴于此,应该清楚的是,尽管在德语中对"ethos"一词有着惯常的理解,但埃切维里亚的概念,与伦理学理论毫无关系。相反,像意识形态的概念一样,例如它试图接受人类的道德观念,这些道德观念似乎"自由浮动",并试图将其置于普遍的社会和文化情境中。而后者作为使用价值生产和消费特定模式的基础和"符号系统"。从这个角度来看,埃切维里亚的精神理念和马克思主义的实践理念之间的相似性就显而易见了。

与卢卡奇的《历史与阶级意识》相比,应该突出强调的是埃切维里亚主要从其价值方面看待生产的社会特性,并没有将使用价值的社会(和文化)规定作为主题,而埃切维里亚则是在(就其本身而言的)使用价值生产和消费中来看待强有力的社会层面。此外,卢卡奇理论与消费方面的关联远远小于埃切维里亚理论与之的关联。在历史精神的概念上,与意识形态概念相比,他的研究对象有更多的不同之处。历史精神概念可能不会在被具体规定为"资本主义生产关系的历史精神"的

---

① Bolívar Echeverría, El ethos barroco, *Modernidad, mestizaje cultural, ethos barroco*, Mexico City: UNAM, 1994, p. 18.
② Karl Marx. Contribution to the Critique of Political Economy, trans. N. I. Stone, Chicago: Charles Kerr, 1904, p. 12.

那一刻止步,而是要求另一个更为明确的规定。历史精神的概念,这一埃切维里亚著作的核心,只有在区分了它的四种主要形式之后,才能实现其理论目的:"在资本主义世界中生活的不同可能性主要有四种,它们中的每一种对于资本主义现实所构成的矛盾事实的态度,无论是承认还是忽视,是疏离还是参与,每一种态度都是特殊的。"①

为了解决这"四种可能性",首先有必要考察埃切维里亚作品中另一个反复出现的概念,即现代性。尽管20世纪90年代埃切维里亚作品的主题是现代性,与其他大多数面对这一问题的理论家不同,他的作品中并没有系统地阐释究竟什么是现代性的概念,他将现存的现代性视为资本主义。虽然他提到了可以对这一概念进行一般性描述的现代性基本组成的三个方面。在一段对《现代性的幻觉》(Las ilusiones de la modernidad)的介绍中,他指出基本上有两个因素代表了"对人类文明能力的挑战",其中"现代性可以被理解为人类社会能够在历史上对这一挑战给出的多重答案"。② 这是:"理性的技术"和"商品交换",两者都伴随着"在新时代出现的生产力,其过去的历史可以追溯到古典时代"。③

在这个问题上,在同一本书的其他地方,他看到"直到现代性革命"才有可能"以他自己的'自我'感知他者,而不是作为感知者的自恋形象被理解"④。对埃切维里亚来说,现代化的概念除了合理化的技术和不断扩大的商品交换外,还包括向其他国家开放当地的文化和社会。但是,埃切维里亚直接告诫那些天真的朋友们,这些开放带来的主流现

---

① Bolívar Echeverría, El ethos barroco, *Echeverría, Modernidad, mestizaje cultural, ethos barroco*, Mexico City: UNAM, 1994, p. 19.

② Bolívar Echeverría, El ethos barroco, *Echeverría, Modernidad, mestizaje cultural, ethos barroco*, Mexico City: UNAM, 1994, p. 10.

③ Bolívar Echeverría, El ethos barroco, *Echeverría, Modernidad, mestizaje cultural, ethos barroco*, Mexico City: UNAM, 1994, p. 10.

④ Bolívar Echeverría, La identidad evanescente, *Las ilusiones de la modernidad*. Mexico City: UNAM/El Equilibrista. 1995, p. 56.

代性发生得颇为"乖张",因为它立刻为"资本主义反革命"激起的自我封闭所取代。① 这种开放是反常的,因为它发生在那个只有通过"资本主义反革命"才能持续发展的早期现代性中。② 即使这种现代性的后一个方面(对地域性思想狭隘和特定社会封闭机制的克服)只能在某种困难中得到肯定和发展,但它对埃切维里亚来讲仍然是核心,并且正如我们将证明的那样,这是他拒绝对现代性本身加以简单谴责(例如以后现代性的方式)的动机。

至于将商品的普遍交换视为现代性的一个特征,我们应该补充说,这还伴随着现代性的另一个特征:"现代社会生活"中的市场成为"社会化的特权场所"。③ 将埃切维里亚的观点进一步发扬光大,由于只有这样市场才能最终发挥作用,这可以看作是必要原因之一,并且也是某种程度上克服地域性封闭可能性的原因之一。这种现代性中日常生活的"基本经验"导致了产生于现代性的三个主要错误观念之一。与西方马克思主义不同,埃切维里亚并没有称之为"意识形态"或"意识形态观念",而是把它们称为"神话"或"现代神话"。

克服地域性封闭,克服一般封闭,同时承认"他者",在现代性下不仅是必要的,更是可能的。通过现代性源起时生产力发展中"质的飞跃",当"生产力……似乎终于按照承诺的等级制度把人安置成为地球的'上帝和主人'"时,就出现了:

"然后,一种古老的怀疑再次出现——这一次是基于越来越可信的数据——稀缺性并不构成人类现实的'不可避免的诅咒';那种激发

---

① Bolívar Echeverría, La identidad evanescente, *Las ilusiones de la modernidad*. Mexico City: UNAM/El Equilibrista. 1995, p. 56.

② 在玻利瓦尔·埃切维里亚的作品中,无论是在这里还是在其他地方,都明显地与批判理论有某种程度的接近。例如,霍克海默和阿多诺在他们的《启蒙辩证法》中强调指出,那些有助于启蒙运动自我毁灭倾向的因素和那些构成启蒙运动解放一面的因素密切相关。

③ Bolívar Echeverría, La identidad evanescente, *Las ilusiones de la modernidad*. Mexico City: UNAM/El Equilibrista. 1995, p. 56.

人类历史存在所有计划的好战模式成为一种将自身生存视为以消灭或剥削他人(人类或非人的本性)为条件的战略并不是唯一的可能;如果不是一种幻觉,另一种不同的模式是可以想象的,在这种模式中,对他者的挑战将不再是之前的爱欲模式。"①

埃切维里亚就现代性的物质基础,对现代性开始的时间顺序做出如下规定:"现代性的基础建立于一种势不可挡的整合——先是缓慢的,在中世纪,然后不断加速,从16世纪开始,从工业革命至今,甚至出现了爆炸性的技术变革,这种变革影响着人类多种'物质文明'的根源。"②

综上所述,对于埃切维里亚的现代性概念,我们可以补充一点的是,如果现代性和资本主义到今天有着共同的历史发展,这并不意味着它们是不可分割地交织在一起的。与之相反,埃切维里亚的兴趣在于追循一种非资本主义现代性可能性的理论轨迹,为了做到这一点,他并没有从它们的共同特征出发,而是从现代性内部存在的差异出发,或者从现代性不同形态之间存在的差异出发。③

埃切维里亚指出当代历史精神有四种最为重要的基本形式,即"现实主义气质、浪漫主义气质、古典气质和巴洛克气质"。④乍一看,他用艺术史的术语来描述社会现象似乎有些奇怪。⑤他认为这是巴洛克气质的产物,作为"一种已经不可逆转的事实,即巴洛克的概念从艺

---

① Bolívar Echeverría, Presentación, *Las ilusiones de la modernidad*. Mexico City: UNAM/El Equilibrista. 1995, p. 43.
② Bolívar Echeverría, Presentación, *Las ilusiones de la modernidad*. Mexico City: UNAM/El Equilibrista. 1995, p. 43.
③ Bolívar Echeverría, Presentación, *Las ilusiones de la modernidad*. Mexico City: UNAM/El Equilibrista. 1995, p. 141.
④ Bolívar Echeverría, El ethos barroco, *Modernidad, mestizaje cultural, ethos barroco*, Mexico City: UNAM, 1994, pp. 19 - 21.
⑤ 埃切维里亚在法兰克福大学其后的一次演讲中表达了类似的批评,由阿尔弗雷德·施密特和作者组织的一个讲座"欧洲以外的现代性:拉丁美洲的情况",1994年11月10日。莱茵河畔法兰克福歌德大学哲学系。

术史特别是文学史中出现,并在更广泛的意义上确立了自己作为文化史的一个范畴"。①

另一位墨西哥作家(他对埃切维里亚原本持批判态度)支持他的这一立场。墨西哥知名艺术史学家、墨西哥城现代艺术博物馆前馆长豪尔赫·阿尔贝托·曼里克(Jorge Alberto Manrique)表示,"事实上,在定义了艺术和文学的文体形式之后,我们采取了以下步骤以理解作为时代定义的巴洛克……这个词从艺术史上一个有限的建筑风格一跃成为一个历史性的术语"。② 曼里克表示,就这一点而言,将巴洛克的概念从艺术史和文学史的狭隘归属中剥离出来,并不是什么新鲜事。并且早在1952年就已经公开讨论过将它作为文化史的普遍概念进行使用了:"1952年著名的威尼斯年会'修辞和巴洛克'已经探讨过这个问题;巴洛克时代(在时间上还没有很好的定义)的任何方面都可以被讨论,包括思想、生活方式、城市规划,等等。"③

总的来说,不仅仅是巴洛克气质,埃切维里亚把社会和时代的艺术作为一个将历史精神表现出来的起点,这也证明了这个术语使用的合理性。④

埃切维里亚自20世纪80年代以来的主要理论目标之一就是为唯物主义的文化理论奠定基础。在这里,文化的概念应在最广泛的意义上被理解为各种人类表现的总体性。如果这些或多或少是物质的,那它就与日常生活和"高雅文化"无关。因此,埃切维里亚已经超越了曼

---

① Bolívar Echeverría, El ethos barroco, *Modernidad, mestizaje cultural, ethos barroco*, Mexico City: UNAM, 1994, p. 13.

② J. A. Manrique, Conversando acerca de unas conversaciones (sobre lo barroco), Bolívar Echeverría (ed.), UNAM, 1994, p. 235.

③ J. A. Manrique, Conversando acerca de unas conversaciones (sobre lo barroco), Bolívar Echeverría (ed.), UNAM, 1994, p. 235.

④ 在(巴洛克气质)的这种情况下,当现代精神气质以其他形式,精神气质的艺术呈现是可作为典范的清晰与发达,因为与此同时,艺术的任务正是把一个社会和一段时期的精神气质表达出来。(Bolívar Echeverría, El ethos barroco, *Modernidad, mestizaje cultural, ethos barroco*, Mexico City: UNAM, 1994, p. 27)

里克所描述的巴洛克概念的更广义使用。即便埃切维里亚试图超越抽象的普遍主义,从而赋予这个处于讨论中的概念以高度分化的具体性,但无论如何,他仍然是一位哲学家并将自己局限于唯物主义文化史的概念奠定工作。"我们的意图更多是反思性的,而不是描述性的。"①他说,"首先,这是一个提出理论、提出观点的问题。"②

在出版《现代主义,混血文化,巴洛克气质》一书时,埃切维里亚将经验和历史部分的研究假手于其他作者。③ 这本合集收录了其他16位作者关于"巴洛克"主题的研究。与我们关注的埃切维里亚自己的文章相反,这些文章大部分都是对拉丁美洲巴洛克(广义上)发展的专门研究。埃切维里亚的文章是这本著作的首篇,它采取了一种更为理论—哲学的形式。在这部文集中,巴洛克概念的范围逐渐被修改。虽然确实没有一个作者仅仅限于艺术史对这个概念加以狭隘的理解,但并不是所有的作者都认同埃切维里亚的文化概念。他的概念如此包罗万象,甚至包含了最日常的生产和消费形式。另一个不同之处在于,这些文章以不同的方式理解在艺术史上的巴洛克概念。因此,曼里克(该书17位作者之一)指责埃切维里亚没有在艺术史上对"巴洛克"和"风格主义"(mannerism)加以区分,以及错误地将后者归结为前者。④

但是,埃切维里亚对于仅仅通过扩大艺术史和对各种社会文化形

---

① Bolívar Echeverría, El ethos barroco, *Modernidad, mestizaje cultural, ethos barroco*, Mexico City: UNAM, 1994, p. 14.
② Bolívar Echeverría, El ethos barroco, *Modernidad, mestizaje cultural, ethos barroco*, Mexico City: UNAM, 1994, p. 14.
③ Bolívar Echeverría, El ethos barroco, *Modernidad, mestizaje cultural, ethos barroco*, Mexico City: UNAM, 1994, p. 18.
④ 关于埃切维里亚的文章,Sobre el barroco romano y la Roma de Bernini (published in Echeverría and Kurnitzky 1993, pp. 75 - 85),曼里克写道:"在此,我要请注意某些模棱两可之处,这些含糊之处既无助于我们对艺术现象的理解,也无助于对历史现象的理解。当然,对我来说,核心问题是混淆了矫揉造作和巴洛克风格"(Manrique 1994, pp. 238 - 240)。

态进行分类为广泛的具有唯物主义外观的文化博古史铺平道路并不感兴趣。他所寻求的是一个关键的历史概念,在这个概念中,在场自身作为一个不可分割的元素找到了它的位置:"对我们而言,通过历史编撰学构建巴洛克时代概念的需要与另一种不同的需要相联系,这个不同的需要出现在我们当今时代的批判话语领域。"①

根据埃切维里亚的观点,资本主义现代性的四种精神气质在历史上诞生于四个"不同的现代性时代,也就是说,与资本主义延续的不同推进有关——地中海、北欧、西方和中欧"。② 在这一历史延续性中,第一个推进即资本主义在地中海的推进伴随巴洛克气质而来。③ 最后一个则是与浪漫主义气质相关的资本主义在中欧的推进。埃切维里亚没有明确指出的是,古典气质是否与资本主义在北欧的推进以及现实主义思潮是否与资本主义在西方的推进保持着联系,或者恰恰相反。但我们可以假设第一种情况,它们的时间顺序将支持这一观点:对埃切维里亚来说,资本主义在北欧的推进先于在西方的推进,并且在艺术史上古典风格早于现实主义确立了自己的地位。有一种可能性是,他本人并不完全清楚这种关系是如何建立的。他在另外一篇文章《现实主义的西方和北方》中的表述使这个问题再一次变得模糊④,在这篇文章中他认为现实主义气质能够与资本主义在北欧和西方的"推进"迅速建立关系。

---

① Bolívar Echeverría, El ethos barroco, *Modernidad, mestizaje cultural, ethos barroco*, Mexico City: UNAM, 1994, p. 14.
② Bolívar Echeverría, El ethos barroco, *Modernidad, mestizaje cultural, ethos barroco*, Mexico City: UNAM, 1994, p. 21.
③ Bolívar Echeverría, El ethos barroco, *Modernidad, mestizaje cultural, ethos barroco*, Mexico City: UNAM, 1994, p. 21.
④ Bolívar Echeverría, *Las ilusiones de la modernidad*. Mexico City: UNAM/El Equilibrista, 1995, p. 167.

现实主义气质

> 对价值增值性天真而又激进的迷恋。(在没有注意到使用价值被牺牲的前提下,价值是值得称赞的)

埃切维里亚从"现实主义气质"开始了他对资本主义现代性四种精神气质的描述,这种气质今天在全球范围内占主导地位,因为它首先在那些占主导地位的国家占主导地位。在生产和消费使用价值不可避免的必要性和它们由价值生产带来的毁灭趋势之间存在着资本主义生产方式特有的矛盾。这种矛盾在这种气质中,以一种彻底的战斗精神被断然否认,这种否认不仅是理论上的,也是实践上的。就像在其他所有的精神气质中一样,现实主义气质并不是一种看待使用价值与价值之间关系的简单方式,而是一种具有物质意义的立场选择。普遍的社会关系之所以受到高度尊重,不仅是因为其"不可超越的效率和善",还因为"另一个世界的不可能"。①

转化为直接的、自发的资本主义事实的首要方法是一种在肯定和激进的认同态度中发展起来的行为,这种态度以资本积累所具有的创造性为借口,它不仅以忠实地代表在现实中被压抑与扭曲的"社会—自然"再生产过程的利益为其要求,同时也以忠实地代表在量和质上赋予同等权利的利益为其要求。在这种自发的行为中,价值的稳定和生产力的发展将是两种以上的同时发生的、同一的、统一的、不可分割的动力。这种基本的精神气质由于它不仅具有既定的或"真实"世界的不可超越的效率和善的肯定性,而且最重要的是,它还具有另一个世界不可能的肯定性,因此,它可以被称为现实主义精神

---

① Bolívar Echeverría, El ethos barroco, Modernidad, *mestizaje cultural*, *ethos barroco*, Mexico City: UNAM, 1994, p. 20.

气质。①

要说明的是,在他的文本中通常既不使用"资本主义生产方式",也不使用"资本主义生产关系"这些在马克思那里很常见的表述。他往往以"资本主义事实"或"资本主义现实"②来代替这些表述,又或是简单地把它们描述为"资本主义事物"(lo capitalista)。③ 这显然不仅与他对生产关系的兴趣有关,而且与他对社会生活组织历史形式的具体性质的兴趣有关。无论如何,在这里,值得一问的是,为什么埃切维利亚不使用"资产阶级社会"这个术语(这一点在这个文本中很常见)。

对他术语的另一种可能解释在马克思主义者中是很不寻常的,即有可能是他想避免直接把他的著作与马克思主义联系起来。同其他非教条主义马克思主义著作家一样,我们可以认为,这个不同的术语运用是否表明了某种程度的谨慎,这样对马克思著作的普遍排斥就不会把他拖入集体诅咒的深渊(在今天,资本主义生产关系几乎在所有方面都被认为是不可逾越的),又或者我们是否正在面对一个关于早期马克思主义的概念差异,早期马克思主义在墨西哥,首先就代表的是教条主义。但是这种替代的解释并没有更进一步,因为它仍然不能解释为什么我们说,玻利瓦尔·埃切维里亚在他后来的著作中继续明确地提到资本是理解现代世界的决定性基础之一。另一种可能的解释则是,他不使用"资产阶级社会"的概念,是因为他认为这是一种僵化的历史形象的一部分(一种"线性历史进展的强迫性观念")④,这种历史形象

---

① Bolívar Echeverría, El ethos barroco, Modernidad, *mestizaje cultural*, *ethos barroco*, Mexico City: UNAM, 1994, pp. 19–21.

② Bolívar Echeverría, El ethos barroco, Modernidad, *mestizaje cultural*, *ethos barroco*, Mexico City: UNAM, 1994, p. 20.

③ Bolívar Echeverría, El ethos barroco, Modernidad, *mestizaje cultural*, *ethos barroco*, Mexico City: UNAM, 1994, p. 20.

④ Bolívar Echeverría and Horst Kurnitzky, Foreword, *Kritik des bürgerlichen Antiimperialismus. Entwicklung der Unterentwicklung*, Berlin: Wagenbach., 1969, p. 9.

对拉丁美洲历史和现状的许多失败解释负有责任,根据这些解释,这片大陆必须首先"进入"资产阶级时代。①

浪漫主义气质

  对于使用价值的欺骗性迷恋。(使用价值是广受欢迎,因此忽略了实际上受欢迎的不是它,而是价值)

  埃切维里亚将资本主义现代性的第二种精神气质称为"浪漫主义气质"。第二种气质也忽视(如果不是直接否定)②生产价值的动力与生产使用价值的动力在任何方面都不相同的事实,其不同之处在于,与现实主义气质相反,价值的动力并没有作为幸福的唯一承载者被加以赞美,反而是使用价值的动力获得了吹捧。因此,它往往从生产和消费的社会组织总是围绕着使用价值的观点开始。这一观点不承认与任何价值增值过程的"需要"相矛盾的地方。资本的"生存"被认为是一场伟大的冒险,资本家从单纯的管理者变成了真正的英雄。在这种精神气质中,埃切维里亚暗指我们都知道的日常语言和企业的宣传语言,在这些语言中,我们可以找到许多对浪漫主义气质的充分表达。例如,资本家变成了"企业家",或换句话说,那些被认为从事某种令人兴奋的集体经济项目的人们变成了"合资企业"。此外,董事会名人——被一群保安和空调设备所环绕,得到最昂贵医疗保险的保护,如有需要,可

---

① 埃切维里亚早在1968年就认为:"拉丁美洲不能'进入'资产阶级时代,因为自伊比利亚征服以来,它就一直处于资产阶级时代。"
② 埃切维里亚说,浪漫主义精神否认了资本主义生产方式固有的矛盾。我们必须考虑到,在西班牙语中,"negar"一词[否定-反式]也用于精神分析学意义上的"verdrangen"。在埃切维里亚关于浪漫主义气质的表述中从来没有完全清楚这个词的两个含义,无论是主动否定这种或多或少被意识到的矛盾,还是无意识地否定这一矛盾,但我们有可能基于这样的假设,即他同时考虑了这两个方面。

立即将他们从地球上任何地点运送到任何已知情况下最好的医院——只想谈论他们所经历的巨大的"风险",这风险几乎总是指那些依赖薪水过活的人的风险,以及如果有人在"冒险"中出了问题,就会被扔到街上的风险。至少奥德修斯和他的部下一起经受了各种危险的考验。今天那些在《奥德赛》中活不过一个小时的剥削者,说的好像古代的英雄人物与他们相比就像一个可怜的、容易受惊的魔鬼。这就是浪漫主义气质。在每一次的资本转移中,一切都处于危险之中,但这通常被认为是一个使用价值的生产和消费问题,其他一切都只是附属品。

另一种将资本主义事物(lo capitalista)归化的方式,与前者一样激进,但完全与前者对立,也意味着这两个术语的混淆,但不是在价值的肯定中,而恰恰是在使用价值自身的肯定中。由这个观点看来,"增值过程"似乎完全可以还原为"自然形式"。作为"企业家精神"的结果,"增值过程"本身因此不过是自然形式实现的一种变体,这是由于这种"精神"反过来又会成为使历史成为永久冒险的人物或主题之一,在人类的个人层面上和集体上都是如此。很可能是一种反常的变异,这种"善"或"自然世界"向资本主义地狱蜕变的过程,将永远是创造本身的奇迹时刻。这种与资本主义共存的特殊方式,就这种社会形式被转化为它的对立面而言,这一方式是得到肯定的,它属于浪漫主义气质。①

这种资本主义生产方式的"归化"不仅是由统治阶级完成的,也是由被统治阶级完成的。如前所述,这种关于对抗性社会阶级分化的理论缺失也同样适用于资本主义现代性的其他三种精神气质。

古典气质

资本主义事物的悲剧性成就。(使用价值以发自内心的全部

---

① Bolívar Echeverría, El ethos barroco, *Modernidad, mestizaje cultural, ethos barroco*, Mexico City: UNAM, 1994, p. 20.

痛苦换取价值）

在资本主义现代性的古典气质之中，资本主义生产方式所固有的价值与使用价值之间的矛盾并没有被否定（与前两种精神气质以各自不同的方式加以否定相反），但是这里还假定，反对这种做法的政治实践是不可能的，也没有提出对现存关系激进的支持，因为这同样也是多余的。既定社会关系似乎是不可改变的，并且这里主要的态度是社会过程的"悲剧性实现"，注定要超越人类主体的影响。在古典气质中，现存的东西并没有获得赞美，其矛盾也没有被掩盖，就像现实主义气质和浪漫主义气质中一样，而是所有（更激进的）反叛都被认为是毫无意义的。

在当前的背景下我们可能超越埃切维里亚，与之相反，我们可以将资本主义现代性的这一精神气质与社会民主的政治态度相比较，在那些时期，它仍至少是改良主义的，并没有把资本主义视为不可避免。原则上，它承认了那些资本主义生产关系必然产生的问题。但是，与此同时，首先是在执政时，其拥护者指出"政治现实主义的必要性"（Sachzwange/物质约束），很不幸这种政治现实主义只允许在有限的范围内进行改革（此外，只有当资本家没有感觉到受太大影响和"经济大环境"允许时）。在卢卡奇的解读中，马克思主义的意识形态批判毋庸置疑以更为强大的力量更适用于这种精神气质。诚然，这种精神气质支撑着改变某些事物的意志，但它又同时强调，人类对自身创造出来某些事物的掌控是不可能的，这是一种典型"物化意识"的态度。经典气质相伴着"斯多葛理性主义的疏远和平静"。根据这种观点，"所有支持或反对现存事物的态度，无论是积极的态度还是悲叹的态度"，都显得"毫无意义和多余"。[1]

---

[1] Bolívar Echeverría, *Las ilusiones de la modernidad*, Mexico City: UNAM/El Equilibrista. 1995, p. 165.

最后，让我们来考察一下埃切维里亚关于资本主义现代性第三种精神气质的表述，在进行了这些澄清之后，这一精神应该是可以被理解了：

由于一种先验的必然性而生活在资本主义现实的自发性中，也就是说，作为一种现实，其令人可憎的特性，最终以有效存在的肯定性得以补偿，这第三种方式，超越了与人类相对应的行为和价值的界限，这是古典气质的方式，是疏离的：不违背一个被认为是无可争辩的消极目标，而是在事物的悲剧性实现的过程中，以理解和建设性的态度行动。①

巴洛克气质

> 清醒与叛逆似是而非的结合。（使用价值通过清晰可见的破坏得以保存）

巴洛克气质不像浪漫主义气质那样对这一矛盾加以忽视，它既没有抹去也没有掩盖资本主义生产方式下的使用价值与价值之间的矛盾，这一点与古典主义的气质相同。而与古典气质的不同之处在于巴洛克气质对这种矛盾并不采取悲剧性的态度。② 它在认识行为意义上承认这种存在关系，但在决策行为意义上不承认这种存在关系。因此，它表现出一种矛盾的态度③：认识到使用价值完全屈从于价值规律本

---

① Bolívar Echeverría, El ethos barroco, *Modernidad, mestizaje cultural, ethos barroco*, Mexico City: UNAM, 1994, p. 20.

② Bolívar Echeverría, El ethos barroco, *Modernidad, mestizaje cultural, ethos barroco*, Mexico City: UNAM, 1994, p. 21.

③ Bolívar Echeverría, El ethos barroco, *Modernidad, mestizaje cultural, ethos barroco*, Mexico City: UNAM, 1994, p. 26、30。在一个非理性的世界中，以一个不那么非合理性的姿态的关于矛盾的概念，参见霍克海默和阿多诺，《启蒙辩证法》，2002年，第147页，作者讨论了"矛盾的基督徒"作为唯一设法避免（转下页）

身的动力,并且认识到这种社会关系不能简单地被取消或是克服(aufheben),巴洛克气质试图在虚假中活出真实,这种精神气质,和其他三个基本的精神气质一样,属于资本主义现代性。因此,它并不包含任何反对资本主义的倾向,但却不断企图打破资本主义生产关系规律,其目标并不是在于实现更好的社会关系。但是,无论如何,在每一个个别的案例中,都有一个节省使用价值并享用它的尝试。举个例子,我们可以在这里想到盛大的庆祝活动,在其中,即使在痛苦和压抑的情况下,参与者也能找到不可否认的幸福时刻。与现实主义精神(它与人类的幸福没有直接关系)和浪漫主义精神(在心理学术语上它专门指否定/压抑)相比,这种幸福在现有的秩序中是不可能存在的,这种幸福本身是不可能的,这一事实被清楚而明智地把握住了(Verdrängung)。但这种幸福只应存在于此时此地(不是历史逻辑的结果,而是因为如果不这样做,一切都将是徒劳的),这一事实,与巴洛克式的古典气质相悖,后者以明智痛苦的表象为乐。按照这种观点,巴洛克式气质是"一种接受商业流通规律的策略……同时拒绝遵守这些规律,并让它们屈从于一种让它们重新发挥作用的越轨行为"。①

在资本主义现代性的巴洛克气质中,我们发现了一种"保守主

(接上页)基督教反犹太倾向的基督徒。为了掌握埃切维里亚关于巴洛克气质的推理,这个推理偶尔模糊(例如,当他谈通过毁灭从毁灭中拯救自己),参考法兰克福学派的思想是有用的。不止在这一点上,对埃切维里亚有所触动。因此,霍克海默 1940 年的这句话可以被解读为表达了一种自相矛盾的观点,这也是巴洛克气质的典型特征。尽管在面对形式逻辑时陷入荒谬,但它比许多一致的短语更能说明当前的历史,也比许多"一致"的短语更能说明当代历史。"只要世界历史遵循它的逻辑进程,它就不能实现它的人类命运"(Max Horkheimer, The Authoritarian State, in Andrew Arato and Elke Gephardt, *The Essential Frankfurt School Reader*, New York: Continuum, 1982, p. 117)。

① Bolívar Echeverría, El ethos barroco, *Modernidad, mestizaje cultural, ethos barroco*, Mexico City: UNAM, 1994, pp. 26 – 28.

与不符合常规的冲突组合"。① 它是保守的,尽管它反对后者破坏使用价值的倾向,但是它并不反对资本主义。通常来说,它坚持现存的社会关系,同样对于文化来说,它也应是保守的,但事实恰恰相反,后者实际上已经成为其非保守主义的一部分。正如前几章所讨论的那样,最终,巴洛克气质并不满足于使用价值和生成符号系统的破坏。虽然在这些理论文本中,埃切维里亚并没有直接提到日常政治,但在这一点上,我们可以谈谈这样一个事实,即他认为萨帕提斯塔起义(自1994年以来,萨帕提斯塔起义破坏了墨西哥社会稳定的表象)具有浓重的巴洛克气质。在这里,我们发现了同样的,但是还未被任何分析者捕捉到的保守主义与不符合常规特定冲突的组合。萨帕提斯塔主义者来自这个国家最偏远的角落之一,在那里左派政治还没有汽水品牌为人所知晓。他们的生活方式有时会让我们觉得很过时,他们说的语言在现代墨西哥被认为是早已灭绝时代的遗留物,根据这种意识形态,这些语言的消失是该国"现代化"的必要组成部分。在与政府谈判时,他们代表的穿着使任何西欧反独裁人士都不寒而栗,然而,他们有一种谁也不能质疑的东西:一种反叛的、几乎是革命的冲动,在一个历史理应终结的世界里,这种冲动只是一种虚幻的白日梦。

回到埃切维里亚的文本,我们可以说,巴洛克气质的矛盾态度是通过使用价值内部构成这一事实来表达的,也是通过它们自身毁灭的动力来表达的:"那种(特定的)现代方式是巴洛克式的,它允许人们生活在对质的破坏中——一种由资本主义生产主义产生的破坏——通过将这种破坏转化为另一种创造,挑衅性的想象,质的维度。"②

因此,当前社会形态的破坏性倾向并没有被否定(浪漫主义气

---

① Bolívar Echeverría, El ethos barroco, *Modernidad, mestizaje cultural, ethos barroco*, Mexico City: UNAM, 1994, p. 26.

② Bolívar Echeverría, El ethos barroco, *Modernidad, mestizaje cultural, ethos barroco*, Mexico City: UNAM, 1994, p. 21.

质),也没有被含蓄地颂扬(现实主义气质),更没有被哀悼(古典气质),而是试图将它"颠覆"。在某种意义上,滥用或欺骗它,用它达到与它完全不同的目的。如果我们退后一步,远距离看待这个问题,我们可能会发现,这种思维方式与卡尔·马克思(Karl Marx)在其著作中冷静保持的希望是类似的。马克思从资本主义生产方式及其相应的资产阶级社会形态已经在生产他们掘墓人的观点出发。于是,在最绝望的时刻,他看到了一线希望,从绝望的根源中迸发出来。然而,在巴洛克气质中,这整个矛盾过程发生在资本主义生产方式中,希望之光并不直接指向后资本主义,这就是与马克思主义观念最大的区别之一。

为了解释这种奇特的矛盾精神,埃切维里亚遵循乔治·巴塔耶的定义,将其比作色情文学。巴塔耶的色情观,他称之为"对生命(混乱)甚至死亡(宇宙)的肯定",可以在没有太多暴力(甚至可能是正确的)的情况下,转化为巴洛克气质的定义。[1]

我们可以说,对埃切维里亚的解读,将巴洛克气质和色情并列,指向了资本主义现代性第四种精神气质的中心。在色情方面,它恰恰倾向于成为一种具有吸引力的他者。与今天到处泛滥并为种族主义提供的假定解释"理论"(重新洗礼为"仇外心理")不同,害怕甚至憎恨"他者"并不是人类的自然特征。我们可以在人类行为和感情的一个因素中找到完全相反的情况,而这一因素在色情方面是相当重要的。埃切维里亚认为这是巴洛克气质的特征,就像它伴随着文化上的混血一样,他将其理解为"符号吞噬(codigophagia [*códigofagia*])"[2],也就是说,是对社会符号系统的相互吞噬(在最广泛的意义上,如上所述,以价值

---

[1] Bolívar Echeverría, El ethos barroco, *Modernidad, mestizaje cultural, ethos barroco*, Mexico City: UNAM, 1994, p.21.

[2] Bolívar Echeverría, El ethos barroco, *Modernidad, mestizaje cultural, ethos barroco*, Mexico City: UNAM, 1994, p.32.

为基础)。①

"混血"的特质如巴洛克气质那样主要存在于拉丁美洲。这是巴洛克气质特有的,与其矛盾的态度相一致(因为在竞争激烈的社会中,无论如何接受他者都是矛盾的)。② 但这并不是因为那里可能生活着更优秀的人类,而仅仅是因为根据埃切维里亚的分析,那里的历史状况仍在引发当前的后果。16世纪,这两种存在于西班牙美洲的文化形式以及支持它们的集体主体,都面临着灭绝的危险。其他前拉美社会则发现自己处于一个普遍分解的过程中。在欧洲大陆的原住民中,90%的人死于欧洲人的征服(由于过度劳动、营养不良、虐待、谋杀、新的疾病和其他许多原因)。在西班牙出生的居民也处于危险之中。在那个时期,他们的祖国也抛弃了他们,他们被迫筹划如何拯救自己。在这种情况下,对双方来说,唯一的救赎就是参与到一种文化"混血"之中。他们这样做不是出于宽宏大量或高度的容忍,而是纯粹为了生存的需要。③ 正是在这种历史背景下,"文化融合"和巴洛克气质在美洲大陆南部的强大存在才得以产生。

巴洛克气质的这一方面,原则上给了它比其他文化更多开放的可能性,从而使它不像其他精神气质那样直接倾向于侵略性的种族主义,这是埃切维里亚在其分析中投入如此多篇幅的一个关键原因。如果说

---

① 鉴于埃切维里亚以这种的方式描述了"文化混血",我们可以看到为什么他认为将符号学合并到他的理论是有用处的:"混血,文化生活的自然方式,就普遍理解来说,无论是在化学(并列的品质)或生物形式(交叉或组合的品质),一切都表明这是一个我们可以认为的'吞噬'的符号学过程。"(Bolívar Echeverría, El ethos barroco, *Modernidad, mestizaje cultural, ethos barroco*, Mexico City: UNAM, 1994, p. 32)

② "有可能说……为伊比利亚美洲传统所特有文化混血的策略是与欧洲现代性巴洛克气质的行为特征以及后文艺复兴时期面对西方艺术经典准则的巴洛克态度完美契合"(Bolívar Echeverría, El ethos barroco, *Modernidad, mestizaje cultural, ethos barroco*, Mexico City: UNAM, 1994, p. 36)。

③ Bolívar Echeverría, El ethos barroco, *Modernidad, mestizaje cultural, ethos barroco*, Mexico City: UNAM, 1994, pp. 36 – 37.

巴洛克气质(如所描述的另外三种精神气质那样)是嵌入资本主义的,那么,它仍然具有某种内在的东西,最终可以被拯救并转移到后资本主义社会,换句话说,与资本主义现代性的其他精神气质相比,它的种族主义倾向相对微弱。

于巴洛克气质在拉丁美洲获得特别影响力的其他历史原因中,埃切维里亚讨论了耶稣会的历史存在,尤其是在17世纪和18世纪早期,以及他们在这里所尝试进行的计划。他认为他们是"天主教会努力创造自己的"的执行者,"作为围绕资本活力的个人主义和抽象现代性的替代,宗教现代性将围绕信仰的复兴展开"。①

埃切维里亚认为,以实验的方式谈论"耶稣会现代性"是合理的,例如,巴拉圭的"归化区"(Reductions)。这些土著社区是由巴拉圭不同地区的耶稣会信徒组织成的小型社会,他们试验了各种经济和社会化形式,在这些形式中,虽然市场确实存在,但资本主义的动力并没有占主导地位。鉴于此,正如上面我们已经看到的,埃切维里亚认为市场生产(即商品生产)是现代性的决定性特征之一,由于巴拉圭的耶稣会士试图建立一种没有资本主义的商品生产体系,在这里,我们有一种试图构建非资本主义现代性的早期形式。事实上耶稣会士的计划失败了,在1767年他们被驱逐出巴拉圭(和所有的新西班牙②)。随之,"归化区"被解除。这并没有减少埃切维里亚对这段历史尝试的兴趣,因为他寻求的是一个非资本主义现代性的当代理论建议。③ 就他估计,

---

① Bolívar Echeverría, El ethos barroco, *Modernidad, mestizaje cultural, ethos barroco*, Mexico City: UNAM, 1994, p.29.
② 新西班牙(Nueva España),西班牙管理北美洲和菲律宾的一个殖民地总督辖地,首府位于墨西哥城。——译者按
③ 因此,他们(耶稣会教士)试图植入的是一个非常奇特的乌托邦。生产是为了市场,但却是为了一个"驯化"的市场,为了一个由政治—宗教分配过程主导的市场。"这个项目……无疑是一个现代项目,但它不是现代资本主义"。(Bolívar Echeverría, El ethos barroco, *Modernidad, mestizaje cultural, ethos barroco*, Mexico City: UNAM, 1994, p.29)

历史的精神、资本主义现代性的四重形式及其巴洛克气质

巴拉圭的耶稣会士对于资本主义经济规律有着清晰的理解：他们从一开始就看到，市场的自由法则必然导致垄断，因此，他们总是相信关键在于通过国家的存在，或者更好的说法是，一个宗教国家实体的存在来对抗垄断。

耶稣会的现代性计划，是试图提供一种替代新教以及随之而来的现代性形式的尝试，它不仅仅是对宗教改革的一种简单的反击，也不应该被误解为一种反现代的计划，或仅仅是对早期天主教形式的一种重新表述。① 这一"耶稣会现代性"的特点是宣称将两件事结合起来，根据埃切维里亚的说法，这两件事在现实中并不协调：政治经济和正义。② 而如何克服这种矛盾呢？正是通过一个典型的"巴洛克"方法，即对立的混淆：用"主观"行动的信徒取代资本的"客观"行动这一冒险的（在许多情况下，甚至是疯狂的）主张只能通过想象层面上的工作完成，通过令人晕眩的经历，神秘主义的世俗化，甚至是普遍对立混乱的巴洛克艺术加以系统化。

这种"疯狂"的倾向是巴洛克气质的特征，因为它试图做一些完全疯狂的事情，也就是我们说过的，通过它的毁灭来拯救使用价值。在拉

---

① 伊格格拉西奥·德·洛约拉的另一个建议，不仅是一种辩护，一种试图夺回教会在宗教改革中失去的领地的企图，而且是一种声称比后者更有力量的建议（Echeverría and Kurnitzky, 1993, p. 36）。埃切维里亚说："耶稣会试图在给这部戏注入活力以照亮基督徒的日常生活，'使其现代化'，使它不是一个等待未来生活（天堂生活）的问题，而是一个征服幸福的问题"。

② 同上，在这里埃切维里亚并没有深入到这个问题，即根据马克思的观点在资本主义占统治地位的政治经济中，普遍存在一种正义形式，而这种正义正是等价交换的正义。这样一来，他就完全摒弃了那些理论和实践，这些理论和实践的出发点是要停止现有条件下的野蛮行为，只需要多一点道德行为，少一点欺诈。对马克思来说，问题要复杂得多，通过对剩余价值和劳动力商品价值与它在劳动（通过使用）中创造的价值之间的某种差异的揭示，没有"欺诈"的剥削也是有可能的。马克思已经概述了批判资产阶级正义观的要点，但这是有问题的，因为他是从人与人之间的平等出发。但是平等的概念本身就存在问题。例如，霍克海默和阿多尔诺的《启蒙辩证法》，不仅是反对以往压迫和剥削条件的理论和实际的武器，与此同时，他们也是反对今天压迫与剥削的武器。

丁美洲的耶稣会士的例子中,这种疯狂,对埃切维里亚来说,也表现在想要让大众接触到一种秘密教义、神秘主义,这显然是荒谬的。17世纪和18世纪,巴洛克气质在拉丁美洲的"主流"是"中心和开放的",到今天只是"边缘和地下的"。①

我们刚刚讨论的这种"边缘优势"如何能够被想象到?对于埃切维里亚这种略显奇怪表达方式的解释,部分源于这样一种观点:现实主义精神在当今世界范围内占主导地位,但没有以纯粹的形式存在,而总是与资本主义现代性的其他三种精神气质混杂在一起。但是,一般来说,这三种其他精神中的一种反而又在边缘社会中占主导地位②,因此,在简要介绍了埃切维里亚对资本主义现代性四种精神气质的分类之后,我们在这里的观点是,这些都是理想的类型,因此在现实中并没有哪一种以纯粹的形式出现。正如我们刚才提到的,这是因为现实主义气质实际上总是占主导地位,而其他的精神气质只能以从属的身份共存,而且,由于作为一个整体,因此在其他时代,历史精神的现实总是比简单的四重分类要复杂得多:值得补充的是,资本主义现代性所提供的这四种文明基本策略,没有一种能够有效地以孤立的、更不用说单独的形式出现。每一个都始终存在于现代不同历史"世界建构"的有效生命中,根据不同的情况,它们组合的方式不尽相同。

由于它们不是以先前描述的形式出现在现实中,因此对资本主义现代性四种精神气质概念加以限定很重要。它们的概念只能作为一种纽带帮助我们理解今天现代社会在不同地方所采取的不同形式。由于埃切维里亚绝不试图修正特定的民族特征或任何类似的东西,相反,他对此坚决拒斥,所以这一点也是很重要的。在埃切维里亚看来,拉丁美洲人被民俗化为"巴洛克"或"魔幻现实主义者",最终不过是主流文化

---

① Bolívar Echeverría, El ethos barroco, *Modernidad, mestizaje cultural, ethos barroco*, Mexico City: UNAM, 1994, p. 28.

② Bolívar Echeverría, El ethos barroco, *Modernidad, mestizaje cultural, ethos barroco*, Mexico City: UNAM, 1994, p. 22.

策略的一部分,目的是将巴洛克文化放逐到"前现代性的非世界",从而摆脱巴洛克文化。① 巴洛克气质不是直接可见的,也不是在泵吸拉丁美洲的血液,也不能被轻易定格在五颜六色的魔鬼面具或奇特的葬礼,而是正如埃切维里亚理论探讨开始时所解释的那样,这种精神气质植根于生产和消费使用价值的基本形态中,是整个社会符号系统的基础;它是这样建立在各个社会的真正经济结构的基础上的,因此它既不属于民间传说,也不属于遗传学。

在前述表达的意义上,我们需要特别注意埃切维里亚精神理论在关键的非肯定方面的激进化。在以后的文本中,"纯粹的"历史精神假设的反对比他在早期作品中更具有决断力。在 1992 年写就、1995 年出版的《资本主义现代性,15 个命题》(*moderndady capitalismo, 15 Tesis*)一书,其中第 7 篇文章也出现在他关于"巴洛克气质"的论文集中(1994 年出版,但显然是在"15 个命题"之后)。在这本书中,他说:然而,[这四种精神气质中的每一种]都能够在构成中发挥主导作用,将其与其他精神气质组织联合起来,并迫使它将自身转化成它的术语,以便变得更为明晰。例如,只有在这种相对意义上,我们才能说"古典现代性"之于"浪漫现代性",或是"现实主义心理"较之于"巴洛克心理"。②

这些路径新的表述如下:"事实是在这种构成中起主导作用的精神气质,现实主义气质,将自己与其他精神气质组织联合起来,迫使它们将自身转化成它的术语,使之更为明晰。只有在这种相对意义上,我们才能把资本主义现代性说成是一种需要并强制使用的'新教伦理'

---

① Bolívar Echeverría, El ethos barroco, *Modernidad, mestizaje cultural, ethos barroco*, Mexico City: UNAM, 1994, pp. 28 – 29.
② Bolívar Echeverría, Presentación, *Las ilusiones de la modernidad*. Mexico City: UNAM/El Equilibrista. 1995, p. 166.

文明计划。"①

让我们简单地指出这两种表述之间的差别。首先,令人惊讶的是第一个表述中的术语"心理",埃切维里亚在这里一直使用这个术语。在第二种表述中,这一术语不再出现,这与他精神气质的理论框架和他坚持以使用价值为这些精神气质的基础是一致的。这里还表达了一种理想主义倾向,这种倾向作为一般规律很容易渗透到此类研究中,埃切维里亚似乎想通过消除这个词来纠正和改进这种倾向。无论如何,"心理"这一术语在他的著作中不再是随处可见的了。

另一个区别在于这样一个事实,与第一个引语中所暗示的相反,重点在于从四种精神气质(到目前为止,这四种力量被认为是强大的)的比较转向来判断,即今天不可能有所谓的"经典现代性"或"浪漫的现代性",看起来似乎也不会有"巴洛克"现代性。根据这种新的表述,当下只有现实主义现代性,其中现实主义气质自然占主导地位;另外三种精神气质只能在"转化"成为现实精神的范围内存在,就是说,只能按照现实主义的符号体系来表达自己的逻辑。我们不应低估这种重点转换的重要性。在他关于现代性和资本主义的"15个命题"中,埃切维里亚曾经非常关注于这样一个结论:过去不仅存在着各种形式的现代性,而且这些现代性在今天仍然存在,至少在社会生活的特定场所和空间是如此。相比之下,在他的著作《现代性》《文化混血》和《巴洛克气质》的表述中,这一立场被部分地收回。现在强调的是,在过去还有其他的现代性,它们有效地构成了现代的,而不是前现代的社会化形式。他直接指出,这些与过去的现代性相对应的精神气质,作为主导的现代性幸存于当前的现实主义现代性,并没有被完全摧毁。

此外,这种重新构想解决了他在《现代性的幻觉》(*The Illusions of Modernity*)一书中提出的问题。正如我们已经说过的那样,虽然在《15

---

① Bolívar Echeverría, El ethos barroco, *Modernidad*, *mestizaje cultural*, *ethos barroco*, Mexico City: UNAM, 1994, p. 22.

篇》这本书中更近的一篇文章中他主张不同现代性的存在,并对三种基本的"现代神话"(即革命神话、民族神话和民主神话)进行了批判,但是没有具体说明其中暗指的现代性。① 其中有一段很清晰地指出当前现代性的主流"政治文化"是"现实主义",但没有提到巴洛克、古典或浪漫主义政治文化或现代性的可能性。通过上文所谈及的新表述,即可理解埃切维里亚对当代现代性的研究在理论形态上和批判意图上都指向了现实主义现代性。

一个问题仍然悬而未决:这种已经在《现代性的幻觉》一书中概述过的转变从何而来?一方面,这无疑是埃切维里亚自身理论发展的一种表现,我们也可以推想,重要的激励来自埃切维里亚所领衔的研究项目,以及该项目组织的研讨会。我们最后的考量是从与今天占主导地位历史精神的直接比较开始的,即现实主义气质与引起了玻利瓦尔·埃切维里亚特别关注的巴洛克气质之间的比较。建立在对我们今天存在的核心要素错误否定基础之上的现实主义气质的明确性并没有真正试图使启蒙的最高理想具体化,对他者的承认成为构成一切主体性或是自我的必要条件,而巴洛克气质试图在很大程度上计有着不同生活方式和思维方式的人共同生存。恰恰是其中的矛盾行为,使得这种精神气质能够容忍人与人之间的差异,而不要求对方与自己相似,从而能够像现实主义气质那样承认他者。

另一方面,巴洛克气质借用了巴洛克艺术运动的名称,这一艺术具有将不同的元素和风格进行组合和混合的能力,虽然这些元素和风格是不能组合或混合的,至少从"严肃"的角度来看是这样。上述无序的混合对公认的美学规则构成了威胁。然而,它是新埃斯帕纳地区唯一能够融合土著艺术和美学传统的艺术形式。这种精神气质的双方都缺乏"理解";这些元素彼此之间并不"理解",但愿意在必要时睁一只眼

---

① Bolívar Echeverría, Postmodernidady cinismo, Las ilusiones de la modernidad. Mexico City: UNAM/El Equilibrista, 1995.

闭一只眼,和平共处。根据黑格尔的定义,他们不理解也不承认对方;然而,双方都不寻求摧毁或攻击性地排斥对方。从于尔根·哈贝马斯等西方哲学家的观点来看,这种不清晰的共存方式意味着缺乏沟通的能力,并因此最终缺乏解放能力。今天的社会中,由于无所不在的竞争,对方永远首先是竞争对手并必须被超越,而在埃切维里亚看来,尽管在今天的社会中人们的相互理解具有结构上的不可能性,但我们具有交往的能力。巴洛克气质中与他人交往的问题,不仅是交往结构上的不可能性,而且还具有双重意义。这种精神气质恰恰正在将误解作为一种交往方式重新功能化。然而,从哈贝马斯等人的角度来看,由于缺乏明确性,这是一种不发达的交往行为,这是一种需要被现代化的交往方式,对玻利瓦尔·埃切维里亚来说这则是另一种资本主义现代性的表现,伴随着另一种现代精神模式,即巴洛克气质。

通过对美国和墨西哥的比较,我们可以观察到现实主义气质占主导地位的社会与巴洛克气质占主导地位的社会之间的差异。几百年后,美国由于缺乏相互之间的认同,奴隶后裔和前殖民者后裔(生物学和文化上的)文化再生产仍然无法融合,而墨西哥在这两个层面上都享有高度的文化融合。这种混血并不必须以开明或哲学的方式承认对方,即便是现存的社会形态,但是它允许和平共处,因此它在现实主义气质失败的地方却获得了成功。现实主义气质只会加强殖民主义所造成的经济限制和种族障碍,而巴洛克气质无视殖民主义及其资本主义后果,则具有通过鼓励与他者的和谐共处提供了模糊这些界限和限制的可能性。它没有真正质疑资本主义的再生产形式及其最深层的历史基础,即殖民主义,它试图同时过着一种愉快的生活,包括与周围的人一同生活和共同享受。它违反了不成文的种族主义法则,不需要真正去质疑他们是否能享受这种快乐,即使只是以一种暂时的、随意的方式。最后,它具有比现实主义气质更为开放的一面:由于现实主义气质否认种族主义等矛盾的存在,在这一原则指导下的社会将面临无法解决这些矛盾的局面。然而,这些矛盾却将一再重复出现,盎格鲁—撒克逊新教统治阶级的持续统治也是如此。

因此,对于现代化拉丁美洲或墨西哥,它并没有克服或废除巴洛克气质的必要,在大多数情况下,这种气质甚至在普遍意义上可以成为对现代性的核心文化贡献(在广义文化上)。从一种虚假和抽象的普遍主义的角度来看,将现实主义气质解读为现代性唯一可能的社会文化形态——一种不发达的社会文化形态——正是从一种具体的普遍主义的非种族主义和非欧洲中心主义的角度来看待,一种高度现代的社会文化形态,或许巴洛克气质可以成为一个脆弱易碎的标杆,让我们想象我们可以朝哪个方向前进,去努力建设一个比我们今天所生活的更少自发破坏性的社会。

(译者 华东师范大学马克思主义学院副教授)

Historical Ethos, Quadruple Ethos of the Capitalist Modernity and Baroque Ethos
——Contributions of B. Echeverría for A Critical Theory from the Americas

Stefan Gandler

Abstract: Bolivar Echeverria (1941 – 2010), a Mexican scholar, is one of the main representatives of Latin American Marxism. He has been committed to the construction of the critical theory of Latin American Marxism for a long time. This paper aims to interpret his core concept "historical ethos" and its related theories. Echeverria divided the historical ethos of capitalist modernity into four types, namely, the realist ethos, the romantic ethos, the classic ethos, and the baroque ethos. He paid special attention to the baroque ethos. In his opinion, the special historical background has created the baroque ethos of capitalism modernity in Latin America, which is based on the real economic structure of Latin American society, rooted in the basic form of production and use value, even the basis of the whole social symbol system. The important feature of baroque ethos is the cultural mestizaje, which exists in Latin America in a vague way of co-existence, and the subsequent underdeveloped communication behavior. In contrast to view of underdeveloped communication of Habermas, Echeverria believes that the baroque ethos refunctionalizes misunderstanding as a form of communication and allows for peaceful coexistence, and thus succeeds where the realist ethos fails.

Key words: Bolivar Echeverria; capitalist modernity; historical ethos; baroque ethos; Latin American

二、西方马克思主义研究

马克思主义生态学构建的三大进路：
学术文献史视角[*]

郇庆治　陈艺文

摘要： 在半个多世纪的不断发展过程中，马克思主义生态学或广义上的生态马克思主义呈现出了三大研究路径或构建进路：对马克思恩格斯等经典作家著述中生态思想的文本诠释与阐发、基于马克思主义基本立场方法来回应生态议题与实践需要的理论重释建构、介于二者之间的对经典文本再阐释与理论重构努力相结合。它们共同的理论旨趣在于，承继或借鉴马克思主义传统中对资本主义制度条件下生态环境问题成因以及社会主义未来替代路径的理论分析和政治选择。因而，从超越欧美生态马克思主义或生态社会主义的理论视域和话语体系的立场来探索构建具有中国特色与风格的马克思主义生态学，尤其是新时代中国特色社会主义生态文明理论，需要我们更准确地理解和把握上述三种马克思主义生态学构建进路的异同及其互动关系，并把对中国特色社会主义生态文明理论与实践的探索置于更为宏大与宽阔的世界性社会生态转型潮流之下。

---

* 基金项目：本文系国家社科基金 2018 年度重大项目"习近平生态文明思想研究"（18ZDA003）的阶段性成果；国家社科基金 2018 年度重点项目"习近平新时代中国特色社会主义生态文明思想研究"（18AKS016）的阶段性成果。

关键词：马克思主义生态学　生态马克思主义　生态社会主义　绿色左翼　社会主义生态文明理论

作为一种环境人文社会科学学科分支或方向的"生态马克思主义"，其实有着十分多样化的概念化形式或表达。除了偶尔被提及的"生态马克思主义"和"生态学马克思主义"之分（即它的前缀修饰是eco-还是ecological），我们至少还可以发现诸如"马克思的生态学""马克思恩格斯的生态（环境/自然/生态文明）思想（观）""绿色（化）马克思主义""绿色议题马克思主义（比如生态女性主义马克思主义）"等众多表述。在本文中，笔者将采用"马克思主义生态学"作为统摄性的伞形概念，因为它可以较好涵盖上述意涵更为宽泛的理论分支流派，同时也具有研究方法论意义上的更大灵活性，彰显出马克思恩格斯所开创的马克思主义生态学的动态发展过程与不断创新本质。基于此，笔者把广义的生态马克思主义或生态社会主义的理论构建过程及其方法论概括为如下三大进路：文本诠释与阐发、文本再阐释与理论重构相结合、理论重释建构，并认为这种理解构成了我们系统探讨新时代中国特色社会主义生态文明理论或中国化马克思主义生态学的重要方法论基础。

一、文本诠释与阐发：马克思恩格斯生态思想

毋庸讳言，至少在其初创阶段，马克思主义生态学是以一种回应者或自我捍卫者的身份出现的。也就是说，面对20世纪50、60年代在欧美工业化国家中社会政治重要性变得日渐凸显的生态环境议题，以及包括生存主义、保守主义、自由民主主义等在内的形形色色的绿色经济社会政治与文化理论，马克思主义必须要回答如下两个问题：第一，它不是问题的成因或"反生态的"，即造成现代生态环境问题的根源在于资本主义社会的经济政治制度与文化；第二，它是问题解决的方案或方

案的一部分或"绿色的",即它所主张的社会主义历史性替代可以更好地或从根本上克服生态环境问题。沿着这一思路,自 20 世纪 70 年代初期开始,一些当代马克思主义理论家或学者致力于对马克思恩格斯著述中生态思想的系统化梳理与阐释,从而构成了以经典文本诠释与阐发为基础的马克思主义生态学构建进路。

虽然法兰克福学派第二代核心成员阿尔弗雷德·施密特(Alfred Schmidt)在 1962 年出版的《马克思的自然概念》中就对马克思的自然观做了与众不同的重释,但他论述的重点是对唯物主义自然本体论的批评和对社会历史辩证法的强调,而非直接针对生态环境议题及其理论意蕴。① 最先对马克思恩格斯的生态思想进行系统整理并加以诠释的是美国桥港大学的霍华德·帕森斯(Howard Parsons)。他在 1977 年编辑出版的《马克思恩格斯论生态》中明确宣称:"马克思恩格斯关于人、自然及其相互关系的论述,其实就是我们今天所指称的'生态学'。"②在他看来,这一理论的核心观点是,作为人类生活条件的自然具有本体论意义上的先在性,而人类的技术化劳动则在实现着人与自然之间的物质变换;人与自然关系是通过自然的人化和人的自然化不断走向一种更高阶段统一的辩证运动过程,而在超越了资本主义生产关系之后的共产主义社会将会带来人与人和解、人与自然和解的真正实现。为了论证马克思主义与生态理念的一致性,帕森斯不仅以《人与自然间的相互依存》《人基于劳动的与自然互构》《前资本主义的人与自然关系》《资本主义对自然的污染与毁灭》《共产主义条件下人与自然关系的转变》等十章,编录了马克思恩格斯关于生态环境议题的代表性论述,其中包括《1844 年经济学哲学手稿》《德意志意识形态》《资本论》《政治经济学批判大纲》《自然辩证法》等大部分经典著作,

---

① A. 施密特:《马克思的自然概念》,欧力同、吴仲昉译,商务印书馆,1988 年。
② Howard L. Parsons, *Marx and Engels on Ecology*, Westport: Greenwood Press, 1977, p. xi.

从而表明了马克思主义唯物主义自然观、资本主义经济政治批判与社会主义变革理论的生态意涵,还正面回应了当时绿色主流思想尤其是"深绿色"思潮对"马克思主义生态学"(Marxist ecology)的批评。①

此后,美国新墨西哥大学的多纳德·李(Donald Lee)在1980年发表的《论马克思人与自然关系的观点》一文中,从环境哲学的视角概述了马克思的人与自然关系观点,体现了环境主义思想内部对马克思主义的关注与吸纳。他认为,在马克思的理论视域下,作为人的身体一部分的自然,并非是一个他者性的存在,而人正是在与自然的历史性相互作用中发展起来的;克服人与自然之间的现实对立的关键在于,废除以浪费和剥削为特征的资本主义生产制度,建立一种理性的、合乎人性的、环境非异化的社会秩序。但他同时也强调指出,在后稀缺时代,生态伦理必须成为马克思的解放纲领的一部分,从而走向超越人类中心主义的社会主义。②

到90年代,一些马克思主义理论家或学者不再局限于从整体上梳理归纳马克思恩格斯的生态思想,而是致力于对马克思主义的核心论点与基本范畴进行生态化解读和阐发。这里最具代表性的是英国学者莱纳·格伦德曼(Reiner Grundmann)和日本学者岩佐茂。格伦德曼在1991年出版的《马克思主义与生态》中,旗帜鲜明地捍卫了马克思的"控制自然"概念。一方面,他认为,马克思的"控制"概念所要表达的是现实利益追求及其实现,其基础在于对自然客观规律的尊重与遵从,因而并不必然蕴含着一种奴役关系,生态危机的根本原因在于资本主义的控制与技术形式。另一方面,他基于马克思的"人化自然"概念提出,人对自然的改造意味着对自然法则与规律的把握,因而只有在不断控制自然的过程中才能有效避免自然或社会带来的"奴役效应",而

---

① Howard L. Parsons, *Marx and Engels on Ecology*, Westport: Greenwood Press, 1977, p.35.
② Donald C. Lee, "On the Marxian View of the Relationship between Man and Nature", *Environmental Ethics*, vol.2, no.1(1980), p.16.

"共产主义社会是不断增强的控制自然过程的顶点"①,其中人类发展的所有自然与社会条件都将是全社会有意识的共同控制的产物。格伦德曼进而得出结论说,"人类中心主义和对自然的控制远不是造成生态问题的原因,而是解决这些问题的出发点"②。

对岩佐茂而言,同时具有重要实践价值与理论意义的,是如何使马克思发展生产力的基本观点与生态环境保护目标相协调。他在1994年出版的《环境的思想》中提出,社会的生产力所展现的是人的本质性力量,其根本性规定是劳动力与生产资料之间的结合方式,因而有着明确的社会与历史意涵。而这就意味着,发展生产力的关键在于如何避免使其成为屈从于资本破坏性的生产力,在保护好环境的同时不断地改进人类的生活条件,让人们拥有更加丰富的生活的同时发挥出各种潜能。不仅如此,岩佐茂还指出,马克思"控制自然"观点的真实意涵,是实现对人与自然关系的控制,意味着解决生态环境问题的关键在于社会生产生活方式的调整与改变。在他看来,"资本主义是环境破坏的罪魁祸首""社会主义在本质上是生态社会主义"③,而实现前者向后者过渡的根本在于通过社会经济体制与生活方式的双重变革,实现社会生产从基于资本逻辑向生活逻辑的转变。

世纪之交,一些马克思主义理论家或学者转向对马克思恩格斯生态思想的系统化诠释与构建。换言之,他们的理论目标已不再满足于简单地证明马克思主义与生态理念的兼容性,而是要阐明马克思主义生态理论的体系意涵和内在连贯的逻辑理路,并从中概括出应对全球性生态环境挑战的理论观点和政治战略。这方面集中体现为乔纳森·休斯对历史唯物主义的全方位生态化阐释、保罗·柏克特(Paul

---

① Reiner Grundmann, *Marxism and Ecology*, Oxford: Clarendon Press, 1991, pp. 92-93.
② Reiner Grundmann, *Marxism and Ecology*, Oxford: Clarendon Press, 1991, p. 2.
③ 岩佐茂:《环境的思想:环境保护与马克思主义的结合处》,韩立新等译,中央编译出版社,1997年,第252、249页。

Burkett)对马克思主义政治经济学的生态意涵的详尽解读、约翰·贝拉米·福斯特对马克思生态唯物主义的理论概括。

休斯在 2000 年出版的《生态与历史唯物主义》中,对历史唯物主义的基本概念和论题,特别是人类中心主义、人与自然间的互动关系、生产力理论与共产主义"按需分配"原则等做了全面的生态化阐释。他认为,马克思主义是一种"广义的人类中心主义"[①]:自然生态价值对人类而言同时具有工具性和目的性的方面,而人类对于自然生态系统来说同时呈现为生态依赖与生态影响关系,社会生产力的发展受制于不同的技术形式与生产目的,其革命性效应则取决于该发展的良性社会生态形式;马克思所指称的需要概念是人类社会持续繁荣所依赖的动力条件,因而不同于作为个体意向性心理状态的欲求,而"按需分配"所基于的需要及其满足是包括人类生存健康环境在内的真实需求,其目标在于实现一种完美的和无异化的生活。因而在他看来,"马克思历史唯物主义理论的主要观念,可以通过与承认环境问题及其制约作用相兼容的方式加以合理地解释"[②]。尽管休斯对分析的马克思主义方法的借用遭到了柏克特的关于方法论选择上的批评,认为只有通过辩证方法才能正确理解与阐明马克思理论的生态整体主义意涵[③],但他强调对核心概念的准确阐释和知识微观基础的清晰说明显然是必要的与有益的,有利于实现对历史唯物主义生态维度的完整性揭示。[④]

---

① 乔纳森·休斯:《生态与历史唯物主义》,张晓琼等译,江苏人民出版社,2010年,第 47 页。
② 乔纳森·休斯:《生态与历史唯物主义》,张晓琼等译,江苏人民出版社,2010年,第 287 页。
③ Paul Burkett, "Ecology and historical materialism", *Historical Materialism*, vol. 8, no. 1 (2001), pp. 443 – 459; "Analytical Marxism and ecology: A rejoinder", *Historical Materialism*, vol. 10, no. 1 (2002), pp. 177 – 192.
④ Jonathan Hughes, "Analytical Marxism and ecology: A reply to Paul Burkett", *Historical Materialism*, vol. 9, no. 1 (2001), pp. 153 – 167.

柏克特和福斯特共同致力于系统探讨马克思主义理论本身的生态基础,以及它对于当今资本主义社会的生态环境危机及其全球性扩展的批判价值,并分工负责马克思主义的政治经济学与唯物主义自然观部分。柏克特在 1999 年出版的《马克思与自然》中依据马克思的经济学著作和手稿,首次系统阐述了马克思主义政治经济学批判的生态维度。在他看来,马克思主义政治经济学不仅从一般意义上论述了以劳动为中介的人(社会)与自然关系、自然物质与社会形式相结合的人类生产构型及其历史形式,而且深刻分析了自然在劳动生产的资本主义历史形式中的作用、资本主义价值形式与资本驱动生产的反生态特征,并提出了资本主义"双重危机"理论,即资本主义生产与积累危机和人类发展条件不断恶化的物质循环危机。不仅如此,基于马克思主义政治经济学分析的共产主义社会构想及其战略,同时揭示了共产主义对于资本主义历史性替代的必然性、社会主义革命过程中环境斗争与阶级斗争的统一性和共产主义联合生产与生态可持续原则的一致性。这其中最为重要的保障条件,是生产者及其共同体与生产条件的新的社会化联合,即根据使用价值目标对这些生产条件进行集体占有、利用和开发。对此,柏克特指出,"马克思的方法对揭示资本主义环境危机的根源、生态斗争与阶级斗争的关系、人与自然健康可持续的共同发展要求,提供了独到而有益的见解"①。在此基础上,柏克特进一步从自然与经济价值、自然资本、熵定律和可持续发展观念等四个方面,构建起了一个不同于现存主流生态经济学框架的、更具方法论多元性、跨学科性和未来开放性的马克思主义生态经济学体系。② 他认为,现时代需要的是对资本主义阶级关系发展的深刻思考,这意味着"把资本与雇佣劳动不仅视为社会

---

① Paul Burkett, *Marx and Nature: A Red and Green Perspective*, New York: St. Martin's Press, 1999, p. 6.
② Paul Burkett, *Marxism and Ecological Economics: Toward a Red and Green Political Economy*, Leiden and Boston: E. J. Brill, 2006.

(人与人)关系,而且看作是一种形塑与规约经济—环境相互作用的物质(人与自然)关系"①,而主流生态经济学的根本缺陷就在于对社会生产关系的忽视或回避。

相形之下,对福斯特而言,马克思的世界观本身就是一种深刻且系统的生态世界观。他在2000年出版的《马克思的生态学》中,详细阐述了马克思主义的生态唯物主义思想及其历史发展,认为如果说伊壁鸠鲁的唯物主义、李比希的农业化学和达尔文的进化论等共同促进了马克思革命性生态思维方式的形成,那么,布哈林、考茨基和考德威尔等人则通过对自然和历史的唯物主义观念以及自然辩证法的阐释与运用将"马克思的生态学"推进到"马克思主义生态学"②,而基于对经典马克思主义思想和全球生态危机背景下人与自然物质关系现实的新理解、关注社会与自然之间复杂的共同进化关系的马克思主义生态学,提供了超越当代社会与自然之间历史性矛盾的新方法。③ 在福斯特看来,马克思主义生态学的最基础性概念是"新陈代谢断裂"(metabolic rift)或"生态裂缝"④,认为马克思的这一概念不仅科学揭示了人类社会与自然界之间复杂的相互依赖关系及其基本方式,而且对于资本主义工业化生产所导致的尤其呈现为土壤肥力危机与城乡对立的物质循环断裂,以及由生态帝国主义所带来的全球不对称和非正义的物质—

---

① Paul Burkett, "Two stages of ecosocialism?", *International Journal of Political Economy*, vol. 35, no. 3(2006), p. 39.

② 约翰·贝拉米·福斯特:《马克思的生态学:唯物主义与自然》,刘仁胜、肖峰译,高等教育出版社,2006年。

③ John Bellamy Foster, The dialectics of nature and Marxist ecology, *Dialectics for the New Century*, New York: Palgrave Macmillan, 2008, pp. 50–82.

④ Brett Clark and John Bellamy Foster, "Ecological imperialism and the global metabolic rift: Unequal exchange and the Guano/Nitrates trade", *International Journal of Comparative Sociology*, vol. 50, no. 3 (2009), pp. 311–334; John Bellamy Foster, Brett Clark and Richard York, *The Ecological Rift: Capitalism's War on the Earth*, New York: Monthly Review Press, 2010.

生态流动,具有强烈的批判意义和革命性变革意蕴。① 相应地,他认为,主流环境理论流派及其政策主张,都不是着眼于拯救地球生命而是挽救资本主义制度,严重低估了资本主义生产关系对人类社会和地球所造成的累积性威胁,因而不可能提出或支持"改变制度而不是改变气候"的激进革命战略。②

应该说,福斯特和柏克特对马克思主义辩证唯物主义自然观、历史观与政治经济学经典文本的生态诠释,已经大致完成了对马克思恩格斯生态思想的体系化还原或建构。换言之,这一马克思主义生态学构建进路在他们那里已经得到较为充分的展现,除非再有新的文献发现作为讨论基础。近年来明显属于这后一种情况的,是日本青年学者斋藤幸平(Kohei Saito)基于《马克思恩格斯全集》历史考证版第二版(MEGA2),对马克思的资本主义生态批判或生态社会主义思想所做的系统性再阐释或重构。他的基本看法是,马克思借助新陈代谢概念理解了人类生产的超历史的普遍自然条件,并看到了它在资本主义生产体系中发生的根本性历史改变,而他的物化理论则揭示了人与自然之间的新陈代谢过程如何被资本逻辑所桎梏操纵。更为重要的是,马克思对自然科学的广泛涉猎研究使其完成并拓展了政治经济学批判,结果是生态在他的资本主义批判中逐渐占据了一种核心性地位,不仅把人与自然间的新陈代谢断裂视为资本主义内在的基本矛盾,还把构建更可持续的社会新陈代谢形式作为未来社会主义社会的突出性实践任务。因而,在他看来,马克思的生态学是他的政治经济学批判和社会主义解放构想中的内在要素,而"马克思理论的'珍贵遗产'只有与他

---

① 约翰·贝拉米·福斯特:《生态革命:与地球和平共处》,刘仁胜、李晶、董慧译,人民出版社,2015年。
② 约翰·贝拉米·福斯特:《生态危机与资本主义》,耿建新、宋兴无译,上海译文出版社,2006年;John Bellamy Foster, "The great capitalist climacteric Marxism and 'system change not climate change'", *Monthly Review*, vol. 65, no. 6(2015), pp. 1–18.

的生态学相结合才能得到完整地呈现"①。

　　由此可见,经过数代马克思主义理论家或学者的不懈努力,尤其是对马克思恩格斯辩证唯物主义哲学自然观、唯物史观和政治经济学经典文本的发掘整理与生态化诠释,马克思恩格斯生态理论已经得到一种有着深厚文献基础支撑的体系化呈现,而"马克思的生态学"或"马克思恩格斯的生态(环境/自然)思想(观)"是它主要的理论概括形式。这一理论构建进路在方法论上的突出特点是,不仅坚信马克思恩格斯生态思想本身的完整性、深刻性和现实引领价值,而且力图用马克思恩格斯本人的著述来诠释和阐发这一体系的框架及其主要内容。而至少从目前来看,这一理论构建进路更为成功的是对马克思恩格斯经典文本的再诠释或生态化重释,使得马克思主义理论体系中的生态意涵或维度得到了较为充分的彰显,尤其是与20世纪70年代初相比,但也必须承认,它对当代资本主义的生态批判及其激进生态变革构想战略等的分析就显得稍逊一筹。比如,"新陈代谢断裂"的核心概念和分析框架,虽然可以形象地描述资本主义社会与生态的不可持续性,但却并不能准确地表明资本主义社会生态转型所需要的经济政治关系变革要求及其力度,也就不容易转化成为一种明确的体制重建或世界性政治变革方案。

二、文本再阐释与理论重构相结合：
　　主流生态马克思主义理论

　　与霍华德·帕森斯和约翰·贝拉米·福斯特等所开创的研究路径不同,另外一些马克思主义学者或理论家采取了一种批判性文本阅读和主动性理论创新相结合的马克思主义生态学构建进路,而它的标志

---

① Kohei Saito, *Karl Marx's Ecosocialism: Capitalism, Nature and the Unfinished Critique of Political Economy*, New York: Monthly Review Press, 2017, p.14.

性起点则是以卢卡奇、葛兰西等为代表的西方马克思主义者依据马克思的实践与历史辩证法观点对恩格斯自然辩证法所提出的质疑和批评。

在此基础上,由马克斯·霍克海默和西奥多·阿多诺所开创的法兰克福学派,在把对资本主义的马克思主义政治经济学批判转换成为一种宽泛的社会文化批判的同时,也就凸显了对资本主义社会与文化的反生态性质的关注和批评。霍克海默与阿多诺认为,与启蒙时代以来人类理性对传统神话的取代相伴生的,是严重异化的工具理性相对于批判理性的支配地位,结果是人类自我重要性和对自然征服欲求的膨胀,最终"人们不仅彼此完全疏离开来,同时也远离了自然"①。而赫伯特·马尔库塞基于对马克思《1844年经济学哲学手稿》的文本解读,强调了"属人自然"或"人化自然"与外部自然界的内在关联,以及一种新型的人与物、人与自然关系或"自然解放"对于实现人的解放的重要性②,并明确指出,"生态运动归根结底是一场政治解放和心理解放运动""真正的生态学要转入一场争取社会主义政治的斗争"③。随后,师承马尔库塞的威廉·莱斯在1972年出版的《自然的控制》和1976年出版的《满足的限度》中进一步提出,马克思的人化自然观以及人与自然相互作用的思想,包含着克服当代生态危机根源——人类近代社会以来形成的控制自然的观念——的丰富的生态思想,即逐渐把对自然世界的控制转换成为对人与自然关系的控制,因而"控制自然的任务

---

① 马克斯·霍克海默、西奥多·阿道尔诺:《启蒙辩证法——哲学断片》,渠敬东、曹卫东译,上海人民出版社,2006年,第236页。
② 赫伯特·马尔库塞:《自然和革命》,复旦大学哲学系现代西方哲学研究室编译:《西方学者论〈1844年经济学—哲学手稿〉》,复旦大学出版社,1983年,第144—164页。
③ Herbert Marcuse, *Philosophy, Psychoanalysis and Emancipation: Collected Papers of Herbert Marcuse*, vol. five, New York: Routledge, 2011, p. 212; *The New Left and the 1960s: Collected Papers of Herbert Marcuse*, vol. three, New York: Routledge, 2005, p. 176.

应该理解为把人的欲望中的非理性和破坏性的方面置于控制之下"①,并逐渐建立一个基于人类真实需要的、克服了工业社会过度消费特征的"易于生存的社会"②。但需要指出的是,莱斯不仅承认了马克思对"控制自然"观念的赞赏态度,也不认为欧美社会向"易于生存的社会"的转变将是一种社会主义革命。

基于此,加拿大哲学家本·阿格尔在1979年出版的《西方马克思主义概论》中首次提出,莱斯等关于"生态学马克思主义"(ecological Marxism)的系统性讨论,构成了西方马克思主义发展的一个新阶段。阿格尔认为,马克思主义本质上是把社会主义解放的理论构想与被压迫人民日常斗争联系起来的辩证法,历史的发展已经使得马克思关于早期工业资本主义生产领域的危机理论失去效用,因而其现实挑战是"确立一种允许我们根据历史和文化的相应条件重建这种理论的辩证法"③。在他看来,当代资本主义社会中的异化需求与消费及其统治地位,不仅加深了对社会成员的剥削与控制,也导致了自然生态领域中的资源浪费与环境破坏,从而体现了资本主义生产过程与整个生态系统之间根深蒂固的矛盾。他明确指出,"今天,危机的趋势已转移到消费领域,即生态危机取代了经济危机"④,因而,未来的马克思主义必须是生态马克思主义——致力于规划一种能够打破过度生产和过度消费秩序的社会主义的未来,而实现这一未来的关键则在于"期望破灭的辩证法",即现存社会生产消费体制的崩溃以及所促动的人们消费价值观与幸福观的转变。可以看出,阿格尔的马克思主义生态学观点同时包含了两个基础性方面,即对于马克思恩格斯核心性理论论点的明确坚持(比

---

① 威廉·莱斯:《自然的控制》,岳长龄、李建华译,重庆出版社,2007年,第168页。
② 威廉·莱斯:《满足的限度》,李永学译,商务印书馆,2016年,第129页。
③ 本·阿格尔:《西方马克思主义概论》,慎之等译,中国人民大学出版社,1991年,第17页。
④ 本·阿格尔:《西方马克思主义概论》,慎之等译,中国人民大学出版社,1991年,第486页。

如资本主义经济危机)和重要拓展(比如异化消费与生态危机)。

差不多同时,另一组姊妹概念"生态社会主义"和"社会主义生态学"也应运而生。德国政治学家奥西普·弗莱希泰姆(Ossip Flechtheim)在1978年发表的《生态社会主义?今天的社会主义是全球社会主义、人类社会主义和生态社会主义》一文中首次提到这一概念,并在1980年发表的《生态社会主义是人类的新希望》一文中再次使用。① 此外,法国环境主义者雷内·杜蒙(René Dumont)在1977年发表的《社会主义生态学》中最早提出了"社会主义生态学"这一术语。② 当然,很少见到关于"马克思的生态社会主义思想"或"马克思恩格斯的生态社会主义思想"之类的提法③,这在很大程度上是由于马克思恩格斯所创立的科学社会主义理论(或共产主义理论)的广泛性社会影响,即并不存在科学社会主义理论体系之外的生态社会主义思想,同时也与社会主义在欧美国家中是一个更为历史悠久与意涵宽泛的社会政治思潮相关。也就是说,作为被修饰限制对象的"社会主义"并不局限于科学社会主义的主流性理解甚或这一理论本身。

可以说,坚持与拓展并重、继承与创新并举,构成了马克思主义生态学构建的文本再阐释和理论重构进路的主要特点,也是欧美主流生态马克思主义学派共同的方法论特征。比如,迈克尔·雷德克里福特(Michael Redclift)、让—保罗·德里格(Jean-Paul Deleage)、朱安·马蒂奈兹—阿里尔(Juan Martinez-Alier)和詹姆斯·奥康纳等都表示④,尽管

---

① See Mario Kessler, *Ossip K. Flechtheim*: *Politischer Wissenschaftler Und Zukunftsdenker 1909 – 1998*, Bohlau Verlag, 2007.
② Voir René Dumont, *Seule une écologie socialiste*, Paris: Laffont, 1977.
③ 作为例外,斋藤幸平使用这一概念时将其大致等同于马克思主义的科学社会主义理论的生态维度。
④ Michael Redclift, *Sustainable Development*, London: Routledge, 1987; Jean-Paul Deleage, "Eco-Marxist critique of political ecology", *Capitalism Nature Socialism*, vol. 3, no. 1 (1989), pp. 15 – 31; Juan Martinez-Alier, *Ecological Economics: Energy, Environment and Society*, Oxford: Blackwell, 1990; James O'Conner, Socialism and ecology, in Conference Papers by James O'Connor, 1991.

必须慎言马克思恩格斯有着独立的或明确的生态学思想(体系),但经过生态化重释或拓展之后的马克思主义理应可以在当代资本主义的批判与超越进程中扮演一种积极的角色。

到20世纪90年代初,生态马克思主义已经成长为一个致力于创新性继承与发展马克思主义理论传统或分析方法的独立学术流派,在坚持对当代资本主义进行政治经济学批判和政治生态学批判的同时,努力探寻未来的生态社会主义制度构想及其可能的过渡机制与战略。这其中尤其值得关注的是戴维·佩珀对生态社会主义理论体系的归纳与阐述、詹姆斯·奥康纳对历史唯物主义生态维度及其资本主义第二重矛盾的揭示、乔尔·科威尔对生态社会主义激进变革的政治纲领的论证。

英国学者戴维·佩珀在1993年出版的《生态社会主义:从深生态学到社会正义》中,提出了关于生态社会主义的"四要素"经典性界定:一种(弱)人类中心主义形式、对生态危机成因的马克思主义(唯物主义和结构主义)分析、阶级冲突与集体行动的社会变革道路、未来绿色社会的社会主义处方与前景,并在此基础上阐述了一个较为完整的理论体系。对于他的这一概念界定及其理论体系来说,最为基础性的支撑是对马克思主义的"弱人类中心主义"哲学价值观的重释或确认。"马克思主义是一种能够容纳生态主义的人类中心主义:它既能借助于对自然掌握实现的生产力的增长保证所有人的福利,又可以消除现代工业社会的人类对自然的伤害;它是建立在社会与自然辩证法基础上的一种长期的集体的人类中心主义,反对资本主义的技术的个人的人类中心主义。"①此外,佩珀还明确赞同并致力于另外两重意义上的理论融合,一是马克思主义与无政府主义在生态环境议题及其应对上的建设性互动,强调"马克思主义观点……可以使生态主义成为更加

---

① David Pepper, Anthropocentrism, humanism and ecosocialism: A blueprint for the survival of ecological politics, *Environmental Politics*, vol.2, no.3(1993), p.439.

连贯的、强有力的和有吸引力的意识形态"①,而红绿融合的生态社会主义理应成为主流绿色社会政治运动的战略选择;二是社会主义的集体与自治传统之间的相互补充启迪,认为"生态社会主义的未来方案通常再现了莫里斯关于分散化、直接经济民主、生产方式的公共所有制等乌托邦社会主义传统"②。可见,对于佩珀而言,最为重要的已经不是论证马克思恩格斯生态思想的正确性或体系完整性,而是如何发挥它的一般理论分析对于更大范围与语境下的绿色思潮和运动的引领推动作用,而这也只能借助于对马克思主义理论本身的生态重释和与其他相关理论的建设性对话来实现。

相比之下,詹姆斯·奥康纳 1998 年出版的《自然的理由:生态学马克思主义研究》,选择了对历史唯物主义理论意涵的重释与拓展作为基点来构建一种"社会主义生态学"③。首先,他在承认马克思恩格斯唯物史观对于资本主义社会政治经济学批判的科学性及其未来社会主义预见正确性的同时,挑战性地指出了它所存在着的两大缺陷:历史的文化形式与丰富的生态感受性的理论缺失,或者说所谓的"文化的空场"和"自然的空场"。然后,他认为,应对之策是在历史唯物主义的生产力与生产关系的社会维度之外增添另外两个维度,即客观性的维度(自然维度)和主观性的维度(历史文化维度),从而实现文化和自然的主题与古典马克思主义的劳动或物质生产范畴的完整融合。在此基础上,他明确提出了资本主义的第二重矛盾理论。在他看来,资本主义生产与积累得以实现的前提,在于同时对劳动力、外部自然与社会公共条件的无节制的剥削,因而,现实资本主义社会不仅存在着生产力和

---

① 戴维·佩珀:《生态社会主义:从深生态学到社会正义》,刘颖译,山东大学出版社,2012 年,第 266 页。
② 戴维·佩珀:《论当代生态社会主义》,郇庆治主编,《环境政治学:理论与实践》,山东大学出版社,2007 年,第 102 页。
③ 詹姆斯·奥康纳:《自然的理由:生态学马克思主义研究》,唐正东、臧佩洪译,南京大学出版社,2003 年,第 440 页。

生产关系之间的矛盾,也内含着资本主义生产力和生产关系与一般生产条件尤其是自然生态环境之间的矛盾,其结果则是分别导致资本积累的经济危机和作为生产与消费前提的生态危机。相应地,如今反抗与替代世界资本主义的社会政治运动必须把第二重矛盾以及克服路径考虑其中,也就是致力于实现社会主义与生态主义政治的时代联合,以便共同创建一种生态的社会主义。正是由于奥康纳在马克思主义生态学理论阐释和构建上的大胆的方法论革新及其观点,特德·本顿称赞他提供了"迄今而止最为彻底、最为系统的对生态马克思主义的发展成果"①。

美国政治学家乔尔·科威尔的理论观点经常被概括为"革命性的生态社会主义"②,更多强调的是一种对于现实资本主义制度框架的尖锐批评与激进政治变革立场,但至少同样值得关注的,也许是他的自然生态价值观。他在2001年出版的《自然的敌人:资本主义的终结还是世界的毁灭?》中,既承认马克思对自然界有着深刻的思考和关怀,并开启了理解与超越资本主义积累规律从而走向治愈"积累之癌"的创建生态文明的道路,尤其是将自然解放与劳动解放结合起来或建立生产者自由联合体的观点③,但也同样强调指出,古典马克思主义理论对自然生态的认识是有局限的,因而"我们需要把马克思主义变得更充分,更完整地发挥它指导自然和人性的潜能"④。他认为,自然具有一种"内在价值"⑤,即生态系统的整体性及其自组织潜能,具体体现为包

---

① 特德·本顿主编:《生态马克思主义》,曹荣湘、李继龙译,社会科学文献出版社,2013年,第175页。
② 鲁长安:《革命型生态社会主义者乔尔·科威尔对资本的生态批判及其启示》,《湖北行政学院学报》2013年第2期,第26—30页。
③ Joel Kovel, "On Marx and ecology", *Capitalism Nature Socialism*, vol. 22, no. 1 (2011), pp. 4–17.
④ 乔尔·科威尔:《自然的敌人:资本主义的终结还是世界的毁灭?》,杨燕飞、冯春涌译,中国人民大学出版社,2015年,第7页。
⑤ 乔尔·科威尔:《资本主义与生态危机:生态社会主义的视野》,《国外理论动态》2014年第10期,第14—21页。

括人类在内的自然万物之间的客观联系,以及人对这种有机联系的把握、尊重与实现;资本主义以资本积累为目的的商品生产必然导致这种生态有机联系的断裂,而与自然内在价值及其实现相契合的只能是一种生态的社会主义。这是因为,其一,自由联合的生产将意味着生产者对生产资料的(重新)掌控,因而是对资本主义生产方式的根本性变革,是对劳动及其创造性潜能的真正解放;其二,自由联合的劳动者将把交换价值为基础的商品生产转换为以生态为中心的生产,并通过实现产品的使用价值和内在价值的合理利用来恢复完整生态体系的互联性;其三,新的生产方式还同时代表着一种新的思维方式与生活方式,劳动者的自由联合由于摆脱了资本的桎梏与等级制的压迫将会唤醒人性的善念和人与自然和谐统一的生态思维,而对大自然的开放心态和对生态体系的认同也意味着男性中心主义的终结。可以看出,尽管与典型意义上的生态中心主义观依然有所不同,但科威尔对非人类自然内在价值的主动接纳,大大拓宽了马克思主义环境哲学视域下人与自然之间的规范和价值关系的思考空间。

总之,通过对马克思恩格斯经典著述中生态思想的再阐释和对当代环境社会政治理论的自觉吸纳,以及对二者的某种形式或程度的理论整合,从而提出对于当代资本主义及其全球化扩展的更具说服力的生态批评以及生态社会主义的替代性选择,已经成为生态马克思主义研究或马克思主义生态学构建的主导性立场或方法论。相较于偏重文本诠释与阐发为主的研究进路,它可以在大致遵循马克思主义理论立场与话语表达方式的同时,展现出理论形态本身与时俱进的创新性和更切实地回应实践需要的时代性。由此可以理解,即使像第四国际理论领袖迈克尔·洛威(Michael Löwy)这样著名的生态社会主义者也认为,虽然马克思恩格斯对历史进步必然性和生产力发展的非批判信奉使得他们关于生态问题的讨论是不完整的,但这些讨论在今天仍具有重要的现实相关性和方法论意义。"如果没有马克思主义的政治经济学批判,尤其是对资本无限积累的内在破坏性逻辑的卓越分析,就不可能产生应对当代挑战的生态学。忽视或轻视马克思的价值理论或其对商品拜物教和物化批判的生态学,将注定只是对资本主义生产主义的过度矫正。因而,当今的生态社会主义应建立在马克思恩格斯更完善和更连贯论点的基础之上,以达到1)对资本主义制度的非理性运行的真正的唯物主义理解;2)对资本主义的环境破坏进行根本的批判;3)确立社会主义社会的视角,尊重地球生命不可剥夺的条件。"①当然,这一研究路径或构建进路也存在着自身难以避免的方法论弱点与风险,除了对于马克思恩格斯等经典作家文本阐释的全面准确性问题,还表现在对各种形式环境议题和形形色色绿色观点的不加区别或分析的引入,可能会导致马克思主义生态学理论(话语)体系本身的碎片化和去辨识化,结果是难以形成一种马克思主义价值与政治立场明确的主导性系统理论阐释与内在一致的政治变革战略——看起来丰富多彩的理论图景之下却并不存在旗帜鲜明的激进社会生态变革政治共识与可行道路。

三、理论重释建构:"红绿"绿色左翼理论

还有一些马克思主义学者或理论家走得更远,他们更关心的是马克思主义作为一种重要的分析认知方法或理论资源,对于人类社会应对当代生态环境问题或挑战的现实相关性,以及由此带来的这种理论本身的生态化革新潜能。也就是说,尽管马克思主义的元素或色彩在他们的著述中依然是清晰可见的,但他们既不再纠结于作为前提的马克思恩格斯生态思想的完整性深刻性,也不是特别在意所做的理论阐释与实践分析的马克思主义理论来源及其"正统性",而是在方法论上显得更加开放、更具包容性,自我反思性也更强,进而形成了以理论重释建构为主的马克思主义生态学研究路径或构建进路,结果则是色彩

---

① Michael Löwy, "Marx, Engels and ecology", *Capitalism Nature Socialism*, vol. 28, no. 2(2017), p. 19.

斑斓的"红绿"绿色左翼理论集群。

　　法国学者安德烈·高兹早年以其存在主义哲学和激进政治倾向而闻名,后来日益关注欧美国家出现的"后工业社会"特征和不断崛起的生态环境运动,并从人道主义的马克思主义转向了社会主义的政治生态学,强调"生态运动本身不是目的,而是更大范围内斗争的一个方面"①,生态变革应当成为资本主义政治批判与替代的重要组成部分。高兹对自己的理论定位是"批判的马克思主义或后马克思主义者"②,即在马克思主义的批判立场和基本方法的基础上,依据资本主义的时代变化与新社会运动斗争的实践构建一种社会主义政治生态学的新理论框架,并为当代马克思主义的发展寻找新的生长点,而1975年出版的《作为政治的生态》就是他这一理论转向及其成果的最初呈现。高兹认为,生态学作为一门独立学科产生于对人类经济活动自我悖论特征的自觉抑制,而致力于超越经济理性的生态学在本质上只能是一种政治生态学,因为现代经济体系所反映的社会生产和交换关系始终服从于统治性的政治权力关系;在社会政治层面上,"生态的观点是与资本主义的理性不相容的"③,而生态理性对经济理性的反思性约束必然指向社会主义对资本主义的积极否定或历史性替代,因而政治生态学批判就意味着对社会经济关系基础之上的政治权力关系及其所支配的社会生态关系的批判。在此基础上,高兹还在《资本主义、社会主义、生态》(1991)等著作中深入剖析了资本主义经济理性的反生态本质,并对未来的社会主义愿景做了更为具体的设想。由于资本主义条件下对利润最大化的经济理性原则的遵循必然导致资本积累与社会生态再生产的危机,因而为了与增长意识形态彻底决裂,必须通过政治行动去创建新的社会主义制度形式,比如宁愿少但要好的生活方式、生态友好

---

① André Gorz, *Ecology as politics*, Boston: South End Press, 1980, p. 3.
② Finn Bowring, *André Gorz and the Sartrean Legacy*, New York: St. Martin's Press, 2000, p. 189.
③ André Gorz, *Ecology as politics*, Boston: South End Press, 1980, p. 18.

的替代性技术与自我管理的市民社会,都是抗拒与超越资本主义的必要条件。在苏东剧变后,高兹虽然放弃了当初的乐观主义观点,但仍总体坚持社会主义的变革方向。在他看来,尽管社会主义作为一种经济社会制度已然溃败,但"社会主义作为一种运动或历史愿景还将持续下去"①,同时需要在生态—社会理性的基础上重新界定社会主义。

相比之下,英国学者特德·本顿更关注的是生态主义与马克思主义之间存在着的内在张力或冲突。他在1996年编辑出版的《马克思主义的绿化》中明确提出了"马克思主义的绿化"这一命题,主张在对古典马克思主义的批判性修正中建构一种生态上富有启发意义的历史唯物主义。基于此,他列举了推进生态马克思主义研究的四大领域,即对历史唯物主义生态维度的拓展或修正、对社会主义事业的生态考量、对环境哲学中的马克思主义或社会主义规范框架的建构、对社会变革战略的新规划。本顿认为,福斯特所阐发的"马克思的生态学"试图从马克思那里寻找一种单一的、完全连贯的、已充分证明的、预见性的生态理论,实际上违背了历史唯物主义的基本立场②,而对致力于走向替代性社会的其他绿色观点的不宽厚解读与排斥实际上阻碍了广泛政治联盟的创建和更为积极的过渡性战略的发展③;奥康纳的生态马克思主义分析仍然停留在传统资本主义危机理论的框架之下而缺乏更广阔的生态学理论视野,他对生产一般条件的专注不仅忽视了生活条件和消费活动的生态政治意义,而且过于狭隘地理解了社会运动的根源。④ 在本顿看来,出于分析资本主义价值生产与阶级冲突的目的,马

---

① 安德列·高兹:《资本主义,社会主义,生态:迷失与方向》,彭姝祎译,商务印书馆,2018年,第57页。
② Ted Benton, "Review *Marx's Ecology*", *Sociology*, vol. 36, no. 1 (2002), pp. 202–205.
③ 特德·本顿:《福斯特"生态唯物主义"论评》,郇庆治主编,《当代西方绿色左翼政治理论》,北京大学出版社,2011年,第64—71页。
④ 特德·本顿主编:《生态马克思主义》,曹荣湘、李继龙译,社会科学文献出版社,2013年,第177—181页。

克思更为专注于对生产性劳动的剖析,较多阐述了人类对自然的转变作用,因而既未能充分说明经济活动对于自然条件的依赖性,也未能充分说明这种依赖性在特定的资本积累过程中的政治意义。基于这种理解,本顿试图通过对马克思劳动概念的反思与修正来构建一种解释当代资本主义社会中资本积累与生态危机关系的开放式研究纲领。他具体区分出了生态调节型、初级利用型、生产转变型等不同的劳动模式,而后者同样依赖和受制于非生产性劳动和自然条件,但遵循抽象价值逻辑的资本主义经济模式却将一切劳动过程在物质上都简约为生产转变模式,并不断推动生产实践本身排除和突破对它们的可持续性约束。因而,对当代社会的生态重建必须高度关注生产劳动及其生态后果,充分认识到自然在人类社会劳动形式中复杂的促进和约束作用,换言之,自然不仅构成了对人类生产的限制,同时也是人类解放实现的条件。尽管如此,本顿仍明确肯定历史唯物主义理论在实践斗争中的独特价值,认为"其他运动要是错过了历史上与马克思主义有关的独有的视角和洞见,就会更加贫瘠、更加衰落"①。而柏克特对他的理论批评是,本顿未能理解马克思恩格斯的总体性辩证法如何揭示了物质现象和社会结构之间的内在联系或"相互构成"(比如生产力与生产关系、使用价值和交换价值之间等),因而陷入了社会/物质二元论与自然主义的困境。②

与本顿相似,印籍德国学者萨拉·萨卡也明确强调,虽然马克思主义理论依然是时代需要的思想资源,但"重要的不是一味地寻找马克思主义思想中的绿色元素,而更应该使马克思主义走向'绿化'"③。

---

① 特德·本顿主编:《生态马克思主义》,曹荣湘、李继龙译,社会科学文献出版社,2013年,第224页。
② Paul Burkett, "Labour, eco-regulation and value: A response to Benton's ecological critique of Marx", *Historical Materialism*, vol. 3, no. 1(1998), pp. 119 - 144.
③ 王聪聪:《红绿政治新发展:激进绿色左翼的思考——萨拉·萨卡访谈录》,《中国地质大学学报(社科版)》2014年第6期,第109页。

萨卡在1999年出版的代表作《生态社会主义还是生态资本主义》中，从一种激进的生态社会主义视角探讨了人类社会所面临的生态环境挑战，试图通过引入超越传统发展范式的"增长极限"范式来重构社会主义的生态话语体系。在他看来，一方面，马克思恩格斯由于集中于分析资本主义社会生产方式下的内在矛盾与危机，并没有讨论或意识到社会主义条件也会存在的增长的极限，而前苏联的社会主义长期奉行的依旧是一种经济主义的发展范式，即将经济增长等同于社会发展，不仅相信持续的经济增长是可能的和必需的，也信奉美好生活理应是富裕的。另一方面，致力于局部或暂时性改良的"生态资本主义"囿于其内在的增长逻辑与贪婪利己的价值观，并不能提供对环境破坏和社会非正义两大难题的彻底解决方案，资源无限、科技万能、市场经济崇拜都不过是关于资本主义持续增长的错误幻想。① 因而，正确的生态社会主义立场应该是，真正可持续的绿色社会只能是激进的生态主义观念（比如世界经济与人口规模收缩、生态道德新人培育）和基于平等正义与大众参与的社会主义伟大传统的历史性结合，"一种真正的生态经济只能在社会主义的社会政治环境中运行，而且，只有成为真正的生态社会才能成为真正的社会主义社会"②。

除此之外，属于这一研究路径或建构进路类型的，还有为数众多的具体的或单一性的绿色议题马克思主义理论，比如艾瑞尔·萨勒（Ariel Salleh）所代表的"马克思主义生态女性主义"。她在1997年出版的《作为政治学的生态女性主义：自然、马克思与后现代》中认为，虽然马克思恩格斯信奉启蒙的历史进步作用和技术乐观主义观念，其劳动价值论忽视了自然的主体性和女性及其劳动的重要作用，但他们关

---

① 萨拉·萨卡、布鲁诺·科恩：《生态社会主义还是野蛮堕落？一种对资本主义的新批判》，郇庆治主编：《当代西方绿色左翼政治理论》，北京大学出版社，2011年，第92—112页。
② 萨拉·萨卡：《生态社会主义还是生态资本主义》，张淑兰译，山东大学出版社，2008年，第5页。

于人与自然关系的辩证思考以及对劳动形式及其解放的深刻分析,能够为生态女性主义与环境社会政治运动提供可借鉴资源。"马克思恩格斯的辩证方法深化了我们对'自然问题'的思考,也间接地深化了我们对'男性/女性问题'的思考。"①基于此,萨勒在生态女性主义视角下重新检视了马克思主义的唯物史观和政治经济学阐述,试图构建一种女性视角下的将社会主义、生态主义、女性主义和后殖民主义内在统一起来的理论框架。这一框架的核心构成元素包括,一是"躯体唯物主义"(embodied materialism)概念,强调再生产劳动作为一种基础性新陈代谢形式在整个人类社会体系中的关键地位,不仅凸显了对人类身体及其物质价值的关注与尊重,也彰显了再生产劳动所蕴含的生命技能知识与生态伦理认知的保护和恢复;二是资本主义经济逻辑与父权制文化批判,强调二者在当代社会中已经形成一个互为支撑的整体并渗透到人们日常生活实践的方方面面,以至于人们很难认识到,"资本主义代表了男性对女性的经济和社会统治的最新历史形式……自然—女性—劳动关系是资本主义父权制的一个基本矛盾"②;三是"元工业劳动阶级"(mata industrial class)概念,强调资本主义全球化与生态危机正在形塑着一个新型历史主体,即一直通过自己的劳动促动着自然与社会之间的新陈代谢但却在名义上被排斥于资本主义体系之外的工人阶级。这一新型阶级在通过自己的生产劳动为现代工业体系提供物质基础的同时维持着自然与社会的"生态自足性"(eco-sufficiency),因而不仅与真正可持续的社会生态关系相契合,还将成为挑战现实资本主义及其父权制支配体系的重要革命力量,其目标在于创造一个包含着经济社会公平、文化自治和生态可持续性的包容性未

---

① Ariel Salleh, *Ecofeminism as Politics*: *Nature*, *Marx and the Postmodern*, London: Zed Books, 1997, pp. 70 – 71.
② Ariel Salleh, "Moving to an embodied materialism", *Capitalism Nature Socialism*, vol. 16, no. 2(2005), pp. 11 – 12.

来。① 可以看出,萨勒的马克思主义生态女性主义虽然仍可以冠之以"马克思主义"的前缀,但它的修饰性意涵差不多只剩下对资本主义经济社会架构及其文化意识形态的批判性立场,真正所追求的是"生态女性主义"所蕴含着的一种多元化的理论综合与政治联合,因而更多是一种广义上的"红绿"绿色左翼理论。

就具体观点而言,安德烈·高兹、特德·本顿、萨拉·萨卡和艾瑞尔·萨勒之间存在着显而易见的甚或不可通约的区别,但就他们各自的马克思主义生态学理论的研究路径或构建进路来说,又的确有着明显的共同之处:他们都把马克思主义置于一个更为宏大的绿色理论视野和现实语境之中,力图做到对当代社会(世界)面临着的生态环境危机或挑战做出一种更加切实的"红绿"理论回应和政治战略应对的同时,实质性重构或拓展马克思主义或社会主义生态学的构成要素及其组合方式。应该说,这一立场已经日益得到新一代生态社会主义理论家和政治活动家的接受。比如,英国绿党理论家、生态社会主义者德里克·沃尔(Derek Wall),既明确承认马克思恩格斯有着丰富的关于促进经济繁荣与环境舒适的"生态社会主义"思想,并将其具体概括为:与交换价值相对立的使用价值、唯物主义、反对公共事物的私人占有或私有化及其斗争②,也强调必须把马克思主义置于全球反资本主义的激进生态政治理论视野与现实语境中来加以考察理解,马克思主义政治经济学与帝国主义理论虽然在一般意义上揭示了迷恋于积累与扩张的资本主义的内在矛盾及其生态困境,但结合时代需要的进一步"绿化马克思主义的尝试是必需的"③。因而,沃尔认为,应基于广泛的反

---

① Ariel Salleh (ed.), *Eco-sufficiency and Global Justice: Women Write Political Ecology*, London and New York: Pluto Press, 2009; "From metabolic rift to metabolic value: Reflections on environmental sociology and the alternative globalization movement", *Organization & Environment*, vol. 23, no. 2(2010), pp. 205 – 219.

② Derek Wall, "Why we need eco-socialism?", *Socialist Outlook* 11, Spring 2007.

③ Derek Wall, *Babylon and Beyond: The Economics of Anti-capitalist, Anti-globalist and Radical Green Movements*, London: Pluto Press, 2005, p. 122.

资本主义斗争的总体立场,努力实现马克思主义与社会主义传统和自治主义与绿色地方主义等思想的相互借鉴融合,从而构建起一种更具综合性的生态社会主义理论。他还特别强调,只有具有明确国际向度的绿色左翼视角,才能清晰地阐明资本主义制度及其全球性蔓延同时是对人与自然的掠夺和剥削,因而旨在消除与替代全球资本主义的世界生态社会主义运动才是真正合理有效的政治选择,尽管其在现实实践中理应采取十分多样化的具体形式。①

余论:创建中国特色与风格的马克思主义生态学

综上所述,在过去半个世纪的不断发展过程中,广义上的生态马克思主义或马克思主义生态学明显呈现出了三大研究路径或构建进路,即分别侧重于马克思恩格斯等经典作家著述中生态思想的文本诠释与阐发、侧重于吸纳回应当代生态环境理论议题和现实挑战的理论重释建构,以及介于这二者之间的文本再阐释和理论重构相结合,其理论成果形式则大致对应于国内学界通常所指的"马克思恩格斯生态思想""'红绿'绿色左翼理论"和狭义上的"生态马克思主义(生态社会主义)"。承认并强调这一点,对于准确理解作为一个更高层级伞形概念的"马克思主义生态学"的完整意涵是非常重要的。因为,国内学界迄今依然不时出现的对于生态马克思主义研究或分支学科的理论性质的疑虑甚至批评,在很大程度上是源自对这三个理论流派类型的不加甄别的笼统判断——比如某些议题性生态马克思主义或"红绿"理论派别的古典马克思主义色彩的确是非常微弱的。不仅如此,这种方法论意义上的多维度相对于研究内容上的丰富多彩提供着更大程度上的合法性,即完整意义上的或充满活力的"马克思主义生态学"研究与体系

---

① Derek Wall, *The Rise of the Green Left: Inside the Worldwide Ecosocialist Movement*, London: Pluto Press, 2010.

构建,离不开一种建设性互动的或和谐共生的体系内(外)健康生态。

同样需要指出的是,进入新世纪以来,这三大研究路径或构建进路在持续的批判性对话中逐渐呈现出一种彼此融合的趋势,特别是日益聚合于批判分析当今世界形态各异的"绿色资本主义"或"生态资本主义"及其政治与政策实践尝试。比如,作为"马克思的生态学"主要倡导者的福斯特,多年来持续关注全球气候变化以及美国的相应环境政策等议题,并不时将"人类世""大加速"和"地球边界"等新兴概念纳入他对当代资本主义制度及其全球化扩展的生态批判之中。在他看来,气候危机只是更大规模的全球生态危机的一部分,反映的是资本主义主导体制正在以越来越高的程度破坏着地球系统的新陈代谢,而全球性资本积累所导致的"生态裂缝"是"人类世"的基本特征,这意味着未来的社会主义变革只能是一场反对直至废除资本积累的生态革命。① 换言之,对于福斯特来说显而易见的是,对马克思恩格斯生态思想的系统性阐释,并不能代替对各种形式的所谓经济高效而生态可持续的绿色资本主义方案及其背后的晚期资本主义的新自由主义逻辑的分析批判,而只有在高度理论综合的基础上才能形成对当代资本主义及其所导致的全球生态危机的科学分析并构想出真正替代性的社会主义方案。② 也正因为这种从研究视野到方法论的既具有明确的理论与政治原则,又有着广阔的包容开放性的特征,使马克思主义生态学或广义的生态马克思主义研究同时成为当代马克思主义理论和环境人文社会科学两大领域中的一道靓丽风景:生态环境议题及其应对已然成为当代马克思主义显示其理论魅力与革新活力的最重要领域之一,而真

---

① John Bellamy Foster and Brett Clark, *The Robbery of Nature: Capitalism and the Ecological Rift*, New York: Monthly Review Press, 2020; "John Bellamy Foster, Capitalism has failed: What next?", *Monthly Review*, vol. 70, no. 9 (2019), pp. 1–24.

② 约翰·贝拉米·福斯特:《生态社会主义发展的三个阶段》,《国外社会科学》2016年第6期,第29—33页。

正意义上的绿色变革与超越主宰当今世界的资本主义、实现真实可信的社会主义之间的无可置疑的内在联系,也使得马克思主义生态学或广义的生态马克思主义研究扮演着一种"形而上之学"的角色。

就当代中国语境而言,尽管存在着难以避免的重复交叉等局限,我们也可以依据上述分析框架来观察与反思我国自 20 世纪 80 年代中期开始的马克思主义生态学或广义的生态马克思主义/社会主义研究所取得的进展。

对于马克思恩格斯生态(环境/自然/生态文明)思想(观)的研究,始终是我国学界关注的重点所在,出版了数量众多的理论著述,比如郇庆治的《自然环境价值的发现:现代环境中的马克思恩格斯自然观研究》(1994)、解保军的《马克思自然观的生态哲学意蕴:"红"与"绿"结合的理论先声》(2003)和《马克思生态思想研究》(2019)、方世南的《马克思环境思想与环境友好型社会研究》(2014)和《马克思恩格斯的生态文明思想:基于〈马克思恩格斯文集〉的研究》(2017)、张云飞的《唯物史观视野中的生态文明》(2014)、廖小明的《生态正义:基于马克思恩格斯生态思想的研究》(2016),等等。可以说,论述主题词从自然观和人与自然关系向环境、生态、生态文明思想的变化,尤其代表了这一议题领域中思考重点及其方式的演进。

但相比之下,我国的国外生态马克思主义/社会主义研究显然吸引了更多的优秀学者,而且成果更为丰硕。尽管对于该术语出现的时间还可以做更早的追溯①,王谨最先在《生态学马克思主义》(1985)和《"生态学马克思主义"和"生态社会主义"》(1986)的论文中,较为系统地阐释了"生态马克思主义"和"生态社会主义"这两个基本概念,并确立了它们的主体性中文表述形式。前者主要关注的是威廉·莱斯与本·阿格尔的生态马克思主义理论,认为他们更强调消费而非生产的重要性、主张用生态危机取代经济危机来阐释当代资本主义新特点、提

---

① 许九星、韩玉芳:《西方马克思主义简介》,《科社研究》1982 年第 5 期,第 44 页。

倡分散化和民主化的稳态社会主义;后者更多关注的是西方绿色社会政治运动的行动纲领,强调它们致力于实现既维护生态平衡,又保障人民民主权利的新型社会经济制度。① 陈学明的《生态社会主义》(2003)是国内最早的以生态社会主义为标题的学术专著,不仅概述了安德烈·高兹、威廉·莱斯、本·阿格尔和戴维·佩珀等人的思想,还提出了关于生态社会主义或生态马克思主义的三个发展阶段的划分,即20世纪60—70年代的形成时期、70—80年代的体系化时期和90年代的发展时期。② 刘仁胜的《生态马克思主义概论》(2007)、徐艳梅的《生态学马克思主义研究》(2007)、曾文婷的《"生态学马克思主义"研究》(2008)等一批该主题著作的集中出版,则是我国生态马克思主义研究学科方向确立的重要标志。在此前后,周穗明与陈永森对生态社会主义、王雨辰与吴宁对生态马克思主义的系列性著述,前两者如《关于生态社会主义的一些情况》(1994)、《从红到绿:生态社会主义的由来与发展》(1995)、《生态社会主义述评》(1997)和《西方生态社会主义与中国》(2010)、《人的解放与自然的解放:生态社会主义研究》(2015),后两者如《生态批判与绿色乌托邦:生态学马克思主义理论研究》(2009)、《生态学马克思主义思想简论》(2015)——尤其是对安德烈·高兹的研究,是这两个分支领域中最主要的代表性成果。而郇庆治编辑出版的《重建现代文明的根基:生态社会主义研究》(2010)、《当代西方绿色左翼政治理论》(2011)与《当代西方生态资本主义理论》(2015)等,则更多是比较分析生态马克思主义/社会主义理论特别是"红绿"绿色左翼理论方面的努力。尤其值得提及的是,年轻一代学人正在脱颖而出,比如蔡华杰的《另一个世界可能吗?当代生态社会主义研究》(2014)和温晓春的《安德烈·高兹中晚期生态马克思主义

---

① 王瑾:《生态学马克思主义》,《马克思主义研究》1985年第4期,第286—289页;《"生态学马克思主义"和"生态社会主义"》,《教学与研究》1986年第6期,第39—44页。
② 陈学明:《生态社会主义》,台湾扬智文化事业,2003年。

思想研究》(2015)等。因而可以说,我国的国外生态马克思主义/社会主义研究,已经逐步实现了从译介性评述向系统性研究、从人物研究与线索梳理向核心议题与理论逻辑研究的转变和深化。①

当然,从前文所述的马克思主义生态学研究或构建的三大进路来看,这些理论研究成果还更多是一种知识或方法论储备,而算不上名副其实的中国特色与风格的马克思主义生态学。而在笔者看来,真正具有中国特色马克思主义生态学潜质的当属近年来迅速成长着的"社会主义生态文明理论"②。一方面,进入新世纪以来尤其是党的十八大以来的当代中国社会主义生态文明实践,已经呈现为中国特色社会主义理论、道路、制度和文化"四位一体"整体框架下的迅速绿化着的社会主义现代化建设努力。也就是说,社会主义政治与生态可持续性的结合,不再是欧美生态马克思主义者所长期讨论的一种抗拒性或革命性努力——必须以绝对霸权性的资本主义生产生活方式的废除为前提,而是马克思主义执政党统一领导下的政治与政策自觉行动。这当然不是说,鉴于长期所处的社会主义初级阶段的客观事实,生态文明建设过程中和建设生态文明旗帜下的所有努力都是天然合乎生态可持续准则的——尤其是在"深绿色"的意义上,但无可置疑的是,这种时代背景和语境的巨大变化为我国马克思主义生态学者的理论探索提供了得天独厚的条件。由此也就可以解释,随着党和政府大力推进生态文明建设战略的全面铺开,关于生态文明及其建设实践的理论研究已经成为我国环境人文社会科学中的一个热门前沿领域。③

另一方面,对于严格意义上的或狭义的"社会主义生态文明理论"

---

① 王雨辰:《论我国学术界对生态学马克思主义研究的历程及其效应》,《江汉论坛》2019年第10期,第54—60页。

② 杨英姿:《社会主义生态文明话语体系的构成》,《中国生态文明》2018年第5期,第80—82页;郇庆治:《社会主义生态文明:理论与实践向度》,《江汉论坛》2009年第9期,第11—17页。

③ 郇庆治:《生态文明建设试点示范区实践的哲学研究》,中国林业出版社,2019年。

研究,过去十多年来我国学术界已经取得了一些值得重视的研究成果。其主题内容则是,在科学阐明当代中国社会主义生态文明理论与实践的马克思主义学理依据及其践行要求的同时,对中国特色社会主义生态文明建设的理论意涵与普适价值做出更加准确和深刻的系统化概括。这方面的代表性著作包括,陈学明2008年出版的《生态文明论》,不仅明确提出建设生态文明是中国特色社会主义题中应有之义,还详尽分析了社会主义现代化发展过程中资本利用与生态导向等议题政策之间的辩证关系,并特别强调了生态马克思主义视角在我国生态文明建设中的理论启示价值①;王雨辰2015年出版的《生态学马克思主义与生态文明研究》,在系统阐述生态马克思主义基本观点及其对主要"浅绿色"理论批判的基础上,尝试建构一种中国特色或形态的生态文明理论,并强调它的基本特征应该是以唯物史观为基础、以捍卫中国的发展权与环境权为目的、坚持全球视角和地方视角相结合,从而实现发展观、境界论和环境正义论三者的有机统一②;而张剑2016年出版的《社会主义与生态文明》,则从马克思主义经典理论或科学社会主义的视角,着重阐述了社会主义原则目标与生态文明建设的内在一致性,并论述了生态社会主义对于社会主义生态文明建设的借鉴意义③。

而笔者想强调的是,无论从国际比较研究还是从自我丰富提高的视角来看,由前文所述的三个研究路径与构建进路之下所取得的内容丰富的马克思主义生态学理论成果及其运用,都构成了我国社会主义生态文明理论与实践不断取得进展的全球性视野和语境,同时也为我们更快更好地构建中国特色与风格的马克思主义生态学提出更高的创新要求或期望并提供更为切实的环境条件。④ 比如,2010年代以来欧

---

① 陈学明:《生态文明论》,重庆出版社,2008年。
② 王雨辰:《生态学马克思主义与生态文明研究》,人民出版社,2015年。
③ 张剑:《社会主义与生态文明》,社会科学文献出版社,2016年。
④ 郇庆治:《生态马克思主义中国化:意涵、进路及其限度》,《中国地质大学学报(社科版)》2019年第4期,第84—99页。

美资本主义国家所发生的局部性调整或阶段性转变及其作为其理论支撑的"绿色新政"或社会生态转型话语,就不仅为我们展示了一种批判性认知当代资本主义社会多重危机与挑战现实应对的绿色左翼的思维和相应战略,还启发我们从社会主义初级阶段及其自我革新的角度来理解社会主义生态文明建设的政治哲学基础与现实动力机制。① 2019—2020年突发的全球新冠疫情,究竟会在何种程度上或以何种方式改变国际社会自二次世界大战以来所逐步达成与推进的绿色政治共识,即必须以生态可持续的经济社会发展方式来实质性改善工业文明主导条件下已经变得十分脆弱的人与自然关系或地球社会生态系统,我们目前还不得而知。但只要不发生超出想象的极端性情况,可以相信,我国的社会主义生态文明及其建设实践仍将是一种有理由预期的、也值得期待的未来愿景,尽管绝不会像我们经常描述或想象的那样直线式发展或推进。② 无论如何,我们既不能无原则地赋予当下的诸多理论观念与政策设想以理所当然的或非历史的合法性和正确性,比如花样繁多的新型工业化、新型城镇化、生态环境问题应对举措,以及传统生产与生活方式以生态智慧或伦理名义的复活,但也的确只能从对现实难题的无数尝试性制度探索与生活实践革新中寻找更文明地与大自然和谐相处的路径,这其中也包括有时或从另一个角度来看不过是"与狼共舞"的现实政策选择(比如某些绿色资本主义性质的经济政策)。因而值得庆幸的是,当代中国的社会主义生态文明建设已然成为国际性或全球性"绿色左翼"变革进程(亦即广义的世界社会主义运动)的一部分,并且是它的重要体现与支撑。这意味着,即便偶尔或局

---

① 郇庆治:《作为一种转型政治的"社会主义生态文明"》,《马克思主义与现实》2019年第2期,第21—29页;李雪姣:《"社会生态转型"理论的术语学解析》,《中国地质大学学报(社科版)》2019年第4期,第100—113页;乌尔里希·布兰德和马尔库斯·威森:《资本主义自然的限度:帝国式生活方式的理论阐释及其超越》,郇庆治等编译,中国环境出版社,2019年。

② 郇庆治:《深入探讨社会主义生态文明建设的"进路"难题》,《毛泽东邓小平理论研究》2020年第1期,第29—31页。

部性的偏差,我们的生态文明政治与政策探索也不太可能偏离人类社会文明的大道和时代主旋律。

对马克思主义生态学或广义上的生态马克思主义的三大研究或构建进路的学术文献史考察表明,它在当代中国语境下已经不再只是人们通常所理解的一个国外马克思主义或社会主义流派,而是涵盖了包括马克思恩格斯的经典马克思主义(科学社会主义)的生态思想、欧美以及世界其他国家生态马克思主义者(生态社会主义者和绿色左翼学者)的生态思想、当代中国学者的马克思主义生态思想等在内的一个庞大理论谱系。不仅如此,构建中国特色与风格的马克思主义生态学,所需要的不仅是对于这一丰富理论体系知识的更全面理解与把握,还离不开对这三种研究路径或构建进路更深刻理解与掌握基础上的融会贯通,而这显然并不是一件轻而易举的事情。除了过去30多年中的相关理论知识和学科研究能力积累,新时代中国特色社会主义思想体系引领下的大力推进生态文明建设实践,同时提供着使"社会主义生态文明理论"成为中国特色或风格的马克思主义生态学的巨大潜能与现实支撑条件。而至少同样重要的是,当代中国的马克思主义生态理论学者已经逐渐能够做到基于广义的生态马克思主义或马克思主义生态学理论体系与研究方法的完整性,来自主而系统地对我国的社会主义生态文明建设实践做出科学可信的理论分析。就此而言,中国的马克思主义生态学研究或构建正处于一个迈向新阶段的重要节点。

(作者 郇庆治,北京大学马克思主义学院教授、博士研究生导师;陈艺文,北京大学马克思主义学院博士生)

Three Approaches to Construct Marxist Ecology: From a Perspective of History of Academic Literature

HUAN Qing-zhi, CHEN Yi-wen

Abstract: In the process of continuous development for more than half a century, Marxist ecology or eco-Marxism in a broad sense has presented three research paths or construction approaches, namely textual interpretation of ecological thoughts in works by classic writers such as Marx and Engels, theoretical reinterpretation and construction based on the basic Marxist stance and method to respond to ecological issues and practical needs, as well as the combination of reinterpretation of classic texts and efforts of theoretical reconstruction. Their common theoretical purport is to inherit or draw on the theoretical analysis and political choice of the causes of ecological environment problems under the capitalist system and the socialist alternative path in Marxist tradition. Therefore, in order to explore the construction of Marxist ecology with Chinese characteristics and styles from the standpoint of transcending the theoretical horizon and discourse system of western eco-Marxism or eco-socialism, especially the construction of the theory of socialist ecological civilization with Chinese characteristics for a new era, we should accurately understand and grasp the similarities and differences as well as their interactions of the above-mentioned three approaches to the construction of Marxist ecology, and place the exploration of the theory and practice of socialist eco-civilization with Chinese characteristics under the grander and broader trend of global social ecological transformation.

Key Words: Marxist ecology; eco-Marxism; eco-socialism; green-left; socialist eco-civilization theory

大数据时代的批判理论如何可能?*

蓝 江

摘要：批判理论曾经是指引着西方马克思主义和左翼知识分子前进道路的指针。从康德开始，批判作为一种启蒙性的力量，帮助我们拨开知识的迷雾，用自己的探索来揭示真理的奥秘。马克思则将批判落实到市民社会的政治经济学之上，从具体社会的现实出发来揭示资本主义的秘密。在大数据时代的今天，在数字技术和智能算法已经成为普遍现象的今天，我们是否还有可能思考批判理论。实际上，已经有了三种不同的路径，试图在大数据时代重建批判理论，"乡愁派"试图通过一个未被算法所玷污的前数字时代来抵抗数字技术带来的社会加速，"共鸣派"则认为数字技术和社会加速不可逆转，关键在于在生活方式和技术加速的节奏中找到共鸣，而"超越派"主张夺回技术和速度的主动权，通过加速，实现比资本主义更快的速度，超越资本主义控制能力，从而为未来社会开辟道路。但实际上，这三种批判理论的路径各有优势，也均有瑕疵。在大数据时代重建批判理论，不能依赖于抽象的观念，只能通过我们自己在现实的数字社会中寻找批判的可能性。

关键词：大数据时代　批判理论　可能性

---

* 基金项目：本文为国家社科基金重大项目"后现代主义和哲学发展路径与新进展研究"（18ZDA017）阶段性成果。

今天,我们还需要批判理论吗?如果需要,那我们究竟需要一种什么样的批判理论?对于这些问题的回答,不能简单地给出是或否,因为批判理论并不是放之四海而皆准的普遍性真理,而是一种方法,一种态度,一种思路,它有着明确的时代性价值。当我们回想起批判理论,那种思绪仿佛还停留在上个世纪法兰克福学派的批判理论家们的铿锵有力的词句中,他们将批判的锋芒对准了资本主义的启蒙和工具理性,对于大众文化和浑浑噩噩的日常生活给予无情地挞伐,而法国知识分子如萨特、福柯、德勒兹、德里达等人也给出了他们自己的批判的版本。当1968年夏天,萨特和福柯拿着扩音器,在巴黎街头向人们演讲时,他们也将批判的概念推出来,似乎让批判成为让统治者和资产阶级胆战心惊的词语。然而,在今天,我们似乎很少再能听到这种批判理论呼声,今天的批判理论成为囿于象牙塔的围墙之内的章句之学,成为了学术圈里的学究们搬弄的辞藻和概念。而在象牙塔围墙之外的社会依然如故,人们依然如同没有灵魂的傀儡木偶般地朝九晚五地乘坐地铁和开着自己的汽车在城市的大街小巷里流动着、流动着……他们不知道生活的彼岸在何方,或许只有在沉重的生活和工作的负担的一个偶然的闲暇,才能瞥见路旁污水横流的沟渠旁的一丝绿色。

一个只能在铺满灰尘的图书馆的角落里才能读到批判理论的时代,是否真的还需要批判理论?如果批判理论不仅仅是为了博取声名的教授博士们笔下的术语,那么,批判理论在今天还能意味着什么?更准确地说,今天是一个大数据和智能算法的时代,在这样的时代里,我们每一个人的行为和活动作为数据被后台的算法所收集、归类、推论和计算,我们的人生中的发展,仿佛高度依赖于一个看不见的算法时,即一旦我们不具有康德意义上的理性自律的自我时,我们该如何重新去思考批判理论的可能性?显然,康德式的自我,甚至哈贝马斯的主体间性,在这样一个大数据和智能算法时代,需要在新的地基上重新来思考,因为我们今天面对的主体不再是"理性人"的假设,而更像是一种"数据人"和"算法人",这种"数据人"和"算法人"背后是大量的数据流和算法的算子(operator),他们所做出的抉择和行动,表面看起来似乎是独立的,但是在很大程度上受到了算法的引导,这样,我们根本无法借助自我意识和纯粹理性等概念去直接批判今天的"数据人"。在这样的背景下,我们当然不可能去随波逐流,按照大数据和智能计算为我们划定好的路径来行进,倘若如此,人不再是人,而是一种"数字僵尸"(digital zombie),这"数字僵尸"一旦被算法所掌控,他们将成为一种很恐怖的力量,小则决定消费者的消费意愿,大则决定民主国家的民众选票,让他们形成一种看似由"人民"自己决定的,但实际上是被算法操纵的"数字民粹主义"(digital populism),在这种情况下,我们当然需要新的批判理论,这种批判理论并不是对康德、法兰克福学派、福柯等人的批判理论的简单套用,而是,在新的历史背景下,重新发现批判理论,在解决这个问题之前,我们首先要弄清楚:什么是批判?

一、什么是批判?

谈到批判,第一个映入眼帘的名字绝对是德国古典观念论的开创者康德。他的《纯粹理性批判》被后世的理论家们普遍地视为"哥白尼式的革命",而且他的三大批判直接就是现代哲学的奠基性著作。可以说,没有康德的批判哲学,也就没有现代哲学的根基。但是,为什么康德以"批判"作为他的著作的标题呢?一般认为,康德的批判主要是应对英国经验论的挑战,尽管经验论的所在地英国进入了工业革命的轨道,也带来了生产力的翻天覆地变化,让兰开夏郡和曼彻斯特周边废弃的农田变成了烧着煤炭、冒着黑烟的工厂,穿越整个工厂区域的火车不时拉响汽笛,将刚刚挖掘出来的煤炭和从曼彻斯特毛纺织厂生产出来的纺织品,装上列车,运往利物浦的港口。英国哲学家培根曾将这个历史过程简化为一个信条:"知识就是力量"。

更为重要的是,英国的工业革命带来的是一个快节奏变化的时代,正如阿什顿在《工业革命》一书中指出:"不断增长的土地的、劳动的和资本的供给局面让工业扩张成为可能,煤炭和蒸汽为大规模的生产提供了燃料和动力,利率低下、价格上涨以及对利润很高的预期,这些都产生了刺激作用。但在这些物质因素和经济因素的背后以及在这些因素之外,还有更为重要的东西。与境外之地进行贸易开阔了人们的世界观,科学则拓宽了他们的宇宙观,工业革命也是一场思想革命。"①的确,正如阿什顿所说,工业革命本身也是一场思想革命。在工业革命之前,世界的发展保持相对问题,这样,神学和权威的知识成为了百颠不破的真理,人们更多是从信仰的角度来思考主宰世界的一切,然而,工业革命快速发展的节奏似乎打破了这个平衡,"一切坚固的东西都烟消云散了,一切神圣的东西都被亵渎了"②。原来作为绝对真理的神学信条的幽霾被蒸汽机的动力所冲散,这样,一旦绝对普遍的知识变得不可靠,处于英国工业革命时期的思想家自然转而诉诸个人的情感和经验,而大卫·休谟成为了其中最典型的代表。休谟说:"如果我们从哲学中能学到什么可以值得信赖的原理,我认为唯一确定无疑的是,事物本身谈不上什么高贵与卑贱、可爱与可憎、美与丑,所有这些特性都不过源于人的喜恶性情的特殊构造与搭配。一种动物所喜爱的食物可能是另一种动物感到恶心的东西,让一个人感到高兴的事物,可能让另一个人感到不快。人的所有肉体感官,都有这样的差异。但如果我们进一步考察,还会发现,人的思想也是如此,思想和肉体相依存,感官与欲念相表里。"③显然,休谟否定在个人的性情和感觉的构造之外,存在任何普遍性知识的可能性,唯一存在的是肉体的经验和感官的欲望,在此之外,并没有一个可以被当做绝对根基的知识体系的范畴。这样,当休谟将感觉的经验论发挥到极致时,也从根本上解构了普遍知识的可

---

① [英]阿什顿:《工业革命1760—1830》,李冠杰译,上海人民出版社,2020年,第28页。
② 《马克思恩格斯选集》第一卷,人民出版社,2012年,第403页。
③ [英]休谟:《论道德与文学:休谟论说文集卷二》,马万利、张正萍译,浙江大学出版社,2011年,第55页。

能性。

在一定程度上,康德的批判就是针对休谟的基于经验和感官的怀疑论提出的。在《纯粹理性批判》第一版序言中,康德显然就指出了自己之所以要进行批判的理由:

> 但我所理解的纯粹理性批判,不是对某些书或体系的批判,而是对一般理性能力的批判,是一切可以独立于任何经验而追求的知识来说,因而是对一般形而上学的可能性和不可能性进行裁决,对它的根源、范围和界限加以规定,但这一切是出自原则。①

从这段文字中不难看出,相对于休谟将人类的认识局限于不同肉体和感官、不同动物的喜恶的构造,不能在各种人和动物身上找到普遍性的知识根基,康德开宗明义地认为,的确存在着某种东西,对于所有的人类来说,成为他们寻找确定性和明晰性知识的根基,而批判哲学的任务,就是在各种纷繁复杂的个体经验和感觉之中,分辨出属于人类普遍性的能力的东西,而这种东西就是纯粹理性,是一种被先天地赋予人类的能力,也正是在这种能力的基础上,我们才能形成形而上学,才能进行概念的推理和演绎,这就是康德式批判的要义所在,即通过主体的先天综合能力,在批判的工作之下,找到通过普遍性的纯粹理性的道路,正如康德所说:"而批判的荆棘小路,即通往一门学术性的,但唯有这样才是持久的、也才是有最高必然性和纯粹理性的科学的荆棘小路,并没有阻碍勇敢聪慧的人去掌握这门科学。"②简言之,康德试图通过批判,来扫除独断论的幻觉,最终为人找到纯粹理性,帮助人来获得真正的知识。

---

① [德]康德:《纯粹理性批判》,邓晓芒译,北京:人民出版社,2004年,第3—4页。
② [德]康德:《纯粹理性批判》,邓晓芒译,北京:人民出版社,2004年,第29页。

当然，在德国古典观念论的庸俗的承袭者那里，纯粹理性的概念本身却被他们神秘化为新的"宗教"，例如在青年黑格尔派那里，他们不懂得英国的珍妮走锭精纺机的原理和蒸汽机车的动力学，他们只知道用"自我意识"和"感性直观"的观念，来建构一个批判的空中楼阁。这就是后来马克思提出的对批判的批判，即"批判的武器当然不能代替武器的批判，物质力量只能用物质力量来摧毁；但是理论一经掌握群众，也会变成物质力量"①的原因所在。与康德的批判相同的是，马克思也试图找到一种确定性知识的基础，但是马克思并不希望像青年黑格尔派那种用"自我意识"的幻影和"唯一者"的阴霾来屏蔽市民社会中的百态万象，他一开始就将批判的根基立足于现实的物质基础，即市民社会的历史现实状态，尤其是其中的生产状况和交往状况之上。马克思意识到，批判不可能在哲学领域内完成，对黑格尔体系进行再多的批判，也只是词语上的游戏，真正的市民社会的历史现实都在于他们的视野之外。也就是说，只有转向了市民社会，即转向了资本主义运行的最基本的规律，才能让批判获得真正的力量。这样，马克思摒弃了青年黑格尔派的"纯粹批判"和"批判的批判"，而转向了一个更为根本的批判——政治经济学批判。换言之，马克思认为只有在政治经济学中，才能找到改变现实的动力，在"主体""自我意识""纯粹批判""唯一者"的词句之中，留下的只是尸横遍野的战场，而现实社会的车轮依然如故地转动着，没有受到"批判"的一丝丝伤害。

或许，从马克思的批判角度，我们可以对批判给出一个更为准确的定位。首先，之所以要进行批判，在于清除那些掩盖在真实知识之上的迷障，从而让真正的知识得以展露出来。无论是康德的纯粹批判理论，还是马克思的政治经济学批判，实际上达到的都是这个目的；其次，不过，康德和马克思的区别也在于此，康德对纯粹理性批判诉诸的是先验观念，即内在于我们每一个人的先天综合能力，这种统觉能力能将各种

---

① 《马克思恩格斯选集》第一卷，北京：人民出版社，2012年，第9页。

散落和无序的感觉综合成为知识;而马克思并不相信自我意识的神话,而是将目光投向现实社会定位,即资本主义社会的政治经济的发展,从而提出了历史唯物主义。

不过,还有一个值得注意的现象,康德和马克思都处于工业革命期间,从英国开始的工业革命席卷了整个欧洲,带来的不仅仅是工厂的出现,也带来整个日常生活方式和交往方式的变化,从而进一步带来人们在思想上的日新月异的变化。试想一下,在一个几乎没有变化的时代,上一代人的生活与下一代人的生活并没有太大区别,下一代人只需要恪守上一代人的信条和教诲就会度过一生,无论是西方的中世纪,还是中国古代的大部分时期,大抵都保持了这种相对稳定性,因此,那些时代的人们所恪守的信条不会遭到太大的质疑和挑战。也正是由于市民社会的形成和逐步加快的生产节奏促使了人们对某种固定的知识信条产生了怀疑,同时让位于不确定性的怀疑论模式,人们找不到最终的根据,也没有最基本的依托,他们只能在有限的感官和经验的碎片里去理解那个快速变化的世界。在这样的背景下,我们才需要批判理论,因为只有批判,才能正本清源,让人们清楚地认识这个世界,以及人们究竟应该追求什么。一言以蔽之,批判解决的问题是,为了让我们能仰望星空,我们必须弄清楚我们站立的大地在于何方,以及朝哪个方向去仰望星空。

或许只有在这个背景下,我们才能进一步理解法兰克福学派的批判理论的意义所在。与康德和马克思所处的时代一样,在经历了大萧条、二战和战后的德国的经济复苏,日渐繁荣的背景之下,霍克海默和阿多诺再一次提出了批判理论的必要性。的确,如果康德时代批判指向了经验论和怀疑论,而马克思的批判指向了"纯粹批判"的青年黑格尔派和"感性直观"的费尔巴哈,那么,霍克海默和阿多诺则将批判的矛头指向了工具理性和启蒙意识形态,在他们的时代里,科学的工具理性和启蒙的地位被拔得太高,成为了新的野蛮主义,从而抹杀了现实中的人的价值。在这个背景下,霍克海默提出再一次从马克思的理论出发,指出"在一个进步时期,一个发挥人类力量和争取个人解放的时期之后,在人类对自然界的控制有了巨大扩展之后,当今社会最后要阻碍进一步的发展,并把人类驱动向新的野蛮状态"。① 显然,霍克海默认为,在战后的工业资本主义的最新发展中,工具理性的趋势已经再一次让人们失去了对自我的认识,再次让人们迷失在高度组织化的资本主义的生产体系和商品交换体系中,也迷失在让人丧失意志的文化工业当中。于是,批判理论需要再次让人们重新看到自己的价值,不能沦为与资本主义生产和交换体系同流合污的肯定性范畴,而是要重新打破启蒙意识形态的塞壬歌声的魅惑,超越现存的社会结构。在这个意义上,批判不仅仅意味着对资本主义社会的准确认识,也意味着在历史阶段上对它的超越。

我们再一次处在历史的十字路口,因为我们面对着新一轮的技术革命和工业革命。在这场被命名为工业革命4.0的信息技术和数字技术中,不仅仅意味着我们周遭的一切都被数字化,也意味着数字化技术重新架构了我们的日常生活。当我们今天看着手机,刷着微信、浏览着淘宝、打着联网游戏时候,我们是否像霍克海默和阿多诺所叮嘱的那样,我们再一次堕入到工具理性的野蛮状态之中?然而,我们今天没有了康德、马克思,也没有了霍克海默、阿多诺或者福柯,这里只有我们自己。这势必意味着我们需要从自己的现实生活开始,重新理解我们所处的时代,重建一种大数据时代的批判理论,让人们可以在数据和算法的迷雾中,找到一条充满荆棘的道路。面对这种新的批判理论的构建,实际上已经有不少理论家给出了他们的尝试,我们可以把他们分为三类:第一类是对技术理性的绝对拒绝,他们不相信技术能带来解放,宁可退回到一个没有被数字技术所污染的时间和空间里,这些理论家和知识分子带着一种数字时代的乡愁;第二类理论家已经意识到大数据时代已经不可避免,他们一方面不可能去抵制它的存在,也不愿意与之

---

① [德]霍克海默:《批判理论》,李小兵等译,重庆出版社,1989年,第216页。

同流合污,可以称之为"异化和共鸣"派,他们代表着法兰克福学派的最新发展;第三类则积极拥抱着技术的演进,他们希望在数字技术和智能算法技术的加速发展中,找到突破资本主义和技术专制的道路。接下来,我们可以分别来看看这三条不同的批判理论的路径。

二、数字时代的乡愁

在特洛伊战争结束之后,奥德修斯和其他亚该亚的英雄们踏上了归途。在途中,奥德修斯邂逅了高贵的女神卡吕普索,女神爱上了英武的奥德修斯,并将他留在自己的洞府之中,用最丰盛的美食、最优渥的享受来留住这位希腊英雄。但是,卡吕普索在洞穴中纵欲奢华的生活并没有消磨掉奥德修斯归乡的意志,他仍然坚持向女神告辞:"不过我仍然每天怀念我的故乡土,渴望返回家园,见到归返的那一天。即使哪位神明在酒色的海上打击我,我仍然无畏,胸中有一颗坚定的心灵。我忍受过许多风险,经历过许多苦难,在海上或在战场,不妨再加上这一次。"[①]无独有偶,在汉娜·阿伦特由于犹太人身份流亡美国,并获得"入籍"后,"她决定不与国家和人民发生关系,而只是维系一种语言——德语。她思念自己的语言,希望听到它的声音"。[②] 不难理解,卡吕普索洞穴财富的丰裕、生活的幸福都是奥德修斯那相对贫瘠的故土所不能比的。同样,位于美国的阿伦特具有着在故土德国已经无法享有的自由和宽裕,但是他们都眷念着一种生活方式,一种曾经让他们成为他们之所是的故土,这种眷念就是"乡愁"(nostalgia)。无论卡吕普索的洞穴如何丰裕,新大陆的空气多么新鲜自由,人们总是眷念一种曾经的有过的感受,那种让他们扎根,让他们得到惬意的氛围,尽管这并不

---

① [古希腊]荷马:《奥德赛》(1—6卷),王焕生译,上海人民出版社,2014年,第209页。
② [法]芭芭拉·卡森:《乡愁》,唐珍译,华东师范大学出版社,2020年,第14页。

意味着阿伦特十分希望立即回到纳粹肆虐的欧洲,然而,这就是一种知识分子的情怀,他们总是带着一种乡愁,面对着已经发生改变的环境,尽管新的环境可能更加舒适和惬意,但他们仍然带有一丝丝对曾经故土的思念。正如晋代张翰居庙堂之高,仍时时思念吴中的"鲈莼"一般。

工业革命和技术时代的革新,将知识分子原本空间上的乡愁变成了时间上的乡愁。大机器的轰鸣、蒸汽轮船的汽笛以及喧嚣嘈杂的都市,曾经为传统的知识分子带来一种眩晕感,这种快速变化的节奏让他们感到不适,他们宁可在封建式的庄园里莺歌燕舞,也不愿在熙熙攘攘的都市里与刻薄的商人和庸俗的小贩们为伍,更不愿让那些时常喷射出蒸汽的钢铁怪物们破坏他们宁谧的生活。这样,他们往往会设想出一个曾经没有被机器和技术所玷污的世界,那是一个前现代的田园诗歌般的世界,那里有自然花草芬芳,有嬉戏留连的蝴蝶,也有宁静流淌的小河,而与之对应的是充满着灰色雾霾的工厂和都市,那里的人都被工业化的环境所吞噬,在工厂里来回行走的不过是一些没有灵魂的躯壳。他们也批判着资本主义,他们揭露资本主义的丑恶,并不是希望解放出被大资本家所奴役的无产阶级,而是希望摧毁丑陋的工业社会,让世界恢复到他们所期望的宁静。马克思曾经在《共产党宣言》里对这种逆历史潮流的小资产阶级的浪漫派给出了批判,他们批判技术的理由,仅仅是技术和工业破坏了他们梦境,将他们生生地拖回到现实主义的地面上来。我们或许可以理解,这种批判,无非是那些已经适应了传统的固有节奏的有身份的人,他们仿佛在一列突然加速的列车上,被突如其来的变化吓蒙了。于是,一部分人开始咒骂这种加速度,让他感到眩晕,为了抵制这种眩晕感,他们不得不连产生加速的技术一起批判,他们批判的理由只有一个,让列车慢下来,恢复到那个曾经适应过的速度上。最终,这变成了一种新的乡愁,一种回不去的乡愁。也正因为回不去,这种乡愁会比奥德修斯对伊塔卡的思念更为浓烈,因为奥德修斯知道只要他够勇敢,排除万难,伊塔卡终有一天会回到他的面前。但时间轴的乡愁,显然就没有这么简单,因为社会急剧变化,让我们周遭的社会环境和生活环境发生了前所未有的变化,而且这种变化还在不断地加速,那么,他们曾经适应的状态已经一去不复返了,所以,由于技术加速导致的时间上的乡愁只能是一种对业已逝去生活的幽怨的惦念。总而言之,时间上的乡愁之所以出现,正是因为社会的加速变化。

和马克思所处的时代一样,我们今天又一次处在技术加速变革的时代,而这一次的数字技术的加速,必然带来批判理论家的眩晕和不适,必然让他们将批判的矛头指向技术本身。实际上,今天的批判理论家对数字技术的批判都可以追溯到海德格尔,海德格尔的《技术的追问》可以看成是那些对技术发展带有一丝怨念的乡愁的蓝本。例如:海德格尔谈到了修筑了水力发电厂的"莱茵河"导致的莱茵河的失却:

> 水力发电厂被摆置到莱茵河上。它为着河流的水压而摆置河流,河流的水压摆置涡轮机而使之转动,涡轮机的转动推动一些机器,这些机器的驱动装置制造出电流,而输电的远距供电厂及其电网就是为这种电流而被订置(bestellen)的。在上面这些交织在一起的电能之订置顺序的领域当中,莱茵河也就表现为某种被订置的东西了。水力发电厂被建造在莱茵河上,并不像一座几百年来连系两岸的古老木桥。而毋宁说,河流进入发电厂而被隔断了。它是它现在作为河流所是的东西,即水压供应者,来自发电厂的本质。但为了——哪怕仅仅远远地——测度这里起着支配作用的异乎寻常的东西,让我们注意一下在两个标题中道出的一个矛盾:进入发电厂而被隔断的"莱茵河",与从荷尔德林的同名赞美诗这件艺术作品中被道说的"莱茵河"。但人们会反驳说,莱茵河终归还是一条风景河嘛。也许是罢。不过又是如何的呢?无非是休假工业已经订置出来的某个旅游团的可预订的参观对象而已。①

---

① [德]海德格尔:《演讲与论文集》,孙周兴译,生活·读书·新知三联书店,2005年,第14页。

在海德格尔看来,被修筑了水力发电厂的"莱茵河"不再是那个直接与人们相联系的莱茵河,而是在机器装置的驱动下,变成了一种被"订置"的东西,这种"订置"不仅仅隔断了河流,也隔断了人与莱茵河之间的直接联系,被发电机组和电网所中介,在那一刻,海德格尔感觉到,人们再回不到诗人荷尔德林笔下那个富有灵性的莱茵河,只剩下了一种被促成的摆置(stellen),正如海德格尔进一步解释说:"我们这里不禁出现了'摆置'(stellen)、'订置'(bestellen)和'持存'(Bestand)等词语,而且是以一种枯燥的、刻板的、因而令人讨厌的方式堆砌起来。"①这意味着,随着技术的"订置",丰富的自然对象与人的关系,已经被抽空了灵性,变成了枯燥的刻板的,甚至令人生厌的东西,这样,技术的降临仿佛撒旦的弥撒,将所有人的活的灵魂都吸走了,那么,按照这种逻辑推演下去,意味着只有对技术的"摆置"进行批判,让其回复到那种原初无蔽的灵性才是可能的。

海德格尔对技术批判的思路,显然启发了一大批后来的理论家。韩裔德国批判理论家韩炳哲(Byung-Chul Han)就是其中的典型。与海德格尔批判莱茵河上的水力发电厂不同,韩炳哲批判的对象就是今天的数字技术和算法技术,他直接采用了海德格尔的"摆置"和"订置"的辞藻来批评今天的数字社会:

> 透明社会是信息社会。当信息缺乏否定性,那么它就是一种透明的现象。它是一种被肯定化、可操作化的语言。海德格尔会称其为"集—置"(Ge-stell)的语言:说话受到促逼,去响应任何一个方面的存在者的可订置性。如此这般被摆置的说话变成了信息。信息"摆置"人类的语言。海德格尔是从"掌控"角度构想"集—置"这个词的。相应的,"摆置"的是,譬如"订置""伪造"

---

① [德]海德格尔:《演讲与论文集》,孙周兴译,生活·读书·新知三联书店,2005年,第16页。

"表象"或者"制造"也是权力与统治的方式。"订置"将其摆置为"持存"。①

不难看出,韩炳哲沿用了海德格尔在《技术的追问》中的用词,不过,他将海德格尔的莱茵河上的水力发电站变成了透明的信息,这里被摆置的不是莱茵河和使用电网的居民,而是每一个在网络上观看信息的人,所以,在韩炳哲看来,在我们进入到数字信息网络的时候,我们也被数字和信息摆置了,或者说被数字信息掌控了,在数字化信息面前,我们都变成透明的人,而透明的人势必意味着福柯意义上的全景监狱在全社会范围内的彻底实现,这也就是韩炳哲认为今天的数字化社会就是全景的透明社会的原因所在。韩炳哲进一步指出:"整个地球正在发展成为一个全景监狱。没有所谓的'监狱之外',整个地球都是监狱。没有围墙里外分隔开来。把自己营造为自由空间的谷歌和社交网络,实则也是全景式的。如今的监视并不像人们通常所想的那样,以侵犯自由为目的。与此相反,人们自愿地将自己交付给全景监视。他们通过自我暴露和自我展示,主动为数字化的全景监狱添砖加瓦。这里的囚犯既是受害人,也是作案者。其中蕴含着自由的辩证法,原来自由即监控。"②韩炳哲以自己的方式拒绝着这种数字化技术下的透明社会,当他将今天的数字化社会描述为全球性的全景监狱的时候,他实际上期望的是那种柏拉图在洞穴中的光影朦胧,即不那么明确的信息形成人与世界的关联,这是一种浓浓的数字时代的乡愁,他希望破除数字技术的摆置,回到一个前现代的无蔽性和直接性当中。当然,尽管他的批判词语铿锵有力,但他面对的事实却是,一旦我们乘上数字化的飞船,便再没有机会回到那个不透明的地面上了。

---

① [德]韩炳哲:《透明社会》,吴琼译,中信出版集团,2019年,第68页。
② [德]韩炳哲:《透明社会》,吴琼译,中信出版集团,2019年,第84—85页。

三、异化与共鸣：一种折中的道路

如果说"乡愁派"的批判理论，旨在数字化技术和智能算法带来的巨大社会变迁之外来批判新社会形态的降临，他们以一种前数字化时代的朦胧和不透明作为样板来反抗数字化技术的渗透和殖民，最终的行为无异于螳臂当车。在数字化技术带来加速的社会节奏变化时，还存在着另一种批判理论，他们对数字化和智能技术带来的变化有着更清醒的认识，认为这种数字化的趋势实际上不可逆转，并且会成为我们生活中的一部分。既然如此，大数据时代的批判理论的核心并不在于拒绝数字技术，而是对数字技术所形成的社会进行适当的反思。一方面，这种批判理论看到了数字技术带来的加速，产生了眩晕和不适的反应，在不受人们控制的社会速度和我们仍然适于传统机制的身体之间存在着断裂和异化；另一方面，他们也提出，批判理论的目的不在于消灭数字技术带来的加速和社会节奏的变化，而是努力在自己的身体和社会变化的节奏之间寻找一种共鸣，让身体可以适应这种加速产生的速度。基于此，我们可以看到，这是一条折中的道路。他们一方面认识到不可能拒绝数字技术和智能算法带来的社会节奏的变化，这种变化是单向度的，不是单纯的主体能够逆转的力量；另一方面，他们也坚信批判理论在这个时代仍然存在价值，而其根本价值就在于，让具有生命的存在物能够在加速发展的社会节奏中找到一个适于自己的立锥之地，从而避免被彻底裹挟到数字和智能技术发展的洪流之中，沦为资本和权力的工具人。这样，他们的根本目的就是在快速发展的技术和社会以及我们的生命之间找到一个共鸣的平衡点，我们可以称之为"共鸣"派。

法兰克福学派新一代的代表哈特穆特·罗萨（Harmut Rosa）和拉合尔·耶齐（Rahel Jaeggi）可谓是这种新批判理论的代表。他们同为法兰克福学派第三代代表人物霍耐特的弟子，尤其是罗萨，在承袭了哈贝马斯的交往理性批判和他的老师的承认理论之后,看到了一条新的批判理论道路,即罗萨将自己的批判理论界定为"社会加速理论批判"。与马克思和经典法兰克福学派的批判理论一样,哈特穆特·罗萨并不是出于观念,而是基于对社会的重新认识来重建批判理论。在他的《新异化的诞生:社会加速批判理论大纲》一书中:

> 简单来说,社会加速造就了新的时空体验,新的社会互动模式以及新的主体形式,而结果则是人类被安置于(bestellen)世界或被抛入世界的方式产生了转变,而且人类在世界当中移动与确立自身方向的方式也产生了转变。当然,这个本身无所谓好坏。这只是一种发展现状,一种社会哲学至今完全忽略的发展现状。然而,这种规模的变化却显然可能会使得社会病状在这种社会纷扰当中产生,造成人类的痛苦和不满。作为一位批判理论家,我想转而讨论这种病状,因为我认为社会理论根本的任务与责任,就是去指出社会痛苦的来源。①

罗萨在这段文字里给出了他对于加速社会批判理论的态度。首先,他并不是一种绝对拒绝的态度,因为他认为这种加速带来的是一种中性的变化。在更早期写作的《加速:现代生活中时间结构的改变》中,罗萨就曾提出"新技术被广泛使用的速度,也就是实践活动的形式和行为导向发生了大幅度的变化的速度,与技术加速本身没有逻辑上和因果关系上的联系(当然撇开基础设施这个前提条件不谈)。因此,只是单纯的计算机的处理速度的加快既不能带来行为导向的重大改变,也不能带来社会的联合模式的变迁,就这一点而言,它对于社会的变化在很大程度上只是中性的(但由此不能否认,技术革新实际上往

---

① [德]哈特穆特·罗萨:《新异化的诞生:社会加速批判理论大纲》,郑作彧译,上海人民出版社,2018年,第63—64页。

往会带来实践活动的形式和/或关系模式的变化的结果)。"①罗萨并没有像韩炳哲那样,将新技术带来的加速变化和转变看成是邪恶的,用一种敌意的态度面对大数据时代的来临。将新技术带来的加速看成是中性的非常重要,因为,在这种"非好非坏"的视角中,加速不至于被批判理论家污名化,而是用一种更为现实的态度去审视加速所产生的效应。

其次,罗萨也意识到传统的批判理论,甚至包括他的老师的承认理论,实际上都忽略了加速的社会现状。在霍耐特那里,承认需要稳定的身份,也就是说,所谓的承认,让不被承认的人能够进入到哈贝马斯设定的协商和商谈程序当中,需要对参与主体的身份进行承认,才能进行有效的协商。但是,在罗萨描述的加速社会的背景下,让之前相对稳定的同一性身份发生了流变,在政治协商和商谈伦理中,我们不排除这种情况,身份的同一性在加速变化的社会结构中也迅速发生着位移,让身份成为一个不稳定的因素,即我们可能在承认了主体的一个身份之后,他的身份迅速发生转变,成为了另一个需要承认的身份。这样,罗萨对自己老师的批评是,霍耐特的承认理论是静态的和抽象的,只能在一种保持恒定状态的稳定范式下运行,为了适应真实社会中加速的节奏,需要将承认理论扩展为"承认情境批判"(Kritik der Anerkennungsverhältnisse)。罗萨说:"为承认为斗争在竞争社会当中就是社会持续加速的驱动力,它显著地随着社会变迁速度而增加,而改变了自己的形式。如果没有考虑到时间面向,那么就无法完全掌握与了解这种斗争。因此,承认情境的批判理论与时间情境的批判理论彼此互补而且密切相关。"②简言之,罗萨对霍耐特的承认理论的改造是,为承认理论加入了一个加速的时间维度,即只有参照这种时间上的加速变化,霍耐特的承认理论才能获得现实的力量。

---

① [德]哈特穆特·罗萨:《加速:现代生活中时间结构的改变》,董璐译,北京大学出版社,2015年,第90页。
② [德]哈特穆特·罗萨:《新异化的诞生:社会加速批判理论大纲》,郑作彧译,上海人民出版社,2018年,第83页。

最后，罗萨的加速社会理论批判的旨趣并不是拒绝当下的社会，而是指出其社会病理学的根源。罗萨这个观点基本上是对霍耐特的承袭，霍耐特曾指出"相比之下，批判理论以独特的方式，从在社会中实际有效的理性概念出发，来调节理论和历史的关系。亦即，从实践的角度去理解历史上的过去：唯有在各种相关方面都进行启蒙，才能克服在资本主义发展构成中产生的病理学的变型。"[1]所以，罗萨的加速社会理论批判，不是一种拒绝态度，而是寻找到在资本主义加速的背景下，所造成的病理学和症候，并探索如何去改变这个状态。

一旦涉及社会病理学的批判理论，就不得不谈到霍耐特的另一位学生拉合尔·耶齐。在她的著作《异化》中，她基本上重新塑造了批判理论中的经典概念——异化（Entfremdung）。在经典马克思主义的理论中，正是资本主义的雇佣劳动造成了异化劳动的形式，从而让劳动与劳动主体相分离的异化，对于卢卡奇等西方马克思主义学者而言，异化劳动和商品中的异化，必须成为被批判和克服的社会现象。列斐伏尔的《日常生活批判》和鲍德里亚的《消费社会》进一步将异化理论推演到消费领域，实际上异化已经不纯粹是一种生产中的劳动异化，在西方马克思主义的批判理论中，异化已经成为了整个资本主义的现象，对资本主义批判的根本目的就是消除异化。不过，这种异化的观点，在耶齐看来，太过绝对和消极。在对黑格尔和马克思的异化概念进行充分解读之后，她逐渐意识到，尽管异化带来诸多不适，但是，异化是我们通向未来社会不得不经历的一个过程。因此，为了避免对异化产生纯粹否定的解读，她将异化界定为"异化是一种无关系的关系（Beziehung der Beziehungslosigkeit）……克服异化并不意味着回到一个自我和世界之间未分化的同一性状态，原初我们也是一种关系：适应关系。"[2]我们

---

[1] Axel Honneth, *Pathologies of Reason: On the Legacy of Critical Theory*, trans. James Ingram, New York: Columbia University Press, 2009, p. 21.
[2] Rahel Jaeggi, *Alienation*, trans. Frederick Neuhouser & Alan E. Smith, New York: Columbia University Press, 2014, p. 1.

可以对耶齐的逻辑进行如下分析：(1)我们原先并不具有一种未被异化和分化的状态，即我们不存在一个本质上或天然的自我，实际上，我们与世界和社会生活具有的是一种适应性关系。(2)由于发生了社会性的变化，例如罗萨提到的社会加速的变化，导致了我们周遭的熟悉的环境和因素的丧失，这种丧失也意味着我们原先与世界的适应关系的丧失，这种丧失并不是真正的丧失，而是我们面对着一些我们之前没有面对的状态，如第一次面对智能手机中的支付软件，第一次面对在线课堂等等，这些状态意味着我们被迫与一些新的社会因素形成关系，这就是耶齐所谓的"无关系的关系"，自我尚未在新的环境中与这些对象建立关联，即它们至今是"无关联的"(beziehungslos)，这样产生了主体的不适。由于耶齐对异化概念的改造，异化批判的目的不再是否定异化，而是去在新的背景下建立新的适应关系，即一种新的生活方式的形成，正因为如此，耶齐更愿意将自己的批判理论命名为"生活形式批判"(Kritik von Lebensformen)。正如在她新出的《生活形式批判》一书的结尾处提到，对新技术带来的异化的批判，并不在于去恢复到之前我们与世界的适应关系之中，因为那个过去的适应关系已经不复存在，这样，我们只能让自己向新的"无关系的关系"敞开，将这种"无关联"关系体验为一种"实验生活"。耶齐说道："所以我的生活形式批判并不会走向一元论的形式，恰恰相反，我会走向生活形式的实验性的多元主义。"[1]于是，耶齐的生活形式批判也走向了一种与新技术带来的生活方式的共鸣道路，面对新技术的批判理论，绝不是将自己抽离于现实生活，脱离市民社会，去过一个根本不存在的前数字技术和前资本主义的生活。恰恰相反，法兰克福学派的第四代人物罗萨和耶齐更愿意将我们面对新技术带来的加速和生活的变化，看成一种新生活形式的尝试，那么，批判理论的方向就是如何在自我和技术加速社会中的"无关联"之中，来克服异化带来的病

---

[1] Rahel Jaeggi, *Critique of Forms of Life*, trans. Ciaran Cronin, Cambridge MA: The Belknap Press of Harvard University, 2018, p.319.

理学,重建一种人与技术、人与加速社会的生活之间的共鸣模式。

四、加速!加速!作为批判的超越

要么用前现代或前数字时代的慢节奏的宁谧的生活来抵抗不断加速化的数字技术和社会的浪潮,要么在数字技术和人们的生活方式之间选择一种共鸣,这似乎是批判理论在今天所能采用的两种不同的态度。前者太过于"忧郁",任何技术上的进步似乎都刺痛着知识分子脆弱的心灵,仿佛奥威尔的《1984》中的情境就会在不远的未来实现,无所不在的老大哥的双眼通过透明的技术力量以全景敞视主义的方式监控着芸芸众生,后者通过对"异化"概念的改造,实际上达成了对资本主义体制的妥协,因为在这种"共鸣"的方式下,他们批判的矛头根本不是资本主义或者权力,而是我们作为生命存在物在高速运转的社会中的不适应,让这些生命存在物找到"共鸣",实际上就是向受到大资本和权力所掌控的机制臣服,他们所谋求的策略仅仅是在这个被资本和权力监控的空间中寻得一个逼仄的喘息空间,在更大程度上,这种策略无疑与速度、资本和权力沆瀣一气,他们已经不想与那些受数字算法控制的僵尸区别开来,他们顶多说明,在面对大数据和云计算制造出来的世界的新集置中,他们还能有空间喘口气,还能喊上两嗓子,相对于那些只能默默在数字技术控制的牵线傀儡机制下如同行尸走肉般运行的数字僵尸,他们不过是高级一点的数字僵尸而已。他们也同样中了尸毒,仍然误以为自己流着高贵的血,如果在显微镜下看,他们所谓的高贵的血液与那些更不堪的存在物之间的区别,或许只有深绿和浅绿的区分罢了。

这的确是一个二律背反,左翼批判理论的空间几乎被挤压得所剩无几。若如韩炳哲所言,数字技术的全景监狱里没有外部,那么意味着,像德勒兹一样追求逃逸线,到机器的外部去批判机器的道路就无异于痴人说梦,没有外部,意味着走向外部就是死亡,在左翼批判理论的耳边再一次响起了德波的名言:"让我们一起游荡在黑夜里,然后被它吞噬"。在普遍数据化的时代里,在被算法浸透到每一个细节、每一个毛细血管的时代里,左翼批判理论还有生存的可能性吗?通过"乡愁派"和"共鸣派"的主张,我们看到的结论是:要么死亡,要么妥协,要么如同飞蛾扑火一般被新时代的车轮碾碎,要么被吸纳进入机器,成为半人半僵尸的怪物。死局!因此,在大数据时代重建批判理论,不能简单地重蹈覆辙,我们一方面不能往回走,因为那是一条死路,在资本和权力推动下的数字技术的加速发展,没有留下任何外部空间,那里只有死亡,只有幽灵的存在。另一方面,我们在内部机制下,首先面对的问题不是与资本主义强大的武装进行搏斗,无产阶级和知识分子基本上是赤裸的,他们根本没有任何有力武器来面对武装到牙齿的敌人。所以,在这个局面下,左翼的首要任务不是战斗,而是活下来,让自己变成资本主义生命政治控制的一部分,随着加速机制的节奏去跳动。

问题在于,还有其他的道路吗?在《天龙八部》这部小说里,那个实际上完全不懂对弈的虚竹破了苏星河面前的珍珑棋局。在懂得对弈的人手里,珍珑棋局就是一局死棋,精通棋艺的慕容复和段延庆都不得不败下阵来。虚竹破解此局使用的恰恰首先是一个死招,他落了一粒白子,让一堆白子瞬间没有了气,在许多弈林高手看来,这一步无异于自杀,但恰恰是这一招,让白子彻底盘活了,瞬间恢复了生机。那么,在今天大数据时代里,什么才是虚竹的白子呢?两位年轻的学者阿列克斯·威廉姆斯和尼克·斯尔尼塞克给出了一个新的答案:加速主义。

什么是加速主义?加速主义不同于罗萨的加速社会理论批判,因为罗萨是将速度看成批判对象的,无论对于韩炳哲还是罗萨来说,速度都是资本和权力的武器,而作为普罗大众和左翼知识分子只能消极被动地面对社会日益加速的状况,他们面对着的加速,只能采取逃避和妥协的姿态,他们从来没有想过,加速本身也可以成为左翼批判理论自己的武器。是的,夺取武器,将加速作为批判理论自己的核心力量,来打破资本和权力对数字技术和速度的垄断,让无产阶级和左翼知识分子也能掌控这个武器,以彼之道还施彼身,正如我在另一篇文章中指出:"以斯尔尼塞克、威廉姆斯为代表的新马克思主义的加速主义的确带来了一种不同于传统西方马克思主义的斗争策略:与资产阶级争夺技术加速的主导权,让物质性的生产力加速运动,最终在未来突破资本主义的界限。在今天的数字面前,在今天的数字化异化面前,加速主义的态度不是退缩,甚至不是与之搏斗,而是积极地将其变成一种肯定的力量,变成一种可以被诸众和无产阶级掌控的武器,并服务于公共性的目的,或许,也只有如此,我们才能赢得一个走出资本主义珍珑局的未来。"①换言之,加速主义的关键在于,如果资本家和统治者来统治和驾驭人民的奥秘在于生产和技术,他们控制了技术的节奏,从而控制整个社会运作的速度,让他们可以更快捷地盘剥和榨取人民身上的价值。那么,是否存在可能,让无产阶级和左翼知识分子做出决断,让自己比资本主义更快,让生产力更发达,超越了资本主义的控制,这样让批判理论和人民解放在加速的基础上成为可能。

加速!加速!作为一种激进批判的态度,加速主义的核心在于超越,超越现行体制控制的节奏,超越他们的速度,只有比资本家和统治者的速度更快,让他们掌控的机制和世界在加速的节奏中变得手足无措时,未来才能像左翼批判理论敞开新的空间。在这里,威廉姆斯和斯尔尼塞克认为马克思就是加速主义的鼻祖,他们在《加速主义政治宣言》中,十分明确的指出:

  马克思是最典型的加速主义思想家。和那些俗套的批判相反,甚至与今天许多马克思主义相反,我们必须记住,马克思为了彻底理解和改变他的世界,使用了当时最先进的理论工具和实验数据。他不是一个抵抗现代性的思想家,而是对现代性进行分析

---

① 蓝江:《当代资本主义下的加速主义策略——一种新马克思主义的思考》,《山东社会科学》2019年第6期。

和介入,理解现代社会所有的剥削和腐败,承认资本主义仍然是世界上迄今为止最先进的经济体制。他的目标不是反转资本主义,而是通过加速超越资本主义的价值形式的限制。①

在威廉姆斯和斯尔尼塞克的解读中,马克思实现社会主义革命的关键是,制造出超出资本主义控制能力范围的生产力,通过生产力的物质性力量,而不是简单通过暴力革命或议会斗争的路径来实现未来社会的道路。这一点,对于今天的大数据时代也十分具有启发意义。因为,在数字时代里,从相互自由竞争的门户互联网时代,过渡到只有几个大型平台(如亚马逊、脸书、谷歌、微软)时,意味着今天资本主义掌控世界的奥秘就在于大数据和智能算法,一旦有人拥有了这些大型平台速度更快,也更为强大的算法,是否意味着,可以在这种实现技术超越的加速主义的推动下,走向一个不同的世界。威廉姆斯和斯尔尼塞克显然对这个前景十分乐观,在他们合作的另一部著作《发明未来》中,他们意识到"在全球化资本主义一直在高速运动的时候,要与之抗衡,就得**先发制人**(pre-empt),用更充沛的政治预期来实现明天的转变"②。那么,如果要对资本主义进行批判,首先需要的就是这个先发制人,需要比资本主义本身更快、更强大。

不过,加速主义的批判理论,也不是完美的。尽管他们提出了要比资本主义速度更快,拥有更强大的生产力,但是在硅谷,在IT界,在人工智能界,我们看到的更多是被大资本家用百万美金年薪豢养着的知识和技术新贵,他们住在山间的别墅里,享受着最便利的信息技术,他们仿佛已经将自己与底层世界隔离开来。另一位加速主义拥趸,德国年轻的学者阿尔芒·阿瓦尼西安(Armen Avanessian)已经意识到这种

---

① Alex Williams and Nick Srnicek, Accelerate: Manifesto for an Accelerationist Politics, *Accelerate: The Accelerationist Reader* Falmouth: Urbanomic, 2014. p.353.

② Alex Williams and Nick Srnicek, *Inventing the Future: Postcapitalism and a World Without Work*, London: Verso, 2015, p.197.

加速主义可能带来的精英主义危险,"这将超越加速生产的模式,而硅谷圈子里的加速就是在'更快更强,打破一切'的口号下进行的"。① 也即是说,数字技术的加速主义很容易与新兴高科技巨头同流合污,他们会随时成为被数字资本家招安的队伍。即便存在着那些愿意与普罗大众在一起进行街头战斗的黑客,情况也不会太理想,因为对于绝大多数民众来说,他们都是技术上的小白,他们根本不理解数字技术和智能算法背后的奥秘,所以他们唯一的选择就是无条件地信任这些黑客类的技术精英,而这些技术精英显然利用自己的优势,成为数字时代的新势力。简言之,即便那些不被大型数字平台招安的技术精英,也会成为一种信仰式的权威,而且他们一旦拥有了巨大的被信仰的力量,势必会走向另一个极端,即沦为一种数字技术的极权主义。

结语

在通过对"乡愁派""共鸣派""超越派"大数据时代的三种不同批判理论路径的对比分析中可以看出,未来数字和智能社会处于高度的不定状态中,我们没有任何一个真正的理论模式为我们解答所有的问题,这正是批判理论的根基,我们需要在自己的批判性思考中寻找道路。从康德和马克思以来的批判理论的启迪是,从来没有一个先知可以事先给出未来社会是什么样的答案,由于没有确定的模式,批判理论要求我们要敢于去实验和尝试新的生命形态,在数字技术和智能技术之下,必然存在着许多未曾尝试的可能性,这也正是我们这一代批判理论思考的任务。

(作者 南京大学哲学系教授,博士生导师,南京大学马克思主义社会理论研究中心研究员)

---

① Armen Avanessian, *Future Metaphysics*, trans. James Wagner, Cambridge: Polity Press, 2020, p.40.

How is Critical Theory Possible in the Age of Big Data?

LAN Jiang

Abstract: Critical theory used to be the guide to the progress of Western Marxism and left-wing intellectuals. Starting from Kant, criticism, as an enlightening force, helps us to peel away the fog of knowledge and reveal the mystery of truth with our own exploration. Marx put the criticism into the political economy of civil society and revealed the secrets of capitalism from the reality of concrete society. In the era of big data, when digital technology and intelligent algorithms have become a common phenomenon, is it possible for us to think about critical theory? In fact, we already have three different paths to rebuild critical theory in the era of big data. "Nostalgia" tries to resist the social acceleration brought by digital technology through a pre-digital era that is not contaminated by algorithm. "Resonance" argues that digital technology and social acceleration are irreversible, and the key lies in finding resonance in the pace of life style and technology acceleration. "Transcending" claims to take back technology and the speed of the initiative, achieve faster than capitalism through accelerating, surpass the control of capitalism, and thus open the way for future society. But in fact, the three critical theories have their own advantages and drawbacks. Reconstruction of critical theory in the era of big data cannot rely on abstract ideas, but can only find the possibility of criticism through ourselves in the real digital society.

Key Words: age of Big Data; critical theory; possibility

作为虚构现实的幻想

——马克思主义与精神分析交互视域下的宗教问题*

卢 毅

摘要: 传统马克思主义与经典精神分析都认识到宗教观念的虚幻性,并分别从不同角度展开了各自的宗教批判。传统马克思主义揭示了宗教对于现实世界的歪曲反映作用及其作为意识形态所具有的精神鸦片性质,经典精神分析则阐明了宗教作为无意识幻想之投射在个体与集体心理层面的发生机制及其可能具有的致病效果。然而,在这两种视角下,宗教本身的现实维度或现实功能却似乎都未能得到充分正视。借助于弗洛伊德独具创见的"精神现实"概念,拉康关于虚构之现实效用的创新阐发,以及在此基础上齐泽克尝试综合精神分析与马克思主义而构建的意识形态理论,在新的交互视域下得以形成一种更具解释力与包容性的宗教观,而它或将能够为深入探究人类的宗教问题提供一种有益的视角。

关键词: 宗教 幻想 虚构现实 精神分析 马克思主义

---

* 基金项目:本文系教育部人文社会科学研究青年基金项目"哲学与精神分析交互视域下的拉康欲望理论研究"(19YJC720020)、中山大学高校基本科研业务费青年教师培育项目"拉康欲望学说的哲学内涵研究"(18wkpy70)阶段性成果。

作为虚构现实的幻想

　　法兰克福学派的代表人物之一、著名的"弗洛伊德主义的马克思主义者"弗洛姆,在其所著的《在幻想锁链的彼岸——我所理解的马克思和弗洛伊德》中,通过梳理和比较马克思与弗洛伊德的思想学说,得出了下面这个发人深思的结论:"……马克思和弗洛伊德都具有这样一种强烈的欲望,即渴望突破感觉和'常识'骗人的'虚幻境界',以便达到对人类和自然的认识,对精神和物质现实的认识。这正是他们的共同之处,虽然他们所研究的领域不同,方法不同,但是,毫无疑问,他们的动力和目的都是相同的。人类所取得的一切成果,无论是精神的还是物质的,都得归因于那些丢掉幻想和寻求现实的人"①。在弗洛姆看来,马克思和弗洛伊德正是丢掉幻想和寻求现实的人,并且正如这本书的标题所示,他们通过各自的学说都力图使人达到幻想锁链的彼岸。正是为了创造一个不需要任何幻想的世界,弗洛姆认为人必须认识到弗洛伊德所探明的人自身内在的现实和马克思所揭示的外在于人的现实。认清现实是为了丢掉幻想,而"只有丢掉幻想,人们才能获得自由和独立"②,这在弗洛姆眼中可以说恰恰是马克思主义与精神分析这两门学说共同的宗旨与诉求,同时也构成了对二者加以比较与整合的基础。尤其值得关注的是,在传统马克思主义与经典精神分析这两种视域下,宗教都被视为上文所提到的需要丢弃的或有待超越的幻想的典型而遭到批判。为了准确把握作为幻想的宗教在这两种视域下被赋予的具体内涵,在尝试展开分析、比较与整合之前,有必要先回到相关文本的语境,分别对传统马克思主义与经典精神分析的宗教观进行一番简要的回顾和梳理。

---

① [美]埃里希·弗洛姆:《在幻想锁链的彼岸——我所理解的马克思和弗洛伊德》,张燕译,湖南人民出版社,1986年,第168页。
② [美]埃里希·弗洛姆:《在幻想锁链的彼岸——我所理解的马克思和弗洛伊德》,张燕译,湖南人民出版社,1986年,第192页。

一、宗教之为幻想：传统马克思主义与经典精神分析的宗教批判

众所周知，正是青年马克思奠定了传统马克思主义的宗教批判基调。由于不满青年黑格尔派的阶级局限性以及由此导致的批判的不彻底性，在费尔巴哈宗教批判学说的启示之下，马克思在 25 岁便写下了颇具战斗檄文色彩的《〈黑格尔法哲学批判〉导言》。在这篇脍炙人口的作品中，马克思不仅直言"宗教是人的本质在幻想中的实现"[1]，更是给出了"宗教是人民的鸦片"[2]这一令后世争论不休的说法。暂且搁置种种争议不论，单从文本的语境出发，至少可以确定的是：马克思之所以在此将宗教界定为幻想，乃是由于尚未获得或再度丧失其作为人的本质的人的处境使然，正是这种不具有真正现实性的处境引发了人对于某种虚幻的现实性即宗教观念的需要，而这种虚幻的现实性正如因禁人的锁链上的虚幻的花朵，尽管是对现实苦难的表现与抗议，却也让人满足于这种虚幻的幸福，故在此意义上将其比作令人麻木和上瘾而丧失现实行动力的精神鸦片可谓恰如其分。马克思对宗教持有的这一基本立场，可以说从《论犹太人问题》《1844 年经济学哲学手稿》《关于费尔巴哈的提纲》一直延续到与恩格斯合著的《德意志意识形态》，并在《德意志意识形态》中得到了进一步的阐发。

在《德意志意识形态》中，马克思与恩格斯一道对当时德国将宗教幻想推崇为历史动力的观点加以批判和清算，表明"这种观点实际上是宗教的观点：它把宗教的人假设为全部历史起点的原人，它在自己的想象中用宗教的幻想生产代替生活资料和生活本身的生产"[3]。换言之，持上述观点的人，其认知乃是对历史事实的歪曲和颠倒，将作为

---

[1] 《马克思恩格斯文集》第 1 卷，人民出版社，2009 年，第 3 页。
[2] 《马克思恩格斯文集》第 1 卷，人民出版社，2009 年，第 4 页。
[3] 《马克思恩格斯文集》第 1 卷，人民出版社，2009 年，第 546 页。

生活资料和生活本身之产物的宗教,误认为历史现实产生的动因。在马克思和恩格斯看来,实际上"宗教本身既无本质也无王国。在宗教中,人们把自己的经验世界变成一种只是在思想中的、想象中的本质,这个本质作为某种异物与人们对立着。这绝不是又可以用其他概念,用'自我意识'以及诸如此类的胡言乱语来解释的,而是应该用一向存在的生产和交往的方式来解释的"①。由此可见,在传统马克思主义的视域下,宗教之为幻想的虚幻性,就体现在它不仅是对客观现实的歪曲反映,而且抽离和隐藏了其赖以产生的世俗基础,"并在云霄中固定为一个独立王国"②,显得它仿佛才是其世俗基础的原因与根据。宗教观念由此带来的负面效应不仅体现为认识上的颠倒与错乱,而且导致人们在阶级社会中对于虚幻幸福的徒劳期盼以及对于现实压迫的姑息纵容。就此而言,宗教观念不仅是人的异化状态的体现,同时也作为统治阶级的意识形态加剧着这种异化本身。正是基于对宗教的本质与起源问题以及宗教与其世俗基础之间关系的这种历史唯物主义立场,恩格斯后来在《反杜林论》中进一步指出:"一切宗教都不过是支配人们日常生活的外部力量在人们头脑中的幻想的反映,在这种反映中,人间的力量采取了超人间的力量的形式"③。

有观点认为,马克思在《〈政治经济学批判〉导言》中通过将宗教视为人类掌握世界的四种方式之一,转而开始关注宗教的认识功能与社会文化功能,进而在晚年通过研读文化人类学著作,愈发重视宗教在尚不存在阶级对立的原始社会中的积极作用,并且启发和推动恩格斯晚年完成了一系列深入探究宗教问题的重要著作,从而使得作为历史唯物主义的马克思主义"实现了宗教观上的第二次飞跃"④。尽管如此,

---

① 《马克思恩格斯全集》第3卷,人民出版社,2009年,第170页。
② 《马克思恩格斯文集》第1卷,人民出版社,2009年,第500页。
③ 《马克思恩格斯文集》第9卷,人民出版社,2009年,第333页。
④ 陈荣富:《"文化人类学笔记"在马克思主义宗教观发展史上的地位》,《论马克思主义宗教观》,社会科学文献出版社,2009年,第30页。

倘若就此断言传统马克思主义宗教观的基本立场发生了根本性的转变,却难免显得牵强而缺乏理据。毋宁说马克思和恩格斯晚年的宗教观乃是对其成熟时期宗教观的一种补充、丰富和完善,其将宗教——无论是原始社会的自然宗教,还是阶级社会的人为宗教——的本质视为一种幻想并加以批判的基本立场并未改变。

作为人类掌握世界的四种方式之一,宗教精神与理论思想和艺术精神一样,尽管可以发挥认识与社会文化等方面的功能,但本质上依然是对世界的一种缺乏实践性的主观掌握,因此不免带有虚幻性,达不到实践精神对于世界的那种真正客观的、真理性的掌握。正因为如此,对于恩格斯在《布鲁诺·鲍威尔和早期基督教》中表示"事实很清楚,自发的宗教,如黑人对偶像的膜拜和雅利安人共有的原始宗教,在它产生的时候,并没有欺骗的成分,但在以后的发展中,很快地免不了僧侣的欺诈。至于人为的宗教,虽然充满着虔诚的狂热,在其创立的时候,便少不了欺骗和伪造历史"[1]这一点,就应当明确其中所谈到的"欺骗"或"欺诈"只是阶级压迫意义上的,即统治阶级的意识形态意义上的,而非严格本体论或认识论意义上的。

传统马克思主义从未否认宗教观念本身的幻想性与欺骗性。原始社会的自然宗教就其初始状态而言虽不具有阶级压迫或意识形态意义上的欺骗性,并且确实可能承担着某些重要的现实功能,但因其作为对世界的掌握方式不具有真正的实践性与真理性,所以不仅就其本质而言具有虚幻性,在认识论意义上具有欺骗性,而且随着历史的发展势必会产生或被用于制造阶级压迫意义上的欺诈和欺压。这种欺诈和欺压由于披上了宗教的外衣而具有了安慰和麻痹作用,而在《〈黑格尔法哲学批判〉导言》中,马克思也正是在这个意义上揭示了宗教的精神鸦片性质。总而言之,马克思与恩格斯晚年对于宗教及其可能具有的现实功能的关注,乃是以他们对宗教观念的幻想本质的一贯清醒认识为前

---

[1] 《马克思恩格斯文集》第3卷,人民出版社,2009年,第591页。

提。此外,也正是由于宗教观念本质上的虚幻性,使得宗教虽能在人类历史的发展特定阶段发挥某些重要功能,却也不可避免地在认识上走向歪曲和谬误,并在现实的社会关系上愈发作为统治阶级的意识形态发挥作用,愈发导向政治欺诈与阶级压迫。

与传统马克思主义对于宗教的基本立场相似,以弗洛伊德学说为代表的经典精神分析,在揭示宗教观念的虚幻性这一点上同样毫不含糊。实际上,两种立场之间的相似性并非偶然,而是可以追溯到共同的理论渊源。费尔巴哈的宗教批判学说对于青年马克思宗教观之形成的重要作用可谓人尽皆知,但或许不太为人所熟知的是,它同样深深影响了从青年时期开始便以"不信神的犹太人"自居的弗洛伊德。作为"无神论的人本主义"的倡导者以及《基督教的本质》一书的作者,费尔巴哈不仅洞见了以基督教为典型的宗教的虚幻本质,而且揭示了宗教产生的心理机制即"投射",于是有学者认为"他完全可以被称为第一位给宗教以纯粹的'投射主义'解释的近代思想家"①。例如,在费尔巴哈看来,"生活在影像之中,乃是宗教的本质。……彼世是经过幻想这面镜子而映射出来的今世,是迷人的影像"②。这种投射主义的解释不仅被马克思所继承,并体现在"如果想在天国这一幻想的现实性中寻找超人,而找到的只是他自身的反映"③这类表述中,之后更是被弗洛伊德所进一步发展,并被总结为:"很大一部分神话性质的世界观——它甚至广泛深入到了最现代的宗教中——不外乎是投射到外部世界的心理学"④。如果说费尔巴哈学说是两种视角在看待宗教问题上共同的起点,那么,它同时也成了二者的分野点:传统马克思主义从此逐渐

---

① [美]包尔丹:《宗教的七种理论》,陶亚飞、刘义、钮圣妮译,上海古籍出版社,2005年,第90页。
② [美]费尔巴哈:《基督教的本质》,荣震华译,商务印书馆,1997年,第243页。
③ 《马克思恩格斯文集》第1卷,人民出版社,2009年,第3页。
④ Sigmund Freud. *Zur Psychopathologie des Alltagslebens*, in *Gesammelte Werke IV.* London: Imago, 1941, S. 287.

超出了费尔巴哈学说的框架,在研究广度上不断拓展,侧重于宏观的政治经济学考察与社会—历史分析;经典精神分析则沿着费尔巴哈的宗教心理学进路不断深入,在研究深度上不断取得进展,注重微观的心理学考察与个体—集体层面的经验分析。

如果说在 1901 年出版的《论日常生活的心理病理学》中,弗洛伊德给出的还只是关于宗教世界观的一种高度概括性的解释,那么,在 1907 年发表的《强迫行为与宗教修行》中,弗洛伊德则直言"人们可以大胆地……将宗教称为一种普遍的强迫性神经症"①,从而初步揭示了宗教的病理性质。在 1913 年出版的《图腾与禁忌》中,弗洛伊德进一步对这种"普遍的强迫性神经症"的历史起源与心理机制进行了细致的考察。根据当时的生物学理论和文化人类学材料,弗洛伊德提出了一个更大胆的假说:史前时期在尚未成为文明人的群落中曾经(很可能不止一次)发生过"原始弑父"事件,即儿子们联手杀死并分食了垄断一切女性资源的"原始父亲",却在对父亲爱恨交织的"矛盾心理"的作用下,出于罪疚感而将某种动植物作为父亲的象征与化身,并对父亲生前的乱伦禁忌予以了"延迟性的服从",由此创立了以图腾崇拜以及乱伦禁忌为核心的原始宗教。从这一视角出发,不难发现在宗教产生的过程中,先后引发弑父行为和随之而来的罪疚感的矛盾心理,以及在其背后的"俄狄浦斯情结"——弗洛伊德认为二者都在严格精神分析的意义上是"无意识的"即"被压抑的"——可以说是宗教产生的主要心理基础,而将父亲的形象转化为图腾形象的投射行为,则是宗教形成的关键心理机制。

《图腾与禁忌》的重要性在于就此一举奠定了经典精神分析宗教观基本的立场与框架,而弗洛伊德后来对于宗教的探讨则更多是从不同角度或不同方面对其宗教观加以丰富和完善。如果说《图腾与禁

---

① Sigmund Freud. *Zwangshandlungen und Religionsübungen*, in *Gesammelte Werke VII*. London: Imago, 1941, S.139.

忌》更多是对宗教之起源与过去的考察,那么,1927年出版的《一种虚幻的未来》则更多是对宗教之现状与未来的思考。不仅如此,如果说前者呈现的更多是原始父亲暴虐的、令人恨恶的、发挥禁止功能的一面,那么,后者则揭示了父亲温情的、令人热爱的、发挥救助功能的一面①,而这两个面向恰好与上文提到的"矛盾心理"相对应。就此而言,《一种虚幻的未来》作为对《图腾与禁忌》的补充,一方面完善了经典精神分析关于宗教起源的理论,即宗教不仅源于对原始弑父的罪疚,也源于对理想父爱的憧憬,另一方面也依据当时流行的进化论思想揭示出人类脱离宗教的可能性乃至必然性,就在于人无论是作为个人还是人类,总体而言都处在某种发展或进化中。弗洛伊德由此得出结论:"宗教是人类普遍的强迫性神经症,和儿童的强迫性神经症一样,它产生于俄狄浦斯情结,产生于和父亲的关系。按照这种观点可以预见,对于宗教的避免必将随着一种命中注定的成长过程而实现,而且我们发现自己正处在这个发展阶段"②。

在其晚年的封笔之作《摩西与一神教》中,弗洛伊德通过大胆对摩西其人以及整个犹太民族的历史进行质疑和重构,进一步完善了他在《图腾与禁忌》中所确立的基本观点。在《摩西与一神教》所提出的著名假说中,埃及人摩西的被杀与此后作为一神教的犹太教的兴起,实际上不过是对原始弑父事件以及原始宗教创立的重复。通过将原始弑父事件视为人类心理所遭受的第一次集体性的"创伤性神经症",并且基于拉马克的获得性遗传学说假设这种创伤以"记忆痕迹"的形式在世代之间的传递,弗洛伊德最终完整勾勒出了经典精神分析关于宗教起源的理论:最初由于俄狄浦斯情结引发了原始弑父事件,而这一创伤性的事件通过记忆痕迹得到保留且传递给不同世代的个体,并在特定

---

① Cf. Paul-Laurent Assoun. Freud face à la religion. Jouissance de l'illusion et réel du désir, *Figures de la psychanalyse*, 2018(35):190.
② Sigmund Freud. *Die Zukunft einer Illusion*, in *Gesammelte Werke XIV*. London: Imago, 1948, S. 367.

的历史条件下被唤醒,即实现"被压抑者的返回",进而通过投射机制产生出各种各样的宗教观念。

综上所述,在宗教的本质与起源问题上,传统马克思主义与经典精神分析其实有着基本立场上的相似性以及具体视角上的互补性。就基本立场而言,二者都注重揭示宗教观念的幻想本质及其消极作用,因而对宗教都采取批判态度;就具体视角而言,传统马克思主义致力于探究宗教产生的社会根源与政治—经济基础,经典精神分析则侧重于揭示宗教产生的心理因素与个体—种系历史。具体视角上的这种差异并非如某些观点所认为的那样,必然被归结为唯物史观与唯心史观的差异,而是完全可以形成某种有益的互补,例如在坚持宗教本质上以人类特定的物质生产方式为基础并作为反映这一现实基础的社会意识形式的同时,也承认宗教观念作为幻想,其产生有赖于人类特定的历史经验与心理机制。① 在此基础上,便可以实现类似于本文开篇所提到的对二者的弗洛姆式整合,并且这种整合的目标直指对宗教的克服与超越,即"幻想锁链的彼岸"。然而,这种整合本身及其所利用的思想资源的问题却在于未能充分正视宗教本身的现实维度或现实功能,因此,即便能够深入揭示宗教的幻想本质与社会—心理根源,却无法令人信服地解释其何以能够广为流行且经久不衰。实际上,正如马克思和恩格斯并非全然无视宗教的现实功能,弗洛伊德也并未彻底忽略宗教作为幻想或"虚构"所具有的"精神现实"地位,而借助于拉康的后续阐发以及齐泽克在此基础上提出的意识形态批判理论,在宗教问题上完全有可能在一种更完善的层次上实现马克思主义与精神分析两种视角的交互与整合。

---

① 例如,奥兹本便强调这种互补的必要性,因为在他看来"马克思主义的观点实在过分注重宗教的反映性质了,人类必然有一个主动的方面。……假如人类内部没有主动的因素,假如他只是被动地反映世界,那么他在内部就没有创造神们以补救他在自然力和经济利前的软弱的冲动了"([英]奥兹本:《弗洛伊德和马克思》,董秋斯译,中国人民大学出版社,2004年,第99页)。

二、虚构之为精神现实：弗洛伊德的启示与拉康的阐发

在《一种虚幻的未来》第五章，弗洛伊德曾经列举了关于宗教观念真实性的两种经典论证路径。第一种是早期教父的"因为荒谬我才相信"，第二种则涉及当时流行的所谓"仿佛哲学"（Philosophie des Als ob），"它解释说，在我们的思想活动中存在大量假设，而我们完全了解其无根据性甚至荒谬性。它们被称为'虚构'（Fiktionen），但出于种种实践上的动机，我们又必须表现得'仿佛'相信这些虚构。这点适用于宗教教义，因为它们对于维系人类社会具有无可比拟的重要性"[①]。尽管弗洛伊德表示这种解释无法真正令人满意，但也不得不承认"宗教观念在过去无疑缺乏实证，却还是对人类产生了最强有力的影响"[②]。不仅如此，他还特意在注释中援引"仿佛哲学"的代表人物汉斯·法辛格（Hans Vaihinger）关于虚构的说法："作为实践性的虚构（praktische Fiktion），我们会让它全都安然无恙，而作为理论性的真理（theoretische Wahrheit），它就此消亡"[③]。实际上，弗洛伊德本人采取的也是这样一种基本立场，即一方面明确否认宗教观念属于严格理论意义上的真理——正如本文第一部分的内容所示，另一方面却也看到了其作为具有实践意义的虚构可能承担的重要现实功能。只不过，弗洛伊德不满于"仿佛哲学"上述解释的笼统与局限，而试图通过精神分析的方法进一步揭示并说明作为幻想的宗教所具有的独特现实效力。尽管弗洛伊德本人在专门探讨宗教问题的著述中似乎并未真正完成这

---

① Sigmund Freud. *Die Zukunft einer Illusion*, in *Gesammelte Werke XIV*. London: Imago, 1948, S. 351.

② Sigmund Freud. *Die Zukunft einer Illusion*, in *Gesammelte Werke XIV*. London: Imago, 1948, S. 352.

③ Sigmund Freud. *Die Zukunft einer Illusion*, in *Gesammelte Werke XIV*. London: Imago, 1948, S. 351, Anmerkung 1.

一任务或完成得不够彻底,却无碍于人们顺着他的思路尝试对精神分析的宗教观进行一种更为全面的重构,并且在此基础上实现与马克思主义宗教观的进一步整合。而他本人在别处提出的"精神现实"(psychische Realität)这一极具启发性的概念,恰好就为实现这一目标提供了一条重要线索。

按照《精神分析词汇》的两位作者拉普朗什与彭塔利斯的说法,"[精神现实]这个术语通常被弗洛伊德用来指主体的精神领域表现出一种可与物质现实(réalité matérielle)相比的一致性与抵抗力的东西;从根本上说涉及无意识欲望(désir inconscient)以及相关的幻想(fantasmes connexes)"①。弗洛伊德通过精神分析的临床实践发现,幻想单凭自身便可具有与实际发生的创伤事件同等效力的致病性,或者说"幻想具有一种与物质现实(性)相对而言的精神现实(性),……在神经症患者的世界中,精神现实是具有决定性的"②。从弗洛伊德关于幻想的"精神现实(性)"及其致病效果的定位出发,再结合他本人早在《强迫行为与宗教修行》中所认定并始终坚持的宗教活动的神经症性质,一方面可以再次印证弗洛伊德将宗教归结为幻想的基本主张,另一方面也有助于解释宗教作为幻想所特有的现实维度和现实效力。

在弗洛伊德的学说中,幻想所具有的"精神现实性"归根结底是由发源于身体的冲动(Trieb/pulsion)的实在性所奠定。作为冲动的表现形式并且通常是无意识的欲望(Wunsch/désir),正是以同样往往是无意识的幻想作为其活动的场景,而幻想本身在某种程度上也构成了冲动和欲望的一种尽管说到底是虚幻的满足。正是这种满足的虚幻性,一方面突显了幻想在背离现实满足意义上的非现实性,另一方面也使其具有了现实的致病效力。换言之,在弗洛伊德看来,幻想作为一种虚

---

① Jean Laplanche, J.-B. Pontalis. *Vocabulaire de la psychanalyse*. Paris: PUF, 1967, p.391.
② Sigmund Freud. *Vorlesungen zur Einführung in die Psychoanalyse*, in *Gesammelte Werke XI*. London: Imago, 1940, S.383.

构,其"精神现实性"首先便体现为其现实的致病性。正是出于这个原因,弗洛伊德在将宗教观念归结为幻想的同时,也坚持将宗教修行界定为一种神经症性质的强迫行为。然而,依旧亟待解释的是:既然如此,为何古往今来还有如此众多的人——其中不乏各界精英与有识之士——会对这种具有致病效果的虚幻之路趋之若鹜?

在《一种虚幻的未来》中,当谈论宗教观念的心理根源时,弗洛伊德实际上已经简要说明了虚构的宗教观念何以具有现实力量:"它们作为教义被给出,并非经验的沉淀或思考的最终结果,它们是幻想,是人类最古老、最强烈、最迫切的欲望的满足。它们力量的秘密就在于这些欲望的力量"①。换言之,在弗洛伊德看来,作为幻想与虚构的宗教,其神秘魅力就源于能够满足特定的、在现实条件下难以满足的欲望。因此,其吊诡之处就在于,正是宗教的这种虚幻的满足能力成就了其现实的吸引力,尽管从精神分析的立场出发,这种满足的虚幻性必然会以相应的致病性为代价。由此再反观弗洛伊德对"仿佛哲学"之"虚构理论"的评述以及他本人所提出的"精神现实"概念,或许可以形成初步整合并得出这样一个结论:作为幻想的宗教观念可被视为一种"虚构现实"即一种具有现实功能的虚构,或者说它在某种程度上是现实活动本身得以开展所依托的一种虚构,因此,其在理论层面上的非真理性或谬误性无碍于其在实践层面上的有效性。②

---

① Sigmund Freud. *Die Zukunft einer Illusion*, in *Gesammelte Werke XIV*. London: Imago, 1948, S. 352.
② 传统马克思主义也从另一个角度揭示了包括宗教在内的各种社会意识形态"虚构"的现实性。在《德意志意识形态》中,马克思和恩格斯在谈到分工问题时指出:"分工只是从物质劳动和精神劳动分离的时候起才真正成为分工。从这时候起意识才能现实地想象:它是和现存实践的意识不同的某种东西;它不用想象某种现实的东西就能现实地想象某种东西。从这时候起,意识才能摆脱世界而去构造'纯粹的'理论、神学、哲学、道德等等"(《马克思恩格斯文集》第1卷,人民出版社,2009年,第534页)。可见,传统马克思主义也发现作为意识构造物的宗教神学等"虚构"的现实性,就在于"不用想象某种 (转下页)

拉康后来关于"虚构"及其现实效力的思考,可以说正是对弗洛伊德上述观点的提炼与发展。在这期《精神分析的伦理学》年度研讨班的第一讲,拉康便在谈及边沁时将焦点从其广为人知的功利主义转向了其鲜为人知的"虚构理论"。在拉康看来,边沁所提出的这套"虚构理论"受到了严重低估,而它的重大贡献就在于革命性地颠覆了对于"虚构"本身及其与"实在"之间关系的传统理解,并且实际上构成了弗洛伊德相关学说的基础与条件。根据拉康的说法,在边沁那里,"虚拟的"(fictitious)虽然与实在相对,但"'虚拟的'既不意味着虚幻的,也不意味着本身是欺骗性的。……'虚拟的'可以意味着'虚构的'(fictif),不过是在我曾经在你们面前说每个真理都有一种虚构的结构的意义上"①。就虚构本身对真理具有构成性而言,虚构尽管与通常所谓"(绝对)客观实在"意义上或康德"自在之物"意义上的现实仍处于对立中,却通过语言符号"虚构"出了康德"现象"意义上的另一种现实,而实际上正是这后一种现实才构成了我们生活于其中的世界,因此,边沁认为功利主义所关注的包括幸福在内的各种"善",甚至像"植物"这类逻辑上的集合概念,其实都不过是一种纯粹虚构或想象的产物,不过是借由语言而存在的"虚构实体"(fictitious entity)②。

在拉康看来,边沁的"虚构理论"实际上奠定了弗洛伊德相关思考的基调。具有现实建构功能的虚构与严格"实在"意义上的现实构成

(接上页)现实的东西就能现实地想象某种东西",即这种虚构或想象本身就具有现实的构建作用。不过,与经典精神分析不同,传统马克思主义认为这类"虚构"的现实性并非基于某种精神现实性,而是同弗洛伊德意义上的精神现实性一道,都被物质现实性即"社会存在"的现实性所奠定,并且"如果这种理论、神学、哲学、道德等等同现存的社会关系发生矛盾,那么这仅仅是因为现存的社会关系同现存的生产力发生了矛盾"(《马克思恩格斯文集》第1卷,人民出版社,2009年,第534—535页)。

① Jacques Lacan. *Le Séminaire Livre VII*: *L'éthique de la psychanalyse*. Paris: Seuil, 1986, p. 21.
② Cf. Jeremy Bentham. *The Works of Jeremy Bentham* (*Volume* 8), London: Elibron Classics Replica Edition, 2005, p. 121.

了对立的两极,而"弗洛伊德经验的摇摆运动就位于虚构(fiction)与现实(réalité)的这种对立当中"①。具体而言,在弗洛伊德的理论语境下,尽管冲动或欲望根本上追求的是实在意义上的现实满足,在实际条件下却往往不得不满足于幻想层面或虚构意义上的"现实满足",而包括宗教在内的各种神经症以及其他心理病症便是这种幻想式满足的体现与结果。在此基础上,拉康进一步提升了"虚构"的地位:"虚构就其本质而言其实并非是欺骗性的,而且严格来说就是我们称之为符号界(le symbolique)的东西"②。在拉康的学说中,与"想象界"(le imaginaire)以及"实在界"(le réel)鼎足而立的"符号界",不仅使得无意识按照其规则被符号化而具有一种语言的结构,而且实际上介入了并影响着人的生活世界的方方面面,或者说将人生活于其中的世界都符号化和结构化了。就此而言,拉康将虚构等同为符号界,便超越了经典精神分析认为以宗教为典型的虚构具有某种现实功能或现实效力的观点,而是进一步将包括宗教在内的一切虚构作为现实本身得以构建的条件,或者说将我们生活于其中的整个现实世界本身视为符号界虚构的产物。在这一语境下,虚构本身以及随着而来的症状将不可避免,而真正要关心的问题也就从如何抵制和避免宗教一类的虚构而致力于追求现实的幸福,变成了在可能的范围内具体选择借助于何种虚构来践行自身的欲望。

如此一来,经过拉康学说的洗礼,尽管宗教的虚构性依然如故,但对于虚构本身及其与现实之间关系的理解,却出现了一种新颖而有益的视角。因此,若将宗教视为现实世界众多必要虚构的一种可能形态,那么,一方面宗教在现实层面的效力可以得到更好的理解,另一方面像弗洛伊德那样对宗教加以强烈批判的动机也就不复存在,而一种新的

---

① Jacques Lacan. *Le Séminaire Livre VII : L'éthique de la psychanalyse*. Paris: Seuil, 1986, p. 22.

② Jacques Lacan. *Le Séminaire Livre VII : L'éthique de la psychanalyse*. Paris: Seuil, 1986, p. 22.

精神分析宗教观便呼之欲出。通过与马克思主义意识形态理论的进一步整合，一种更具解释力与包容性的宗教理论将成为可能。

三、幻想之为意识形态：交互视域下的发展与整合

受阿尔都塞意识形态理论与拉康幻想理论的启发①，齐泽克试图在一个新的高度对马克思主义与精神分析进行整合，而这一整合的关键就在于"意识形态幻想"（ideological fantasy）的提出。在齐泽克看来，马克思本人对于意识形态的经典表述即"他们不知道，但他们正在做"已经无法全面解释当代意识形态的运作机制，因为实际情况往往是"他们很清楚事情实际上是什么样子，但他们还是仿佛他们不知道地那样行事。错觉因此是双重的：它在于忽视了建构我们与现实之间切实有效的关系的错觉。而这种被忽视的、无意识的错觉，便是或许可被称为'意识形态幻想'的东西"②。齐泽克进而表示："意识形态的基本层面，并不是掩盖事物实际状态的一种错觉的层面，而是构建我们的社会现实本身的（无意识）幻想层面"③。由此可见，齐泽克正是从拉康关于虚构具有现实建构功能的观点出发，而将精神分析学说中的"幻想"与马克思主义中的"意识形态"整合为"意识形态幻想"，以此进一步突显幻想作为意识形态所具有的现实效力以及意识形态作为幻想所具有的无意识的迷惑力。

---

① 在其著名的《意识形态与意识形态国家机器》一文中，阿尔都塞率先揭示了意识形态的无意识性质，同时借用拉康的"想象"概念来重新阐释意识形态，并得出结论："意识形态是个体与其真实存在条件的想象关系的一种'表征'"（斯拉沃热·齐泽克等：《图绘意识形态》，方杰译，南京大学出版社，2002年，第161页）。尽管齐泽克后来并未全盘接受阿尔都塞的意识形态理论，但后者无论是在揭示意识形态的无意识维度上，还是在借助拉康精神分析学说来阐发马克思主义的意识形态理论上，无疑都对前者产生了不可低估的影响和启发。
② Slavoj Žižek. *The Sublime Object of Ideology*, London: Verso, 2008, p.30.
③ Slavoj Žižek. *The Sublime Object of Ideology*, London: Verso, 2008, p.30.

在此基础上，齐泽克驳斥了当下盛行的一种犬儒主义姿态，表示"犬儒主义的距离仅仅是让我们对具有建构力量的意识形态幻想视而不见的众多途径之一：即便我们不认真对待事情，即便我们保持一种嘲讽的距离，我们依然在做这些事情。从这一立场出发，我们可以说明斯洛特戴克(Sloterdijk)提出的犬儒主义理性(cynical reason)的表述：'他们很清楚地知道他们在做什么，却依旧我行我素'。如果错觉是在知识方面，那么犬儒主义的立场便真是一种后意识形态的(post-ideological)立场，完全是一种不带错觉的立场：'他们知道他们所做的，并且他们我行我素'。但倘若错觉处在做本身的现实性当中，那么这一表述就可以用一种非常另类的方式来解读：'他们知道在他们的行为上追随着一种错觉，但他们依然这么做'"①。

齐泽克的这套关于意识形态幻想的学说完全可以用来整合马克思主义与精神分析的宗教观。实际上，在与精神分析中的"幻想"概念加以整合之后，意识形态理论不仅可以像马克思本人在《资本论》中批判资本主义的"货币拜物教"时那样有其用武之地，而且甚至可以被用于揭示和说明一般意义上的宗教现象。概而言之，宗教观念的虚幻性以及人们在意识层面对于这种虚幻性本身的清醒认识，无碍于其在无意识层面作为意识形态幻想影响乃至决定人们的实践行为。有必要指出的是，此处的"无意识"显然已经超出了经典精神分析意义上作为个体心理状态或心理结构的"无意识"，而达到了拉康和阿尔都塞学说中跨个体甚至超个体意义上的、作为社会结构本身及其运作机制的"无意识"。

通过用精神分析的幻想理论来阐发马克思主义的意识形态学说，通过将作为意识形态的宗教视为一种具有虚构现实功能的幻想，便初步达成了一种对于马克思主义与精神分析宗教观的齐泽克式整合。相比于本文第一部分所呈现的对于二者的弗洛姆式整合，这种齐泽克式

---

① Slavoj Žižek. *The Sublime Object of Ideology*, London: Verso, 2008, p. 30.

整合并非是对传统马克思主义与经典精神分析宗教观的直接融合,而是首先策略性地悬置二者对于宗教直接而猛烈的批判态度,通过迂回到各自经典文本的深处寻找其他关键性的思想资源与思考进路,并结合二者在二十世纪法国的重要理论进展——主要是阿尔都塞和拉康的学说,最终实现某种间接的、可被视为创造性重构的整合。这种新的整合不仅看到了传统马克思主义与经典精神分析对于宗教之虚幻本质的揭露与批判,而且也发现了这种揭露的不彻底性以及这种批判的偏激性。一方面,作为虚构现实的幻想,宗教强大的现实力量根本上源于意识形态及其社会基础对于人性现实或人的现实性本身的构建力量,因此,仅仅揭示宗教的虚幻本质并无助于宗教批判的真正推进与完成,还需进一步深入探究不同社会—历史语境下意识形态的运作模式与效力机制——类似于福柯对于权力机制的历史考察,以及特定意识形态与其社会基础之间具体的交互作用关系。另一方面,在这种新的整合视角下,作为意识形态的宗教,其现实功能得到了更深入的揭示和更充分的说明,其存在的合理性也得到了更坦率的承认,因此,宗教信仰也将得到更多的理解与包容,而对于宗教持这种理解与包容的基本立场,可以说才是对马克思主义与精神分析在关心人类共同命运的同时尊重人之个性与自由的人道主义精神的真正继承。

(作者　中山大学哲学系〈珠海〉副教授)

Fantasy as a Fictional Reality
——Religious Problem from the Perspective of Interaction between Marxism and Psychoanalysis

LU Yi

Abstract: Both traditional Marxism and classical psychoanalysis recognize the illusory nature of religious ideas and unfold respectively their critiques of religion from different angles. Traditional Marxism reveals religion's distorted reflection of the real world and its spiritual opium nature as an ideology. Classical psychoanalysis clarifies at the individual and collective psychological levels the original mechanism and the pathogenic effect of religion, which is indeed a projection of the unconscious fantasy. However, form these two perspectives, the realistic dimension or function of religion itself seems to have not been fully discussed. With the help of Freud's original concept of "psychic reality", Lacan's innovative interpretation of the realistic effect of fiction, and on this basis, Zizek's tentative synthesis of psychoanalysis and Marxism with his ideological theory, a new view on religion emerges from a new perspective of interaction, which is more interpretive and inclusive, and may provide a useful perspective for further exploration of human religious problem.

Key Words: religion; fantasy; fictional reality; psychoanalysis; Marxism

论哈维的"城市革命"思想

——以《叛逆的城市》为中心的讨论*

张大卫

摘要： 近年来，西方城市马克思主义思想逐渐成为学界关注的热点话题。运用马克思主义理论来回应当代资本主义城市化过程中所出现的问题，构成了马克思主义思想当代化的一条重要途径。本文以哈维的《叛逆的城市》一书为依据，以现代资本主义城市建设、资本增值的自我矛盾的逻辑与城市革命之间的关系为视角，阐发哈维的"城市革命"思想。此外还指出，由于哈维不能提出替代资本主义经济引擎的具体方案，所以其"城市革命"思想必然在"组织"等问题的处理上陷入困境。

关键词： 城市　资本增值　危机　革命　组织

如果说列斐伏尔在《都市革命》这一名作中提出的都市实践还主要以1968年法国五月风暴为参照对象，那么，激发《叛逆的城市——从城市权利到城市革命》的作者哈维的想象力，促使其孕育"城市革命"这一思想的历史事件已不局限在某个国家的特定城市之内。从雅典、

---

* 本文系上海市哲学社会科学规划青年课题"'人民城市人民建,人民城市为人民'重要理念研究"(2020EKS002)阶段性成果。

伊斯坦布尔的广场群众运动,到玻利维亚科恰班巴市的占领,再到华尔街占领,这些现代西方社会的城市运动使哈维坚信列斐伏尔的时代诊断:"革命必然是城市的,否则就完全没有革命。"①

本文以《叛逆的城市》为主要文本依据,以现代资本主义城市建设、资本增值的自我矛盾的逻辑与城市革命之间的关系为视角,具体阐发哈维的"城市革命"思想。借此不仅指出其思想的特别之处,还将阐明由于哈维不能提出替代资本主义经济引擎的具体方案,所以其"城市革命"思想必然在"组织"等问题的处理上陷入困境。

一、资本主义危机的城市根源

要准确理解哈维的"城市革命"思想,我们首先必须探讨一下缘何在他看来,城市构成了现代资本主义危机的一个重要源头。哈维的这一论断显然与列斐伏尔的城市分析有着紧密联系。与马克思在《资本论》第三卷中提及的阻碍资本主义生产利润率下降的诸多传统因素相对(这些因素包括劳动剥削程度的提高、不变资本要素变得便宜、对外贸易等),列斐伏尔在《都市革命》一书中指出,现代资本主义已找到一种遏制一般利润率下降的全新策略,即"空间的生产"②。在列斐伏尔看来,现代资本主义的剩余价值生产方式正经历着一种转变,即从"在空间中进行的物品的生产,过渡到了对整个空间的生产"③。空间(尤其是城市空间),作为一种全新的可被生产、营销、出售的商品本身,已然不再单纯是容纳其他传统商品的地理场所,"中立的媒介"或"地点

---

① [美]哈维:《叛逆的城市——从城市权利到城市革命》,叶齐茂、倪晓辉译,商务印书馆,2016年,第26页。
② [法]列斐伏尔:《空间与政治》,李春译,上海人民出版社,2015年,第108页。
③ [法]列斐伏尔:《空间与政治》,李春译,上海人民出版社,2015年,第108页。

的总和"①,而是在剩余价值提取的总过程中扮演着举足轻重的作用;因为无论在规模还是在时效上,它都以其独特优势有效满足着资本的固有要求,即积累与增值。

与列斐伏尔的这一研究思路相近,哈维提出了著名的"空间-时间修复"(spatio-temporal fix)②理论。如他所言,"fix"具有双重含义。第一,资本以某种物质形式在相当长的时间内"固定"在某个地理区域内;第二,这种在某个(可能不断扩展的)地理区域内的跨时较长的投资"解决"了资本过度积累的危机。哈维认为,现代资本主义城市表面上的高速、繁荣发展显得好像是"人类最崇高抱负的最积极尝试"③,但就其实质而言,只是直观表现了资本的"固定"与"解决"的内在运行机制而已。鉴于现代城市发展与资本运行之间的这一联系,哈维指出资本主义城市发展中所展现的冲突、矛盾以及危机可能是诱发现代资本主义总危机的第一张倒下的多米诺骨牌。为具体说明这一点,哈维与传统的马克思主义者一样,将目光首先投向了生产领域。

资本向某个城市生产领域的大规模投资,有时可使城市的全部资源配置方式以及整个城市空间外观都印刻上这个产业的特征,比如钢铁产业对匹兹堡的影响,汽车产业对底特律的塑造。这种影响与塑造固然为当地以及周边的(剩余)劳动力提供了就业机会,并且与此同时也建立起与共同职业相联系的相近的生活态度、价值观念和社会联系。但是在哈维看来,这些都会因为资本的必然"出走"而消失。"出走"之所以必然,那是因为只要不平衡的地域发展始终存在,只要运输、组织、产业等技术的进步致使原有产业优势丧失殆尽,那么,先前为资本积累

---

① [法]列斐伏尔:《都市革命》,刘怀玉、张笑夷、郑劲超译,首都师范大学出版社,2018年,第178页。
② [美]哈维:《新帝国主义》,付克新译,中国人民大学出版社,2019年,第67页。
③ [美]哈维:《资本社会的17个矛盾》,许瑞宋译,中信出版社,2016年,第174页。

而创造出来的"固定在某些空间的实体基础设施和人造环境"①终将成为资本进一步加速积累的束缚。因此,资本要么受此束缚而面临自身贬值的危险,要么不惜以城市"强制贬值"为代价而遗弃城市,选择出走、转移。也正是基于这点,哈维指出,新自由主义反革命的一种表现形式即为,将几个世纪以来支撑资本积累的许多重要工业区的衰败归咎于无理的工会斗争、拙劣的技术管理等人为因素,而故意忽视如下事实:城市"强制贬值"、因"去工业化"而造成的城市大规模工人失业等现象,其实都是内嵌于资本增值逻辑中的"固定"与"移动"之间矛盾的客观展现。

哈维对城市危机的分析并不限于资本的生产环节。事实上,他还将分析拓展到消费领域。早在《共产党宣言》中,马克思和恩格斯就对该领域的剥削情况有所评论:"当厂主对工人的剥削告一段落,工人领到了用现钱支付的工资的时候,马上就有资产阶级中的另一部分人——房东、小店主、当铺老板等等向他们扑来。"②与150多年前的这种剥削情况相区别,哈维发现现代资本主义采取了不同的掠夺策略:过去掠夺建立在针对基本需求的满足之上,而现在掠夺则建立在被创造出来的、特别是以提高城市生活质量为目的的消费需求之上。在哈维看来,这种新策略推行的典型例子是:多年以来美国政府与资本家联手,共同营销以拥有住宅为核心的"美国梦",借此"鼓励"美国公民(其中包括弱势群体、下层平民)背负巨额债务购买、甚至投机城市房产。哈维认为,城市房产交易市场的活跃具有双重作用:一方面,大规模的城市住宅建设吸收了过度积累的资本,与之相应,城市经济呈现出外表繁荣的景象;另一方面,"通过抵押贷款的方式让拥有住宅且工资

---

① [美]哈维:《资本社会的17个矛盾》,许瑞宋译,中信出版社,2016年,第168页。
② 《马克思恩格斯文集》第二卷,人民出版社,2009年,第39页。

收入较好的工人们进入保守的政治圈"。①

但是,这种经济繁荣与政治稳定不会延续很久。正如美国次贷危机所显示的那样,当被资本煽动起来的贪婪使房产投机与欺诈发展到无法控制的时候,为这场疯狂派对最后清理场地的永远是那些城市底层弱势群体,乃至中产阶级。据调查,在次贷危机期间,银行和政府通过"非法的取消抵押赎回权"等操作强制剥夺 400 万至 600 万美国人的房屋。② 这还不是最糟境况。由于地方财政过度依赖房产税收,所以当房产泡沫破灭时,地方政府势必陷入财政危机。这导致的进一步后果是用于社区服务之类的公共开支将被大量削减(按照哈维的看法,这种削减正是新自由主义所极力倡导的)。在此情形下,次贷危机的直接受害者无疑将背负起更重的经济负担。哈维认为,这些都将成为诱发资本主义危机的城市隐患。

除了生产与消费领域之外,构成哈维思考资本主义危机的城市根源的另一重要环节是他对西方城市文化发展的独特分析。哈维认为,该分析可借用《资本论》中的"垄断地租"概念。③ 就垄断地租而言,垄断之所以能给垄断者带来利益,是因为垄断者排他性地控制着能够在市场上直接或间接出售的、具有独特性质的商品(如土地等)。按照哈维的观点,如果拓展这一概念,那么,我们便会发现现代资本对城市文化的"热切"塑造其实具有类似的逻辑:即竭力开发某个城市的固有文化传统,营造独特的人文景观,并且营销不可复制的历史叙述与集体记忆,借此加强该城市的资本吸附力与增值能力。巴萨罗那的城市发展便是一个典型案例。

---

① [美]哈维:《叛逆的城市——从城市权利到城市革命》,叶齐茂、倪晓辉译,商务印书馆,2016 年,第 52 页。
② [美]哈维:《叛逆的城市——从城市权利到城市革命》,叶齐茂、倪晓辉译,商务印书馆,2016 年,第 56 页与第 58 页。
③ [美]哈维:《叛逆的城市——从城市权利到城市革命》,叶齐茂、倪晓辉译,商务印书馆,2016 年,第 91 页。

这类由资本推动所形成的城市文化"品牌"并未迷住哈维的双眼。事实上,他深刻地指出城市文化"品牌"的营销背后隐藏着一个深刻的内在矛盾:即一方面,正是城市文化的独特性本身潜在地构成了资本得以加速增值的垄断优势,就此哈维提及了一个极为吊诡的现象,即"最狂热的全球化追求者们都会支持地方发展"。① 但另一方面,资本增值的实现则要求一种文化独特性的标准化,或者说"去垄断化";因为只有当文化作为可被计算、量化的商品时才能被资本带有控制性地、计划性地销售出去。② 这也解释了为何资本"不想有自身的独特形象"的原因。③

为上述矛盾所左右的城市文化发展的结果是可想而知的:城市人文景观的迪士尼化、商业化运作将文化本身所含有的那种原生性、反叛性甚至野蛮性消磨殆尽。与此同时,商业化运作带来的巨额利润往往落在了有组织能力、可集中调动社会资源的资本家手中,而至于那些真正创造城市文化集体资本、集体文化符号的原住民、艺术家则成为"被驱逐者",一如低收入居民在城市"绅士化"过程中所承受的命运。

二、从城市危机到城市革命

资本增值的自我矛盾的逻辑在城市生产领域、消费领域以及文化领域所引发的危机,使哈维深信资本增值的要求本身就决定了作为资

---

① [美]哈维:《叛逆的城市——从城市权利到城市革命》,叶齐茂、倪晓辉译,商务印书馆,2016年,第101页。
② [美]哈维:《叛逆的城市——从城市权利到城市革命》,叶齐茂、倪晓辉译,商务印书馆,2016年,第93页。恩格斯在《国民经济学批判大纲》中虽未深入研究资本是如何推动城市文化发展的这一主题,但他论及了相似的资本运行逻辑。在那里,他评论说:"竞争建立在利益基础上,而利益又引起垄断;简言之,竞争转为垄断。另一方面,垄断挡不住竞争的洪流;而且,它本身还会引起竞争。"(《马克思恩格斯文集》第一卷,人民出版社,2009年,第73页)
③ [美]哈维:《叛逆的城市——从城市权利到城市革命》,叶齐茂、倪晓辉译,商务印书馆,2016年,第174页。

本人格化了的资产阶级不可能长期合理地、总体性地规划与管理城市发展。因此,他认为要根本解决问题,就不能像资产阶级所做的那样,单纯地在体系内部转移区域危机(这种转移往往以新自由主义、民粹主义等意识形态为思想掩护),而是"必须换掉资本主义的经济引擎和它不合理的经济理性"。①

值得注意的是,当哈维从城市危机推论到上述激进的革命方案时,他并不像某些庸俗的马克思主义经济决定论者那样相信,单纯的危机本身就足以唤起人们内心的革命意识。就革命意识的教化这一问题而言,他与卢卡奇的思想十分接近。在《历史与阶级意识》一书中,卢卡奇就曾针对西方资产阶级社会中物化意识的盛行这一现象警告说:"客观的经济发展只能赋予无产阶级以改造社会的可能性和必要性。但是,这一改造本身却只能是无产阶级自身的自由的行动。"②哈维在分析资本主义危机的城市根源时,同样也注意到,尽管城市危机内生于资本增值的自我矛盾的逻辑之中,但是"资本主义永远不会自行崩溃"。③ 其原因正如列宁、卢卡奇等思想家所精辟地总结的那样:"没有任何一种形势是没有出路的。不管资本主义可能处于什么形势,总是会有某种'纯粹经济的'解决办法。"④因此,在哈维看来,要从危机中真正挣脱出来,必须主动有意识地把握蕴藏在危机中的潜在的解放因素,使其成为现实的革命斗争武器;这种主动性需要培育,而培育的重要一环就是首先在思想上认清城市的生产、消费及文化等领域中资本增值的自我矛盾的逻辑本质。

---

① [美]哈维:《资本主义的17个矛盾》,许瑞宋译,中信出版社,2016年,第294页。
② [匈]卢卡奇:《历史与阶级意识》,杜章智、任立、燕宏远译,商务印书馆,2004年,第310页。
③ [美]哈维:《资本主义的17个矛盾》,许瑞宋译,中信出版社,2016年,第294页。
④ [匈]卢卡奇:《历史与阶级意识》,杜章智、任立、燕宏远译,商务印书馆,2004年,第404页。

与传统的马克思主义者不同的是,哈维认为当下城市发展现状要求人们对革命意识的培育对象、即无产阶级的概念予以重新调整。按照传统的马克思主义理论,剩余价值的剥削场所主要集中在传统的工厂内,因此,产业工人成了无产阶级的当然代表。但基于现代资本采取的全新增值形式,哈维认为传统工厂已不再是当下发达资本主义的剥削集中地,代之而起的是作为"剩余价值生产的基本场所"①的整个城市本身。因此,一切从事"涉及城市化的日常生活的生产和再生产"②的人,只要他们的职业具有"无就业保障、就业不连续、就业具有临时性、工作空间四处散布、非常难以工作场所为基础组织起来"③等特征,则都可归在无产阶级(Proletariat)这一概念之下。这种全新的无产阶级有时也被哈维专门称为"不稳定的无产阶级"(Precariat)④。

  哈维似乎并不担心,这种对无产阶级概念的扩充会将所谓的"城市暴民"吸纳进城市革命的运动中来。按照传统左翼的看法,缺乏政治组织力量与对自身阶级地位及使命缺乏清醒认识的"城市暴民"可能形成不利于革命事业的因素。与这种传统看法相对立,哈维认为以"建设性摧毁"为特征的现代城市化生产已使多数社会弱势群体的城市生活质量普遍下降;因此,在现代反资本主义的城市斗争中,传统意义上的工人与现代城市生产者之间具有广泛的共同利益基础,因而可以形成可靠的政治同盟。

---

① [美]哈维:《叛逆的城市——从城市权利到城市革命》,叶齐茂、倪晓辉译,商务印书馆,2016年,第131页。
② [美]哈维:《叛逆的城市——从城市权利到城市革命》,叶齐茂、倪晓辉译,商务印书馆,2016年,第140—141页。
③ [美]哈维:《叛逆的城市——从城市权利到城市革命》,叶齐茂、倪晓辉译,商务印书馆,2016年,第131页。
④ [美]哈维:《叛逆的城市——从城市权利到城市革命》,叶齐茂、倪晓辉译,商务印书馆,2016年,第VII页。("Precariat"一词由英语"precarious"(危险的、不稳定的)和"Proletariat"(无产阶级)这两个词拼合而来。——笔者注)

至于这种同盟的具体组织形式,尤其是在城市运动框架内的组织形式问题,哈维承认他并不能给出成熟的答案。原因有二:第一是因为他还没有很好地思考这一问题;第二个原因用他的话来说就是"没有用来上升为理论认识的系统的政治实践的历史记录"。① 尽管如此,当他考察上世纪的工人运动时,比如"都灵工厂议会"、以真实事件改编的电影《社会中坚》(Salt of the Earth)所反映的新墨西哥州锌矿工人斗争、玻利维亚锡矿工人运动等,他认为可以得出的一个比较可靠的结论是:工人运动越是能够争取到周边街区、社区层次的大众支持,"基于工作的斗争(从罢工到夺取工厂)"就越有可能成功。②

　　此外,他还强调城市革命也应充分利用资本主义城市发展本身所提供的斗争空间。具体言之,哈维认为比如在资本为加强城市的资本吸附力而鼓励、支持"离经叛道的文化实践"③,以推动独一无二的垄断性的文化资本形成时,斗争空间的缝隙,或者用哈维自己的话说,"希望空间"的缝隙已显露出来。就此他指出,只要资本的自相矛盾的增值逻辑内含于资本主义的城市发展,那么,资本永远不可能完全关闭"用于政治转型的空间"。④ 也正是基于这一点,哈维深信,虽然反资本主义的革命斗争不完全等于城市革命,但前者的胜利必然依赖于分散在"希望空间"的各处、但基础广泛的城市反抗斗争。

---

① [美]哈维:《叛逆的城市——从城市权利到城市革命》,叶齐茂、倪晓辉译,商务印书馆,2016年,第142页。
② [美]哈维:《叛逆的城市——从城市权利到城市革命》,叶齐茂、倪晓辉译,商务印书馆,2016年,第140页。
③ [美]哈维:《叛逆的城市——从城市权利到城市革命》,叶齐茂、倪晓辉译,商务印书馆,2016年,第111页。
④ [美]哈维:《叛逆的城市——从城市权利到城市革命》,叶齐茂、倪晓辉译,商务印书馆,2016年,第112页。

三、哈维"城市革命"思想的内在缺陷

哈维从资本增值的内在矛盾的逻辑出发,在现代资本主义城市发展框架内对无产阶级概念的重新定义以及对革命的城市形式的探究,无疑在某种程度上可激发人们进一步探索马克思主义思想的当代性。但是,哈维的思想是否可被视为马克思主义的当代发展形式,这仍然是一个有待研究的问题。事实上,这一研究不仅具有思想史的理论意义,而且还关涉到现实生活的革命实践本身。

当哈维从资本主义城市危机出发,提出通过城市革命,以"换掉资本主义的经济引擎和它不合理的经济理性"时,人们容易很快联想到马克思主义思想中激进地反资本主义的立场。但仔细研究哈维的提议,其思想与马克思主义之间的一个重要区别便显现出来:马克思主义不仅强调要"换掉资本主义的经济引擎和它不合理的经济理性",而且还要用社会占有全部劳动资料这一特定的生产形式来取代资本主义;用《资本论》第一卷中的经典表述来说就是:"资本主义的私有制,是对个人的、以自己劳动为基础的私有制第一个否定。但资本主义生产由于自然过程的必然性,造成了对自身的否定。这是否定的否定。这种否定[……]在协作和对土地及靠劳动本身生产的生产资料的共同占有的基础上,重新建立个人所有制。"[①]

如果上述特定的"否定之否定"构成了马克思主义思想的一个本质特征,那么,它就可以充当黑格尔在《法哲学原理》的序言中所说的"测试"(Schiboleth)作用,即倘若某一思想不具备这一特征,那么,它就不能被归入马克思主义思想。通过运用这一"测试",我们不难发现,哈维的"城市革命"思想,正如《共产党宣言》中提到的小资产阶级的社会主义那样,与马克思主义之间显然存在着一种理论疏离;因为哈

---

① 《马克思恩格斯文集》第五卷,人民出版社,2009年,第874页。

维虽然否定"资本主义经济引擎"的天然正当性,但是他同样也质疑,(工人)集体控制生产资料的模式——尤其在全球范围内——是否可成为替代资本主义的可行方案。根据哈维的看法,即便工人成功地集体控制、管理了某个企业,但是由于被充满敌意的资本主义企业包围,所以为了在竞争中生存下去,工人控制的企业必然受制于"强制性竞争规律"①(比如以较低成本出售产品)。哈维认为,工人企业在这种情况下只是在模仿资本主义的企业,实际上是处于"集体的自我剥削的状态"②。此外,鉴于中央集权式的斯大林主义模式在俄国的失败,哈维认为事先采取武装夺取政治权力的策略也很难最终将共产主义设想的生产方式推广为取代资本主义的替代方案。

哈维思想对马克思主义的这一理论偏移所产生的问题,远比他自己设想的要棘手得多。这首先体现在当他处理如何组织、协调各种类型的城市斗争这一问题时,所采取的犹豫不决的态度上。一方面,他反复强调组织的重要性,认识到这一问题的解决是防止城市反抗运动可能成为转瞬即逝的"梦幻时刻"③的关键。但在另一方面,鉴于苏联的失败,他又反复告诫人们不要陷入"组织形式拜物教"④。此外,与苏联的集中制相比,哈维似乎更提倡一种多中心的、水平的、"巢状系统嵌套式"的组织结构。⑤ 但是,就这种组织形式与"强有力的层次结构的

---

① [美]哈维:《叛逆的城市——从城市权利到城市革命》,叶齐茂、倪晓辉译,商务印书馆,2016年,第124页。
② [美]哈维:《叛逆的城市——从城市权利到城市革命》,叶齐茂、倪晓辉译,商务印书馆,2016年,第124页。
③ [美]哈维:《叛逆的城市——从城市权利到城市革命》,叶齐茂、倪晓辉译,商务印书馆,2016年,第XI页。
④ [美]哈维:《叛逆的城市——从城市权利到城市革命》,叶齐茂、倪晓辉译,商务印书馆,2016年,第127页。
⑤ [美]哈维:《叛逆的城市——从城市权利到城市革命》,叶齐茂、倪晓辉译,商务印书馆,2016年,第155页。

约束"之间如何协调这一问题①,哈维始终不能明确答复,尽管他自己承认没有后者的约束,就没有前者的真正的合作关系。

组织问题在哈维"城市革命"思想中所造成的上述困难部分可归因于他所谓的"系统的政治实践的历史记录"的客观缺失。但是,他自身对组织问题的主观认识也存在一定的偏差。他没有完全认识到组织问题不是一个在缺乏相对明确的政治意识的状态下可通过对外应激性的实践"创造"而得以解决的纯技术问题。关于这一点,卢卡奇在"关于组织问题的方法论"一文中早已指出,组织、策略、政治上的精神领导只是同一事物的不同方面而已。② 组织内部结构严密、纪律分明,它就能在纷繁复杂、瞬息万变的革命情势中果断采取适当的灵活策略,而严密组织的建构只是统一的、自觉的政治意识以及对其不断的精神教化的体现;反之亦然。从卢卡奇的这一视角来看,组织问题对哈维思想所造成的上述困难是不可避免的,因为哈维对组织问题的讨论是在如下情景中展开的:一方面质疑马克思主义的反资本主义的替代方式,而另一方面又未能明确表述新的替代资本主义的可行方案的具体内容以及与之相称的统一的斗争纲领。

哈维"城市革命"思想的这一缺陷所隐含的另一个更为棘手的问题是,在缺乏相对清晰的、一致的斗争总目标的引领下,如何保证散布在"希望空间"中的各种城市反抗运动具有真正反资本主义的性质。虽然哈维强调,改善城市工作环境及提高城市生活品质的愿望可以构成城市反抗运动的广泛基础,但他没有充分论证,为何这种基础可防止城市反抗运动停留在列宁所批判的"经济主义""工联主义"③的水平

---

① [美]哈维:《叛逆的城市——从城市权利到城市革命》,叶齐茂、倪晓辉译,商务印书馆,2016年,第85页。
② [匈]卢卡奇:《历史与阶级意识》,杜章智、任立、燕宏远译,商务印书馆,2004年,第395、433、436页。
③ [苏]列宁:《怎么办?》,中共中央马克思恩格斯列宁斯大林著作编译局,人民出版社,2018年,第61页。

之上。在列宁看来,这种"经济主义""工联主义"的斗争非但不会瓦解资本主义制度,而且还会反过来加强资产阶级意识形态的统治。此外值得注意的是,能够占据哈维"城市革命"思想中的政治意识"空位"的还有民粹主义、地方文化保守主义、宗教狂热等思潮。葛兰西在《狱中杂记》中就曾指出,"被统治阶级的'自发'运动"往往受到右翼反动势力的操纵,尤其当运动的不满火焰被经济危机点燃之时。① 近来发生在德国德累斯顿的 Pegida 运动无疑是这一论断的最好确证。

结语

哈维在《叛逆的城市》一书中所展现的现代资本主义城市发展的矛盾为理解现代资本主义提供了独特的学术视角。基于资本主义城市危机的分析,哈维所提出的"城市革命"思想也同样有利于促进人们反思当今西方社会中无产阶级革命的可能性及其条件。在坚持马克思主义哲学基本原理的前提下,批判性地考察哈维的这些理论探索以及未被他自身所意识到的局限性,无疑在实践上会为我国社会主义城市建设避开"城市发展的资本陷阱"提供宝贵的借鉴经验,并在理论上激活马克思主义思想的当代对话提供重要契机。

(作者 华东政法大学马克思主义学院特聘副研究员)

---

① [意]葛兰西:《狱中札记》,曹雷雨、姜丽、张跣译,河南大学出版社,2015年,第161页。

On Harvey's Thought of "The urban Revolution"
——An discussion based on *Rebel Cities*

ZHANG Da-wei

Abstract: In recent years, Western urban Marxist thought has gradually become a hot topic in academic circles. Using Marxist theory to respond to the problems arising in the modern capitalist urbanization constitutes an important way to actualize Marxist thought. This paper will analyse Harvey's thought of Urban Revolution in his book *Rebel Cities* from the perspective of the relationship between modern capitalist urbanization, the self-contradictory logic of capital appreciation, and urban revolution. In addition, it will be pointed out that since Harvey cannot clearly propose a concrete alternative to the capitalist economic engine, his thought of urban revolution will inevitably fall into trouble in handling issues such as "organization".

Key Words: city; capital appreciation; crisis; revolution; organization

论阿多诺的"投射"概念

金 翱

摘要：在阿多诺的文本中，"投射"一词具有多层次的丰富内涵，对投射机制的批判是理解他的否定的解释学的关键。阿多诺认为，作为社会历史现实的二十世纪反犹主义和作为思想意识的观念论形态的哲学分别是启蒙理性不同领域的高潮表达，而它们无一不是失去限制的主体主义的投射产物。虚假的投射机制使得自诩理性的人类始终无法把握现实经验，他们在主体自身的权力图式中侵吞客体，这最终导向自我毁灭的道路。阿多诺的否定的解释学提倡一种反思性的有意识的投射，这种积极的投射必须建立在对当下虚假投射出的形象的否定之上。

关键词：投射　主体与客体　启蒙辩证法　否定的解释学

否定辩证法力图指明一条恢复真实经验的道路。在阿多诺看来，启蒙理性中蕴含着极端的主体主义倾向，客体在其中被主体不断地侵吞、覆盖，丧失自身的形态。这样的病态理性使得人无法把握到真正的现实经验，最终产出的是一种空洞的主体性，导向现实个体自主性的毁灭。若经验找不到摆脱主体理性的扭曲的道路，我们便绝无可能拯救启蒙。在这一历史语境下，对"投射"（Projektion）的批判成为了理解阿多诺思想的关键，构成其否定的解释学的中心。阿多诺表明，无论理性是落实为具体的历史现实还是抽象为高深的思想观念，都经由特定的投射机制的中介,而正是这种未加反思的投射使启蒙中的人失去了真正接触现实的可能。可以说,阿多诺的"投射"概念不仅提供了多个思想传统之间相互对话、交锋甚至交融的运思舞台,还一并出演了意识形态批判的主角。然而,在对阿多诺哲学进行阐释的过程中,学界对"投射"概念一直没有给予足够的重视。阿多诺在不同文本中批判的"投射"究竟具有什么特定的历史内容和差异性?对它们的论述如何具体地反映了不同思想源流对批判理论的启发?不同的投射机制之间又如何内在统一于同一种启蒙理性的范式?最后,在揭穿投射机制之后,阿多诺是如何在理论和实践的双重意义上给出扬弃投射的可能道路的?这些维度无一不处于晦暗不清之中。笔者认为阿多诺哲学是一种"否定的解释学","投射"概念位于这种解释学的中心。通过厘清"投射"概念在阿多诺思想中的多重含义,我们可以显示出阿多诺思想规划的特色所在。

一、否定的解释学的核心:对投射的批判

在法兰克福学派诸学者眼中,"现代性"意味着物化意识无处不在、无孔不入的历史现实。如何阐明多种不同层次、具有复杂规定性的意识形态,冲破虚假意识对个体的统治,是他们理论实践的重中之重。阿多诺提出,哲学的任务是不断地对经验进行解释(Deutung),解释意味着将单个要素导入"变化中的星丛",使要素能被现实地把握。① 从这里我们可以看出,阿多诺的思想规划的核心是,通过阐发一套直抵现

---

① [德]西奥多·阿多尔诺:"哲学的现实性",王凤才译,《国外社会科学》2013 年第 1 期,第 40 页。在《否定辩证法》中,阿多诺沿用了自己早年的说法,继续将"解释"规定为哲学的任务,强调思想要从传统方式过渡为一种全新的哲学解释,这表明他思想的连贯性。对否定性的解释学的阐发和实践一直是阿多诺思想的底色。(参见[德]阿多尔诺:《否定辩证法》,王凤才译,商务印书馆,2019 年,第 64 页)

实的解释学方法,为意识形态批判提供立足点,由此拂去从起源起就已堕入神话的启蒙意识对真实经验的污染。

阿多诺的解释学在何种意义上是独特的？在就职演讲中,他认为,正确的解释方法应该与唯物主义具有亲缘性,这具体表现在两个方面:第一,解释所关注的对象是"非意向性的实在",也就是说,即使是最抽象的观念或最私人的意图,都不应被当作是纯主观之物,对任何事物的解释要回溯其所处的客观环境或复杂态势,表达意向性特征的事物并不存在于空中楼阁之中,它的浮现永远处于特定社会、身体等物质过程的背景之下;第二,解释本身遵循辩证法,解释任何对象不是为了让它获得丰富的意义,而是要揭穿它的独立自在性仅仅是假象,并追寻使假象得以产生的客观现实要素,最终将其扬弃,因此,解释的过程已经是一种实践。① 这事实上暗示了多年之后阿多诺对"否定辩证法"的精神的描述——否定辩证法意在呼唤对客体优先性的关注。从这一角度出发,阿多诺的著名陈述"哲学通过概念而超越概念、超越预备性的、剪裁性的东西,而达到非概念"便可以理解为这样一种对哲学的要求：去回溯已经僵化为抽象概念的解释对象背后的非概念构成,阐明非概念因素在形成所谓"自在对象"时扮演的角色,并最终戳破解释对象的自在假象。② 我们可以清晰地看到,相较于一般解释学对肯定性的追求,阿多诺的解释学的特征在于它的解构性,它追问事物的意义是如何虚假地生成的,因此,是一种批判的、否定的解释学。③

---

① ［德］西奥多·阿多尔诺:"哲学的现实性",王凤才译,《国外社会科学》2013 年第 1 期,第 41、42 页。
② ［德］阿多尔诺:《否定辩证法》,王凤才译,商务印书馆,2019 年,第 12 页。
③ 这里的"肯定性"指的是,一般意义上的解释学往往以更积极地理解解释对象为目标,如传统解释学追求对文本的丰富开掘和深刻理解,或海德格尔的现象学解释学对存在的阐发。另外,霍耐特对阿多诺哲学也有类似定位,他认为应当把阿多诺的哲学规划视为"对自然-历史灾难的解释学"(the hermeneutic of natural-historical disaster)。(Alex Honneth, "A Physiognomy of the Capitalist Form of Life: A Sketch of Adorno's Social Theory", *Constellations*, vol. 12, no. 1 (2005), p.50)

正是追求这样的解释学目标,阿多诺将对投射的批判作为解释的核心思路之一。投射机制很好地解释了非概念因素如何转换为固化的认知模式或抽象自在的概念,并最终遗忘自身的起源。可以说,对投射的批判充分体现了阿多诺对历史唯物主义的领会:"历史唯物主义是对起源的回忆。"①

虽然阿多诺对投射的理解和诠释带有鲜明的自身风格,但他并非是这一思想路径的先行者。对投射机制的揭露一直都是西方现代思想的隐秘支线,其内涵也在不断变化。对阿多诺"投射"概念的理解需要放置在相应的历史思想渊流之中。也许费尔巴哈是第一个将"投射"主题化的思想家。他认为,宗教的本质无非是人将自身特性投射到超自然的存在物上,并误认人是上帝的产物。事实上,看似高深抽象的宗教思想可以用自然人的生存需求和愿望来解释。尼采对价值的批判中也表现出相似的"投射"概念:"[……]一切价值[……]只是错误地被投射到事物的本质之中的。把自身设定为事物的意义和价值尺度,这始终还是人的夸张的幼稚性。"②用当今心理学中常见的定义方式,我们可以将此类投射的涵义归纳:主体在感知身处的环境时,以自身的特征、兴趣、需要、行为模式或情感状态理解外部环境。这类"费尔巴哈式的投射"的共通点是,在对特定客体做出反应的过程中,主体因自我需要而将客体烙印上主体的痕迹,以至于扭曲了现实客体的样态,甚至幻化出特定的客体形象,却未意识到其中蕴含着的人为过程,自始至终都将客体的主体烙印当作客观的自然属性。

自费尔巴哈起,"投射"概念演化出更多其他的内涵。另一个常见的涵义对应于 Projektion 译为"投影"时的几何学含义。投影指物体的影子被投到另一空间中,被投影物与投影的图像之间具有点对点的对

---

① 引自"阿多诺与索恩-雷特尔谈话笔记",[德]阿尔弗雷德·索恩-雷特尔:《脑力劳动和体力劳动》,谢永康译,南京大学出版社,2015年,第176页。

② [德]尼采:《权力意志》,孙周兴译,上海人民出版社,2016年,第100页。

应关系,前者自身的变化会带来后者对应的改变。采取此义的"投射"强调的是:发生在两个不同层级中的事实,因这两层级之间具有某种紧密的关系,致使两方的形态或变动具有同构性,而其中一方较另一方往往处于更加基础的层次中。许多社会学解释,如马克思主义所提交出的基础——上层建筑的空间结构关系就表现了事物之间的这种投影关系。马克思的社会批判提供了"几何学式投射"的经典例子:在劳动分工中,相较于体力劳动者,脑力劳动者更倾向于认为精神具有真实性和第一性,这可视为唯心主义产生的认知根源之一。① 在马克思的解释中,客观的劳动分工位置极大地影响了个体的主观认知方式,这就是一种从社会处境到特定观念的投射机制。

二十世纪初的精神分析思潮贡献了"投射"概念的又一内涵。弗洛伊德在神经症表现出来的经验现象中重新定义了"投射",将投射理解为个体最常见、同时又是最重要的防御机制。精神分析的投射指"某种作用,借由它,主体将自身中所误认或拒绝的性质、感情、欲望、甚或'对象'排除于自己之外,并将之放置于他者(人或事物)之上"。② 弗洛伊德发现,生命体无法自然地平息给自己带来不快的内在刺激,这类刺激往往是本我的生物性冲动,却总与超我的要求形成冲突,使自我产生强烈的负罪感,引发无法忍受的不快。个体唯有将这种不快投射到外界,并对其加以攻击,才能使自身摆脱焦虑,达到自我保护的目的。弗洛伊德指出,妄想症(Paranoiker)往往是不受控制的投射的结果:"在妄想症症状的形成过程中,最显著的特征就是投射。内在的感知被压抑之后,取而代之的是它的内容会经过一定程度的扭曲改

---

① 参见马克思、恩格斯在《德意志意识形态》中对劳动分工的讨论,《马克思恩格斯文集》第1卷,人民出版社,2009年,第553页。
② [法]尚·拉普朗虚、尚-柏腾·彭大历斯:《精神分析词汇》,王文基、沈志中、陈传兴译,行人出版社,2001年,第368页。

造,并以外在知觉的形式进入意识。"①例如,对于被害妄想症患者来说,他所感知到的对自身充满恶意的外部世界、想象出的可怖的周遭环境,仅仅是他糟糕的心理状态的表征,但通过幻想出外部世界的敌意,患者就将自身内部的仇恨转移至外界。与费尔巴哈相似,精神分析同样揭示出投射机制中表现出来的人的认知特性,即人往往将主体认知过程中所带有的主观因素当成客观实在加以把握,然而,相较于传统的"投射"概念,精神分析更强调投射是一种防御和自我保存的程序,在这一过程中,主体将自身负面属性清理出内部,转移至外界,幻想性地扭曲、丑化客体,并产生对客体的敌对情绪或侵略行为。

以上所论述的多种"投射"的涵义都被阿多诺吸收。在阿多诺眼中,解释对象就像莱布尼茨所形容的"单子",每个对象都处于和无数多其他对象的关联之中,在自身中反映着他者。因素之间相互关联、并立,又不能整合为同一本原或被化约为同一个公分母,任一对象都处于复杂的"星丛"关系之中。因此,否定的解释学必须将解释对象导入变化的星丛之中加以考察。"投射"概念多方面的内涵恰好提供了一幅星丛图景,它们涉及与解释对象直接相关的社会政治经济处境、历史文化氛围、个体心理状态、观念领域的自身逻辑等诸多相互影响却又彼此相对自主的领域。在考察特定的社会现象时,阿多诺往往灵活地运用"投射"概念的多重含义,将解释对象视为是多元投射机制相互扭结、相互综合的多元决定的产物。我们会进一步看到,在"投射"一词的使用上,阿多诺将德国观念论、精神分析、马克思主义等思想传统置于同一场域中,使它们相互较量和促进,通过多种概念中介来充分激发思想的活力,使意识努力走出被扭曲的经验的迷宫。

在考察反犹主义时,阿多诺认为,反犹主义的基础就是虚假的投射(falsche Projektion),并进一步指认,现代性沦为灾难的关键就在于启

---

① [奥]西格蒙德·弗洛伊德:《史瑞伯》,王声昌译,社会科学文献出版社,2016年,第76页。

蒙进程中处处表现出的虚假投射,法西斯者们的反犹主义不过是其最突出、最病症的表现罢了。而在《否定辩证法》中,阿多诺指出,德国观念论和当代现象学-存在主义思潮的虚假性也在于投射——它们将思想本身当成是独立自在的东西,却没有意识到思想早已被投射败坏。对它们的反思构成了现代思想的题中之意。在澄清"投射"概念的一般含义之后,本文接下来将深入到阿多诺对投射机制的具体批判中去。

二、《启蒙辩证法》:虚假投射批判

在《启蒙辩证法》"反犹主义的要素"这一章中,阿多诺力图通过否定的解释学的方法把握法西斯主义的起源和实质。这一章的出发点是弥漫在整个西方世界的反犹主义,阿多诺集中地关注这一充满极端情绪和错误认知的畸形心理现实的发生过程,这一进路要求借用心理学的资源,而精神分析所提供的"投射"概念切中肯綮,阿多诺将其运用到对反犹主义的剖析之中,指出反犹主义"以虚假的投射为基础"[1]。

反犹主义者对犹太人的认知非常复杂和极端,甚至充满了矛盾。一方面,他们眼中的犹太人具有种种群体优势,不仅政治上自由自在,经济领域中不劳而获,甚至在地理文化或宗教习俗上,犹太人都是值得羡慕的对象,他们"没有权力却很快乐,不必劳动却有报酬,没有界限却有家乡,没有神话却有宗教"[2]。不过,犹太人的这些优势在反犹主义者看来却是宗教异类、文化落后和道德堕落的表现,因此应遭到文明人的唾弃。另一方面,反犹主义者又普遍认为,犹太人简直无恶不作:他们不仅施行巫术仪式时十分血腥,还杀婴、放高利贷、虐待无辜,甚至

---

[1] Max Horkheimer, Theodor Adorno, *Dialektik der Aufklärung*, Querido, 1947, S. 220.

[2] Max Horkheimer, Theodor Adorno, *Dialektik der Aufklärung*, Querido, 1947, S. 234.

参与国际集团的犯罪活动,是所有社会问题的始作俑者。可以说,犹太人的形象完全是正义的对立面,反犹主义者一谈到犹太人便产生怨恨和恐惧,甚至时时担心受到他们的迫害。显然,这一同时受人羡慕和憎恶的局外人形象,即使反映了犹太人群体某些独特的历史事实和现实处境,也完全因夸张和偏见而与真实情况背道而驰。反犹主义者无视犹太人脆弱的社会处境,也看不到犹太人作为普通人同样具有的善良和人性,他们一味地指责后者是罪恶的化身,并将一切社会问题都归咎于这个少数群体。

阿多诺一针见血地指出,对犹太人的错误认知和极端敌对情绪是西方社会陷入重度妄想症的症候。犹太人形象存在着的含混和不真实并非思维无能的产物,而体现了构建出此种形象的主体自身的心理特征。从心理层面上来看,犹太人的形象正是西方人启动投射机制来进行防御的结果——"[……]主体的禁忌冲动以社会性的方式转移到客体,在超我的压力下,自我把源自本我的强烈而可能反噬自己的攻击欲望当作恶意,而投射到外在世界,并且把它当作对于外在世界的反弹而打发掉"。① 一方面,在基督教禁欲文化、充斥着异化劳动的经济进程和被严格管制的政治现实等一系列社会背景之下,想象中的"犹太人"摆脱劳动、不受政治国家或宗教禁令束缚的处境,恰恰是西方个体内心最真实的本我渴望,但此类渴望被伦理道德和政治法律严厉禁止,这种禁令内化为个体的超我指令,将愿望压抑至无意识深处。然而,本我冲动无法被简单取消,个体生命越是不幸,被压抑的冲动越容易转化为攻击欲,而后者恰恰又是超我所明令禁止的,这导致自我处于一种撕裂状态。为了应对这一矛盾处境,个体便将冲动对象化为犹太人形象,通过贬低和否定这一客体形象,疏离了内部的冲动,去除其属我性,由此将冲动"排出体外",最终得以摆脱自我吞噬的命运,实现自我

---

① Max Horkheimer, Theodor Adorno, *Dialektik der Aufklärung*, Querido, 1947, S. 226.

保存。另一方面,犹太人极端负面的形象同时也是法西斯主义者被良知所限制的邪恶欲望的投射——在形象中被赋予的特质,如排他性占有或无限制权力,正是法西斯主义者自身的追求和规定性。纳粹控诉犹太人宗教仪式的血腥,控诉犹太人诸种极端邪恶的犯罪行为,但他们在夺权篡位后,恰恰残暴地用犹太人做第三帝国的"活人祭",并肆无忌惮地实施反人道行为和从事国际犯罪。他们最终变成了"犹太人"本身。

阿多诺借精神分析戳穿了反犹主义的心理实质。然而,精神分析的治疗程序往往只能廓清投射形象包含着的被压抑的个体冲动,而反犹主义妄想症并非是个人的疾病,它作为社会性的普遍存在是一种"集体投射",因此,在阿多诺看来,对反犹主义的深入解释必须超出对个体心理的关注,延伸到普遍的社会现实中去。在这里,阿多诺把马克思主义取向的社会学分析纳入诊断的视野,将对社会经济架构的洞察与对个体心理运作机制的阐释有机地结合在一起。首先,在垄断资本主义阶段,巨型企业兼并了独立的小企业主,同时,劳工不得不顺从愈发强大却异己的公会,这些新的经济关系事实消灭了经济独立的主体,然而,曾经能够保持自律、具有良知的道德主体,恰恰是这种独立的经济主体的"几何学式投射"。阿多诺发现,这一道德主体的经济基础的消失,带来了个体普遍无良知、无责任感的现实,人们以刻板尺度行事,不再进行自我反思。其次,随着垄断程度加剧,流通领域的缩小也带来了相应的政治效应:一方面,分散的自由主义企业不再具有政治影响力,由此带来的政府权力变大使不受限制的极权国家机器诞生,统治者将个体对人权和幸福的渴望压抑了起来,这种压抑反向成为对犹太人的迫害,扭曲成毁灭快感;另一方面,主要集中在流通领域中的犹太人变得更加弱势,无力反抗自己成为被迫害对象的命运。最后,思想文化领域也随着资本逻辑的渗入而出现了教养的物化,独立思考的精神气质被拆解成了直接而当下的知识,文化不断商品化,迷信泛滥,中产阶级越来越变得见识浅薄,反犹主义情绪在大众意识中一路畅通无阻。① 在这样的社会结构下,犹太人自然而然地成为尖锐的社会矛盾的替罪羊。从垄断资本主义经济基础"几何学式投射"出来的政治、道德、思想文化等多个领域的状况为心理投射确定了对象,并助长其嚣张气焰。诸种投射机制找到了它的历史扭合点。

对于早期批判理论而言,这样一种社会心理学的分析已经能充分说明反犹主义的起源。然而,《启蒙辩证法》对反犹主义的反思并不止步于此,否定的解释学要求思想的进一步推进。我们依然从"投射"概念入手理解这一推进。阿多诺对精神分析的关注,重点并不在分析技术上,而是在精神分析暂未被理论化的认识论层次,这一哲学性视野使他意识到,表面极端非理性的反犹主义现象有着更深远的理性起源。② 他将对"投射"的分析置入德国观念论的主客体范畴中考察,并进一步将其与启蒙中人对自然和他者的支配联系起来。由此,精神分析的技术实践关联至哲学认识论,进而转换为理性批判,"投射"的涵义远远超出了纯粹的心理机制。在阿多诺的分析中,心理投射机制最显著的认识论特点是强烈的主体中心主义和主体自恋。投射把主体的内在世界移植到外部,把熟悉的属我之物做成敌人,强行使周遭世界和自己相似。此时,主体是中心,客体不被尊重,遭到攻击和否定。在妄想症中,对外在世界的认知仅仅由主体如何实现他的盲目欲望来决定,因此,外在世界不过是他自身,"世界只是主体的幻觉的场所"③。在康德哲学中,所有认识对象都经由主体自身的先天认识形式所中介才得

---

① Max Horkheimer, Theodor Adorno, *Dialektik der Aufklärung*, Querido, 1947, S. 232 – 235.

② 按照斯蒂芬·多姆的说法,阿多诺早年热衷于精神分析的原因在于:他认为精神分析中蕴含着的那些仍处于晦暗之中的认识论意义可以深远地影响哲学如何把握现象的方式。(Stefan Muller-Doohm, *Adorno: A Biography*, Polity, 2009, p. 105)这一独特的视域使阿多诺有意识地将精神分析概念与哲学传统关联,将精神分析视为西方哲学的最新继承者,同时也是传统诸范畴的批判者乃至革命者。

③ Max Horkheimer, Theodor Adorno, *Dialektik der Aufklärung*, Querido, 1947, S. 224.

以被把握,而妄想症体现的则是康德哲学的激进形态——认识对象仅仅是主体自带的某种认识形式罢了,客体完全丧失了任何不同于主体的内容,被主体侵吞。投射是最彻底的"哥白尼式革命"。

在主客体关系上,阿多诺亲近黑格尔的立场。黑格尔的重要洞见是:主体的成熟依赖于主客体之间的辩证互动,自我意识只有在不断遭遇他者的过程中才能获得进展。这也就意味着,主体提供的认识框架并非像康德哲学所理解的那样,是先于任何有内容的客体的。相反,主体本身就是在与客体打交道的过程中才不断生成的,稳固的自主自我产生于主客体的交往,自我的同一性源于主客体之间的非同一性。这意味着,主体和外在知觉世界之间存在着动态的相互区分、相互交织、相互成就的关系。对于处于这一联系中的主体来说,自我所认知到的外部世界不断转化为它自身的构成性要素,因此,"主体的内在深度只存在于外在知觉世界的精致和丰盈"。①

投射的虚假之处就在于主客体原初联系的隔断。在投射中,主客体相互交织的状态被打破了,客体的位置被主体内部的分泌物所覆盖,原初客体的真实内容不再进入主体当中,而随着客体失去自身意义,自我也日益变得贫乏和僵化。反犹主义者总是带着一层滤镜看主流社会的他者,即使在某些时候感知到犹太人的真实处境,也会将其当成是虚假表象而排斥,他们不断做出明显违反常识的判断,并在事实面前固执己见,这种令人无法理解的理智的丧失正是主客体联系被切断的表现。在总体性的集体妄想症中,人们永远只能在对犹太人的憎恶和仇恨中不断投射、重复和固化自我的性质,整个世界实际上成为了主体空洞图式的无意义复制,封闭而停滞。投射中的极端主体主义带来的后果是毁灭性的:反犹主义者将自身被压抑的欲望和恐惧外化,不仅致使作为客体的犹太人受到损害、面目全非,还丧失了启蒙主体原有的规范性

---

① Max Horkheimer, Theodor Adorno, *Dialektik der Aufklärung*, Querido, 1947, S. 222.

和反思性维度,良知湮灭,权力欲不受限制地膨胀。最终,对客体的统治,原来仅作为实现社会整合和人类自我保存的手段,如今逐渐演变成了目的本身,历史走向灾难。

最关键的问题是,这一主客体的病态关系本身是由启蒙理性发掘、定型和铺展开的。阿多诺清醒地看到,反犹主义并不仅仅是现代性下经济关系、政治构造、文化因素和心理现实同步耦合的结果,相反,"自我毁灭的倾向自始就掩藏在理性中",启蒙理性的运作本质和投射相差无几,法西斯主义正是启蒙妄想症的顶峰。① 自启蒙以来,人类将知性能量投注到外界,在这一过程中,图示化(Schematisierung)是启蒙理性的核心运作形态——人们使多种多样的事物置身于自身设定的认知网络之中,事物不断被人类主观设定的、高度合理化的系统裁剪、计算、分类,最终同一化为纯粹的量。阿多诺提醒我们注意,人类知识的构型根本不存在真正的认知中立性,客体的系统性、同一性是人支配自然的病态意志的表征,是被压抑了的主体欲望向客体的投射。启蒙理性本质上就是遮遮掩掩的主体妄想症——正如法西斯主义者眼中被扭曲了的犹太人形象一样,从荷马史诗到哲学再到现代科学,理性把握住的客体不过是主体自身图式的延伸,无论这个图式再怎样精细,始终缺少对客体真实性的反映。启蒙理性的运作形态自始至终就在主体封闭性中展开,这种运作方式并不止于一种观念,也超出了具体的身体或社会的物质过程,或许可以这样说,它是人类历史地形成的一种实实在在的存在方式,它先行地划定了主体与客体发生关系的可能性。反犹主义与启蒙理性所规定的存在方式同源,它的"苦难之源是与统治息息相关的理性","这种非理性主义乃占主导地位的理性所开出的现实世界的本质"。② 当受支配的客体的范围进一步扩展到人类个体时,犹太人和

---

① Max Horkheimer, Theodor Adorno, *Dialektik der Aufklärung*, Querido, 1947, S. 11.

② Max Horkheimer, Theodor Adorno, *Dialektik der Aufklärung*, Querido, 1947, S. 202, 11.

自然一样成为了被支配的对象,启蒙理性便要为社会的种族灭绝负责。

在《启蒙辩证法》的视野里,随着现代性进程的推进,当代犹太人问题成为了一个复杂多元而又内在统一的结构:垄断经济形态自身的对抗性对个体幸福的压抑,大型经济政治组织对家庭环境和私人空间的破坏,知识和文化环境对教养和反思能力的遏制,以及人类自古有之的天然心理构造出的投射作用,无一不是这一场历史浩劫的多元决定的因素之一。而这多个社会领域参差交叠的因素,都坐落在启蒙的工具理性的人类存在方式之上,它妄想症式地支配万物,在无意识投射的过程中,用主体贫乏的形式覆盖事物原有的丰富内容,并不断展开为社会总体性。阿多诺以否定的解释学的姿态,通过对投射机制的分析,解构了反犹主义作为一种心理观念所具有的表面意义,追溯其背后的非概念因素——在身体和社会物质过程的复杂演化之中,在人与自然、主体与客体不正确的现实关系下,启蒙理性释放了欲望,同时使人双目失明。

三、否定辩证法:哲学作为投射

如果说反犹主义作为大众自发产生的日常物化意识,因其观念之扭曲、现实后果之严重而不得不遭到思想的清算,那么,代表另一极端的处于物化意识中的哲学,它的危险性就要深刻得多——它提供了人类思想最高妙的范式,界说着文明的整体形态,一旦哲学误入歧途,文明危机便会愈发隐蔽,文明病症也会更加彻底和难以根治。对哲学的批判亦是否定的解释学的题中之意。阿多诺批判了作为启蒙理性至高概念表达的西方哲学,尤其是以康德和黑格尔所代表的观念论和以海德格尔为代表的当代现象学-存在主义传统,指明其思想的高深纯粹性实际上依然受到多种未经澄明的投射的影响。

在《否定辩证法》的前言中,阿多诺指出,否定辩证法的目的是"达到对思维内容首要性的批判",并在这一批判过程中建立起能认识到自身绝非第一性存在的自我意识。① 这个目标不可能仅仅依凭传统哲学的资源来实现,正相反,"哲学在自身运动中,完全没有跳跃,没有从自身的梦中醒来",哲学反而成为首先需要被解构的对象,"为此它需要某种远离自身魔力的东西,某种其他的东西和新的东西"。② 哲学作为投射的产物正是阿多诺以远离哲学的新视角将哲学解神秘化的重要结论之一。在这一问题上,阿多诺主要以两条路径拆解哲学:一是以马克思主义为进路,并吸收现代社会理论成果,揭示思想背后的社会现实整体状况,指认哲学的诸多特征实际上是社会现实向思想现实的"几何学式投射"的产物,而哲学并未在自身规定中意识到它的社会起源,因此缺乏自反性,丧失了真正把握到现实经验的能力;二是以从费尔巴哈、尼采到精神分析提供的批判资源为起点,指出现代西方哲学的某些崇高特质实际乃人类依据心理领域自身独特法则无意识地回应身处的特定现实社会处境,以掩盖自身权力动机、获得虚幻满足的结果。

阿多诺发现,哲学总想要设定一个象征着总体的最高概念,并对此顶礼膜拜,正如黑格尔的"精神"和海德格尔的"存在"概念中表现出来的那样。尽管"精神"和"存在"这类概念被设定为首要物,本身意味着哲学范式的进步,即思想不再仅仅局限于主客体二分的传统框架之中,而是能够看到,主客体的关系并非是先验固定的,存在着一个先于主客二分的前领域,正是在这个领域中,主体和客体的关系才被具体地建构起来。③ 这表明,现代哲学已经具有反主体主义的倾向,它认识到从主体出发并不能规定一切,主体总是生活在提供主体活动可能性的场域之中。然而,黑格尔和海德格尔将"精神"和"存在"神化了,这意味着

---

① [德]阿多尔诺:《否定辩证法》,王凤才译,商务印书馆,2019年,第1页。
② [德]阿多尔诺:《否定辩证法》,王凤才译,商务印书馆,2019年,第207页。
③ 比如阿多诺对黑格尔哲学的一些特征的肯定:"在他最核心的思想中,黑格尔意识到人类的本性和尊严仅仅能通过那些由异化之物和世界对主体的强力来实现。"(Theodor Adorno, Hegel: Three Studies, trans. Shierry Weber Nicholsen, MIT, 1994, p.42.)

这个场域被无可怀疑地当作最真实的东西和普遍的总体结构。在阿多诺眼中,这种神化并非是思想自身学理逻辑的合法推论,而是现代社会糟糕现实的几何学式投射带来的后果;哲学不加反思地鼓吹概念具有的普遍性、总体性和同一性原则,意味着它没有意识到所谓主客体生长的场域不过是现实中实实在在的社会土壤。"精神体验的客体本身,是非常实在的、对抗的体系,而不能成为在其中重新发现认识主体的中介。观念论投射进主体和精神领域的实在的强制状态,必须从中返回到原初状态。"①

黑格尔哲学存在着一个明显的倾向:用来形容"绝对精神"的特性,如普遍性、总体性、主客体的同一性,总是被黑格尔视为更积极的方面,并做成人类历史的目标。阿多诺用历史唯物主义的方法将对这些抽象特性的推崇还原到现实语境之中:首先,黑格尔哲学之所以非常强调普遍性这一侧,贬低特殊性,是因为他充分意识到了哲学主体主义落实到现实中反而会消解主体。资产阶级个体的自发性形成了普遍的社会关系,世界通过商品生产的劳动被整体化,在这一过程中,这种社会关系已经变成了一种无法被主体把握和掌控的历史具体内容,在这样的历史事实面前,个体的特殊性、主体的纯粹能动性都成了空中楼阁。② 普遍性实际上象征着由人类劳动异化出来的资本主义秩序。其

---

① [德]阿多尔诺:《否定辩证法》,王凤才译,商务印书馆,2019年,第13页。要注意的是,"观念论"在阿多诺文本中往往有多重语境:一般来讲,"观念论"特指由康德开启、黑格尔集大成的德国古典哲学这一历史的哲学形态,但有时,阿多诺会将其视作一种认定概念具有自在性、追求普遍性的、认定第一原理的体系哲学的特征,历史上的德国古典哲学和当下的现象学-存在主义都具有这种倾向,它们都是"观念论哲学"。("新本体论本身也是一种替代品:作为超越观念论方法而许诺的东西,它潜在地保留了观念论,并阻止对观念论进行粉碎性批判。""新本体论也是加密的观念论。"[德]阿多尔诺:《否定辩证法》,王凤才译,商务印书馆,2019年,第107、409页)因此,阿多诺对"观念论哲学"的一般批判常常同样针对当代哲学潮流。

② Theodor Adorno, Hegel: Three Studies, trans. Shierry Weber Nicholsen, MIT, 1994, p.46.

次，当黑格尔强调总体性时，他真实地反映了现代社会通过生产而不断系统化的状态——在交换关系中，社会的所有因素依赖于作为社会条件的生产。这便使得总体具有对部分的绝对优先性，"个体存在在社会中总是为他存在，为这一社会生产的统治结构存在"，这种关系最终投射到黑格尔哲学当中，个体总是服从着整体，"这种统治被哲学性地崇拜着"。① 另外，黑格尔对辩证法的同一性原则的推崇则来自于社会物质生产过程中的交换的同一性，"交换原则，将人的劳动还原为（社会）平均劳动时间这个抽象的一般概念，与同一化原则是同源的"。② 商品交换是辩证法同一原则的社会形态，正是通过交换，不同的个性成了可通约的同一物，普遍交换内在地决定了每一社会事实之间如何相互联系的方式。

阿多诺判定，黑格尔的哲学虽然深刻地表达了现代资本主义社会的基本逻辑，但他未经反思便直接将这些逻辑吸收为自身思想的核心范畴，这就陷入了对现存秩序的崇拜。主客体和解的绝对精神体系实际上表达的是现代社会通过交换原则对所有特殊环节进行系统地整合，最终达成整体的状态，然而，在这种状态中，个体的理性利益和自成一体的系统之间并没有实现真正的和解，总体性的原则实际上是对个体的统治。"整体是不真的。"③黑格尔的精神概念本质上是对社会总体强制力的经验镜像，现实向思想的几何学式投射最终使思想沦为意识形态。

海德格尔的"存在"也有类似的问题。"对存在的膜拜，或者至少将'存在'一词当作优先的概念使用而产生的吸引力，依赖于这个事实，即在现实中，正如它们在认识论中一样，功能概念总是不断地排挤

---

① Theodor Adorno, Hegel: Three Studies, trans. Shierry Weber Nicholsen, MIT, 1994, p. 28.
② [德]阿多尔诺:《否定辩证法》，王凤才译，商务印书馆，2019年，第166页。
③ Theodor Adorno, Hegel: Three Studies, trans. Shierry Weber Nicholsen, MIT, 1994, p. 87.

实体概念。社会已经变成总体的功能关联,这要比自由主义曾经想象得还要严重。"①海德格尔将"存在"理解为功能概念,意味着"对存在的追问"并不是要探究究竟何种实体存在于世界上,而要探究事物是如何存在的、如何生动地"在起来"的。在阿多诺的解释中,这种功能化倾向也有其社会学来源——现代社会已经演化成一个系统性的功能整体,在现实中重要的不是个体到底是什么或具有何种特殊性,而是个体在总体中扮演了什么样的角色或发挥了什么功能,个体事实上成为了关联于其他东西但与自身无关的存在。另外,海德格尔的存在的本体论虽然不去具体限定何种实体存在着,因此具有开放性的表象,但阿多诺批判,它依然框定了事物应该如何存在的结构,这仍旧是体系化了的封闭秩序,封锁了此在的真正可能性。例如,海德格尔倾向于用"筹划"这一此在生存的重要范畴来理解人对物或他人打交道的独特方式和丰富意义,但《存在与时间》中对"筹划"的内涵界定和对其所包含之物的描绘是十分贫乏的,套用大而化之的"筹划"概念反而是对特定历史条件下人的行动意义的强行化约,这种做法无法看到如法国大革命这类事件的真正的历史偶发性和深远独特的影响。② 而现象学本体论追求结构性整体或总体性范畴,并在将意义一般化、秩序化中体现出保守倾向,这不正是现代社会物化现实消灭了真实的个体行动的投射吗?

通过对黑格尔和海德格尔的批判,阿多诺戳破了思想的自在性,表明体系性思想背后是密不透风的高度宰制的现代社会,"统一性和一致性是被平息的、不再对抗的状态在支配的或压抑的思维坐标上歪曲的投影(Projektion)"。③ 在社会中,不断发挥着强制作用的整体的普遍性和抽象性,投射为了思维对普遍性的推崇和精神自身的崇高性、独

---

① [德]阿多尔诺:《否定辩证法》,王凤才译,商务印书馆,2019年,第74页。
② Theodor Adorno, Hegel: Three Studies, trans. Shierry Weber Nicholsen, MIT, 1994, p.114.
③ [德]阿多尔诺:《否定辩证法》,王凤才译,商务印书馆,2019年,第29页。

立性。问题在于，哲学作为一种意识形态不仅仅是现实的投射，它同时成为了一种"社会必要的幻觉"，熏陶出崇尚同一性的文化氛围，在不知不觉中最有效地支撑起人们对现实的认同。观念论哲学崇尚的总体性、普遍性、同一性，反过来使人们将资本主义社会的权力秩序视为第二自然而无意识地屈从。

然而，如果仅仅揭露哲学中发生的社会现实条件的几何学式投射，那么，批判理论就会因落入庸俗马克思主义的反映论而遭受指责。否定的解释学要求将对象放入动态的星丛中去考察，这意味着，虽然哲学总是处于特定社会历史环境中而无法超越它的时代，但思想领域自身具有相对独立的内在法则性，有自己的思想动机和运作逻辑，思想领域并不纯然是现实领域的反映，它与现实处于相互中介、辩证互动的关系之中。阿多诺由此引入对哲学的另一层次的批判：以观念论为代表的启蒙哲学表达了人支配他者、追求同一的无意识动机，它是经由思想自身的合理化机制而形成的，这也使得哲学自身和被宰制的社会现实趋近一致。或许，正是因为思想内部所发生的投射与启蒙的历史现状具有亲和性，才使得社会现实的几何学式的投射能在哲学中不受抵抗地攻城略地，诱使哲学成为现实之恶的意识形态的遮蔽形式。

在《否定辩证法》中，阿多诺写道：

> 在至上的精神感到美化了的体系中，有其在前精神的、类的动物生活中的前史。捕食者总是感到饥饿，但它扑向猎物是困难的，时常是危险的。因而，动物也许需要其他冲动来采取果敢行动。这个冲动与饥饿的不舒服感交织在一起，就变成了对猎物的狂怒。这种狂怒的表达又合乎目的地变成了对猎物的恐吓，从而使之瘫痪。走向人性的进步，**通过投射而被合理化**。理性的动物，已经幸运地成为超我的拥有者，必须寻找一个吞噬其对手的理由。他越是完全地按照自我保护法则做事，该法则就越少地享有对自己和

他人的首要性。①

阿多诺通过野兽捕猎的比喻说出了启蒙思想的虚假性。对于野兽来说,狂怒已经是一种虚假的情感——猎物并没有主动惹怒野兽,因此,狂怒不表达有关猎物的任何事实,只是为了促使野兽将吞噬猎物的欲望付诸实践。代表着人类精神的观念论哲学与野兽的狂怒具有类似的性质——理性作为人的本质似乎表明,用理性把握客体甚至整个世界乃人的尊严和使命,然而,这并不表达主体与客体的自然原初关系,相反,其背后是人想要支配他者的意志。对阿多诺来说,虚假意识并不完全以社会经济条件为基础,并不完全受制于商品的生产与分配的方式,它亦来自反社会的冲动与社会要求之间的冲突。当支配的欲望快要被赤裸裸地表达出来时,它会遭受超我的审查而被压抑,但人们巧妙地逃脱了这一处境:通过将欲望合理化为理性的天职,启蒙之人掩盖了自我利益的动机,并将被抑制的欲望投射到客体身上,指认没有被理性所规范的客体是有缺陷的,甚至是邪恶的,因此有待主体的拯救。由此,欲望的属我性被掩盖,这种客体支配便得到了精神的美化,成为了崇高和正义的行为。要注意,正如病患往往无法理解自己病状的由来一样,思想对自身是如何起源的并不具有透明的意识。在这一无意识的过程中,投射与合理化作为思想形成的内在机制,无非是掩藏主体为了自我保存而吞噬客体的进程。② 哲学要求的先验纯粹性和体系的严

---

① [德]阿多尔诺:《否定辩证法》,王凤才译,商务印书馆,2019年,第26、27页。
② 我们需要注意这里的"合理化"(rationalisieren)的特定含义,它不同于法兰克福学派广泛接受的韦伯对"合理化"的定义,即西方现代性是一个使可计算性成为人们理解和处理事务的根本原则,并将这一原则不断地延伸到各个不同的领域的进程。阿多诺此处所讲的"合理化"更侧重精神分析语境的含义:合理化是"一种程序,主体借此试图对真正动机未被觉察的态度、行为、想法与感觉等,提出一种在逻辑上一致,或是在道德上可被接受的解释"。([法]尚·拉普朗虚、尚-柏腾·彭大历斯:《精神分析词汇》,王文基、沈志中、(转下页)

合统一,是合理化机制的具体体现。精神越是纯粹、越是令人油生敬畏,便越是说明合理化的彻底。康德哲学中道德法则的崇高,实际上是被合理化了的"狂怒",以同一的理性秩序来反对非同一物;费希特的"自我"支配着非我、他人,所有自然之物或没有被自我化的东西都是劣等的,等待着自我去吞噬,这正是启蒙思想典型的投射形态。甚至连传统辩证法也未能幸免:它对世界自身辩证发展的逻辑的描绘同样是主体欲望的向外投射,"否定之否定又是同一性、是一种更新了的欺骗,是推理逻辑、最终是主观性原则在绝对上的投影(Projektion)"。①

在阿多诺否定解释学的解构下,哲学的意识形态地位显露无遗:它的每一个要素都是特定的症候,表现出现代社会进程在它身上的烙印和它自身被压抑的权力意志,然而,它却对此难以察觉,依然自诩为人类时代的精华,以思想的方式追求着思维普遍性、先验纯粹性和体系同一性,以为可以实现人类的尊严。与反犹主义心理现实一样,观念论哲学生成和发展于社会现实领域的几何学投射与思想领域的精神分析式投射的扭合交汇之处,其概念背后的非概念因素正是人支配自然、主体侵吞客体这一表现为启蒙理性的、历史性的人类存在方式。"意识越是迫切地确信这样形成的精神的客观性,而不是将它归于作为'投射'的被观察的主体,那么意识就越是接近具有约束性的精神的外观。"②阿多诺的结论十分彻底:哲学若无法意识到自身是多重投射的产物,便永远不可能摆脱意识形态的性质,不可能真正把握到现实的经验。

(接上页)陈传兴译,行人出版社,2001年,第417页)在此,"合理化"侧重于意识形态式的掩饰,即以看似合理、恰当的解释来掩盖真正的无意识动机,而启动合理化程序的主体并不能清晰地意识到自己行为的真正意义。

① [德]阿多尔诺:《否定辩证法》,王凤才译,商务印书馆,2019年,第182页。
② [德]阿多尔诺:《否定辩证法》,王凤才译,商务印书馆,2019年,第93页。

四、拯救启蒙：有意识的投射的可能性

我们已经表明,阿多诺的否定性的解释学揭示出,无论是以反犹主义为代表的大众心理还是以哲学为代表的精英观念,都受到了投射的污染。启蒙意识所看到的世界是自身欲望的不断反复,这种目无世界的极致自恋在主客体之间横亘了一道深渊,主体内部自此无法生长出任何有意义的内容。在总体性社会的客观进展中,代表着人类历史生存态势的启蒙意识不断自我强化,最终在无限制的权力追求中走向现实的自我毁灭。然而,阿多诺并不认为,自我毁灭是启蒙理性的宿命,他坚持认为启蒙理性中蕴含着打破界限、解救自身的希望。在批判投射时,如何从投射机制自身出发找到拯救启蒙的道路,同样也是阿多诺思考的重中之重。

在《启蒙辩证法》中,阿多诺从心理投射的最原始性质开始思考。他指出,从认识论的角度来看,所有感觉都有投射的因素,我们总是以自身的方式去感知外部世界。这并非是坏事。相反,人类的投射机制恰恰是进化论所揭示的生存斗争的后果,"感觉印象的投射是自古以来的动物性本能,是用来防卫和觅食的机制,也有帮助进行战斗准备的延伸作用,是高等动物对于活动的反应"。[①] 投射的自发性与人的生存需要息息相关,正如野兽的狂怒帮助捕猎一样,投射使个体认知具有主体色彩,带来对生命必需之物的关切和欲望,最终帮助人实现自我保存。这也就是说,反对投射并不是、同时也不可能简单地取消所有的投射。阿多诺另辟蹊径:反对投射是去限制投射虚假的一面,即主体将自身欲望的外在化看成自然现实的一部分。他区分了虚假的投射和有意识的投射(bewußte Projektion),认为后者是真正的知识和教化的标

[①] Max Horkheimer, Theodor Adorno, *Dialektik der Aufklärung*, Querido, 1947, S. 221.

志。在虚假的投射中,主体无法在被投射的内容里区分属于自己的要素和外在的事实,将客体纳入自己的规范的同时完全脱离了客体;而在有意识的投射中,主体能在自己的意识中区分出外在世界,并把它作为他者来认清。有意识的投射的积极之处在于,它并不幻想全然取消掉主体对客体的任何影响,而是将主体自身的那种认识能动性和实践创造力赋予客体,使客体能够在主体的视野中涌现,同时,限制主体自身对客体的吞噬欲,取消主体对客体的支配关系。这样一来,主体尊重客体,不切断与客体的真实联系,使他者的内容不断呈现在主体面前,帮助主体自身变得成熟和丰富;同时,客体也在保持住自然的健康样态的前提下获得更多的意义可能性。主客体之间的非同一性保证了它们在反映性对立中相互交织、相互丰盈,达到"没有统治关系的差别""彼此分化却又你中有我我中有你"的状态。①

阿多诺始终坚持,投射的具体样态并非是先验永恒的,它具有历史的语境。启蒙理性虽然本身深陷投射之中,但它所塑造的历史现实却提供了个体走出虚假投射、实现有意识的投射的可能性。启蒙运动形成了个体,而无论是个体能够区分情感生活和理智生活,还是个体身上自我意识和良知的形成,都为个体反思性地剔除投射的虚假性创造了条件。② 从这里可以看出,"有意识的投射"这一概念与阿多诺所强调的理性的自我反思息息相关,真正的知识意味着区分现实和情绪投射的理性能力。③

---

① "主体与客体",见《阿多尔诺基础读本》,夏凡编译,浙江大学出版社,2020年,第468页。
② Max Horkheimer, Theodor Adorno, *Dialektik der Aufklärung*, Querido, 1947, S. 221.
③ 我们也许可以说,在这里阿多诺拉开了与传统马克思主义的距离。传统马克思主义者倾向于认为,只要改变产生了几何学式投射的社会现实,虚假投射的问题便自然而然地消失了。在阿多诺看来,因为投射问题的复杂性和精神领域的自主性,启蒙的拯救无法仅仅通过改变社会结构来完成。人类的成熟状态不仅意味着一个健全的社会结构,同时也意味着具有高度反思能力的主体的普遍存在,他能够反身性地认识到自身与客体之间的复杂关系。

阿多诺虽然相信破除虚假的条件已经成熟,但并没有在文本中、从理论上给出走出虚假投射的具体道路。不过,我们可以这样说,阿多诺的理论实践本身就提示了消除虚假投射的正确方法。阿多诺曾写道:"批判理论不能居高临下地打发掉上层建筑。作为有社会必然性的幻象,意识形态的概念也包含了一种正确的意识。并非所有的精神都是意识形态。批判理论将内在批判也称为精神。"①他清醒地意识到,超越意识形态的方式并不是将意识形态完全悬搁起来,由于意识形态本身含有真理性要素,我们真正把握现实经验的能力必须建立在对意识形态内容的有规定的否定之上。这正是否定的解释学时刻保持怀疑和否定的姿态,却依然能保留真理概念的原因。弗洛伊德在介绍妄想症时曾极力说明妄想内容本身的价值:妄想不是没有意义和无法理解的东西,它的不合逻辑和反常的特征是对无意识心理活动的反映,是患者情感生活的一部分。② 这意味着,病态的投射并非没有任何价值。相反,一个投射出来的形象蕴含着一种封锁了的内在解放潜力。阿多诺同样坚持"妄想狂不是纯幻觉,就其否定了仅有的给予、就其否定直接中介而言,妄想狂超越了对世界的天真的、实证主义的理解"。③ 意识往往无法直接通过内在省思明晓自身缺陷,而对象化了的投射形象,作为被污染了的他者,事实上公开呈报了投射者自身的身心和社会状态。正是因为反犹主义提交出的丑陋的犹太人形象以及观念论哲学偏执于同一性和总体性的体系形象,我们才能意识到在人类的当下历史状态中,一定有什么东西出错了。"自我异化的扬弃同自我异化走的是同一条道路。"④积极投射并非绝对远离虚假投射之物,它本质上是虚假

---

① 转引自李乾坤:"何谓批判理论?——阿多诺《关于批判理论的要点说明》解读",《现代哲学》2019 年第 4 期,第 24 页。
② [德]西格蒙德·弗洛伊德:《精神分析导论》,车文博主编,长春出版社,2010 年,第 145—146 页。
③ [美]马丁·杰:《法兰克福学派史》,单世联译,广东人民出版社,1996 年,第 264 页。
④ 《马克思恩格斯文集》第 1 卷,人民出版社,2009 年,第 182 页。

投射的自我反思形式,意识从病体症候中发现每个个体背后身处的高度宰制的社会处境,认知到启蒙理性侵吞客体的弊病所在,从而才能有意识地扬弃这些形象,开始寻找主客体和解的新的开端。

在精神分析的治疗程序中,患者绝不能通过直接遗忘所有妄想,并从外部输入对世界的正确认知来获得拯救。患者正确的态度是:病症本身不能再被视为是可鄙的东西,而应该逐步被看作是值得患者鼓起勇气去面对的敌人,同时也应被看作是他自己人格的一部分。只有这样,在治愈之后,过去的病症才能在患者的未来生活中发展出许多有价值的东西。① 批判理论对意识形态的态度与精神分析的实践曲径相通。阿多诺努力探讨当下发生的反犹主义的实质,并不断与当代主流哲学意识论战,本身就代表着一类有意识的投射的实践形式——从虚假投射的形象中区分出自我和他者,戳穿使形象得以生成的社会现实和权力欲望。投射形象既是典型的物化意识,又是使物化意识失效的梯子本身,而行梯而上则构成了否定的解释学的真理之维。从这个角度看,"有意识的投射"这一概念便与阿多诺思想的整体规划相连了起来:"思想永远是对我们眼前直接具有的事物的否定"②,意识总是留心当下的经验形象,但不停留于经验形象的主观构成的直接性,而是否定其表象,追问表象得以出现的根据;积极的投射并非与虚假投射毫无关联的崭新事物,而是出现在对虚假投射进行辩证法的否定的过程之中。这样看来,阿多诺既陈述了有意识的投射的理论形态,又以理论实践的

---

① "Erinnern, Wiederholen und Durcharbeiten", *Sigm. Freud-Gesammelte Werke* (*10. Band*), Imago, 1946, S. 132 – 133.
② Theodor Adorno, Hegel: Three Studies, trans. Shierry Weber Nicholsen, MIT, 1994, p. 64. 有心的读者也许可以发现,阿多诺对"有意识的投射"的规定同样具有强烈的黑格尔主义的色彩,或者说,阿多诺在这里揭示出了弗洛伊德思想中隐藏着的黑格尔要素。对黑格尔而言,理性(Vernunft)并非独立于知性(Verstand),而是对于知性所作出的僵化规定的反思和消解,理性是批判性地内化了知性规定性后的对知性的扬弃。这一规定与"虚假的投射"和"有意识的投射"的区分非常相似。可以说,在阿多诺的积极的"投射"概念中存在着观念论与精神分析的有益互动。

方式具体地实践了从虚假投射转向积极投射的可能性。

(作者　复旦大学哲学学院博士生)

On Adorno's Concept of "Projection"

JIN Ao

Abstract: In Adorno's text, the term "projection" has multi-level connotations. The critique of the projection mechanism is the key to understanding his negative hermeneutics. Adorno believes that anti-Semitism in the twentieth century as a social-historical reality, and philosophy as an idealistic form of thoughts, are respectively the climax expression in different fields of enlightenment reason, and both of them are the products of unrestricted subjectivism's projection. The false projection mechanism keeps human beings, who pride themselves rational, from grasp the real experience. They devour the object with the power scheme of subject, which ultimately leads to the path of self-destruction. Adorno's negative hermeneutics advocates a reflective, conscious projection. This positive projection must be based on the negation of the falsely projected image at the moment.

Keywords: projection; subject and object; dialectics of enlightenment; negative hermeneutics

重思漫长的 19 世纪:1750—1950*

[爱尔兰]艾德蒙德·柏克 著　王淑芳 译　汪行福 校

> 我们仍然无法为 19 世纪设计一个真正的以世界为中心的历史框架。
>
> ——题记

摘要：真正的历史不是编年史,而是对历史关键时期的重大事件和世界影响的把握。柏克教授强调早期现代史研究的重要性,对霍布斯鲍姆的民主革命和工业革命的"双元革命"的局限性作了批判性分析,在吸取当代学者研究成果的基础上提出了自己的研究框架。19 世纪是一个关键的世纪,我们仍然生活在它的影响之下。虽然对 19 世纪有许多研究,但学界尚未提出一个真正的以世界为中心的历史框架。从世界史视角出发,对 19 世纪进行人类活动的重要区域和生产、生活各方面进行研究,不仅可以改变我们对它的理智认识,而且也将改变我们对现代性的理解。

---

* 艾德蒙德·柏克(Edmund Burke Ⅲ,加利福尼亚大学圣克鲁兹分校历史学荣休教授。原文由"世界历史工作坊"电子文库(the World History Workshop e-Repository) 2004 年 6 月发表,见 https://brewminate.com/rethinking-the-long-nineteenth-century-1750-1950/。基金项目：本文是国家重大项目"复杂现代性与中国发展之道"(15ZDB013)中期成果。

关键词： 世界史　比较研究　19世纪　双元革命　宏观　微观

引言

如今，出于各种原因，我们对大尺度历史叙事（large scale historical narratives）及其应用产生了怀疑。但无奈的是，我们在继续用西方与非西方（the West and the Rest）的二分法架构我们的工作，虽然我们经常没有意识到这一点。作者的论点是，由于忽视我们的研究所插入其中的更大架构，我们被剥夺了能使我们与更广泛受众建立联系的更大共鸣。无论我们是否喜欢，当读者试图让更小尺度的诸历史变得可理解时，都不可避免地要诉诸大叙事（big narratives）。因此，迫切需要一种自觉地比较的世界史研究方法。

为什么是19世纪？因为它似乎被当作了迄今为止重新思考现代世界历史时可以丢掉的一个片段。只是到最近，有关早期现代阶段的新的世界历史框架的轮廓才开始出现。类似地，20世纪历史的全球框架轮廓也随之被察觉（尽管由于各种原因，这一晶体球仍布满阴影）。笔者认为，尽管这两项事业都取得了重大进展，但目前似乎仍障碍重重，并且，直到把19世纪历史纳入世界历史的工作取得进展之前，都不可能取得进展。19世纪是关键。但是，尽管进行了大量研究，我们仍然无法为19世纪设计出一个真正的以世界为中心的历史框架。因此，现在到了把学术精力集中于把这项新的工作结合进一个自觉的世界历史叙事框架之中的时候了。

早期现代世界史

经过一代学者的努力，现在我们已开始在比较世界历史的框架中来看待现代早期阶段的历史了。此项工作发端于1950年代和1960年代有关"17世纪危机"的相当朴素的辩论。但随后,一些女性历史学家就开始发问:女性有一个文艺复兴吗?从事非西方地区研究的历史学家开始琢磨:亚洲也有17世纪的危机吗?(《亚洲研究》一个特刊预示了这一发展)①另一个刺激因素是伊曼纽尔·沃勒斯坦(Immanuel Wallerstein)的工作,从亚洲主义视角看,亚洲其他地区如何放置到西北亚(欧洲)资本主义的兴起的故事中是相当模糊的。②旧的问题是:是西方崛起了,还是亚洲其他地区衰落了?重新被提出来的问题是,如何认识1500年之后以亚洲为中心的多极经济到世界经济崛起的程度?因此,安德烈·冈德·弗兰克(Andre Gunder Frank)的《白银资本:重视经济全球化中的东方》(Reorient, 1998)③和肯尼斯·彭慕兰(Ken Pomeranz)的最新著作《大分流:欧洲、中国及现代世界经济的发展》(The Great Divergence)④(及其他著作)都试图摆脱沃勒斯坦世界体系理论的紧箍咒,包括其对复杂历史过程的经济还原,它的前哥白尼的中心、外围和半外围的宇宙观,尤其是其欧洲中心主义和现时论(presentism),并重提现代世界的起源问题。

同样地,导致现代国家在早期现代欧洲(及随后的其他地方)产生的过程也以更加全球化的方式被重新设想。黄斌(Bin Wong)和杰克·戈德斯通(Jack Goldstone)以不同的方式为我们理解现代国家的出现中什么是一般的和什么是欧洲特有的做出了显著贡献。⑤ 在杰弗里·帕克(Geoffrey Parker)看来,所谓现代早期的军事/财政革命有时

---

① *Journal of Asian Studies*, 1990, vol. 24, no. 4.
② Immanuel Wallerstein, *The Modern World System* 3 vols, New York: Academic Press, 2011.
③ Andre Gunder Frank, *Reorient: Global Economy in the Asian Age*, Berkeley: University of California Press, 1998.
④ Kenneth Pomeranz, *The Great Divergence: Europe, China, and the making of the modern world economy*, Berkeley: University of California Press, 2000.
⑤ R. Bin Wong, *China Transformed: Historical Change and the Limits of European Experience*, Ithaca: Cornell University Press, 1997; and Jack Goldstone, *Revolution and Rebellion in the Early Modern World*, Berkeley: University of California Press, 1991.

被看作是西方武装骚乱的独特能力的表现,现在则被看作是它的中国根源的削弱,在那里,火药武器的使用和政府财政之间第一次出现不稳定的联系。① 更清楚地,我们可以看到,使用火药武器使社会处于稳定的螺旋式上升的技术/成本曲线上,与为这些武器提供资金的能力(以及使用这些武器所需要的所有行政和文化方面的调整)有关。

也许最大的变化是我们对早期现代世界的文化的理解。关于宗教在现代早期欧洲的地位的学术研究在很大程度上推翻了旧的现代化叙事,在该叙事中,科学和技术不可阻挡的进步是中心主题,而宗教则因为文化上已经过时而内在消退。"科学"与"非科学"之间的复杂交织已经从极其多样的视角得到详细探讨,结果,科学与非科学以及科学与宗教之间的界限不再那么牢固,我们对欧洲社会的文化积淀层的认识极大地丰富和转变了。对印刷文化在现代欧洲文化中的地位的研究成了另一条重要的研究路径,例如,成为重新评估法国大革命的工具。② 第三个领域也可值得一提。现代早期欧洲对内部和外部他者的表象和回应也极大地瓦解了来之不易的以前的欧洲身份认同的理解,以及它的政策(殖民主义、巫术审判、伊比利亚种族清洗、国家和宗教对一切形式的不正当行为的污名化)的变化之大。与此相并行的对欧洲以外的文化进程的研究,增强了人们对欧洲文化与其斗争不休的其他地方(特别是其他亚洲文明)之间的差异和相似性,以及它们之间文化的混杂性的认识。概而言之,由于一代学者研究的结果,我们对早期现代历史的理解在各个方面都发生了巨大转变(尽管尚未渗透进教科书作者的脑子中)。

---

① Geoffrey Parker, *The Military revolution: Military Innovation and the Rise of the West*, Cambridge: Cambridge University Press, 1988.

② Elizabeth Eisenstein, *The printing revolution in early modern Europe*, Cambridge: Cambridge University Press, 1983; and Roger Chartier, *The cultural uses of print in early modern France*, Princeton: Princeton University Press, 1987; and *The cultural origins of the French Revolution*, Durham NC: Duke University Press, 1991.

从对现代早期历史的转变的快速回顾中,我们应该保留什么?首先,从世界史的视角看,我们开始对早期现代全球经济和现代国家的亚洲根源,及其引发的欧洲内部(在一定程度上也延伸到欧洲外部)的文化争斗有了全新的认识。新的观点既代表了研究视角的转变(从欧洲中心到全球),也代表了对特定的以区域性社会为基础的历史的认识的巨大扩展。这种新出现的文献的第二个主要结果是西方崛起在一定程度上去自然化(de-naturalized)了,它可以被视为许多历史发展轨迹之一。第三个相关的发现是,现代性的深厚历史根源不仅在欧洲,也在亚洲其他地区。也许,我们可以说新的早期现代世界史已经推翻了关于现代国家和现代世界经济起源的旧的欧洲中心主义的大尺度历史叙事。对历史学家来说,早期现代逐渐成为跨文化互动的舞台和权力的全球场域(global field of power),在很大程度上,欧洲霸权仍是许多竞争者中的一个(直到18世纪中叶,欧洲人才有效地对已建立的亚洲国家实施军事打击)。与重新评估亚洲经济和政治力量的持存同样重要的,是我们关于征服美洲在现代早期世界历史叙事中重要意义的认识所发生了的变化。总之,在过去的十年中,我们对早期现代历史的理解发生了非常重要的变化,尽管没有人记录过这种转变。

双元革命论:话语实践的坚持

我认为,到目前为止,现代早期历史的全球化研究已经取得了一些重要进展。但是,就19世纪历史的考察而言,尽管有许多出色的著作,却鲜有证据表明出现了新的世界历史叙事。在这里,这一叙事依然被埃里克·霍布斯鲍姆(Eric Hobsbawm)的经典著作《革命年代:1789—1848》(Age of Revolution, 1962)①以重要的方式塑造,该书主要围绕

---

① Eric Hobsbawm, *The Age of Revolution, 1789-1848*, London: Weidenfeld and Nicolson, 1962.

"双元革命"——工业革命和民主革命——对世界历史的重要性展开。霍布斯鲍姆将双元革命的两个主题看作辩证相关的,也明显是世界历史的。双元革命的概念不仅塑造了(而且在很大程度上还在继续塑造)我们对19世纪的理解,而且塑造了对现代早期历史的理解(这里运用的策略是把资本主义、民主和现代国家的萌芽追溯到早期现代阶段)。同时,双元革命也为理解20世纪的历史提供了主导范式,即被视为资本主义与民主之间不均衡斗争的故事。双元革命论的要素继续存在于我们所教授的内容,甚至也存在于我们所写的内容中(如果你不相信,不妨查阅任何一本教科书)。

从21世纪初开始,双元革命叙事开始显得不那么引人注目。由于政治和思想领域的变化,其思想的和政治的基础已埋葬在废墟之中了。理智地讲,新的文化的历史摧毁了以阶级为基础的对法国大革命的解释,而新经济史也在与工业革命的经典叙述①相争辩。同时,冷战的结束和世界经济的转变摧毁了人们对工业和民主革命的信心(以及现代国家不言而喻的中心地位,这始终是双元革命论未充分阐述的地方)。在1950年代写作时,霍布斯鲍姆可以合理地宣称民主革命是20世纪的驱动力:谁能否认俄国革命、中国革命、第三世界独立运动和美国民权运动的重要性呢? 但从当今的俄罗斯或中国的视角来看,其显著特征似乎并不是那么清楚。现在当我们问:俄国革命或者中国革命真的重要吗? 答案远未清晰,尽管我们撰写和教导的大部分内容仍由这种进步叙事精心编排。

现在我们可以发现,双元革命论是一种冷战叙事,一种现代化理论的双模型变体(bi-model variants)(非马克思主义的和马克思主义的),带有某种辉格党史学的特质,现在(大约在1950年代左右,撇开好恶不谈)会不出所料地终结于资本主义(或共产主义)。根据历史学家的政

---

① See Jan DeVries, "The Industrial and Industrious Revolutions", *Journal of Economic History*, vol. 54, no. 2, 1994, pp. 249‒271.

治倾向,这可能被安排成以冲突为中心的叙事,其中社会力量是主要参与者,或者是一个更乏味的罗斯托式叙事(Rostowian narrative)。① 第二,无论它是什么,它都是以国家为中心的。在双元革命叙事中,历史研究的恰当单位毫无疑问地被看作是民族国家(在现代早期历史研究中,任务是书写民族国家从古代体制欧洲社会中的诞生)。第三,它是以内在论(internalist)方式来安置变迁的力量。也就是说,变化被视为内生的,源于欧洲独特的历史过程,而不是与更广阔的世界的联系。最后,现代历史的这一版本可以看作源自启蒙的宏大叙事,在该叙事中,殖民地被视为欧洲的过去,处于发展的进化体系中,终点是现代欧洲。为了更好地把世界的殖民划分自然化,历史被认为有两种速度,西方以一种速度前进,其他地方则紧随其后。(或者,向沃勒斯坦致敬,有人设想出一种三速世界系统,其中半外围沿第二档速度运行)

长期以来,双元革命论被广泛认为是令人信服的。尽管有新的社会史和新的文化史,它仍然没有丧失这种中心地位。以西方为中心的双元革命叙事显然已经过时了。它已经到了末日。如果我们希望从世界的角度把现代历史作为一个整体进行重新思考,那么,我们必须从19世纪开始。

漫长的19世纪:一个尝试性分期

一项旨在将19世纪置于世界历史背景下的协作研究项目需要提供一个分期(这里提出的仅仅是临时的意见,还有待更详细完善的分期)。但是,既然所有的选择(叙述性,概念性和分析性的)都会对个人提出的论点产生影响,历史学家需要了解他们所做的选择中利害

---

① 美国经济学家华尔特·惠特曼·罗斯托(Walt Whitman Rostow)在《经济成长的阶段》(1960)和《政治和成长阶段》(1971)中把经济发展理解为依次更替的阶段,它们分别是传统社会阶段、准备起飞阶段、起飞阶段、走向成熟阶段、大众消费阶段和超越大众消费阶段。(译注)

攸关的点。我们应该选择哪个 19 世纪？我们首先需要划定它的时间范围：是短的 19 世纪（1789—1878）？还是一个长的时间（1750—1914）或者是一个更长的时间（1750—1925）？每个划分都有重要的依据。这样做，对接下来识别那些把整体的每一个时代区别开来的全球的、关键的（conjunctural）因素，并在其内部做进一步细分似乎是有用的。

这里提出的分期折中地借鉴了伊曼纽尔·阿里吉（Emmanuel Arrighi）、克里斯·贝利（Chris Bayly）、查尔斯·布莱特（Charles Bright）和迈克尔·盖尔（Michael Geyer）的观点。它基于这样的观念：任何一个世界史都必须基于一个世界的分期。确定塑造未来背景（context）的关键危机时刻的时期是有用的。尽管注意到与全球背景相关的事情何时发生是至关重要的，但我们还需要注意顺序和优先者。以下将尝试从根本上重塑未来发展背景的危机时期：

1. 克里斯·贝利认为，一场长期的全球危机从根本上重组了 18 世纪末的世界，并使大英帝国的崛起成为可能。① 危机结束后，法国失去了第一帝国的地位（包括海地、加拿大和印度），并因革命和帝国而发生了转型。英国已成为第一号帝国，在南亚拥有强大的基础。美国和西班牙殖民地已经独立，圣·多明戈（St.-Domingue）革命摧毁了奴隶制，引发了一系列导致美洲从奴隶制向自由过渡的动荡事件（尽管并非如罗伯特·霍尔特（Robert Holt）的《自由的意义》所说的那样毫无争议）。② 欧洲的旧地图得到了巩固，古老的亚洲帝国（俄罗斯、奥斯曼帝国、波斯、中国、日本，也许还有泰国）进入了政治和经济的转型期。

2. 查尔斯·布赖特和迈克尔·盖尔提出 19 世纪中叶（1848—

---

① Chris Bayly, *Imperial Meridian: the British Empire and the World, 1780 - 1830*, London: Longman, 1989.

② Robert Holt, *The Meaning of Freedom: Race, Labor, and Politics in Jamaica and Britain, 1832 - 1938*, Baltimore: Johns Hopkins University Press, 1992.

1863)的危机。① 其中包括宪章运动、1848年革命、爱尔兰(和波兰)马铃薯饥荒(辅以几年来严重的厄尔尼诺现象/拉尼娜现象)、克里米亚战争、俄罗斯和中东叛乱、印度哗变、太平天国起义、明治维新和美国内战(以及其他危机)。

3. 第三个危机时期是经济上至关重要的。它始于1870年代后期的长期经济萧条,随后是1880年代市场全球化的加剧。它导致了重大的政治和经济整合,包括美国、西北亚部分地区(尤其是英国,法国和德国)、拉丁美洲(墨西哥,巴西,阿根廷)、阿尔及利亚、南非、埃及和奥斯曼帝国、印度殖民地,清朝的中国和明治时期的日本。顺便说一句,它在某些方面看起来有点像现在的情景。②

4. 最终,漫长的19世纪危机随着第一次世界大战前的危机而终结。它始于工业国家激烈的劳工不满的时期,随后是在俄罗斯(1905年)、波斯(1906年)、土耳其(1908年)、摩洛哥(1908年)、中国(1911年)和墨西哥(1911年)的一波流产革命。以第一次世界大战的爆发结束。

分析单位与大尺度历史

作为一个研究领域的世界历史的发展,一个必须处理的核心问题是我所称的实践历史学家对宏观层面的历史分析的普遍拒绝。有很多原因导致这一结果。一方面是大部分历史学家接受的学科训练和期望,对他们来说,大尺度的历史问题是可疑的。为什么会这样呢?

一个原因是因为历史学家所受的所有训练使她(他)重视那些由其他来源的文件所抓住的事实。作为专家,我们一直被鼓励发展专业

---

① Charles Bright and Michael Geyer, "World History in a Global Age", *American Historical Review*, vol. 100, no. 4(Oct. 1995), pp. 1034 – 1060.

② Giovanni Arrighi, *The Long Twentieth Century: Money, Power, and the Origins of our Times*, London: Verso, 1994.

知识,即相对有限的研究领域的知识,并回避那些无答案的广泛问题,如果不想潜在彻底地威胁到来之不易的专业知识的话。大尺度的历史被认为是缺乏专业严谨性的。

20世纪初,在现代历史学科的起源的思想史中,一些重要的取舍(trade-offs)做出了。当历史学家声称,任何事情的研究都需要从民族国家下沉(下降到地区、城镇,下降到微观历史的层面),新兴的政治科学、经济学和社会学占据了大尺度的社会科学问题。现在是时候为历史拿回宏大问题了。

最后,对于那些经过了语言学转向的人来说,怀疑大尺度历史还有其他的理由。从本质上讲,因为宏观叙事被看作是被启蒙思想污染了的进步叙事,因此,在它们的前提中几乎不可避免地会受欧洲中心主义和/或目的论驱动。而它们被认为是文明驱动的,并且旨在产生一种叙事以颂扬(或诋毁)特定文明的历史,将其看作它们的发展,如儒家、印度教、伊斯兰教等(或其他可填补空白的文明)。由于所有这些原因,宏大历史被证明对许多——即使不是所有——历史学家来说是有问题的。

考虑到这些阻碍,在什么基础上世界历史可以可信地发展成为一个研究领域?我们已经提出了一个答案,这就是重塑全球叙事。这个层面的主题包括世界经济的建立、现代国家的出现以及人类迁移的研究。何塞·莫亚(Jose Moya)关于19世纪跨大西洋移民的论文与后一个主题相关。玛丽亚·格里奇珊(Maria Gritsch)和齐帕莎·卢琴贝(Chipasha Luchembe)的论文以不同的方式考察了中间阶层的精英在委内瑞拉和赞比亚并入全球经济(分别被纳入世界经济)中的作用。我们了解到,资本主义是欧洲内外的资本家和原生—资本家(proto-capitalists)的共同创造。尼基·凯蒂(Nikki Keddie)的比较日本和中东经济发展情况的论文是在这方面的又一贡献。随着我们对多极化和亚洲主导的现代早期世界经济的新认识,对系统地解释英国在19世纪作为经济巨人的出现尤为重要。从非欧洲中心主义的视角重新思考现代国家的出现是另一个需要完成的重要任务。

并非所有的世界史都是在全球叙事层面上进行的。事实上,其中大多数都处于较低的一般化水平上。世界历史确实存在。只是我们一直以来都找错了地方。大部分的世界历史并不是以全球变化的叙事(国家或世界经济的出现)形式出现,而是以低于全球层面的互动为形式的。举例来说,随着美国和欧洲地区的发展,许多历史学家已经开始对跨越先前边界的领域进行研究:大西洋世界、美国/墨西哥边界、环太平洋、亚洲沿海。

在这里,我想区分比较历史和比较世界史。后者不是比较(或对比)来自不同时代和文化的两个或多个案例,而是在相同的世界历史背景中挑选案例。古罗马和旧南方之间男女关系的比较也许是一项好的比较史研究,但它缺少了世界史视野的学科框架。同样,乔治·弗雷德里克森(George Frederickson)的《白人至上主义:对美国和南非历史的比较研究》(White Supremacy)(对美国南部和南非的种族主义的比较)也因为这些案例在根本上没有可比性而存在缺陷。① 只有白人种族主义这一共同线索对两个社会来说是共有的。这并不是说弗雷德里克森的书是没有用的,自从它出版以来我就一直在教授这本书。相比之下,埃里克·方纳(Eric Foner)的《除了自由便一无所有》(Nothing But Freedom)对加勒比和旧南方的解放的比较史考察,因其关注的是奴隶社会的解放这一普遍问题而成为比较世界史的文章。②

在我的1750年以来世界史的课程中——它聚焦于全球的双元革命的影响——我发现发展下面这些具有可比性的社会集合是有用的:例如,旧君主制、有争议的移民殖民地或1800年以前的印度和爪哇(相同的比较组可能对另一个主题没有多大用处)。(1)旧君主制——未

---

① George Frederickson, *White Supremacy: A Comparative Study in American and South African History*, New York: Oxford University Press, 1981.
② Eric Foner, *Nothing But Freedom: Emancipation and Its Legacy*, Baton Rouge: Louisiana State University Press, 1983.

被正式殖民的农业官僚机构(俄罗斯、奥地利、中国、日本、泰国、土耳其、波斯和埃塞俄比亚);(2)拉丁美洲社会;(3)1750年之前的印度和爪哇;(4)无争议的移民殖民地,其中移民者的数量远远超过原住民(美国、加拿大、澳大利亚、新西兰);(5)有争议的移民殖民地,原住民依然保持着人口优势(爱尔兰、阿尔及利亚、南非、罗得西亚、以色列等);(6)由19世纪的解放改变的奴隶社会(加勒比海岛、美国旧南部、巴西部分地区);(7)剥削殖民地(有三个主要类别:非洲、中东、南亚和东南亚)。

　　历史学家已有了许多不同的方式来为比较史研究划定互动区域。我们圈出的最大的地区有诸如大西洋世界、亚洲沿海地区、环太平洋圈、美国/墨西哥边境地区。历史学家对追踪这些区域内的全球流动和相互联系特别感兴趣:人口迁移、商品和观念运动。奴隶贸易、19世纪欧洲人迁移,以及整个大英帝国内的劳工运动都是人们最感兴趣的话题。消费和生产的历史是世界史研究正在进行的另一个重要内容[例如皮亚·查特基(Piya Chatterjee)对茶的生产和消费的研究、詹森·沃德(Jason Ward)对墨西哥和刚果消费者的研究,或者曼索恩(Susan Mann)对作为生产者和消费者的亚洲女性的兴趣。]詹妮弗·史坦斯霍恩(Jennifer Steenshorne)的论文力图将两次国际展览的平行历史(Parallel Histories)与消费文化的发展联系起来。人口、商品和观念的流动也可以在全球层面被追踪。何塞·莫亚(Jose Moya)关于"五次宏观革命和跨大西洋迁移"的论文是一个试图绘出这些迁移的全球决定因素的自觉的、非目的论的尝试的范例。

　　也可以在其他地方进行比较的和世界史的研究。欧洲殖民帝国提供了一个明显的例子。最近,对殖民主义进行研究的历史学家已从决定行程的殖民遭遇之模型移向对其行程中多样文化(和其他)决定因素的研究,通过它,欧洲知识被置入到特定殖民背景之中。拉维·拉詹(Ravi Rajan)关于欧洲林业学及其在印度殖民地环境中的转变方式的论文就是思想流动跨越边界的例子。在我自己的研究中,我目前正在试图探寻伊斯兰法语社会学在法国及其依附地区——中东、马格里布和西非等背景下——的复杂出场轨迹。道格·海恩斯(Doug Haynes)关于维多利亚时代医学的论文通过揭示帝国塑造英国医学轮廓的方式,试图使标准的岛国故事复杂化。

部分地是作为重塑欧洲人历史的策略,对欧洲边陲文化遭遇的研究似乎越来越吸引历史学家。彼得·萨林斯(Peter Sahlins)的《边界》(Boundaries)把安道尔作为一个阈限空间(liminal space),从中研究比利牛斯人中认同在19世纪出现的方式。约翰·A.戴维斯(John A. Davis)和约翰·马力诺(John Marino)合写的论文《意大利南部和现代性》有望告诉我们很多关于现代性沿欧洲南部文化断层线出现的信息。从历史上看,一个文明发展中的核心地区,现时代的地中海人分享了共同的命运,其特征是软弱的国家、农业的落后、被推迟的阶级形成和父权制。由于深厚的历史和文化相似性的背景,提出以下问题似乎是有用的:为什么地中海在走向现代性的时候被分裂成殖民者与殖民地、发达与不发达国家,以及这有什么后果?文化又是如何来经验这些结构性转变的?

通过这个例子,我们就能明白对波罗的海、北海、黑海或亚北极地区的历史互动的研究似乎是使欧洲史复兴的方式。欧洲之外还有其他具有同等潜力的地区。印度洋世界的研究部分的吸引力在于,它为历史学家提供了接触到有关该地区跨边界发展方式的知识,而这在民族史上是很少被注意到的。在一定程度上,他们考虑了他们叙述的特定历史在其中展开的更大范围的背景和框架,我认为所有这些研究都是世界史研究。

现代性是西方的吗?

"哪里是殖民地"的问题把我们引向对现代性以及启蒙在现代性中的地位的重新思考。启蒙运动把19世纪世界自然化为这样一个世界,在其中主体性(agency)和进步都源于西北亚,而殖民地世界在被西方吻醒之前(有些人称其为"睡美人"叙事)一直沉睡不醒。此后,世界分裂成两个部分(主动的西方和被动的东方)成为一种信条,直到民族主义的兴起破坏了这一特殊愿景。在1950年代,现代化理论和区域研究的蓬勃发展延续了这一基本观点。

1970年代,在民族主义式"世界的去魅"影响下,对现代化理论的冲击引发了对西方社会科学的深刻质疑。学者们开始意识到,之前被殖民的人民也有主体性。第三世界的民族主义寻根与新的社会历史相遇,导致对非西方社会的过去看法发生了根本改变,因为人们可以将它们在一个更大的世界历史视野中链接起来。但遗憾的是,它并没有导致设想世界史的方式在观念上的突破。正如我在其他地方所主张的那样,民族主义的话语并没有在概念上挑战帝国主义的以进步为导向的叙事,只是把它彻底颠覆,将所有殖民主义的否定重新编码为积极的(例如穆斯林狂热者被民族主义话语重新定义为英勇抵抗者和民族主义的先驱)。这些东方主义的二分法(西方/东方,男性/女性,主动/被动等)继续占据着支配地位。尽管《东方主义》的批判有力道,但爱德华·萨义德(Edward Said)并没有在认识论上打破西方和非西方的模式。[1] 同样,尽管通过逆向阅读殖民地资料想象底层阶级的生活是值得称赞的尝试,但庶民研究小组,至少在其以前的典型形式中,仍然被困在相同的认识论空间中。另外一些借鉴了福柯的理论,把现代性在殖民地世界的出现看作是西方话语霸权的强加的尝试,也使我们陷入了西方和非西方模式的困境。[比如,想想蒂莫西·米切尔(Tim Mitchell)的《殖民埃及》(Colonizing Egypt)[2]]西方和非西方叙事持久存在的背后是民族主义的反叙事(counter-narrative)的持续影响。在找

---

[1] Edward Said, *Orientalism*, New York: Pantheon, 1978.
[2] Timothy Mitchell, *Colonizing Egypt*, Cambridge: Cambridge University Press, 1988.

到摆脱民族主义阴影的方法之前,我们注定还要重复同样的陈词滥调。

自从所谓的语言学转向以来,大量的学术著作致力于定义现代性并指明其与西方帝国主义的联系。现代性是西方的吗?殖民主义是一种话语形式,在其中现代性被强加给非欧洲人民吗?近期许多工作的重担落在这些上面。最近,有人提出了另类现代性(alternative modernities)的想法。我不确定这能否解决难题。尽管最近的理论化努力以及把现代性视为一项历史方案极大地重塑了我们如何理解作为文化的现代世界,但是,并没有花多少精力把现代性放在比较的世界史的视野之中。关于现代性和启蒙的争论更多地归因于我们这个时代政治的和理智的文化的特定阶段,而不是持续的历史研究。因此,在把现代性看作社会结构的世界历史变迁的产物和把西方现代性历史书写为一种话语实践的努力之间存在重要脱节。重新思考现代性应该从一开始就把现代性同时视为社会结构的和话语的元素,其中后者是新的实践机制竞争和斗争的场所。

如果我们认真对待最近在世界历史层面上看待现代性的努力,那么,我们需要修正将其看作是西方的界定。从西北亚地区深厚的结构性历史的角度来看,在整个人类历史中,其对亚非其他地区的区域性社会的文化互动而言始终是一个边缘角色。换句话说,从世界史的层面看,将古希腊与文艺复兴和现代联系起来的那根线条只是一个幻象。新的现代早期世界史的重点只是欧洲的经济崛起是建立在1450年以来亚洲沿海经济发展产生的高水平的商业化和货币化之上的(当现代早期开始的钟声敲响时,欧洲才被贫弱地纳入其中)。更确切地说,现代世界经济是人类先前历史的共同产物。

对现代国家(另一个社会结构变化的重要行动者)来说也是如此。国家的现代历史不仅埋藏于欧洲,而且也埋藏在欧亚大陆的相互交流的社会的累积历史之中。在欧洲之前,中国人、穆加尔人和奥斯曼帝国已经使用了火药武器。尽管都遇到了同样陡峭的技术/成本曲线,但它们对使用火药技术的南辕北辙的反应部分地取决于它们所处的不同的地理位置和不同的历史。直到17世纪末,奥斯曼帝国仍然是一支强大的力量。欧洲虽然是舞会的后来者,但再次受惠于亚洲其他地方更早阶段的军事/财政革命。如上所述,历史学家在追溯现代早期世界的军事/财政革命的影响方面取得了重大进展。

在漫长的19世纪,重要的是要确定,多极的亚洲中心的世界经济如何变成为英国经济力量主导的世界经济。为了以世界尺度来重新思考19世纪经济,我们必须利用有关现代早期世界新经济史的视角,特别是要素禀赋(factor endowments)的世界分配,以及为某些人、地区和国家开辟了参与世界经济的新机遇又把其他人拒之门外的转折和周期性危机发生的方式。很明显,工业革命(像霍布斯鲍姆设想的)不能毫无疑问地外推向整个人类。虽然现代化理论已经被证明是对未来的蹩脚预测,但是在某些方面它还是一个更糟糕的世界史,很难说殖民主义只是(或仅仅是)把财富从外围聚集到核心的虹吸。总而言之,重新思考19世纪的世界经济史还有很多工作要做。

19世纪现代国家转型的比较史也是必要的。但不能从对西方总体权力的福柯式假设开始,许多关于19世纪世界不同地区的历史的新著作都强调,地方精英在塑造特殊交易中的作用,通过这些特殊交易,他们的社会被纳入世界经济之中,并且现代国家采取了特定形式。超越西方和非西方模式的一个策略是关注中国、墨西哥、摩洛哥和日本的地方精英(例子可随机挑选)。在每种背景下都有试图整合世界市场的派别,也有反对者,有现代国家的拥护者和反对者。特殊动力多种多样(当然随着时间变化)。但尽管如此,在他们之间还是存在着家族相似性。在波菲里奥墨西哥(Porfirian Mexico)围绕(政治和经济)改革的斗争看起来很像在中国、摩洛哥和日本发生的斗争,尽管不同派别的力量可能随结果而变化。我们也可以以此种方式看待殖民社会:地方精英分裂为支持和反对世界范围内的殖民主义的两拨人。对印度、埃及或非洲部分地区的比较很快就会证实这一点。这将我们带入下一步:比较殖民地和非殖民地社会。

大历史视角下漫长的19世纪

总之,简单概括世界历史的终极方法便是:非常长时段的研究方法。贾里德·戴蒙德(Jared Diamond)和戴维·克里斯蒂安(David Christian)这样的学者最近让长时段历史的主题普遍化了。[①] 毕竟,将镜头切换到更大的放大倍数没有根本的困难。只有从非常长的人类历史的角度来看,我们才能察觉到漫长的19世纪历史的某些特异之处,否则它们将仍然被掩盖。其中之一就是人们熟悉的数字重负之布罗代尔命题(Braudelian theme)。例如,考虑以下全球统计信息。1750年,地球上有7.28亿人。到1900年,数字已经增长到16亿(目前这个星球上大约有63亿人)。在评估特定政治或经济策略的可行性时,我们通常会忽略人口变化的累积影响。考虑到人口在19世纪的大规模增长,这显然行不通。国家发展出更成功的控制、训练和培育越来越多的人口的方法的能力确实是非凡的。世界经济扩展和深化的方式也是如此,把我们每个人拖进更大的彼此交往之中。这两种趋势都很少被历史学家讨论,它们是被历史学家假定而不是争论的。但是它们的含义是极其深远的。非常长时段的历史可以教会我们如何重新设想我们做现代史的方式。

这些统计数据提出了我们如何理解漫长的19世纪的主要问题。霍布斯鲍姆有影响力的叙事将19世纪视为双元革命的世纪,但它忽视了人口增长的累积影响,尤其是巨大的环境影响。它也忽视了我们可以把这一时期视为"反对农民的战争"的时期的程度,这场战争如此成功地进行到现在,以至于现在农民人口不到50%,而在1800年,这一比

[①] Jared Diamond, *Guns Germs and Steel*, New York: Norton, 1997; and David Christian, "The Case for 'Big History'", *Journal of World History*, vol. 2, no. 2 (1991), pp. 223 - 238.

例接近98%。我们才刚刚开始意识到环境历史对我们思考现代性历史的方式有多么重要(尤其是从我刚才提到的趋势在20世纪急剧加速以来)。大历史的真正的长时段视角对我们思考关于什么构成一种模式或趋势有很多重要的启示。从这个角度来看,19世纪的历史(和现代性的历史)看起来确实不同。

(译者　复旦大学哲学学院硕士生)

三、马克思主义经典著作研究

德国现代化境遇中的马克思与青年黑格尔派*

韩 蒙

摘要: 马克思与青年黑格尔派的关系不仅是一个学术理论问题,而且是一个有待在德国现代化境遇中呈现的思想议题。青年黑格尔派的理论运动中所经历的宗教哲学批判、德法同盟的建立、政治革命与社会革命的分歧、社会主义的德国化阐释,都体现了该学派成员对"德国式的现代问题"的一种尝试性探索和解答。由此展开的青年黑格尔派思想脉络及其与马克思的互动,将为突破既有的研究思路、深化理解马克思哲学变革的意义提供新的视角。

关键词: 德国 现代 青年黑格尔派 马克思

青年黑格尔派的理论运动是把握在哲学中的德国现代化进程。在1835年至1845年这十年期间,以施特劳斯、鲍威尔兄弟、费尔巴哈、卢格、赫斯、施蒂纳、恩格斯、马克思等为代表的德国知识分子,沿着黑格尔哲学的现实化道路,以理论的方式力图参与"德国式的现代问题"的解答之中,探索德国特殊的现代化方案。在以往青年黑格尔派的思想研究中,比较注重的是该学派的主要人物研究、生平传记研究与理论专

---

* 基金项目:本文系中国社会科学院青年科研启动项目"马克思哲学变革与社会主义思潮关系研究"(2020YQNQD0075)的阶段性成果。

题研究,但对于青年黑格尔派成员所共同面对的时代议题及其不同解答,缺乏独立且系统的研究,而这或许是理解青年黑格尔派的思想价值、揭示马克思与该学派理论关系的更为切实的途径。为了充分呈现青年黑格尔派思想发展的脉络及其与马克思的互动,如下四个关于德国道路的时代议题是有必要深入阐发的:基督教与现代国家、德国理论与法国政治、政治革命与社会革命、个人与共同体。

一、德国现状:基督教与现代国家

青年黑格尔派理论运动的发端是宗教批判,这似乎已经成为过往研究的基本共识。与之相关的另一个常见理解是,这场理论运动经历了从宗教领域向政治领域的转换,批判对象由基督教转变为普鲁士国家。然而,这种识见并不能一劳永逸地解决如下问题:为什么青年黑格尔派会以宗教批判而非其他领域的批判作为开端?这种宗教批判与政治批判的内在关联及其哲学依据是什么?对于这些问题的回答,需要回到德国的理论传统,特别是黑格尔阐释基督教与现代国家及其关系的具体语境中去。

黑格尔首次讲授宗教哲学以及《法哲学原理》的出版都是在1821年。哲学与现实的和解、本质与实存的统一原则在其中获得了具体实施:宗教哲学与基督教现实的和解、法哲学与普鲁士国家的和解。他在《宗教哲学讲演录》中以宗教的理性化阐释为线索,借助存在-本质-概念的逻辑架构呈现了宗教概念的内在推演,即从自然宗教、壮美和优美宗教、知性宗教到完善的宗教即基督教的宗教发展史。在黑格尔眼中,基督教实现了古代东方的抽象普遍性原则与西方的有限个体性原则的辩证综合,是把神性(客观性)与人性(主观性)统一起来的完善宗教。①"上帝认识"与"世俗智慧"、宗教与哲学,具有内在同一性,只是

---

① 参见黑格尔:《宗教哲学讲演录》,燕宏远、张国良译,人民出版社,2015年。

表达方式不同:前者以表象的方式呈现真理,而后者则是通过概念的方式把握真理。

基督教的理性化为黑格尔融合宗教与国家提供了哲学条件。不同于近代哲学家将两者的关系视为欧洲政治中相互对立的"双头鹰"[1],黑格尔在"精神"的哲学视野下理解宗教与国家"原是同一物":"在国家中自我认识在有机发展中找到它的实体性的知识和意志的那现实性;在宗教中它找到它自己这种真理——作为理想本质——的感情和表象","唯有哲学洞察才认识到教会和国家都以真理和合理性为内容,它们在内容上并不对立,而只是形式上各有不同"[2]。这种形式上的不同,使他看到了基督教之于现代世界的整合效应:在现代国家内部个体的主观性与国家的普遍性之间充当精神黏合剂,这便是由宗教情感塑造的"政治情绪""爱国心"[3]。在黑格尔构想的现代国家中,基督教被赋予了一种独特的现实性:"只有当宗教存在于国家机构和社会实践当中","宗教只有作为公众生活的一部分,才能赋予理性以实践力量"。[4]

由于这种独特的现实性,在黑格尔逝世后,他的宗教哲学不仅遭到正统路德派信徒以及浪漫派的攻击,而且引发了黑格尔学派内部的分歧。争论的焦点便是:哲学与宗教的关系,是本质相同的、还是根本敌对的?为此,在黑格尔那里关于合理性与现实性的统一性命题,被分别向左和向右割裂了:老年黑格尔派从本质层面出发,认为只有现实的才是合理的,坚守了老师调和宗教与哲学的方案;而青年黑格尔派面对实存层面的基督教现实时,通过指认只有合理的才是现实的,揭示了当

---

[1] 卢梭:《社会契约论》,李平沤译,商务印书馆,2011年,第149页。
[2] 黑格尔:《法哲学原理》,范扬、张企泰译,商务印书馆,1961年,第360、277页。
[3] 关于国家与宗教关系中的"政治情绪"问题,参见黑格尔:《法哲学原理》,范扬、张企泰译,商务印书馆,1961年,第266—280页。
[4] 哈贝马斯:《现代性的哲学话语》,曹卫东译,译林出版社,2011年,第29—30页。

前基督教的危机。自19世纪30年代起,德国基督教由于受到浪漫派的影响,逐步弱化宗教的理性化阐释,认为只有通过天启与上帝的直接融合才能达及真理,这种倾向在威廉四世继任普鲁士国王、谢林代替黑格尔成为普鲁士官方哲学家之后成为现实。由此,对于青年黑格尔派而言,用理性调和宗教与哲学的可能性、基督教与现代国家的有机联系被终止了;从宗教哲学转向宗教批判,以否定基督教的历史实存来恢复其理性力量,成为必须直面的现实问题。

在这种情境下,1835年问世的施特劳斯《耶稣传》开启了一场思想运动。施特劳斯保留了黑格尔对宗教的历史理解,并进一步将《福音书》看作是一个民族在特定的发展阶段由集体意识创造出来的,其中的"基督"不再是神圣启示和道成肉身的某一"人格"(Person)即"神人",而是"人类"(Mensch),只有整个人类的活动才能在"有限精神中寓有其无限性"、才能提供神的完整形象;于是,在黑格尔宗教概念推演中作为绝对真理出现的基督教,也只是被相对化为人类精神演化中的一个过渡阶段。可见,施特劳斯通过反对老年黑格尔派将基督教理性化乃至绝对化的倾向,将属神的东西置入人类的发展中,从而率先开辟了将上帝复归于人类的阐释路径。

施特劳斯与老年黑格尔派的争论,将青年黑格尔派集结在了宗教议题上,但是真正确立"宗教批判"方式并引领这场运动的是布鲁诺·鲍威尔。鲍威尔通过将基督教视为自我意识的一种宗教形式,看到了基督教将个人从古代宗教中的自然依附性中解放出来的同时,也使得人类服从一个自己所创造的神及其教义,导致了"自我异化"(Selbstentfremdung);作为异化的宗教形式的基督教,已经成为自我意识进一步发展的障碍。在这个层面,历史就是自我意识克服作为对立面的经验实存的发展史,而实现这种发展的手段是"批判"。"批判"是将理论运用于实存、将对象改变为自我意识的活动:"真理必须经受得住批判的烈火,历史现在——通过批判——将在概念中生产出最崇高的真理。"①以"批判"方式直面基督教的鲍威尔,不仅确立了其在青年黑格尔派宗教批判中的领军位置,而且直接影响了同在"博士俱乐部"的马克思。马克思正是在思考哲学与世界、自我意识与现实的相互作用中介入青年黑格尔派的讨论的。

由柏林大学青年教师和大学生组成的"博士俱乐部"的核心话题便是施特劳斯和鲍威尔的宗教批判,他们大部分也是卢格于1837年创办的《德意志科学和艺术哈雷年鉴》(以下简称《哈雷年鉴》)的撰稿人。在卢格的邀请下,费尔巴哈开始了与青年黑格尔派的密切联系,并在1839年在《哈雷年鉴》发表了一篇奠基性的论文《黑格尔哲学批判》。

费尔巴哈是从施特劳斯基督教批判结束的地方开始的。为了从人类自身出发揭示基督教的本质,费尔巴哈在《黑格尔哲学批判》中不再囿于对基督教的诠释,而是直击黑格尔哲学的思辨属性:"最深奥的秘密就在最简单的自然物里面,这些自然物却,渴望彼岸的幻想的思辨者是踏在脚底下的"②。这其中的秘密就在于,神与人的对立就是类本质与个体的对立的一种神秘变体,基督教是异化了的人的本质。据此,费尔巴哈在《基督教的本质》中将矛头直指宗教本身:"鲍威尔将福音书中的历史,就是说将《圣经》基督教,或者说得更准确一些,将《圣经》神学作为其批判的对象。施特劳斯将基督教的信仰论和耶稣的生活……就是说将教条基督教,或者说得更准确一些,将教条神学作为其批判的对象。而我,却将一般的基督教,就是说,将基督教的宗教作为批判的对象,而作为必然的结果,仅仅将基督教的哲学或神学作为批判的对象。"③

如同黑格尔的宗教哲学与法哲学的密不可分,在青年黑格尔派激

---

① 布鲁诺·鲍威尔:《犹太人问题》,聂锦芳、李彬彬编:《马克思思想发展历程中的"犹太人问题"》,中国人民大学出版社,2017年,第94页。
② 《费尔巴哈哲学著作选集》上卷,荣震华等译,人民出版社,1959年,第84页。
③ 《费尔巴哈哲学著作选集》下卷,荣震华等译,人民出版社,1959年,第21页。

烈的基督教讨论背后,是对作为自由理性的现代国家的理论想象。施特劳斯、鲍威尔与费尔巴哈的宗教批判不可避免地包含着政治维度。施特劳斯对于黑格尔学派的左派、右派、中间派的命名,就是参照法国议会政治中左、中、右的流行划分而作出的①;在他号召德国人民投身于宗教批判的事业的时候,"绝不是要他们脱离政治,而仅仅是指出了解决政治问题的最安全、最有效的方式。"②早期鲍威尔之所以将批判的锋芒限定在基督教范围,是因为他和当时多数青年黑格尔派成员一样,坚信普鲁士国家作为一个理性的国家,会站在批判和科学这边来反对宗教和教条。这种心态也体现在卢格发表在《哈雷年鉴》的《新教与浪漫主义》一文中:普鲁士是在浪漫主义的影响下变得反动的,为此需要像以往宗教改革那样,重新使其成为自由的国家。③ 就连被马克思批评"强调自然过多而强调政治过少"的费尔巴哈,也在提倡类哲学的话语中包含了反对依据人格上帝观念的复辟政治、利己主义的资本主义精神④;这也是日后经过赫斯的理论中介,费尔巴哈被视为德国社会主义奠基者的重要起因。

二、"德法同盟":德国理论与法国政治

青年黑格尔派宗教批判的政治维度,在普鲁士国内局势转变以及法国政治思想冲击下,逐步凸显为直接的政治批判。自 1840 年威廉四世上台后,尽管他在思想上倾向于浪漫主义和天主教,但却在 1840 年

---

① 参见施特劳斯:《为捍卫我的〈耶稣传〉一书所作的论战文》,转引自麦克莱伦:《青年黑格尔派与马克思》,夏威仪译,商务印书馆,1982 年,第 4—5 页。
② 施特劳斯:《耶稣传》第 1 卷,吴永泉译,商务印书馆,1981 年,第 14 页。
③ 参见卢格:《新教和浪漫主义。论对我们时代及其矛盾的理解》,转引自科尔纽:《马克思恩格斯传》第 1 卷,刘丕坤等译,生活·读书·新知三联书店,1963 年,第 164 页。
④ 参见布雷克曼:《废黜自我:马克思、青年黑格尔派及激进社会理论的起源》,李佃来译,北京师范大学出版社,2013 年,第 108—109 页。

到 1842 年期间放宽了书报检查,这为青年黑格尔派宗教批判和政治批判的开展以及传播提供了便利。面对近邻法国在大革命中塑造的现代国家和政治文明,德国知识分子在理论上谋求"德法同盟"、开辟现代化的德国道路的呼声也愈加强烈。

黑格尔不仅在哲学中理解德国的基督教与现代国家,更为关键的是将其锚定在由现代性开启的世界历史进程中。他认为,启蒙运动和法国大革命标识了"现代"的产生:"启蒙运动从法兰西输入日耳曼,创造了一个新思想、新观念的世界",这个思想原则把我们带到了"历史的最后阶段,这就是我们的世界,我们的时代"。[①] 这种自力更生、自己替自己制定规范的准则,正是现代不同于其他时代的地方。[②] 面对法国革命的激进态势与德国本土的保守落后之间的"时代错乱",黑格尔试图在"精神"层面证明德国理论与法国政治具有在现代性事业中的同等地位。这是源于路德的宗教改革通过消除信仰的外在性,激发了"日尔曼民族的内在性",使其认识到"人类靠自己是注定要变成自由的"[③];这种内在性的理论禀赋,有助于德国人在"新教世界"中调和启蒙运动的自由观念,而无须像法国那样在反抗教会的斗争中导向政治革命。这在黑格尔看来,很好地解释了为何德国人总是满足于"平静的理论",而法国人却企图使它发挥实际效力。

青年黑格尔派构想的"德法同盟"就是在这种世界历史意识中萌发的,他们的先驱是海涅和切什考夫斯基。在 1834 年流亡巴黎期间发表的《论德国宗教和哲学的历史》中,海涅效仿黑格尔的做法,将德国哲学革命与法国政治革命等量齐观:"如果人们在康德哲学中看到恐怖主义的国民代表大会,并在费希特哲学中看到拿破仑帝国,那么在谢林先生哲学中就可以看到相继而来的复辟的反动",并最终在黑格尔

---

① 黑格尔:《历史哲学》,王造时译,上海书店出版社,2006 年,第 412、413 页。
② 参见哈贝马斯:《现代性的哲学话语》,曹卫东译,译林出版社,2011 年,第 8 页。
③ 黑格尔:《历史哲学》,王造时译,上海书店出版社,2006 年,第 388、391 页。

哲学中理解七月革命的历史意义。① 然而,黑格尔讲授历史哲学之后的十年里,德国政治已经被保守主义支配,受法国1830年革命鼓动的自由派运动也遭到猛烈打击,如何使德国的现代国家理论切近德国的保守主义现实,是海涅面临的棘手难题。为此,他不得不求助于重释宗教改革的哲学意义,将感觉主义而非内在性作为新教留给德国哲学的重要遗产②,以此来建立政治行动的可能性。切什考夫斯基在另一个维度回应了海涅提出的问题。在1838年出版的《历史哲学导论》中,切什考夫斯基在黑格尔历史哲学所划分的三个时期中看到了认识未来的可能模式,将回溯过往的思辨哲学与指向未来的实践哲学明确区分开来:"哲学也必须从理论的高地下降到实践中去。实践哲学,或者更加正确地说是关于实践的哲学(它对生活和社会条件的具体影响相当于两者在具体活动中的运用)——这是哲学普遍的未来命运",未来的自由将在社会生活层面得到客观地实现,而不像黑格尔那种从未真正摆脱路德教派的内在性含义上的自由。③ 切什考夫斯基的实践哲学以及他对法国社会主义者傅立叶、圣西门思想的关注,有力促进了青年黑格尔派理论运动的世俗化④,"行动""实践"跃升为这一运动的关键词。

切什考夫斯基反思黑格尔历史哲学的实践路径,无疑启发了此时的赫斯。在写于1841年的《欧洲三头政治》中,赫斯展开了对青年黑格尔派的两重反思:第一,作为黑格尔的弟子不应该固执于其哲学体

---

① 参见:海涅:《论德国宗教和哲学的历史》,海安译,商务印书馆,2016年,第149—150页。
② 参见海涅:《论德国宗教和哲学的历史》,海安译,商务印书馆,2016年,第58页。
③ 切什考夫斯基:《历史哲学导论》,转引自阿维纳瑞:《马克思的社会与政治思想》,张东辉译,知识产权出版社,2016年,第146页。
④ 这种世俗化就表现在,《历史哲学导论》成为一部青年黑格尔派在"政治上的预言书",其政治批判获得了实践哲学的支撑。(参见麦克莱伦:《青年黑格尔派与马克思》,夏威仪译,商务印书馆,1982年,第13页)

系中的某个原理,这些都是作为思辨认识的"过去的哲学",相反,"黑格尔哲学及整个德国哲学的这个最后阶段已经是对过去的哲学的否定的运动",是"过渡到行动的哲学""未来的哲学"。① 第二,作为未来哲学的行动哲学,将是哲学与现实生活、德国精神与法国行动的协调,"德国的自由和法国的自由是相互作用的,这件事有着现代的本质的倾向",这种哲学之现代性,就在于它释疑了当年黑格尔、海涅也面临的问题:德国历经宗教改革,之所以尚未获得精神的自由,就在于缺乏"有意识的自由的行动"。② 携带着对未来哲学的希望,赫斯在1841年前后积极参与了《莱茵报》的创刊,德国与法国、理论与实践、批判与行动的关系问题,逐步成为以《莱茵报》为阵地的青年黑格尔派内部争论的焦点。

在实践哲学的视域中,社会主义、共产主义作为"法兰西思潮"开始进入德国思想界。伴随社会问题特别是贫困的出现、"富人与穷人的之间的普遍对抗",以及1842年在内的施泰因《当今法国社会主义和共产主义》一书的出版,包括赫斯、鲍威尔、马克思、恩格斯《莱茵报》编辑和撰稿人对社会主义、共产主义产生了浓厚兴趣。赫斯在科隆组织了一个以共产主义和社会问题为话题的阅读与讨论小组,马克思也在其列,其中阅读的书籍就涵盖了一些同时代法国社会主义者的作品,包括孔西得朗、蒲鲁东、勒鲁等。通过在《莱茵报》上发表多篇关涉贫困问题的文章以及关于社会主义的通讯,赫斯成为青年黑格尔派中推介法国社会主义的思想先锋。马克思正是在赫斯的直接影响下,加入了奥格斯堡《总汇报》与《莱茵报》围绕法国社会主义、共产主义的论战,在认可这是具有"欧洲性的重要意义"③的同时,坦陈自己对"法兰西思潮"还不具有实际的知识,有待深入研究。与此同时,身处英国的

---

① 《赫斯精粹》,邓习议编译,南京大学出版社,2010年,第18页。
② 《赫斯精粹》,邓习议编译,南京大学出版社,2010年,第35页。
③ 《马克思恩格斯全集》第1卷,人民出版社,1995年,第292页。

恩格斯则更为强调在工人运动的基础上诠释社会主义理论：不同于在德国"只要囫囵吞枣地读一本施泰因的内容贫乏的书，仿佛就通晓了什么"，在英国"这里的一切都是活生生的并且相互联系着，而且有扎实的基础和行动"。①

围绕法兰西思潮与工人运动，马克思与鲍威尔的思想关系也发生着转变。按照赫斯在行动哲学语境中对"过去的哲学"与"未来的哲学"的划分，鲍威尔由于将解放事业系于理论，仍旧是过去式的。面对呼声日高的政治实践，鲍威尔曾劝告马克思说："现在理论乃是实践的最有力的形式"，而后者也呼应道："哲学的实践本身是理论的"②。但是，在《莱茵报》期间对德国实际存在的社会问题的广泛评论，已经使得马克思对当时读到的包括鲍威尔兄弟、施蒂纳在内的"自由人"的政治主张感到失望："从理论上泛论国家制度，与其说适用于报纸，毋宁说适用于纯学术性的刊物。正确的理论必须结合具体情况并根据现存条件加以阐明和发挥"③。在其中，作为手段的批判活动开始极端化为目的本身，阻隔了理论批判推动实存变革的可能性，使得"批判"的理论活动愈发独立于"群众"的社会运动。马克思就是在这个层面指责"自由人"关于共产主义的探讨，并不是为政治行动服务而只是单纯追求"激烈的言辞"的"清谈共产主义"④。所以，鲍威尔兄弟与马克思才会在日后面对巴黎工人运动时，针锋相对地提出作为理论活动的"批判的社会主义"与作为革命实践的"群众的社会主义"。

伴随1842年末书报检查的加强与《莱茵报》的查禁，黑格尔的现代国家理论与德国落后的政治现实之间的矛盾愈发凸显。在哲学的实践转型与法国社会主义思潮的复合语境中，对黑格尔法哲学进行批判

---

① 《马克思恩格斯全集》第3卷，人民出版社，2002年，第436页。
② 《马克思恩格斯全集》第40卷，人民出版社，1982年，第258页。
③ 《马克思恩格斯全集》第47卷，人民出版社，2004年，第35页。
④ 参见恩格斯对初识马克思的回忆，《马克思恩格斯全集》第39卷，人民出版社，1974年，第452—453页。

性分析的必要性与费尔巴哈人类学的重要性共同凸显了出来。正是在对费尔巴哈人类学的政治化与社会化理解中,卢格、赫斯与马克思"一时都成为费尔巴哈派了"①。

费尔巴哈在写于 1842 年的《关于哲学改造的临时纲要》和次年作为这部"纲要"扩充版的《未来哲学原理》中,以人类学为线索提出了"主谓颠倒""自我异化"和"德法混血"的整套关于"新哲学"的理论设想。他在主词和谓词的颠倒关系中深化了《基督教的本质》的主题——黑格尔思辨哲学的秘密是神学,这种思辨哲学是将超于人之外的思维作为主词,而真理却是:"存在是主体,思维是宾词。思维是从存在而来的,然而存在并不来自思维。"②更重要的是,之所以造成这种主谓颠倒,就在于人的存在的自我异化:"只有思维与存在的真正统一分裂的时候,只有首先通过抽象从存在中取出它的灵魂和本质,然后又在这个从存在中抽出来的本质中找到这个本身空洞的存在的意义和根据的时候,才能从思维中引申出存在。"③根据这两个原则,他回到感性存在及其自我异化根源,指认了"法国人和德国人的混合血统":"只有存在与本质结合、直观与思维结合、被动与主动结合、法国感觉主义和唯物主义的反经院派的热情原则与德国形而上学的经院派的冷淡态度结合起来的地方,才有生活和真理。"④相较于切什考夫斯基和赫斯的未来哲学,费尔巴哈将融合法德哲学的根本落在了人身上;这种关涉人的新哲学是从基于思维与存在相分裂的思辨哲学(理论)转向了基于存在本身、理论与实践相统一的实践哲学。

---

① 《马克思恩格斯文集》第 4 卷,人民出版社,2009 年,第 275 页。
② 《费尔巴哈哲学著作选集》上卷,荣震华等译,人民出版社,1959 年,第 102、115 页。
③ 《费尔巴哈哲学著作选集》上卷,荣震华等译,人民出版社,1959 年,第 115 页。
④ 《费尔巴哈哲学著作选集》上卷,荣震华等译,人民出版社,1959 年,第 111—112 页。

三、"现代的自我解放":政治革命与社会革命

德国与法国的理论同盟、推动哲学的现实化,已经成为卢格、赫斯、恩格斯、马克思等德国知识分子的基本共识。对于"从何处来"即否定德国的"旧世界"是没有疑问的,然而,对于"往何处去"即展望德国的"新世界"的讨论尽管热烈但却莫衷一是。这种认识分歧,直接体现在卢格与马克思围绕《德法年鉴》"办刊方案"而展开的激烈争论上。在马克思眼中,卢格以"自由刊物"为载体力图实现的政治纲领,已经不再符合德国现状;与赫斯和恩格斯的立场相近,马克思也认为德国亟需的是立足市民社会本身的社会革命,这才是"德国式的现代问题"的解决方案。这种对德国问题的不同解答,根源在于他们对黑格尔现代国家理论以及费尔巴哈人类学的不同理解和改造。

黑格尔的现代国家理论是在对法国大革命的反思中确立起来的。法国大革命期间的政治失序、恐怖统治,与其原初主张的理性原则反差甚大。黑格尔在对卢梭的批评中表达了自己的国家理念:卢梭已经察觉到基于个体平等而建立的契约论国家以及作为市民社会中财产保证者的功利论国家的局限,提出要将国家建立在意志之上;然而,这种普遍意志只是单个人的意志的联合,这种国家仍旧被单个人的任性、意见所左右,于是"人们根据抽象思想,从头开始建立国家制度","又因为这都是缺乏理念的一些抽象的东西,所以它们把这一场尝试终于搞成最可怕和最残酷的事变"①。为了摆脱抽象理智,黑格尔提出以普遍性的国家概念统摄市民社会的特殊性的思辨逻辑:现代国家"使主观性的原则完美起来,成为独立的个人特殊性的极端,而同时又使它回复到实体性的统一,于是在主观性原则本身中保存着这个统一。"②可以说,

---

① 黑格尔:《法哲学原理》,范扬、张企泰译,商务印书馆,1961年,第255页。
② 黑格尔:《法哲学原理》,范扬、张企泰译,商务印书馆,1961年,第260页。

为了谋划适合于德国状况的现代化道路,黑格尔在承认法国政治成就和英国社会发展成果的基础上,设想了在国家观上资产阶级与君主制的和解方案。

在1842年8月写作的《黑格尔法哲学与我们时代的政治》中,受到费尔巴哈主谓颠倒原则影响的卢格,对黑格尔法哲学的理论态度是两重的。一方面,他肯定黑格尔面对市民社会局限性时提出的政治国家方案:黑格尔"明确地把'作为市民社会的需要的国家'与自由国家或其现实相区分,并提出一种前无古人的深刻国家概念",所以"现时代乃是政治的时代,尽管要让现时代获致充分的政治性,我们仍得做不少工作"①。另一方面,他也在费尔巴哈颠倒黑格尔哲学的意义上进一步指出了其法哲学的颠倒性和非批判性:"整个黑格尔哲学转而使自身隔绝于鲜活的历史,偏安于理论的立场而使之绝对化,这也是其法哲学的失败之处",因此,"我们不可能从绝对意义上把握国家并使之超脱于历史,因为每种国家概念(恰如每种特定的哲学)本来就是历史的产物"②。在政治化运用费尔巴哈的人类学方法上,卢格与马克思是相近的,差异在于:前者在政治国家范围内批判国家概念与其具体形式的颠倒关系,推动政治革命;后者则将这一原则普遍化,关注国家与市民社会的颠倒关系,觉察到政治革命的非彻底性。赫斯与马克思在这一点上是一致的。

赫斯在法国大革命所形成的国家生活中看到了普遍存在的"政治二元论":具体的个人自由与普遍的公共自由之间的分离,"抽象不可能再深化了,二元论达到这样的高度,不能再保障下去。这是急变。即,这是革命和批判主义的开始"③。他从人的自我异化的哲学视角指

---

① 卢格:《黑格尔法哲学与我们时代的政治》,《当代国外马克思主义评论》2018年第1期,第75、83页。
② 卢格:《黑格尔法哲学与我们时代的政治》,《当代国外马克思主义评论》2018年第1期,第83页。
③ 《赫斯精粹》,邓习议编译,南京大学出版社,2010年,第93页。

认这场革命应是"社会"的革命:"真正的人只过着类的生活,他不会把个人的、特殊的生存与公共的生存分开",这种类生活就是"社会","一个由这样健全的肢体组成的社会,根本就不会是我们称之为国家的那种东西"。①

通过克罗茨纳赫时期的政治史考察以及对黑格尔法哲学逻辑的人类学反思,马克思也认识到,尽管黑格尔深刻地指认了市民社会与政治国家的分离是一个矛盾,但这只是"现象的矛盾",而没有深入本质层面:"市民社会在这里,在自己内部建立起国家和市民社会之间的关系。"②市民社会与国家的二元论源于市民社会内部人的存在方式的二重化,即作为市民的私人与作为公民的社会存在物的分离。这是市民社会中人的自我异化的"特有逻辑"。奠基于国家与市民社会相分离的政治解放,只不过是市民社会的政治行动的结果、是体现特殊私人利益的不彻底的解放形式。因此,彻底的德国革命是在市民社会内部实现人的自我解放、使现代世界从私有财产及其利己主义的"犹太精神"中解放出来。这种呈现市民社会自身逻辑、在人的自我异化中寻求自我解放的思路,被马克思称为"社会思想"。与之相反,卢格采用的"政治理智"是在维持市民社会与政治国家的二元论基础上理解社会:"政治理智之所以为政治理智,就因为它是在政治范围以内思索的。它越敏锐,越活跃,就越没有能力理解社会缺陷。"③面对德国的贫困问题和西里西亚织工起义,卢格认为这只是政治革命尚未完成的表现,而马克思针锋相对地提出:由于国家恰恰是建立在具有特殊利益的市民活动和代表普遍利益的行政管理权力的分离之上,所以一切从国家本身出发的政治举措都是难以深入赤贫的社会根源并予以消除的。

政治革命的有限性预示了社会革命的必要性。赫斯、马克思对市

---

① 《赫斯精粹》,邓习议编译,南京大学出版社,2010年,第48、49页。
② 《马克思恩格斯全集》第3卷,人民出版社,2002年,第97页。
③ 《马克思恩格斯全集》第3卷,人民出版社,2002年,第387页。

民社会的自我异化根源的剖析,一方面,意味着以国家普遍性为内核的超越方案即"政治解放"将遭遇自身的"限度";另一方面,也意味着人在市民社会本身之中具有实现自我解放的可能性,这与同样凸显"社会"力量的社会主义和共产主义理路具有相契性。正如施泰因指出的,"过去,一直是国家形成并制约着社会,而现在法国的社会运动,虽然不是完全自觉地,却企图用社会的概念和现实生活来形成并制约国家"。①

在联合法国社会革命与德国理性革命的实际操作中,赫斯实现了对法国社会主义、共产主义的德国化阐释:"虽然把傅立叶与黑格尔联系在一起是不可能的。但尽管如此,正是唯有在共产主义这种共同体的状态(Zustande der Gemeinschaft)中,费希特的根本理念才具有真正的意义和现实的可能性。"②这种现实的可能性就蕴含于"个体的生命活动的相互交换、交往,个体力量的互相激发"的共同活动、"类活动"③之中。为此,赫斯强调,人的精神自由只有在共同体状态而非孤立的个体(einzelne Individeun)中才能实现。在相似的语境中,马克思在深入市民社会自我异化的内部的过程中界划了人的原子论存在与人的"共产主义存在"。人的原子论存在就是人在市民社会中的双重性即私人与社会化的人,而人的共产主义存在就是"使人的世界即各种关系回归于人自身",就是"人认识到自身'固有的力量'是社会力量,并把这种力量组织起来因而不再把社会力量以政治力量的形式同自身分离"④的状态。实际上,赫斯与马克思都说过,对于德国而言,社会主义而非政治国家,才是实现"人的高度的革命"的彻底形式。由此,以

---

① Lorenz von Stein, *Socialismus und Kommunismus des heutigen Frankreichs*, 转引自科尔纽:《马克思恩格斯传》第1卷,刘丕坤等译,生活·读书·新知三联书店,1963年,第481页。
② 《赫斯精粹》,邓习议编译,南京大学出版社,2010年,第113页。
③ 《赫斯精粹》,邓习议编译,南京大学出版社,2010年,第138、139页。
④ 《马克思恩格斯文集》第1卷,人民出版社,2009年,第46页。

国家与市民社会的关系为对象的"法哲学"研究开始让位于解剖社会中经济活动、政治行动的"政治经济学"与"社会主义"研究。

就政治经济学与社会主义及其思想关系的研究而言,恩格斯在当时青年黑格尔派之中独树一帜。恩格斯对政治经济学的批判,既不同于对德国思想界影响颇深的蒲鲁东的所有权批判,也不同于赫斯的货币哲学的人类学底色。按照马克思的说法,恩格斯"在1844年就以他最初发表在马克思和卢格在巴黎出版的《德法年鉴》上的《国民经济学批判大纲》引起了注意。《大纲》中已经表述了科学社会主义的某些一般原则"①,这些原则集中表现在对政治经济学的私有制前提的批判。在他看来,由于"经济学没有想去过问私有制的合理性的问题",于是陷入了"科学"论证与私有制前提的矛盾之中;并且,基于私有制的竞争关系所导致的生产过剩、商业危机,"必定引起一场社会革命"②。实际上,当时英国社会主义者汤普逊、布雷已经在反对私有制的基础上考察、利用政治经济学:"正如英国社会主义者早就在实践中和理论上证明的那样,反对私有制的人能够从经济的观点比较正确地解决经济问题。"③对此,恩格斯强调,政治经济学的矛盾也就是私有制的矛盾,有必要为超越私有制的社会革命提供新的政治经济学论证。在这种思想进阶中,马克思与恩格斯逐步成为合作者,具有社会主义原则高度的无产阶级实践成为他们共同的探索方向。

四、德国的社会主义:个人与共同体

在肯定社会革命的意义上,赫斯、马克思、恩格斯将德国人的解放与社会主义本质地关联了起来,而这种关联的可能性尚且有赖于费尔

---

① 《马克思恩格斯文集》第3卷,人民出版社,2009年,第491页。
② 《马克思恩格斯全集》第3卷,人民出版社,2002年,第443、461页。
③ 《马克思恩格斯全集》第3卷,人民出版社,2002年,第446页。

巴哈的人类学,因而形成的是带有人道主义性质的社会主义。这也是德国社会主义区别于法英社会主义的重要标识。如何理解个人与共同体及其相互关系,便成为支持或反对社会主义的青年黑格尔派成员争论的焦点。施蒂纳、费尔巴哈、格律恩、马克思等人之间的对话就是由此而展开的。

人的自由和解放的实现有赖于共同体,是黑格尔与费尔巴哈共有的哲学观点。在黑格尔看来,市民社会是原子论的体系,在这里伦理共同体中个人与类的统一被瓦解了,个人是作为零散的、原子化的私人而相互对立,因而出现了一切人对一切人的战争;国家的意义就在于,使得人们意识到,他们的"特殊满足、活动和行动方式,都是以这个实体性的和普遍有效的东西为其出发点和结果",在这种情况下,人不仅作为私人和为了本身目的而生活,而且"承认普遍物作为自己实体性的精神,并把普遍物作为它们的最终目的而进行活动"。① 这种普遍性是内在于个人的,人的普遍性就在于其共同体的存在方式。黑格尔理解共同体的伦理视角,在费尔巴哈的人类学中获得了批判性的发展:"人的本质只是包含在共同体之中,包含在人与人的统一之中"②,但是新哲学的主体不再是黑格尔式的抽象理性、绝对精神,而是与人的感性、自然存在不可分离的现实本质。在他看来,与利己的、孤立的个人不同,人的本质只包含在以爱为自然纽带的、我与你相统一的"共同体"(Gemeinschaft)和类存在(Gattungswesen)中,因此,哲学的最高和最后的原则,就是人与人的统一。

在这种传统中,赫斯与马克思才会以共同体的视角融合费尔巴哈人类学与法英社会主义,证明社会革命之于德国人的解放意义。正如赫斯在评价费尔巴哈《未来哲学原理》时所说的,"类的人之所以成为

---

① 黑格尔:《法哲学原理》,范扬、张企泰译,商务印书馆,1961年,第254、260页。
② 《费尔巴哈哲学著作选集》上卷,荣震华等译,人民出版社,1959年,第185页。此处译文有改动,"共同体"(Gemeinschaft)在中文版中被译为"团体"。

现实的人,只因为这是一切的人能陶冶自己,都能发挥自己的能力的社会,即那是一切人都能实证自己的社会。——这个矛盾,只有社会主义才能解决"①。依据费尔巴哈的"类存在"概念、赫斯的"社会"概念,格律恩、皮特曼、泽米希、马特伊、吕宁等德国社会主义者立足"真正的人",提出了超越法国社会主义的"真正的社会主义"。按照格律恩的观点,"人是世界历史的最后结果。与侈谈工资、竞争,以及对宪法和国家制度的不满相比,这是对待问题的更可靠的——因为这是更切实的——态度……我们找到了人,即找到了已摆脱宗教、已摆脱僵死的思想、已摆脱一切异己的东西和由此产生的一切实际结果的人。我们找到了纯粹的、真正的人。"②在泽米希看来,"真正的社会主义"是对法国社会主义的理论补充:法国人"通过政治走向共产主义",而德国人则"通过最后变成人类学的形而上学走向社会主义"。③

以费尔巴哈为思想源头的"真正的社会主义"遭遇到了来自青年黑格尔派内部的反对声音,特别是施蒂纳、马克思和恩格斯。1844年10月底施蒂纳的《唯一者及其所有物》的出版,是一个十分特殊且重要的理论事件。在该书中,他直击德国人道主义及其社会主义的理论缺陷,引发了广泛的争论。马克思、恩格斯也借此契机,在回应施蒂纳的同时,开启了对包括费尔巴哈在内的青年黑格尔派及其社会主义理论的总体反思。

施蒂纳的批判对象涉及费尔巴哈和"真正的社会主义"。在他看来,费尔巴哈的哲学命题——"人是人的最高本质"塑造了新的宗教,因为无论是"人"(Menschen)的提法、主谓颠倒原则还是人的"感性存在"都没有改变一个事实:人的本质仍旧是彼岸的,只是从作为"外部

---

① 《赫斯精粹》,邓习议编译,南京大学出版社,2010年,第187页。
② 格律恩:《费尔巴哈和社会主义者》,转引自《马克思恩格斯全集》第3卷,人民出版社,1960年,第575—576页。
③ 泽米希:《共产主义、社会主义、人道主义》,转引自《马克思恩格斯全集》第3卷,人民出版社,1960年,第539—540页。

的彼岸"的"神"转移到作为"内部的彼岸"的"人",费尔巴哈不过是完成了一个从神学到人类学的"易主的过程"①。这种语境中的"人"仍旧是作为抽象的、彼岸的"本质",凌驾于"现实的人即我(Ich)"之上,个人被迫按照"人类""感性存在"等概念法规来生活。针对马克思《论犹太人问题》的人的解放思路,施蒂纳批评道:"为了把我完全与人等同起来,有人发明和提出了要求:我必须成为一个'真正类的存在'"②。相应的,以这种人类学为支撑的社会主义也面临着施蒂纳的挑战:社会革命尽管具有相对于政治革命的彻底性,但仍旧是"使自己屈从于一个劳动者社会的至高权威之下","社会"成为了"新的主子"、新的"最高本质"③,"真正的社会主义"自然难逃这种理论上的责难。

面对施蒂纳的指摘,费尔巴哈曾撰文回应过:唯有在人的感性存在中才能理解施蒂纳所谓的个人,这些个人不仅是利己主义者,更是共同体中的共产主义者,"把人的实体仅仅置放在社会性之中——他是社会的人,是共产主义者"。④ 施蒂纳与费尔巴哈的这场论战,在赫斯和马克思看来,仍旧是停驻在理论层面的"哲学的妄想";实际上,个人与共同体之间的关系是一个实践中才能解决的理论问题。正如赫斯所说,"从理论上扬弃个别的人和作为类的人区别的尝试,由于如下的原因而全部失败。即,只要实践上没有扬弃人的个别化、个别的人,即使他认识了世界和人类、自然和历史,现实上也只是个别化的人,仍然是作为个别化的人而存在。人们陷入的分离状态,在实践上只有通过社会主义,即人们紧密团结,在共同体中生活,在其中劳动,并通过扬弃私人所得,才能够得到扬弃"。⑤ 马克思也在相似意义上指出,费尔巴哈

---

① 施蒂纳:《唯一者及其所有物》,金海民译,商务印书馆,1989年,第35、62页。
② 施蒂纳:《唯一者及其所有物》,金海民译,商务印书馆,1989年,第192—193页。
③ 施蒂纳,《唯一者及其所有物》,金海民译,商务印书馆,1989年,第134、135页。
④ 《费尔巴哈哲学著作选集》下卷,荣震华等译,人民出版社,1959年,第426、435页。
⑤ 《赫斯精粹》,邓习议编译,南京大学出版社,2010年,第183—184页。

不过是"把表达现存世界中特定革命政党的拥护者的'共产主义者'一词变成一个空洞范畴"即"人"的谓词。①

不过,赫斯与马克思的相似立场并不能掩盖两人思想上的实质差异。尽管在社会革命的人类学论证上,赫斯与马克思都是在类存在层面阐释人的解放的社会主义道路,但是不同在于,马克思是在特定的市民社会批判语境中引入费尔巴哈人类学的:在解构了市民社会与国家的二元关系后,直接面对的是市民社会中现实的人的自我异化而非具有神圣形象的人的自我异化;相应地,建构的是现实的"人的解放",而非一般性的"人的解放"。马克思已经意识到:德国从抽象的"社会""人"本身出发,将劳动视为理想化的劳动是一种误解,仍旧是"用一种范畴代替另一种范畴"。因此,身处社会关系中的人的解放过程,将是物质生产运动和无产阶级革命运动,而非赫斯所强调的伦理性活动。这也是为什么马克思在布鲁塞尔和曼彻斯特全身心投入到政治经济学著作的研读中,并与恩格斯一同系统反思德国社会主义的局限性。②

马克思和恩格斯在两个思想层面为规划具有科学形态的德国社会主义道路提供了方向。其一,社会主义的理论生成于工人运动的实践。在《莱茵报》时期批评"自由人"以及巴黎时期批判鲍威尔兄弟"批判的社会主义"时,马克思、恩格斯已经觉察到社会主义、共产主义理论离不开法英两国的群众运动;经历了1845年春的政治经济学系统研读和社会主义思想史梳理,他们进一步指认了实践的唯物主义内涵,即物质生产与工人运动。在这个意义上,社会意识是被意识到的社会存在,社会主义意识是在无产阶级运动中生成、变化的;脱离或遮蔽这种社会生

---

① 《马克思恩格斯文集》第1卷,人民出版社,2009年,第548页。
② 赫斯的思想处在变化发展之中,他与马克思、恩格斯共同批判"德意志意识形态",可以视为是一定程度上"力图克服自己是'真正的社会主义'的幻想"。(参见《马克思恩格斯全集》第47卷,人民出版社,2004年,第334页;马列宁、申卡鲁克:《黑格尔左派批判分析》,曾盛林译,社会科学文献出版社,1987年,第196页)

活根基的意识、观念、理论都被指认为"意识形态"。所以,当"真正的社会主义者"将法国的社会主义文献仅仅作为理论著作进行转译和阐发,而非视为现实工人运动的产物时,便将社会主义理论与德国本土的现实分离开了。其二,借助回应施蒂纳的契机,马克思、恩格斯在人的感性活动特别是物质生产层面指出,"现实的个人"(wirkliche Individuen)不是想象中的个人,而是属于"一定的社会形式",即在一定的、现存的交往形式和社会关系下进行物质生产的个人。个人所处的共同体具有历史性质,经历着从"虚假的共同体"到"真正的共同体"的转变;个人的存在方式也经历了从"阶级的个人"向"有人格的个人"(persönlichen Individuum)的转型。相反,施蒂纳却使得个人所处的一切现存关系和经济基础失去了其实证内容,作为替代共同体方案的"联盟",也只是汲取傅立叶关于未来社会组合的设想,把现存的对抗性交往关系"全部搬到他那种给人们带来幸福的'相互协议'的新制度中去"①。

概言之,在德国现代化境遇中,如何批判地接续宗教传统、回应法国政治建制、主动关注工人运动、阐释社会主义理论,都表征了青年黑格尔派成员积极介入现实的理论姿态。这批德国知识分子的主张之所以被马克思批评为"德意志意识形态",并不在于他们忽视了德国现实,而是在于,以错误的方式理解乃至构想德国现实。德国哲学与现实、理论与实践的关系,在马克思的唯物主义历史观中被自觉把握到了,由此才开辟出以科学社会主义为定向的德国道路。

(作者 中国社会科学院哲学研究所助理研究员)

---

① 《马克思恩格斯全集》第3卷,人民出版社,1960年,第487页。

Marx and Young Hegelians in German Modernization

HAN Meng

Abstract: The relationship between Marx and the Young Hegelians is not only a matter of academic theory, but also topic of thought to be presented in the situation of German modernization. The criticism of religious philosophy, the establishment of the German-French alliance, the differences between the political revolution and the social revolution, and the Germanization of socialism in the theoretical movement of the Young Hegelians all reflect their tentative exploration and solution to the German form of modern problems. The thought thread of the Young Hegelians and its interaction with Marx will provide a new perspective for breaking through the existing research approaches and deepening the understanding of the significance of Marx's philosophical transformation.

Key Words: German; modern; Young Hegelians; Marx

论马克思《论犹太人问题》中现代政治国家的宗教性

王旭荣

摘要： 在青年马克思思想的发展历程中,《论犹太人问题》是一个相当关键的文本。马克思在批判鲍威尔对"犹太人问题"的神学提法的时候,把宗教和政治的关系转变为政治国家和市民社会的关系问题。并且,继承和发挥《黑格尔法哲学批判》中关于抽象政治国家的思想,他进一步把现代政治国家解读为完成了的基督教国家,以此消解和克服鲍威尔对基督教国家的定义。这样,马克思不仅揭露了被鲍威尔误解的政治解放的意义及其限度,同时还准确地揭示了现代政治国家本身的宗教性。作为宗教的基督教死于启蒙理性的批判,而作为国家的基督教则在法国大革命中复活。

关键词： 犹太人问题　政治国家　基督教国家　政治解放

马克思在《导言》中说,"对天国的批判变成对尘世的批判,对宗教的批判变成对法的批判,对神学的批判变成对政治的批判。"① 何以对宗教和神学的批判会必须转变为对政治和法的批判呢？为什么一旦人们揭露了人之自我异化的神圣形象,批判的任务也就变成了揭露具有

---

① 《马克思恩格斯文集》第 1 卷,人民出版社,2009 年,第 4 页。

非神圣形象的自我异化？这是因为,如马克思所说,"这个国家、这个社会产生了宗教,一种颠倒的世界意识,因为它们就是颠倒的世界。"①显然,这个具有非神圣形象的自我异化所意指的,正是现代国家和市民社会所构成的整个世俗生活本身就是一个颠倒的世界。对于市民社会的成员们来说,现代国家本身就是一种宗教,是他们在其中获得抽象的、非现实的人的主权的政治宗教。这些思想已经在《黑格尔法哲学批判》中得到了初步的表述:现代世界中政治国家与市民社会的分离意味着,"政治市民即国家公民脱离市民社会,脱离自己固有的、真正的、经验的现实性"②。因此,如果单个的市民要想成为现实的国家公民,就必须摆脱自己作为市民存在的现实性、走出自己现实的市民生活及其整个市民组织——也即成为纯粹的个体性的存在——而进入到在其市民生活之外形成的国家组织中去。在《论犹太人问题》中,马克思正是抓住了现代国家本质中的宗教性,反驳了鲍威尔"犹太人问题"的神学提法。

一、鲍威尔"犹太人问题"的神学提法

青年马克思曾有段时间,即从 1842 年起和鲍威尔保持着亦师亦友的关系。在 1841 年后,鲍威尔与黑格尔右派决裂,成为了青年黑格尔派的领袖人物。卢格甚至称他为"神学界的罗伯斯庇尔"。他发表的《犹太人问题》和《现代犹太人和基督徒获得自由的能力》是对德国解放犹太人事宜的讨论。

如利奥波德所介绍的,18 世纪的德国部分地区禁止犹太人定居、严格管控他们的定居地点和定居人身,犹太人也被收取重税。即使因为拿破仑的原因,德国部分地区对犹太人的公共态度有了好转,但是随

---

① 《马克思恩格斯文集》第 1 卷,人民出版社,2009 年,第 3 页。
② 《马克思恩格斯全集》第 3 卷,人民出版社,1998 年,第 97 页。

着拿破仑的倒台,这些曾经的进步又逐渐消退。在1815—1848年的普鲁士,仍然实行针对犹太人的歧视性法律和政策,包括限制他们的政治活动、禁止他们担任诸多公职、剥夺他们参与省议会的代表权、剥夺他们参与陪审团的权利,等等。①

在1841年底,威廉四世颁布敕令,提议在新立法中禁止犹太人参与公共事务,目的旨在将犹太人排除在社会主流之外。这项法令引起了社会广泛的讨论。鲍威尔是最先参与其中的人之一,先在《德意志艺术和科学年鉴》上以连载的形式发表了《犹太人问题》,并在1843年以单行本的增补版形式重新出版此文。② 这几篇文章也引起了激烈的回应和讨论,无论是支持还是反对犹太人解放,许多人都参与到论辩之中。

鲍威尔此文反对犹太人的解放,但其着眼点不是政治,而是宗教——确切说,着眼于犹太宗教本身的宗教性质。鲍威尔在文章中对犹太人和犹太教持有很严重的蔑视。作为黑格尔的信徒,鲍威尔也致力于一切宗教批判。在他看来,犹太教不仅和基督教根本上就是对立的,而且这两者也都与现代国家所实现的自由平等的政治权利根本上是冲突和对立的。鲍威尔的核心论证思路是,犹太人作为犹太人、作为信奉犹太教的犹太人,是不可能成为现代国家的公民的;基督徒也不可能。因为犹太教和基督教,就它们本身作为宗教而言,是与自由人和公民相对立的。

众所周知,这位"神学的罗伯斯庇尔",他的哲学立场是批判一切宗教和神学。正是他第一个指出,不是青年黑格尔派,而是他们的生身父亲,即黑格尔,就已经是"无神论者"了。鲍威尔不仅彻底发展了黑格尔哲学中自我意识的那一面,而且也强调,黑格尔的宗教哲学不仅是

---

① 参见[英]大卫·利奥波德:《青年马克思——德国哲学、当代政治和人类繁荣》,刘同舫、万小磊译,中山大学出版社,2017年,第103—105页。
② 参见李彬彬:《重读马克思:文本及其思想 第三卷 以"犹太人问题"为中心的考察》,中国人民大学出版社,2018年,第91页。

对宗教的哲学解释,而且更是以哲学的方式摧毁了宗教①。简言之,宗教和哲学无法统一。黑格尔宗教哲学的成功同样也意味着所有宗教的失败。用绝对观念论解释基督宗教,这无异于将基督宗教从神圣者那里解脱出来、无异于证明基督宗教本身的非神圣性。马克思在《黑格尔法哲学批判》中对宗教和哲学之二元端项关系的阐述,显然也是受到了鲍威尔的启发——哲学理解了宗教,这是因为哲学理解了宗教的虚幻的现实本质。

鲍威尔认为,黑格尔赋予了无神的自我意识的运动以神的属性。而对于基督这位人和神之间的中保,黑格尔采取的神话式解经方法本身表明,他不承认基督的实证性。在对福音书的历史考证上,鲍威尔比黑格尔和施特劳斯走的道路更远,也更彻底:他意图彻底解构基督教神学。并且,立足于自我意识的自由运动,他把任何宗教意识都看成是自我意识的异化,它不是对自我意识力量的证明,而是其丧失力量的证明。因此,彻底的解放就只有彻底地扬弃基督教意识、彻底去基督教化才能实现。与黑格尔不同,鲍威尔不再让自我意识在作为他物的宗教意识中安然自得、如在自身之旁(bei sich selbst);恰恰相反,获得解放的自我意识之自由乃是对于一切宗教意识的自由,是从一切宗教意识中脱落并获得独立性。"绝对",不再是黑格尔式的在他物那里就是在自己之旁,而是彻底地脱落、彻底地从其中释放出来,从而获得完满的自身性和自主性。

也正是从这个立场出发,鲍威尔是通过对犹太教的批判来提出他的"犹太人问题"的解决。因此,他的回答本身也就包含在他的问题之神学提法之中了。

对犹太教的宗教批判而言,鲍威尔认为犹太教是非历史的、排他性的、实定性的、虚伪的和不自由的。自始至终犹太教都奉行摩西戒律,

---

① 参见[德]洛维特:《从黑格尔到尼采》,李秋零译,生活·读书·新知三联书店,2019年,第460—462页。

其宗教精神也就停留在了摩西戒律之上。而排他性则在于,犹太人根深蒂固地持有与其他民族不平等的信念：唯有他们是上帝的选民,而其他民族则是罪人;唯有他们有持戒的资格和权利,而上帝并没有为其他民族立法。戒律对于他们就是实定性的上帝意志的表现,高于一切外部环境和个人主观自由。实定性的戒律只要求和需要无条件的服从,连追问都是对上帝意志的僭越和不敬。而犹太教的虚伪和不自由在于,这些戒律中充满了各种偶然的要素,但它们却规定了整个生活的方方面面;并且当犹太人在现实中无法做到持戒,就想尽各种办法表现得符合教义;整个戒律在鲍威尔看来也是前后不一、自相矛盾的。①

至于基督教,鲍威尔认为它是犹太教的女儿,犹太教则是它的母亲。② 犹太教的弥赛亚观念是希望结束犹太人的苦难,而基督教所继承和发挥的弥赛亚观念是旨在所有基督徒的救赎。基督教也打破了犹太教封闭狭隘的民族性,主张恩典将降临于所有信仰上帝的人身上;但基督教的普世性不是绝对的,因为它将犹太教和其他民族的区别变成了基督教信仰和其他一切宗教信仰的区别。既然基督教精神是犹太教精神更高的发展,那么,也就享有更高的权利。在这个意义上,鲍威尔认为基督教国家完全有权利对犹太人实行不平等的法律和政策。

尽管基督教比犹太教更自由、也更优越,不过鲍威尔坚持认为,任何宗教都与真正的自由相冲突,也与现代政治权利相冲突。如利奥波德所说,鲍威尔主张的真正自由"要求个体理解并承认人类的共性"③,而一个实现"真正的自由的"社会不仅要求将人类的自由从宗教的普

---

① 参见李彬彬:《重读马克思:文本及其思想 第三卷 以"犹太人问题"为中心的考察》,中国人民大学出版社,2018年,第101—103页。参见大卫·利奥波德:《青年马克思——德国哲学、当代政治和人类繁荣》,刘同舫、万小磊译,中山大学出版社,2017年,第107—109页。
② 参见[英]大卫·利奥波德:《青年马克思——德国哲学、当代政治和人类繁荣》,刘同舫、万小磊译,中山大学出版社,2017年,第110页。
③ 参见[英]大卫·利奥波德:《青年马克思——德国哲学、当代政治和人类繁荣》,刘同舫、万小磊译,中山大学出版社,2017年,第115页。

遍奴役和异化下解放出来,同样也要求社会和政治制度能够体现人类自由的普遍性。宗教由于其本质,由于其自身的对立性质不能与这种人类自由的普遍性相兼容。如鲍威尔所说,"宗教是对立的,它必须否定它的意志所追求的一切……它否定特权,却又在唯一者的统治以及随意选定的人的优先权中再次把特权生产出来……它想要提供自由和平等,却又拒绝这样做,反倒造成了不平等和不自由的经济……因为它没有在劳动和真实的斗争中消灭特权和奴役,而是听任它们继续存在。"①

在鲍威尔看来,虽然基督教发展了犹太教,但也只是促使人们要求平等、反抗特权:它既不为平等而发起斗争、也不在实践中反抗特权。正因如此,它恰恰在观念中把特权永恒化和神圣化。因此,鲍威尔认为,贯彻和执行宗教意识的要求,本身就会导致克服这种宗教意识。在他看来,启蒙、批判和获得解放的自我意识就是这种贯彻和执行。正如基督教高于犹太教,获得解放的自我意识也同样高于基督教。在鲍威尔看来,启蒙和基督教有着最深的渊源。如果说基督教比犹太教更虚伪、更狡猾,如果说基督教把人的非人性和不自由推向了极致,这也只是由于,基督教已然把握住了"人的最无限的概念"——却是以宗教的方式、在宗教意识中颠倒和扭曲了人的普遍自由的本质。这种理解显然也承自黑格尔:基督教是绝对宗教。但对鲍威尔来说也是如此,基督教是充分发展的、纯粹的宗教,是一切宗教的宗教,因此,启蒙、批判在基督教中有它真正的位置。当然,犹太教和希腊罗马的宗教也曾孕育着启蒙:但是相比基督教带来的启蒙,它们只是推翻不彻底的、尚未充分发展的、与爱国主义和人的利益等混融在一起的宗教。这些早期时代的启蒙带来了基督教,基督教孕育的启蒙则不仅意味着推翻基督教,而且也是彻底地推翻一切宗教。这是因为,基督教本身就其宗教表

---

① [德]布鲁诺·鲍威尔:《现代犹太人和基督徒获得自由的能力》,李彬彬译,《现代哲学》2013年第6期。

象而言,是人性和非人性、自由和不自由、纯粹和不纯粹等的包罗万象的顶点。从基督教孕育而来的启蒙就能理解,任何宗教意识和宗教信仰只是人类自我意识进展中的尚不自由的环节,它们本身的局限性不可能继续通过对宗教的哲学解释而得到克服。基督教俘虏了所有民族,这既是它的历史成就,也是它的所完成的历史使命。这一使命既然已经完成,它也就奄奄一息了。①

相比于基督教,犹太教固有的封闭保守的宗教精神,这种其方方面面都受到虚伪戒律规定的生活,就更没有资格也没有能力获得和享有现代政治的自由平等的权利了。因此,对鲍威尔来说,要解决犹太人问题,要让犹太人变成自由人和公民,就不是改信基督教,而是改信解体了的基督教,即启蒙、批判、获得解放的自我意识。鲍威尔的这种观点表明,现代政治自由及其公民权不仅依赖于政治国家之制度和法律方面的设计,也同样依赖于其公民必要的无神论信仰。这就是说,他们既要放弃一切宗教信仰,"因为自由的自我意识已经摆脱了所有现存的关系,和这些关系处于完全的对立之中",也同样要信仰全人类,因为"不想加入这个运动,而且不愿以人类为信仰的小团体和民族将会得到惩罚"。② 犹太人如果要做自由人和国家公民,就必须放弃他们幻想中的民族特权,以及所有被他们的宗教幻想发明的虚伪的戒律。对基督教而言,也是如此。

综上所述,鲍威尔的主张就是:只有消灭宗教,才能解决"犹太人问题"。唯有克服宗教意识和宗教精神对自由的自我意识的异化,才能成为现代政治的公民和自由人。鲍威尔的目的,如维兹·罗森所说,就是"摧毁基督教国家,把自由提高到力量和权力的水平,从而避免踩

---

① 参见[德]布鲁诺·鲍威尔:《现代犹太人和基督徒获得自由的能力》,李彬彬译,《现代哲学》2013 年第 6 期。
② [德]布鲁诺·鲍威尔:《现代犹太人和基督徒获得自由的能力》,李彬彬译,《现代哲学》2013 年第 6 期。

蹭社会和国家的危机。"①

二、政治解放的意义及其固有限度

马克思和鲍威尔一样,对犹太教和基督教也没有多少好感。不过,他论述的问题意识和问题提法与鲍威尔完全不同。他在《论犹太人问题》的开篇部分概括归纳了鲍威尔的核心观点:鲍威尔之所以把"犹太人问题"看作是现代世界中具有普遍意义的问题,是因为这个问题直指宗教和政治国家、直指宗教束缚和政治解放之矛盾的问题。马克思将鲍威尔解决"犹太人问题"的神学提法的核心回答归纳为,"我们必须先解放自己,才能解放别人。"②

在马克思看来,鲍威尔对问题的神学提法本身就决定了他的回答,"他对问题的表述就是对问题的解决。"③鲍威尔既然仅仅立足于神学的批判,那么神学的批判家仍然是批判的神学家——一个在对神学教条主义的批判中游刃有余,却从来没有超出神学教条主义范围的批判家、一个反神学的神学家。换句话说,鲍威尔对神学教条主义的理解仍然是神学教条主义式的。

针对鲍威尔的神学立场,马克思表明,他不仅误解了宗教束缚和政治解放的关系,因此,既混淆了人的解放和政治解放,又没有批判政治解放本身固有的限度;而且更为根本的是,他完全错估了政治解放所实现的无神论的、民主制的现代国家本身的宗教性,即现代国家才是完成了的基督教国家。

我们先从鲍威尔的第一个误解开始分析。

首先,与鲍威尔不同,马克思区分了"犹太人问题"在各个国家中

---

① [波]维兹·罗森:《布鲁诺·鲍威尔和卡尔·马克思——鲍威尔对马克思思想的影响》,王谨等译,中国人民大学出版社,1984年,第142页。
② 《马克思恩格斯文集》第1卷,人民出版社,2009年,第23页。
③ 《马克思恩格斯文集》第1卷,人民出版社,2009年,第25页。

不同的表现方式。当时的德国没有政治解放,确实如鲍威尔所说,是不折不扣的基督教国家。当时的法国,虽然实行了立宪制度,但是多数人信仰基督教,从而基督教在形式上仍然保持着国教的外观。那么,多数人信仰基督教和犹太人信仰犹太教,犹太人对法国的关系仍然在表面上还保持着宗教的、神学上的对立。就这两个国家而言,鲍威尔的神学批判还有一定的说服力。但是这也仅仅是表面上的说服力。这是因为,这两个国家都还不是政治国家的纯粹典型。而现实经验一旦证明,国家在政治上将自己从宗教和神学的束缚中解脱出来后并不试图废除或压制宗教,反而与其融洽相处,那么,"犹太人问题"这一问题连表面上的神学性质、神学意义的外观都失去了。

正是在当时的北美,马克思看到了对这一点的证明。在实行共和制度的美国那里,"犹太人问题"已经完全不再是神学问题了。于是,鲍威尔的神学批判对于美国连表面上的适用性都没有了。马克思则指出,在北美"犹太人问题"已经不再是一个神学问题,而是涉及国家的世俗结构问题。换句话说,这一问题如今涉及的乃是国家与其特定的世俗要素的关系。借助现实的经验材料,马克思把"犹太人问题"的核心内涵把握为政治国家与市民社会的关系问题。

马克思引用的博蒙、托克维尔和汉密尔顿的著作都指出,在美国的各自由州中,不仅没有多数人信奉的国教,也没有某一宗教对别的宗教的优势——国家和一切宗教都没有关系;美国宪法在政治特权和任何宗教信仰之间划清了界限,它规定任何公民不能因为宗教信仰而取得政治特权;同样,对于一个非宗教信徒的公民而言,他也不会因为自己宗教上的无信仰而被区别对待,不会因此被当成是不诚实的人。[①] 如利奥波德所说,马克思援引的这三部著作有个共同点,那就是对比当时美国社会中宗教的民事命运和政治命运,这些著作既表明了在美国政治权利和宗教的"脱钩",也同时表明了实现政教彻底分离的美国反而

---

① 参见《马克思恩格斯文集》第 1 卷,人民出版社,2009 年,第 27 页。

是最具有宗教性的土地。①

马克思从这些著作看到的正是这样的场景：在美国这样一个完成了政治解放的国家中，不仅宗教存在着，而且是生气勃勃地存在着。国家和宗教不仅彼此"脱钩"，而且还相安无事。这一点本身就证明，政治解放和宗教信仰并不冲突。这一现象也是反驳鲍威尔立论的最有说服力的经验事实。鲍威尔坚定地认为，宗教是产生国家中政治特权和政治压迫的原因，国家也不可能还在宗教存在的时候消灭废除特权制度；可是在共和制的美国，不仅大量的宗教存在着，而且它们并没有产生任何政治上的特权制度。正是基于这个世俗的事实，马克思说，美国已然实现的政教分离的世俗生活证明，"宗教已经不是世俗局限性的原因，而只是它的现象。"②

通过引述这些材料，马克思表明：鲍威尔并没有批判性地区分人的解放和政治解放。一方面，鲍威尔的神学批判想让人们摆脱一切宗教意识和宗教信仰的束缚，从而让人作为自由人而存在。另一方面，他又想让国家在政治上摆脱宗教的束缚，从而摆脱一切宗教对立。可这两种"摆脱"的意义并不能等同和混淆。前者是人的解放，后者是政治解放。结合上文对鲍威尔的分析，可以说在他那里，人的解放倒是政治解放的必要前提和条件。

鲍威尔解决"犹太人问题"的回答不仅遭遇现实经验的直接驳斥，而且在方法论上也不能成立。正如黑格尔哲学一直强调的那样，"前进就是回溯到根据，回溯到原始的和真正的东西"③。宗教对国家关系的真正根据不应该从鲍威尔所谓的"基督教国家"中，而是应该从完成了的国家中得到说明。鲍威尔想在不彻底、不纯粹的国家那里找到说明宗教对国家关系的根据，这毋宁说是巨大逻辑上的"本末倒置"的错

---

① 参见[英]大卫·利奥波德：《青年马克思——德国哲学、当代政治和人类繁荣》，刘同舫、万小磊译，中山大学出版社，2017年，第130页。
② 参见《马克思恩格斯文集》第1卷，人民出版社，2009年，第27页。
③ 黑格尔：《逻辑学》上卷，杨一之译，商务印书馆，1982年，第55页。

误。因此,的确如鲍威尔所揭示的,基督教国家不能给予犹太人以自由平等的公民权,但这并非是犹太人还信奉犹太教,而是因为这样的国家本身就是"基督教对国家的否定",是"伪善的国家";这样的国家之所以在政治上需要基督教作为自己的补充和神圣化,是因为这个国家的政治本身就是有缺陷的、不完善的。正因为这样的国家在政治上不得不需要基督教来充实自己,所以它也就不得不在公民权利上对其他一切宗教采取排斥和歧视的态度、法律和政策。

在对人的解放和政治解放的不同加以区分之后,我们来看政治解放的意义及其本身的固有限度。

北美的状况已经表明,宗教对国家的关系已经彻底摆脱了神学的外观。在这种关系中宗教只属于市民的私人生活,宗教从政治领域被归于民事领域、从公法领域被归于私法领域。那么,不言而喻,宗教对政治国家的关系就是市民社会对政治国家的关系。政治解放不仅意味着国家作为一个国家从一般宗教中获得解放;而且辩证地看,政治解放也同样意味着宗教作为特殊的精神要素而隶属于其中的市民社会从政治中获得解放。它不仅表现为人分解为一般宗教信徒和国家公民,而且还表现为人分解为作为商人、土地占有者、宗教信徒等市民社会的成员与国家公民;这种分解既不是关于公民权利和公民身份的谎言,也不是政治解放的一个阶段或者环节,毋宁说,这种分解就是政治解放的完成,就是政治解放本身。

基于这种分解的关系,如马克思在《黑格尔法哲学批判》中就已经指出的那样,"国家观念在现代只能表现为'纯政治国家'的抽象或市民社会脱离自身、脱离了自己的现实状况的抽象"①。世俗生活的二重要素,也即政治要素和市民要素,或者说政治生活领域和市民生活领域,由此摆脱了中世纪各等级中的直接同一。借用《新约圣经》中耶稣基督的话来说,那就是凯撒的物当归给凯撒,市民的物当归给市民。这

---

① 《马克思恩格斯全集》第 3 卷,人民出版社,1998 年,第 141 页。

样,对于国家来说,政治解放意味着国家的政治事务、权力、秩序等都成为了人民生活的普遍东西,并免于市民生活中各种特殊的、有限的物质要素和精神要素的限制、束缚和干预;对于市民社会的成员来说,他的公民权利也不会因为属于他私人生活的宗教信仰、财产状况、社会身份、职业行当等而被区别对待。

这一方面就表现了政治解放具有积极的进步意义:它克服了旧世界中市民社会的政治性质。在旧世界中,市民社会的特殊要素就是政治社会的特殊要素:这些要素既规定了单个市民对国家整体的关系,也规定了他们彼此间相互分离和排斥的政治关系。单个人的市民等级与其政治等级、市民生活和政治生活是直接同一的。而在现代世界中,"完成了的政治国家,按其本质来说,是人的同自己物质生活相对立的类生活"。① 于是,人作为类存在物、作为共同体成员而自由平等地行动,这一点不再受限于他的市民生活中的特殊要素及其产生的差别、分离等。在现代世界中,无论个人作为市民存在的特殊的物质利益和精神利益是什么,它们都不能限制个人参与普遍的共同体、成为类存在物。这无疑是巨大的历史进步。每个人都在摆脱这些特殊要素的限制并进入政治领域时,成为了"人民主权的平等享有者"②。

这种进步意义,就像夏洛蒂·勃朗特在小说《简·爱》中说的那样,"你以为,因为我穷、低微、不美、矮小,我就没有灵魂没有心了么?你想错了!——我的灵魂和你一样,我的心也完全跟你一样!……我现在跟你说话,并不是通过习俗、惯例,甚至不是通过凡人的肉体——而是我的精神同你的精神说话;就像两个都经过了坟墓,我们站在上帝脚跟前,是平等的——因为我们是平等的。"③这段话堪称现代世界中公民存在和市民存在之间关系的真实写照。

---

① 《马克思恩格斯文集》第1卷,人民出版社,2009年,第30页。
② 《马克思恩格斯文集》第1卷,人民出版社,2009年,第30页。
③ [英]夏洛蒂·勃朗特:《简·爱》,宋兆霖译,上海译文出版社,2007年,第239页。

然而,这种进步意义同样也表现出政治解放的固有限度了。

　　这是因为,一方面,用《简·爱》中的话来说,虽然我们的灵魂和心在上帝面前是平等的,但是我们的肉体、习俗、惯例、外貌等的差别仍然在世俗生活中现实地发挥作用,使我们互相分离和排斥,从而限制了彼此在市民生活中的自由和共同行动。在"纯政治国家的抽象"这一前提和条件下,人们以政治的方式从市民社会各种特殊要素的限制、束缚、分离和排斥中获得解放,就只是以抽象的、局部的、有限的方式摆脱它们的限制和束缚——无论这些特殊要素是财产、职业、文化,还是宗教信仰,等等。个人诚然在作为公民参与政治生活的时候摆脱了这些特殊要素的限制,但也只是在他的现实的市民生活相分离的抽象政治领域中才摆脱这些限制。即使个人作为私人、作为市民是不自由的、被各种特殊要素所限制和束缚,但国家确能以政治的方式从这些特殊要素中的桎梏中获得自由,从而个人可以成为自由的国家公民。①

　　另一方面,既然参与政治生活不受到任何市民生活中特殊要素的限制,那么,反过来说,这些特殊要素也就同样不再受到国家的限制。国家从市民社会的特殊要素中解放出来,和市民社会的特殊要素从国家中解放出来,是同一件事情的两面,二者是同一个过程。马克思很深刻地指出,"国家的唯心主义的完成同时就是市民社会的唯物主义的完成。摆脱政治桎梏同时也就是摆脱束缚住市民社会利己精神的枷锁。"②政治国家并不试图克服这些特殊要素对人们的市民生活的限制和束缚,也不否认它们在市民社会中的正当性和合理性,而只是使它们不再发挥政治意义和效能。于是,在政治国家之外的市民社会中,这些特殊要素仍然按照它们的特殊本质发挥着实际作用,也就是每一种特殊要素在自身内部不断产生实际的差别,并且这些实际差别又继续发挥着对人的限制作用。现实的市民在这些特殊领域中活动,也就必然

---

① 参见《马克思恩格斯文集》第1卷,人民出版社,2009年,第28页。
② 《马克思恩格斯文集》第1卷,人民出版社,2009年,第45页。

受到实际差别产生的对他们的限制。因此,这些特殊要素也就成为了实际差别的本质、成为了市民社会中人与人相分离和排斥的本质。

那么,更进一步说,这些特殊要素越是充分自由地、不受国家阻碍地发展,就越是成为私人生活之分离和排斥的"助推器"——这样也就越是成为私人活动的利己主义目标,成为人们的特殊利益。反过来也是一样,它们越是成为人们的特殊利益,人们的私人活动又会推波助澜、变本加厉地扩大每个特殊领域中的实际差别。例如,如果财产差别限制了我的私人生活,那我就必须获得更多的财产以克服这种限制。而我要在市民社会中克服财产差别对我的限制,我就只有赢得更多的财产。而我赢得更多财产的私人活动也会反过来扩大财产领域中的实际差别,并增加财产差别对其他人的限制和束缚。对职业、文化等其他特殊因素都是如此。

马克思对市民社会利己主义精神的把握方式,显然来自黑格尔和霍布斯。市民社会是一切人反对一切人的领域,在其中人对人就像狼一样。用黑格尔的逻辑学术语来说,这些分离和差别构成了单调的无限性。用霍布斯的话来说就是,人们之所以对利益有无休止的欲望,乃是"因为他不事多求就会连现有的权势以及取得美好生活的手段也保不住"。①

这样,相对于作为私人利益战场的市民社会,政治国家的宗教性也就表露无遗。相比于鲍威尔所说的"基督教国家",马克思则指出:现代政治国家才是完成了的、完备的基督教国家。

三、现代政治国家的宗教性:作为完成了的基督教国家

关于现代国家的宗教性,马克思明确表示,"无神论国家、民主制国家,即把宗教归为市民社会的其他要素的国家",才是完成了的基督

---

① [英]霍布斯:《利维坦》,黎思复、黎廷弼译,商务印书馆,2016年,第72页。

教国家①。也就是说,由政治解放所实现的政治国家及其民主制度,就是一种以世俗的、政治的方式所实现的基督教式的宗教存在。

马克思对这个论断其实也是针对鲍威尔的,确切来说,针对鲍威尔的"基督教国家"的定义。如利奥波德所说,鲍威尔认为,基督教国家的基础和关键特征就在于它乃是建立在宗教特权上的国家,即它以《圣经》为依据并且本质上就是为了对抗其他宗教。②

如上文所说,鲍威尔的基督教国家只是"基督教对国家的否定",是"伪善的国家",甚至只是非国家。这是因为,既然这样的国家仍然是从宗教的角度来设想国家的基础,那么,它也只能以宗教的方式来区别对待国内的其他宗教及其信徒,也即依据他们宗教信仰的不同来分别给予其公民权利。这种类似今日"身份政治"的做法,恰恰违背了"宗教的人性基础",更不用说以世俗政治的方式来承认、反映和实现它了。——不过,即使如此,这种基督教国家仍然具有世俗的目标,只是它的世俗目标太过卑鄙,以至于不得不用宗教来加以掩盖。它不敢承认这些太过卑鄙的世俗目标就是它的基础,因为这些基础本身就证明这个国家的存在乃是卑鄙的存在,是不完善、可疑的、非现实的存在。因此,这样的国家为了成为国家、为了在政治上充实自己,就只能诉诸那些虚构的、非现实的人的形象,用这些形象来神圣化自己、把自己补充为国家。③ 这一观点在《神圣家族》中也得到重复。在那里,马克思再次表示,鲍威尔歪曲了事实,单纯地把特权国家,即基督教日耳曼国家视为绝对的基督教国家,可事实上那种已经废除任何宗教特权的政治上完备的现代国家,才是完备的基督教国家。④

可以看到,马克思对鲍威尔基督教国家的批评,就在于这个基督教

---

① 《马克思恩格斯文集》第 1 卷,人民出版社,2009 年,第 33 页。
② 参见[英]参见大卫·利奥波德:《青年马克思——德国哲学、当代政治和人类繁荣》,刘同舫、万小磊译,中山大学出版社,2017 年,第 138 页。
③ 参见《马克思恩格斯文集》第 1 卷,人民出版社,2009 年,第 176 页。
④ 参见《马克思恩格斯文集》第 1 卷,人民出版社,2009 年,第 310 页。

国家不能以世俗的、政治的方式现实化"宗教的人的基础"(menschlichen Grundes der Religion);但是,现代民主制国家却能做到这一点。那么,基督教的人性基础是什么呢?

在一个关键句子中,马克思说,"宗教不再是国家的精神,因为在国家中,人——虽然是以有限的方式,以特殊的形式,在特殊的领域内——是作为类存在物和他人共同行动的。"[1]可见,基督教的人性基础指的正是,无论人们的实际差别(如外貌、地位、财富、宗教信仰等)究竟如何,他们都能够在共同体中作为类存在而自由平等地相处、行动。正是基督教先诉诸虚构的人的形象来表达,又通过教会和教派来落实这一点,这也就是马克思所说的"基督教是这种基础的过分的表现"[2]。在马克思看来,现代政治国家则比基督教更完满地实现了宗教的人性基础。可以说,这是现代政治国家身上的第一个基督教特征。

对马克思而言,宗教,特别是基督教,都表达了人民群众对共同体和普遍主义的渴望。在一定意义上,基督教也正是起源于人们对这种消除了现实生活局限性和各种限制的共同体和普遍主义的渴望。基督教只能以虚构的天堂的名义把人们结合在共同体(教会和教派)之内,只能以想象中的人的神圣形象作为联系共同体成员们的纽带。它只能在想象中承诺天国会在人们死后补偿他们在尘世中承受的一切苦楚,但是在现实中,它或者要求人们以尘世生活的苦楚为上帝旨意的考验,或者将其视为原始的基督教品性,但总之并不在尘世中实现天国中的自由和平等;而且仍然为带来这些苦楚的一切弊端进行辩护。即使在现实的基督教团体中,教士之间的财富和权力的差别也使得这种团体并不能落实它的人性基础,或者说,只有一种情况才能,那就是恢复原始的和无政府主义的基督教团体,在其中放弃财产的信徒们过上无休止的苦行生活。可这种得到恢复的原始的和无政府主义的基督教团体

---

[1] 《马克思恩格斯文集》第1卷,人民出版社,2009年,第32页。
[2] 《马克思恩格斯文集》第1卷,人民出版社,2009年,第33页。

毕竟构成了对教士权力和财富之正当性的挑战以及对教会权力秩序的挑战,因此就必然导致了教会团体内部各宗派的分裂。我们在基督教的历史上就能看到,当圣方济各主张做基督徒就必须以基督为榜样,践行贫穷和苦行并承受各种苦难,他就直接触动了富裕的教士阶层的利益,也触动了教会内部的权力;在他死后,教皇约翰二十二世便谴责和追捕那些最忠诚的方济各会修士。① 可见,基督教只能在彼岸承认它的人性基础,最多在现实中以禁欲苦行的形式贯彻和落实这种人性基础,而禁欲苦行则是财富和权力的直接对立面。这个直接对立面也就证明现实的基督教团体不能实现它自诩的人性基础。

但这种人性基础、这种人们作为共同体的自由平等的成员并共同行动的类存在,在现代民主制国家中以政治的、世俗的方式实现了。这种世俗的实现方式不仅不排斥人们市民生活中特殊要素及其差别(例如财产),相反,还以之为前提条件。现代国家已经在政治领域中承认和保障人们的自由平等的公民权利,并且他们在这一领域中的共同行动也不受到他们在市民社会中的分离和隔阂为限制。正因如此,基督教的人性基础——它诉求的自由和平等和共同体精神,都已经在现代国家中达到了定在,而在基督教中则还停留在非现实性上、停留在宗教意识的伪善之上。现实的基督教团体仍然充满了大大小小的等级制度,大主教和小神父在财产和权力上的差别证明这个共同体的基础不是基督教的人性基础,而是它的直接对立面,即分离和排斥。

这样现代民主制国家做到了现实的基督教团体无法做到、而他们的宗教教义又极力许诺在天国的事情。而且它做得是如此彻底、如此完善——它不需要以它的成员们过上禁欲苦行的生活为代价,它更不会因为其成员们宗教信仰的不同而加以区别对待。后者更是极为充分地证明,现代政治国家做到了以前基督教团体无法做到的事:各类基

---

① 参见[美]莱吉斯皮:《现代性的神学起源》,张卜天译,湖南科学技术出版社,2012年,第35—36页。

督教因为对教义、神学等的不同解释而爆发过无数次的自相残杀,更不用提及基督教与其他宗教的宗教战争了。基督教是世界包罗万象的纲要,而现代政治国家则是市民社会包罗万象的纲要。它本身就是耶稣基督的再一次的道成肉身,以至于反衬出基督教团体的自我矛盾和自欺欺人。于是,它干脆在政治上就抛弃了作为宗教的基督教,因为它本身就是以国家的形式信奉基督教,以政治的方式完成基督教的许诺。作为宗教的基督教死在了启蒙理性的手里,作为国家的基督教则在法国大革命中复活了,法国大革命就是基督教国家的各各他。当尼采喊出"上帝死了"的时候,也许他并没有注意到,上帝既有他的十字架,也有他复活的日子。

现代政治国家身上的第二个基督教特征就是,它的成员们的政治意识同样继承了基督教信徒们的幻想,即人的主权。

正如在基督教中,基督是基督徒们彼此之间实现自由的中介,但是基督徒毕竟还不是基督;而在现代世界中,国家则是人们彼此之间实现自由的中介,如马克思所说,"国家也是中介者,人把自己的全部非神性、自己的全部人的自由寄托在它身上。"[1]可是,这个"全部人的自由",恰好不是他们在市民社会中的私人生活的自由,而只是他们作为公民才享有的自由。

这就是说,虽然现代民主制国家以世俗的方式反映并实现了基督教的人性基础,但也只是在和市民社会相分离的抽象政治领域中才实现。那么,参与这个抽象政治领域的人,就不是与市民社会中的私人相异的人。在抽象政治领域中实现的类生活只是抽象的类生活,参与这个抽象类生活的类存在物也同样是抽象的类存在。相比于市民社会中的现实的分离和隔阂,这种抽象的类存在及其享有的主权就并不具有直接的、感性的现实性。然而,参与抽象政治领域的成员们,他们的政治意识却认为,自己是享有主权的最高存在物,可实际上他们作为享有主

---

[1] 《马克思恩格斯文集》第1卷,人民出版社,2009年,第29页。

权的最高存在物的存在方式却不是他们在市民社会中本来的样子,不是他们的私人现实性。马克思在《黑格尔法哲学批判》中就已经特别强调了这一点,即个人从其市民存在到公民存在的政治行动,乃是"变体","因为国家公民作为国家的理想主义者,是完全另一种存在物,一种与他的现实性不同的、有差别的、相对立的存在物"①。个人必须摆脱和放弃自己市民存在的经验的现实性,才能作为国家公民而获得政治意义、进行政治行动。这样,他们就是作为非现实的另一个自己,也即作为纯粹的个体才能享有人的主权。他们在市民社会中作为私人、作为具有直接和感性存在的人却受到各种特殊要素及其差别的限制和束缚:在此,他们却没有任何人的主权,市民社会对于他们来说是"一切人反对一切人的战场"。如前所说,他们在市民社会中如果不想受到限制,就必须屈服于各种异己关系的束缚并为此献身于追求无止境的私人利益。

正是由于他们的市民生活的现实性完全是"人的主权"的对立面,所以马克思认为,这种现代国家实现人的主权的方式就是一种基督教式的基本要求和幻象。对于基督教信徒而言,他们也希望自己能获得人的主权,但这个"人"同样不是现实的人,而是与每个信徒们的现实性相异的存在物。他们不是希望自己作为尘世中现实的个人而获得主权,只能在死后在天国中作为非现实性的存在获得主权。诚如马克思所说,"基督教的幻象、幻梦和基本要求,即人的主权——不过人是作为一种不同于现实人的、异己的存在物——在民主制中,却是感性的现实性、现代性、世俗准则。"②概括来说就是,现代民主制国家以世俗的方式实现了基督教的人性基础,这种实现方式同基督教的幻想一样,都是赋予和人们的现实存在相异的、本身不具有现实普遍性的类存在以主权。这种类存在在基督教中是彼岸世界中的人的灵魂,在现代国家中则是人的公民存在。

---

① 《马克思恩格斯全集》第 3 卷,人民出版社,1998 年,第 97 页。
② 《马克思恩格斯文集》第 1 卷,人民出版社,2009 年,第 37 页。

但是,在政治国家成员们的政治意识中,这种关系正好相反。这种世俗的实现方式也导致了新的欺骗性的信念,如傅勒所说,政治国家以为"政治解放是整个人的解放,然而它只是人的异化的一种新形式。……在集体层面上,这种解放只能用政治异化取代宗教异化。市民是公民的真理,一如臣民是信徒的真理。"①但是,在那些成员中的头脑中则呈现为,公民是市民的真理。

现代政治国家的第三个基督教特征就是,正如基督教并不克服尘世生活中的一切缺陷,却用宗教意识中幻想的天堂弥补这所有的缺陷,这样它就不仅以尘世生活中的缺陷为自己生命力的养料,同样也就变相地加剧这些缺陷。对于现代国家来说,也是如此。基督教不触动此岸和彼岸的二元性,因为这种二元性就是基督教的生命所在;现代政治国家也不触动世俗生活的二重化,因为它的诞生正起源于这个二重化,也即起源于政治革命消灭市民社会之政治性质。现代政治国家的存在就以市民社会的各种特殊要素为前提和条件,并且只有在自己和这些特殊要素相对立时才感到自己具有政治普遍性:这仍然和像基督教一样,以自己的对立面以及其中的一切局限性为自己生命力的养料——在基督教那里,养料则是不幸、苦难、衰弱和悲叹。

马克思对此指出,这样的国家并不需要废除市民社会特殊要素的种种实际差别,相反,"只有以这些差别为前提,它才存在,只有同自己的要素处于对立的状态,它才感到自己是政治国家"②。它越是以"人权"的名义放任市民社会任其发展其中的分离和隔阂,市民社会的成员越是陷入相互分离和敌对的境地,那么,政治国家就越是感到自己有必要代表他们的普遍利益,越是感到自己有必要成为他们的共同体并代表他们的类存在。而且现代国家既然不去触动市民社会本身利己主

---

① [法]傅勒:《马克思与法国大革命》,朱学平译,华东师范大学出版社,2016年,第22—23页。
② 《马克思恩格斯文集》第1卷,第30页。

义本质产生的一切缺陷,而它自己又是这种利己主义本质维护和保障自己的手段,那么,这也意味着它会加剧这些利己主义的形形色色的特殊要素产生的各种缺陷,它会放任由此而来的日益增长的对人的分离、隔阂、排斥,等等。现代国家和基督教一样,都是在共同体的名义之下变相地加剧人们私人生活中的限制和束缚:在自由平等的政治权利之下,则是既无自由、又不平等的私人生活。

(作者 复旦大学哲学学院博士生)

On the Religiosity of the Modern Political State in Marx's *On the Jewish Question*

WANG Xu-rong

Abstract: *On the Jewish Question* is a very crucial text in the development of young Marx's thought. Criticizing Bauer's theological formulation of "the Jewish question", Marx transformed the relationship between religion and politics into a question of the relationship between the political state and the civil society. And, inheriting the ideas from *the Critique of Hegel's Philosophy of Right* the abstract political state, He further reads the modern political state as a perfect Christian state, as to dissolve and overcome Bauer's definition of the Christian state. By such a way, Marx not only exposes the meaning of political emancipation and its limits which is misunderstood by Bauer, but also exactly reveals the religious nature of the modern political state. Christianity as religion died from the critique of enlightenment reason, while Christianity as state was resurrected in the French Revolution.

Key words: the Jewish Question; political state; Christian state; political emancipation

在共同体中实现善好生活

——《1844年经济学哲学手稿》中个体与共同体关系新论

李毅琳

摘要：青年马克思思想的哲学性吸引了许多英美政治哲学学者的兴趣，《1844年经济学哲学手稿》成为了他们探索何谓善好生活、个体与共同体关系等问题的重要文本。丹尼尔·布鲁德尼通过对《手稿》的深入解读认为，人们能过上善好生活意味着他们可以从事实现人的本性的活动，而人的本性之实现过程，既包括自我实现，也包括相互成全。这种主体间相互成全与相互依赖的关系构成了一种既承认个体性也承认共同性的特殊的共同体。马克思一方面力图摆脱哲学的方式对共产主义中人与世界的关系进行论证，但另一方面他却无法做出充分的论证说明普遍的人的本性，也难以证明共产主义社会中人对世界关系的看法就是正确的。虽然该解读遭到一些学者的反对，但布鲁德尼却能较好地为自己辩护。从个体与共同体的关系出发研究《手稿》、评议其当代解读，我们看到：资本主义私有制有违《手稿》所呈现的善好生活理念，包括布鲁德尼在内的马克思主义者力图寻求更严密的论证对资本主义社会的种种问题进行彻底的批判和扬弃。

关键词：善好生活 共同体 共产主义 1844年经济学哲学手稿 人的本性

《1844年经济学哲学手稿》(下文简称《手稿》)是青年马克思时期最受争议的文本,也是马克思思想发展的转折点,在世界各地被广泛讨论与研究。研究者往往注意到《手稿》中的异化劳动理论和关于人的本性的思想,却很少注意到其中蕴含的共同体思想。《手稿》作为马克思新世界观萌芽前期的重要文本,其中的共同体思想,不仅是通往马克思共产主义思想的道路,也是帮助我们全面理解马克思关于人的本性、善好生活等观念的钥匙。芝加哥大学教授丹尼尔·布鲁德尼(Daniel Brudney)对《手稿》的思想所做出的批判性考察正填补了这一研究的空白。

　西方学界对《手稿》有不同的解读方式,人道主义的马克思主义与科学的马克思主义针锋相对。20世纪中叶,人道主义的马克思主义兴起,但在70年代逐渐开始陷入沉寂。以阿尔都塞(Louis Althusser)为代表的学者认为《德意志意识形态》(下文简称《形态》)开始出现了成熟的马克思,而在此之前的《手稿》属于非科学的人道主义时期,是不值得提倡的。而G. A. 科恩(G. A. Cohen)等分析马克思主义者更是致力于以分析方法重构历史唯物主义。总的来说,70年代之后的学界对马克思文本的研究开始转向了马克思后期的著作,而把《手稿》看作是政治经济学批判与历史唯物主义的起点。人道主义的马克思主义在当代英美学界已非主流,人道主义被视为关于人的本性的形而上学。但布鲁德尼认为,人道主义的马克思主义具有重要价值,这种价值在于他提供了一种非形而上学人道主义的源泉。马克思关于人的观念并非超越时间与空间的,而是体现在一个共同体在特定时期的活动中,体现在处于某个共同体的人何以生活、何以立身处世之上。因而,马克思关于人的本性观念问题,事实上是这样一个问题:人恰当地拥有哪些特征可以过一种"善好生活(good life)"①? 于是,个体与共同体之间的

---

① 本文沿用《马克思告别哲学的尝试》(丹尼尔·布鲁德尼著,陈浩译,中国人民大学出版社2019年版)中的译法,将"Good life"译作"善好生活"。在笔者来看,它同时涵盖了两个规范性的思考:什么样的好生活是值得追求的? 实现这种好生活需要何种善(good)?

关系,便以一种新颖的方式在对《手稿》的解读中得到了呈现。具体而言,布鲁德尼探讨了如下问题:共产主义社会中个体与共同体之间具有何种关联,共同体如何成为人的本性与善好生活实现的中介?在此基础上,布鲁德尼认为,在共产主义尚未实现的情况下,马克思难以在资本主义条件下证成对资本主义的批判。本文认为,布鲁德尼这一研究为《手稿》研究提供了一个值得关注的思路,在关注人类命运共同体、构建美好生活实现的今天,具有重要的启示意义与理论价值。

一、共同体:人的本性与善好生活实现的中介

马克思指出:"人向自身、向社会的即合乎人性的人的复归,这种复归是完全的,自觉的和在以往发展的全部财富的范围内生成的。"①人性的复归与解放在这里有两层含义,一是"向自身"的个体本性的全面发展,二是"向社会"的人的本性的实现与复归。布鲁德尼在对《手稿》的解读中把"向社会"的人性的实现提到了一个更为重要的位置。他细致地剖析在共产主义社会中,人的本性何以在生产与消费领域中以社会的方式实现,而反过来,这种人的本性实现的活动又如何产生一种特殊的共同体。

根据马克思在《手稿》中的论述,布鲁德尼把个体与类之间的肯定或认同分为两种方式,一种是第一人称视角的"个体作为个体的自我肯定"②;另一种是个体与其他个体之间相互依赖的关系。就前者而言,人的本性在于把自己的生命力对象化,而在这个过程中,作为主体的人会在生产中得到满足,劳动产品会成为个性的外在表现。就后者而言,则存在两种关系,一是个体与个体之间的关系,二是个体与类成

---

① 《马克思恩格斯全集》第31卷,人民出版社,2002年第2版,第297页。
② 丹尼尔·布鲁德尼:《马克思告别哲学的尝试》,陈浩译,中国人民大学出版社,2019年,第187页。

员之间的关系。

相互依赖同时存在于共产主义与资本主义社会中。不同的是,市场关系中,人们试图相互支配,主体使用欺骗或强迫以达成目标。马克思不仅反对这种交易,更反对自我为导向的目标,认为在市场关系中主体未能协助他人达成他们的目标。因此,资本主义社会中,个体与个体之间仅仅有互利关系,但没有相互成就的关系,也并不存在个体与类成员关系的维度。

在共产主义社会中,主体之间的目标非但不冲突,而且是互补互惠、相互成全的。这种相互成全活动揭示了个体的真我最为重要的部分。对这种相互成全的承认意味着人们的相互依赖,相互依赖则成为个体善好生活的重要组成部分。同时,相互成全也是共同体的本质,意味着人们之间的彼此承认,这种承认又包含了承认与肯定两个含义。因而,在共产主义社会中,对共同体成员身份的承认与肯定是达成个体目标的前提,成员的相互成就形成了这一特殊的共同体。

布鲁德尼又把共产主义社会中这一相互依赖与相互成全的主体关系分为四个层次:(1)共产主义的不同主体之间高度同情共感,对彼此的苦乐有着强烈的交感共鸣;(2)在共产主义社会中,我愿意通过劳动生产出满足你需要的产品,在这种意义上,需要和享受将不再是利己主义的;(3)你消费时实现了我活动的目的;(4)对共同的类成员身份认同带来了对于享受的共享。① 这四个层次层层递进。在共产主义社会中,主体间不仅是相互依赖与相互成就,更是达到了感情上的共感。这种共感意味着,我的活动不仅为了自身的感受与满足,也为了对方的感受与满足。

布鲁德尼认为,对于费尔巴哈和马克思来说,类成员的身份将均被肯定为构成性的要素,即共同性构成人性,而且他们都认为需要一个中

---

① 参考丹尼尔·布鲁德尼:《马克思告别哲学的尝试》,陈浩译,中国人民大学出版社,2019年,第164—165页。

介机制在主体与整体的类之间建立联系。不同的是,费尔巴哈认为情爱使得主体与他人之间建立联系,而马克思更强调的是经济关系。在资本主义社会下,作为"异化的形式"的共同性构成了人性,这是爱所无法改变的事实,异化形式下的爱情关系与其他关系一样只是工具性利用的关系,而非相互肯定的关系,并且无法发挥中介作用。① 在马克思这里,主体与类之间的联系是通过物品的生产与使用的活动过程中产生的。因而,生产者充当了消费者与类的中介。当 A 使用 B 的产品时,B 被 A 视为普遍的类的代表。这种关系可以得到反转,A 也同时充当了 B 和类的中介。

但上述过程并不能推导出共产主义社会的公民存在强烈的情感纽带。换言之,共产主义条件下人们具有团结性,这是一种结构性的友谊关系,而非个人之间的友谊关系。在这种关系之下,人与人有情感成分,但仍然保持距离。因此,可以认为这是一种弱的、普遍的友谊关系。布鲁德尼对马克思共同体思想的理解可与康德"目的王国"与科恩的"爵士乐队"进行对比参照。就康德主义者的主体而言,在形而上学的解读中,他人的协作是不起作用的。② 而在罗尔斯的解读中,目的王国是一个共同(道德)律系统下的联合体。③ 尽管在罗尔斯看来,目的王国中的主体都是对彼此的实践理性相互承认,但这种作为人的本质属性的理性是自在的,而无需他人的帮助与承认来实现。从这个角度来说,包括罗尔斯在内的康德主义者也是个体主义的。与之不同,马克思的论述中,主体必须被他人理解、与他人互动才能实现其自身的本性。科恩则主要根据后期马克思的思想来理解共产主义社会的共同体:

---

① 参考丹尼尔·布鲁德尼:《马克思告别哲学的尝试》,陈浩译,中国人民大学出版社,2019 年,第 196 页。
② 例如弗里克舒对政治性解读的批判。参见 K. 弗里克舒:《康德的目的王国:形而上学的,而非政治的》,刘凤娟译,《世界哲学》2015 年第 6 期。
③ 约翰·罗尔斯:《道德哲学史讲义》,顾肃、刘雪梅译,中国社会科学出版社,2012 年,第 183 页。

"代替那存在着阶级和阶级对立的资产阶级旧社会的,将是这样一个联合体,在那里,每个人的自由发展是一切人的自由发展的条件。"①科恩理解的主体之间的关系类似于爵士乐队。演奏者追求自身作为音乐家的自我实现感,每个人都"放纵他们各自的爱好"②。但每个人又依赖于他人而获得自身的满足,因为需要他人的演奏为自身表演提供背景。但布鲁德尼认为,乐队中的音乐家不需要相互承认即可实现各自的目标,因为实现共同的目标可以由机器而非乐师完成。"成为彼此的条件"与"相互承认"之间的不同在于,前者的主体不一定是人,而后者的主体必定是人。通过分析生产与消费两个领域中的主体活动以及相互之间的关系,布鲁德尼认为马克思在《手稿》中强调共同体中共同性纽带、相互承认等元素,甚至把"类"视作一种集体性的主体而强调其能动性。而马克思在后期如《形态》中则转向了对个体发展的强调,否认脱离个体的"类"能够进行自由的活动。由此可见,马克思前后期的区别隐秘地显现了共同体主义与自由主义之间观念的张力。

尽管马克思的共产主义不同于社群主义,但自由主义对于社群主义(或共同体主义)的一些批评与质疑,直接深入到共同体是否可欲求与可实现的问题,从而也对马克思思想中的张力形成了挑战。一种批评的声音认为,共同体并不值得欲求,且现代条件下也不可能出现紧密的共同体。现代社会中,个人与群体多样性在不断地瓦解着共同体感。③但是,不同于需要恢复某种共同善观念的社群主义理想政治,马克思的共产主义社会并不否认个人选择与多元文化,也不需要某种共同善观念来建构共同体中的纽带。共产主义社会的共同体,是以一种彼此成就与认同的方式去建立纽带的,这种纽带能够包容生活方式的

---

① 《马克思恩格斯文集》第 2 卷,人民出版社,2009 年,第 53 页。
② G. A. 柯亨:《自我所有、自由和平等》,李朝晖译,东方出版社,2008 年,第 142 页。
③ 威尔·金里卡:《当代政治哲学》,刘莘译,上海译文出版社,2015 年,第 352 页。

多样性。而另一种批评意见则认为,共同体会对个体权利和个体自由造成威胁。布鲁德尼认为,马克思并不想把类认同导向个体对集体的自我牺牲。马克思对"粗陋的共产主义"的批评正是指责其否定了人的个性,因而"不过是私有财产的彻底表现"①。个体的发展就是团体的目标,并不存在需要个体牺牲的类目标。当人们将自身看作是类成员的时候,人们不会将彼此看作是竞争者;对方的成就带来的感受与享受,也会为我所享受。共产主义社会中的生产不同于资本主义社会中仅仅以获利为目的的生产。共产主义下,对于产品的生产和消费,都将只涉及真正的人的能力的对象化,即个体和类成员的能力的对象化。

综上所述,布鲁德尼把人的本性的确证与特定的共同体——共产主义社会中的共同体结合起来。善好生活意味着主体可以从事实现人的本性与个体的本性的特殊类型的活动,因而共同体又成为了实现善好生活的中介。这一解读并没有强调对私有制的批判,而是从政治哲学的角度进行考察,强调了在共产主义社会中,人作为特殊个体与作为社会主体,其实现本性的个体与社会生活如何实现。布鲁德尼的理解更加凸显出《手稿》中的人道主义,这与后期《形态》中建立在历史唯物主义实践观之上的共产主义共同体思想是有显著区别的。而另一方面,布鲁德尼并不赞同马克思《手稿》与后期著作之间的断裂。他认为,关于善好生活,《手稿》和《形态》都揭露出马克思的一种形而上学观念,人与世界之间存在一种基本的关联与取向。② 只是在《手稿》中,马克思更关注的是人与自然的斗争,而在《形态》中,则主要关注对分工而非异化劳动的克服。但布鲁德尼指出,马克思这一观念存在着证成的困境。

---

① 《马克思恩格斯全集》第 3 卷,人民出版社,2002 年第 2 版,第 296 页。
② 参考丹尼尔·布鲁德尼:《马克思告别哲学的尝试》,陈浩译,中国人民大学出版社,2019 年,第 345 页。

二、困境：资本主义社会中如何证成人的本性

布鲁德尼从何为人类的善好生活出发对《手稿》进行推演，说明共产主义社会条件下劳动是人的自我实现活动，资本主义阻碍了这一实践活动。他从共同体这个鲜为人关注的角度对人的本性问题进行了详细的解读。但这样的文本解读工作对《手稿》研究更多的是一种补充，还未形成更大的突破。接下来，他跳出马克思的思路，反过来追问，马克思是否能证成普遍的人的本性概念呢？他的结论是，马克思并未能作出令人信服的论证。

一个人是否实现其本性，并不是由其主体感觉所决定的。在资本主义社会中，劳动者不知道他们的真正本性以及实现本性的途径，劳动只被视作维持肉体生存的手段，只具有工具意义。要认识并行使自己的本性，劳动者要推翻资本主义。但是，劳动者并未能意识到这一目标，因而感到目标与意义的缺乏。换言之，劳动是人的自我实现活动这一命题与资本主义世界的现实情况并不一致。对此，布鲁德尼抛出他的质疑：在当下的资本主义社会中，如何才能证明，劳动是人的自我实现活动，并且感性世界中的大部分都是这种活动的结果？为什么要相信劳动不仅是被判罚的宿命，而且是应当逃避的宿命？①

马克思认为，在资本主义中，人的本性是互不关心与相互竞争。布鲁德尼由此得出，劳动者可以将劳动视为个体自我实现的活动，但无法将其视为实现人类成员本性的活动。② 个体无法将产品同时视作个体本性的实现和类本性的实现，因为后者有赖于他人的看法，即相互成全、相互依赖的性质。但布鲁德尼认为，《手稿》中的观点会引发四个

---

① 丹尼尔·布鲁德尼：《马克思告别哲学的尝试》，陈浩译，中国人民大学出版社，2019年，第221页。
② 丹尼尔·布鲁德尼：《马克思告别哲学的尝试》，陈浩译，中国人民大学出版社，2019年，第222页。

问题:

(1) 成为类存在涉及许多方面,没有理由认为,所有东西都必须与主体的劳动目标和信念相关。类认同仅仅是主体作为整体的一部分的意识呢,还是涉及主体以某种方式与他人本质性地关联呢?

(2) 如果这种关联方式不是生产关系,主体之间的认同还是否成立? 资本主义条件下,人们无法知道他人的目标与信念,即使知道,那也是不正确的认识。因而,不存在这种生产关系与他人的关联方式。

(3) 劳动者之间的关系本质上是合作者的关系,但在资本主义条件下,则呈现出竞争者的关系。个体或许可以改变自己的信念,但无法改变外部条件和他人的信念。因而,改变他人信念的行为是非理性的行为。

(4) 由于异化的四个表现,劳动者未能以恰当的方式看待人的劳动和其他劳动者,也使得劳动者与感性外部世界之间的异化难以解决。①

综上,只要个体仍处于资本主义社会中,他就不能以马克思所说的共产主义中的方式,与世界(包括与他人及自身的人性)相关联。② 而且,无论是经验性的分析还是政治经济学前提的演绎都无法证成这一命题。从政治经济学前提出发,国民经济学家是得不到异化劳动学说的。只有将异化现象经过特殊的解释,加入"劳动是人的自我实现活动"这一前提,才能得出马克思对异化现象的批判。

那么,在资本主义社会中,用哲学的方式去对上述命题进行确证是否可能? 根据马克思对哲学的批判:"哲学问题作为有待抽象思维加

---

① 丹尼尔·布鲁德尼:《马克思告别哲学的尝试》,陈浩译,中国人民大学出版社,2019年,第 226—227 页。

② 丹尼尔·布鲁德尼:《马克思告别哲学的尝试》,陈浩译,中国人民大学出版社,2019年,第 227 页。

以回答的问题,只有当我们的生活状态发生异化时才会出现。"① 在共产主义社会中,主观主义和客观主义、唯灵主义和唯物主义之间的对立会被取消,因而不需要哲学所给予的回答。布鲁德尼归纳了三条不用哲学理论证明的理由。一、将抽象理论视为通达真理的人不会认为劳动是人的自我实现活动。二、如果一定要用哲学理论去证明,这种信念将可能是一种错误的信念。哲学家的信念通常只限于理智层面,其作用最多只能成为改变主体看待事物方式的前奏。三、抽象地论证劳动是人的自我实现活动不足以产生理性的信念。② 只有世界的表象才能为理性信念提供充分的理由。

按照这个观点,布鲁德尼认为,一个旁观者无法确证共产主义的劳动者对世界和人的本性的看法是正确的。也无法确证,相信劳动是一种内在需要,劳动者就不会在幻觉中进行劳动。③ 我们只能知道,他们看待世界的方式跟在资本主义社会不同。根据上述这些理由,布鲁德尼进一步质疑,马克思本人的主张在资本主义社会中看起来就是不可信的,但他是否可以消解这种不可信呢?他怎么能为自己的主张辩护呢?如果在共产主义社会中的自我证明是遥不可及的,那么,马克思则迫切地需要一个其他的证明方式。

布鲁德尼并未停留于此。他从《手稿》后期的著作中寻找马克思看待主体与世界关系的方式。对于马克思而言,作为"实践"的劳动者革命组织就是其中一种解决方案,而这一缺失的解决证明方案出现在《关于费尔巴哈的提纲》(下文简称《提纲》)与《形态》中。马克思在《提纲》中所说的"哲学家们只是用不同的方式解释世界,问题在于改

---

① 丹尼尔·布鲁德尼:《马克思告别哲学的尝试》,陈浩译,中国人民大学出版社,2019年,第233页。
② 丹尼尔·布鲁德尼:《马克思告别哲学的尝试》,陈浩译,中国人民大学出版社,2019年,第237—238页。
③ 丹尼尔·布鲁德尼:《马克思告别哲学的尝试》,陈浩译,中国人民大学出版社,2019年,第235页。

变世界"①可以解读为"反馈模式"和"同步模式"两种不同的方式。反馈模式意味着人需要理论分析以便更好地行动,分析则参照实践经验进行评价、提炼和重建。② 反馈模式强调的是思考与行动、理论与实践之间的相互作用,关注的是如何可以实现目标,不管目标是个体的还是共同的。而同步模式则意味着人与世界的关系本质上是实践的,强调在改造世界过程中才能获得对人与世界基本关系的正确认识。同步模式关注的是人与世界关系本身,而非实现某种特定的目标。布鲁德尼认为,不同于学界部分学者的解读,马克思的新唯物主义是支持"同步模式"而非"反馈模式"的,感性是为实践所构想的,作为实践活动的劳动则具有先验性。这同时意味着,人与世界的关系通过人们对环境的改造实践是可以自我控制的,而非一成不变。《提纲》所提到的人的本质是"一切社会关系的总和",并不意味着社会决定论,而意味着人的本性是(集体性的)自我塑造。人的本性是不断变化,而不是具有某种固有属性的。

但布鲁德尼认为,即便在后期的著作中,人的本性的难题仍未得到彻底的解决。一个批评是,马克思并未能很好地界定"劳动"概念本身。劳动概念的范围不能无限地拓展,同时,也不能仅仅把劳动等同于人在日常活动中使用认知器官和感觉器官,并以此为中介与世界相联系。如果不能给予"劳动"概念一个合理的界定,那么,"劳动"概念也难以承担起先验活动的地位。而另一个外在的批评则是"集体行动难题"。马克思认为,迄今为止,人们并未能意识到人的本性的内容。但他也未能提供足够的说明,理性的劳动者如何能够迈出加入革命组织的第一步。如果不能克服这个挑战,马克思关于人的本性的论证还将面临困境。

---

① 《马克思恩格斯文集》第 1 卷,人民出版社,2009 年,第 502 页。
② 丹尼尔·布鲁德尼:《马克思告别哲学的尝试》,陈浩译,中国人民大学出版社,2019 年,第 258 页。

三、争议：布鲁德尼误解了马克思吗？

不同于学界主流的观点，布鲁德尼并不认为《手稿》与后期著作有明显的断裂，他的关注点也不在于把《手稿》看作后期思想转变的起点。显然，他受到了其导师罗尔斯的影响，把人的本性观念、人与世界的基本关系放置在文本解读最核心的位置，重新考察马克思论证的基点。在他看来，罗尔斯著作的价值在于对人的理想状态的描述，指出了实现人的本性的可能性。《手稿》的价值在于，它不仅描述了现实的人的本性与理想的人的本性，并且强调了制度结构对工作的重要性，对"作为人"生产的真实状态进行了想象[1]，从而提供了一种非形而上学的人的本性的论述。这样的解读方式，在学界中引起一些反对的声音。一个较为具有代表性的批评意见来自肯特大学教授露丝·艾比（Ruth Abbey）。她认为，布鲁德尼将青年马克思的观点倒立起来。[2] 但布鲁德尼回应，艾比对其观点存在严重的误读，并未准确把握其讨论的重点。

艾比认为，在布鲁德尼的论述中，"善好生活"指代合作性的社会关系和人类的自我实现[3]，但资本主义并不能满足实现善好生活的真正需求。尽管艾比承认布鲁德尼正确地指出资本主义无法满足消费者、生产者等主体的需求，但她认为，其区分资本主义与共产主义的论证缺乏说服力。具体而言，布鲁德尼忽略了"私有财产"这一关键概念，并未意识到私有财产严重地扭曲了人们的生活，进而主张在《手

---

[1] 参考丹尼尔·布鲁德尼：《马克思告别哲学的尝试》，陈浩译，中国人民大学出版社，2019年，第397页。

[2] 参考 Ruth Abbey, "Young Karl Does Headstands: A Reply to Daniel Brudney", *Political Theory*, vol. 30, No. 1 (Feb., 2002), pp. 150-155。

[3] 参考 Ruth Abbey, "Young Karl Does Headstands: A Reply to Daniel Brudney", *Political Theory*, vol. 30, No. 1 (Feb., 2002), pp. 150-155。

稿》中,马克思提出的共产主义社会与资本主义社会没有那么的不同。她认为,马克思废除私有财产的努力与异化劳动批判是一体两面,但布鲁德尼并未提及私有财产,更未能注意到与之相伴随的深厚且多层面的异化含义。对此,布鲁德尼认为艾比的反驳是无效的。首先,他澄清,尽管在他的论述中没有单独对"私有财产"进行讨论,但对私有财产的批判是和对资本主义的批判结合在一起的。此外,他认为,在《手稿》中,马克思从未表示技术或关于自然科学运作的信念会在共产主义社会革命后发生系统性改变,但这也不意味着共产主义社会与资产主义社会没有明显不同。相反,正因为人类生活将在共产主义社会中有明显不同(因为根据马克思的观点,资本主义从根本上扭曲了人类的日常实践生活),因而马克思不能用他认为将来会起作用的方法来为他关于善好生活的主张进行辩护。① 也就是说,布鲁德尼认为,正是因为马克思站在共产主义社会的角度对资本主义社会进行批判,才得出私有财产严重扭曲人们的生活这一结论,而艾比倒置了布鲁德尼的观点。

艾比认为,根据《手稿》,虽然人的能力在于与物质世界的联系,动物事实上也能与世界发生关联并改造,因而关键的问题在于人如何改造他们所处的世界。布鲁德尼并未抓住种类特点来说明什么对人类而言是重要的。对于马克思而言,人类劳动具有自由的潜力,因为人类的劳动多种多样,并非由生理因素所决定。人类劳动是对象化的,人们使其能力与创造力对象化。在私有财产制度下,人的本性已经完全异化了。只有废弃私有财产才来消除异化现象,才可能在此基础上建立善好生活。② 布鲁德尼回应称,虽然劳动的客体化和美学维度不包含在资本主义社会条件之下,但马克思有什么理由认为,未能实现这两个与

---

① Daniel Brudney, "Justification and Radicalism in the 1844 Marx: A Response to Professor Abbey", *Political Theory*, vol. 30, No. 1 (Feb., 2002), pp. 156 - 163.
② 参考 Ruth Abbey, "Young Karl Does Headstands: A Reply to Daniel Brudney", *Political Theory*, vol. 30, No. 1 (Feb., 2002), pp. 150 - 155。

人类本性相关的方面就是对社会制度的根本批判？艾比把这个答案归于马克思关于善好生活的断言中，这就形成了一个循环论证。等待革命后的自证是不现实的，而现存条件下的证明又是不可能的。不管当下社会制度是资本主义还是私有制，这个问题都存在。① 艾比这一批判的问题与上述批判的问题是相似的，换言之，布鲁德尼始终认为，在《手稿》中，废除私有制可以扬弃异化、通往善好生活这一命题，是在实践革命建立共产主义社会之后，才能被真正确证。

艾比又作出了更进一步的批判：布鲁德尼论证马克思将资本主义的失败定位于主观方面而非客观方面，这推翻了马克思在认识世界和改造世界之间所建立的联系。② 布鲁德尼关注的是传统的认识论范畴在二者之间的联系，但并不是像布鲁德尼所说的那样，没有客观世界的改变就不会有主观观念上的改变。主客观世界的鸿沟并非形而上的，而在于私有财产制度。只有克服私有财产制度，才能扬弃异化，人们才能接近马克思所希望的共产主义社会中的感性意识。向共产主义的转变不仅是客观的，也是集体的。③ 因而艾比认为，布鲁德尼讨论资本主义社会下个体是否可能获得共产主义条件下的感性意识是错误的。布鲁德尼则回应，他并未否认这在认识论层面上是可能的。但他要论证的是，《手稿》中马克思倾向于以被共产主义社会改造的主体的观点来进行证明的形式。④ 在这一交锋中，两人出现更深层的分歧。艾比批评布鲁德尼的核心观点是：个体观念的确可以先行于客观世界的改变，但马克思讨论的是集体意识而非个体观念，要改变上层建筑，就要

---

① Daniel Brudney, "Justification and Radicalism in the 1844 Marx: A Response to Professor Abbey", *Political Theory*, vol. 30, No. 1 (Feb., 2002), pp. 156–163.
② Ruth Abbey, "Young Karl Does Headstands: A Reply to Daniel Brudney", *Political Theory*, vol. 30, No. 1 (Feb., 2002), pp. 150–155.
③ Ruth Abbey, "Young Karl Does Headstands: A Reply to Daniel Brudney", *Political Theory*, vol. 30, No. 1 (Feb., 2002), pp. 150–155.
④ Daniel Brudney, "Justification and Radicalism in the 1844 Marx: A Response to Professor Abbey", *Political Theory*, vol. 30, No. 1 (Feb., 2002), pp. 156–163.

改变经济基础,需要废除私有财产制。而布鲁德尼则是基于实践是认识的基础这一"同步模式"得出的推论,即便出现新的概念,也无法自证这是正确的。尽管马克思认为私有财产制违背了人类善好生活的理念,但这并不是自我证明的。

艾比试图沿着马克思的思路对布鲁德尼的论证进行反击。这一思路与国内许多马克思主义研究的思路不谋而合,资本主义生产方式是马克思批判资本主义的核心。马克思视野中的共产主义不是政治共同体、伦理共同体或宗教共同体,而是超越于市民社会的、以自由自觉的劳动为联结的共同体。① 超越于市民社会,也就意味着要对私有财产进行扬弃。但布鲁德尼并不满足于从"应然"批判"实然",他试图寻找这一批判更为坚实的根基。他要追问的是,要想逃脱哲学的论证方式、摆脱认识论或存在论,马克思对资本主义社会的谴责何以成立。而他认为,除了从共产主义社会立场给出论证批判资本主义异化现象,《手稿》中并没有给出其他令人信服的论证。要想达成对现存制度的批判与对善好生活观念的论证,依靠哲学论证还是不可避免的。

与许多英美马克思主义者一样,布鲁德尼虽然不确信共产主义在可预见的未来中会实现,但他认同,无论是资本主义还是私有制都与《手稿》中所呈现的善好生活观念并不一致。如他所言:"因而这一善好生活的观念会成为谴责我们所处时代的社会体系的根基。最为重要的是这种信念,而不是方法论上的问题。"②无论是马克思本人,还是布鲁德尼等后来的马克思主义者,他们持有的都是"因为相信,所以看见"的信念——因为相信一种自我实现且相互成就的善好生活理念,所以看见了资本主义社会中的种种问题,因此,坚信这些问题需要被批判。通过布鲁德尼对《手稿》的批判性解读,我们看到:一方面,善好生

---

① 参考曲轩、林进平:《马克思视野中的共产主义是什么样的共同体?》,《中国人民大学学报》2019年第1期,第42—50页。

② Daniel Brudney, "Justification and Radicalism in the 1844 Marx: A Response to Professor Abbey", *Political Theory*, vol. 30, No. 1 (Feb., 2002), pp. 156-163.

活必须在共同体中才能真正实现,共同体的意义和作用被重新凸显;另一方面,今天我们不断讨论何谓善好生活,仍然会反过来帮助我们更深入批判资本主义社会,对善好生活进行哲学讨论的批判性维度得以彰显。最后,布鲁德尼对《手稿》的批判性考察提示我们,在当前的社会条件下,为对资本主义批判寻找更现实的根基以及更有效的证明路径是有重大意义的。布鲁德尼的这一研究,不仅丰富了当代西方马克思主义学者《手稿》研究内容,也为马克思的异化劳动与共同体思想研究提供了值得借鉴的思想资源。

(作者　复旦大学哲学学院博士生)

Living a Good Life in a Community
——A New Theory on the relationship between individual and community in *Economic and Philosophical Manuscripts of 1844*

LI Yi-lin

Abstracts: The philosophical nature of young Marx's thought has attracted the interest of many Anglophone political philosophers. The *Economic and Philosophical Manuscript of 1844* has become an important text for them to explore such issues as what is a good life and the relationship between individuals and communities. Through an in-depth interpretation of the manuscript, Daniel Brudney believes that living a good life means that people can engage in activities to realize human nature, and the realization process of human nature includes both self-realization and helping others fulfill themselves. This relationship of interdependence constitutes a special community that recognizes both individuality and commonality. On the one hand, Marx tried to get rid of the philosophical way to demonstrate the relationship between people in communist society and the world, but on the other hand, he could not make a convincing argument to explain the universal human nature, and it was difficult to prove that the view of people in the communist society on man's relationship with the world is correct. Although this interpretation is opposed by some scholars, Brudney defends himself. From the perspective of the relationship between individual and community to research the *Economic and Philosophical Manuscript of 1844* and review the contemporary interpretation, we could see that the capitalist private ownership is against the good life which is showed in the text, Marxist including Brudney try to search for more rigorous argument to criticize capitalist society thoroughly.

Key Words: Good Life; Community; Communism; *Economic and Philosophical Manuscripts of 1844*; Human Nature

从商品的辩证发展看社会主义市场经济的本质特征

——重读《资本论》第一卷及相关手稿

汪帮琼

摘要：公有制究竟能否适应市场经济发展的根本要求、为何对于当代中国市场经济的发展具有不可替代的基础作用？要回答这个问题，就必须搞清楚市场经济的辩证本质。在《资本论》第一卷及相关手稿中，马克思切中商品的辩证发展，研究市场经济从简单商品经济发展到资本主义市场经济的历史过程，科学地说明商品生产的一般性质及资本主义市场经济的特殊内容和发展规律，为探索社会主义市场经济的本质和规律奠定了基本的理论基础。

关键词：使用价值　有用劳动　社会劳动　价值

社会主义市场经济一个绕不过的难题是，无论是前资本主义，还是资本主义，市场经济都是与私有制结合在一起的。根据这种历史经验，公有制与市场经济的结合，仿佛只是特定条件下的经验的和历史的选择，没有内在的合理性和必然性。然而，如果我们认真考虑马克思对商品使用价值和价值以及它们各自的内容和形式的区分就可以看出，商品生产或市场经济形式与私有制之间是历史的联系，而非必然的联系。问题的关键在于我们如何理解劳动、使用价值、价值之间的关系。《资本论》以有用劳动具体形式的社会化来说明使用价值作为商品的社会本质;以有用劳动的同质化和凝固化来说明价值以及价值形式的历史发展;最后,以使用价值和价值的对立统一来说明商品生产发展辩证的社会本质。通过这三个丝丝入扣的环节,马克思提出了一个以劳动的社会性为基础的而非以生产资料为核心的商品经济理论。在这一理论中,马克思得以揭示出市场经济与私有制、特别是与资本主义私有制之间的可分离性,同时又预示了市场经济与公有制的可结合性。就此而言,社会主义市场经济有着理论和历史的可能性空间。

一、使用价值的历史发展

简单而言,使用价值就是有用物品,它经历了从自然存在物到自然经济的劳动产品再到商品的演化和区分。使用价值发展的这一历史进程,其决定性因素是有用劳动自身的变化与发展。

(一) 使用价值作为劳动产品

使用价值最初并不是劳动的结果,而是自然界的"恩惠";它本质上是自然自身的关系。在自然经济中,使用价值开始作为劳动产品出现,但此时劳动产品只是使用价值的偶然的附属部分,所以,劳动的有用性还不是使用价值的本质,自然事物的有用性才是使用价值的本质和决定性因素。

1. 物的有用性和劳动的有用性。使用价值最初蕴含于自然存在物之中。"物的有用性使物成为使用价值。"[①]作为自然存在物的天然有用性,使用价值并不包含劳动的作用。自然资源本身就有使用价值,但它们并未进一步包含人的劳动,不是劳动产品。一个物可以是使用价值而不是劳动产品,"在这个物并不是以劳动为中介而对人有用的

[①] 《马克思恩格斯全集》第44卷,人民出版社,2001年,第48页。

情况下就是这样。例如,空气、处女地、天然草地、野生林等等"。①

使用价值作为劳动产品,是物的有用性和劳动有用性的结合。劳动产品的一般属性是有用性。凡劳动产品必定是有用物品或使用价值,"无用"之物肯定不是"劳动产品"。"如果物没有用,那末其中包含的劳动也没有用,不能算作劳动"。② 使用价值作为劳动产品,一方面,以自然存在物的有用性为客观前提;不管劳动产品发展到何种水平,任何劳动产品的形成都离不开物的有用性的支撑。另一方面,劳动产品的有用性,离不开人的有用劳动,即,劳动按照人的需要对自然存在物所进行的加工和改造;劳动产品的发展离不开有用劳动的变化。"上衣、麻布等等使用价值,……是自然物质和劳动这两种要素的结合"③。

物的有用性和劳动有用性的结合最初是非常偶然的,使用价值作为劳动产品的发展极其缓慢。尽管如此,马克思仍然特别强调,人类开辟自身的历史发展,离不开劳动产品的发展,最终离不开有用劳动对自然有用物能动作用的不断提升与扩大。"劳动作为使用价值的创造者,作为有用劳动,是不以一切社会形式为转移的人类生存条件,是人和自然之间的物质变换即人类生活得以实现的永恒的自然必然性。"④

2. 永恒的物质内容与暂时的特殊形式。使用价值是永恒的物质内容与暂时的特殊形式的结合体。一方面,劳动产品作为使用价值,包含一定的物质内容,即"一种不借人力而天然存在的物质基质"。⑤ 这种物质存在是一切产品不可或缺的必然前提,它是永恒的,既不能被制造,也不能被消灭,也无所谓发展。另一方面,使用价值具有某种暂时

---

① 《马克思恩格斯全集》第44卷,人民出版社,2001年,第54页。
② 《马克思恩格斯全集》第44卷,人民出版社,2001年,第54页。
③ 《马克思恩格斯全集》第44卷,人民出版社,2001年,第56页。
④ 《马克思恩格斯全集》第44卷,人民出版社,2001年,第56页。
⑤ 《马克思恩格斯全集》第44卷,人民出版社,2001年,第56页。

的特殊形式。使用价值的生产或消费,无非是使用价值的特殊形式被改变,而不是其物质内容被消灭。"生产资料的使用价值的旧形式消失了,但只是为了以新的使用价值形式出现。"①

使用价值作为劳动产品的历史发展,不过是有用劳动所带来的使用价值特殊形式的变化和进步。劳动产品的不断丰富和发展,本质是使用价值的特殊形式被再现和更新,而不是其物质内容被创造。劳动作为能动因素,它能够改变的不是使用价值的物质内容,而是其暂时的特殊形式,即,劳动对自然有用物的能动作用无非是改变物质存在的特殊自然形式,而赋予它合乎人的需要的具体社会形式。即使这样,劳动也只能按照自然事物自身的运动规律来进行改变。"人在生产中只能像自然本身那样发挥作用,就是说,只能改变物质的形态。不仅如此,他在这种改变形态的劳动中还要经常依靠自然力的帮助。"②

3. 有用劳动的内容和形式。有用劳动当然也是内容和形式的统一体。劳动的内容无非是人的体力和脑力的运用。在使用价值作为劳动产品的长期历史发展中,劳动的这种内容本身除了单纯的量的缓慢积累,没有产生其他更有意义的变化。而劳动的具体形式,则是不断变化发展的。因此,劳动对有用物的能动作用,除了必然受制于自然事物的运动规律,另外一个主要的决定因素是劳动自身特定的具体形式,而不是劳动的内容。劳动的具体形式不同,劳动能动性和创造性发挥的效果就不同,劳动对于产品使用价值的地位和意义也就随之变化。

起初,使用价值主要是自然有用物;使用价值作为劳动产品,不过是自然有用物的附属和补充。这时,劳动的具体形式主要是同一个生产者的不同活动及其结合;而生产者主要是由许多自然人构成的某种共同体。在强大的自然运动面前,劳动的地位和作用非常有限,纯粹自然的有用物对于使用价值的地位和作用是支配性的。因此,自然物

---

① 《马克思恩格斯全集》第44卷,人民出版社,2001年,第233页。
② 《马克思恩格斯全集》第44卷,人民出版社,2001年,第56页。

的有用性是使用价值的本质属性,而劳动的有用性则只是使用价值的偶然属性,人主要是自然人。但是,随着使用价值作为劳动产品不断发展,劳动有用性在整个使用价值中的地位和作用必将越来越重要。直到使用价值作为商品出现,劳动有用性变成使用价值的本质属性之一。

(二) 使用价值作为商品

使用价值作为商品以使用价值作为劳动产品出现剩余为客观的历史前提,是对使用价值作为劳动产品的扬弃。"一个物可以有用,而且是人类劳动产品,但不是商品。"①使用价值作为劳动产品,最初只是意味着自然事物有用性和有用劳动的偶然结合。使用价值作为商品则是自然有用物、使用价值作为劳动产品和社会化的有用劳动的统一体;这一统一体的本质是矛盾的:自然物的有用性和劳动的有用性互相对立和制约。推动使用价值作为商品不断发展的,主要不是自然事物及其相互关系,而是劳动有用性的积累及其社会化发展。在资本主义市场经济中,使用价值作为商品已经发展到这样的高度:劳动有用性的积累和社会化已经成为整个使用价值复杂统一体的主导方面。

1. 使用价值取得社会本性。"使用价值,种种商品体,是自然物质和劳动这两种要素的结合。"②使用价值作为商品不同于使用价值作为劳动产品的根本之处在于,它取得了双重的本质属性。一方面,使用价值开始取得社会本性,使用价值的生产从强大的自然运动中突显;劳动产品开始出现剩余,有用劳动的效率逐渐提高,劳动对于使用价值的地位和意义变得日益重要。劳动不再是使用价值微不足道的偶然附属因素。这是劳动有用性不断积累和发展的结果。另一方面,使用价值的自然本性并没有消失或被取代,反而在其社会本性的作用之下,不断被重新发现和挖掘。从此之后,使用价值就在这双重本质属性的相互作

---

① 《马克思恩格斯全集》第 44 卷,人民出版社,2001 年,第 54 页。
② 《马克思恩格斯全集》第 44 卷,人民出版社,2001 年,第 56 页。

用下不断加速发展。不过,在这种相互作用中,使用价值的社会本性始终是主动和能动的一方。因此,在使用价值的历史发展中,使用价值作为商品获得社会本性,其重要性和积极意义,是无与伦比的。

使用价值作为商品,其社会本性首先表现为,以劳动产品的剩余为前提,由劳动而带来使用价值的差异性、多样化;这意味着有用劳动已取得许多不同的具体形式因素。"每个商品的使用价值都包含着一定的有目的的生产活动,或有用劳动。各种使用价值如果不包含不同质的有用劳动,就不能作为商品互相对立。"①如果没有差异性、多样性,使用价值就不能作为商品相互对立。使用价值作为商品获得其丰富性,以有用劳动自身的多样形式为必要前提和基础;如果有用劳动只是千篇一律的,就没有使用价值作为商品的丰富性。

使用价值作为商品,它的社会本性还表现为其目的的复杂化。使用价值作为劳动产品是生产者单纯直接自给自足的使用价值,使用价值作为商品则是生产者既为自己,又为他人、为社会而制造的使用价值。"谁用自己的产品来满足自己的需要,他生产的就只是使用价值,而不是商品。要生产商品,他不仅要生产使用价值,而且要为别人生产使用价值,生产社会的使用价值。"②不同的生产者,为了更好地满足自身的生存需要,他们发挥各自所长,不仅为自己制造使用价值,同时也为其他的生产者制造使用价值。当然,使用价值作为商品的这种复杂目的,起初只能是间接地而非直接地——通过不同的使用价值之间的交换加以实现。不同的生产者之间需经交换各自的产品,才能彼此互相满足。

使用价值作为商品获得其社会本性,无论是使用价值本身的丰富性还是使用价值的复杂目的,其根本的决定性因素是有用劳动自身的演变与发展,也反映出人作为生产者而发生区别和分化。此时,人们不

---

① 《马克思恩格斯全集》第44卷,人民出版社,2001年,第55—56页。
② 《马克思恩格斯全集》第44卷,人民出版社,2001年,第54页。

再是主要作为自然人而存在,而是,一方面作为自然人而相互区别和依赖,另一方面又作为不同的生产者而相互区别和依赖。

2. 有用劳动的社会化与市场。有用劳动,虽然其内容是自我同一的,不会变化,但是其具体形式却不断变化,正因为如此,有用劳动才成为使用价值历史发展的根本推动因素。使用价值获得社会本性,根本原因就在于具体形式有用劳动的不断社会化。因为,无论是使用价值作为商品的丰富性,还是使用价值作为商品的复杂目的,都是有用劳动具体形式不断社会化的结果。另外,有用劳动具体形式的社会化还是使用价值作为商品进一步发展的根本历史动因。有用劳动具体形式社会化的规模和水平越高,使用价值的社会本性就越发达。

有用劳动的社会化,其实质就是具体形式各不相同的有用劳动越来越普遍、越来越深入的分工和结合。对使用价值作为商品来说,具体的有用劳动必须进行某种"社会分工"和"社会结合",而且这两者内在相关、缺一不可。根据唯物史观,有用劳动不管以何种具体形式展开,最终都离不开自然人肉身活动的"彼此独立"和"互相结合"。"不管有用劳动或生产活动怎样不同,它们都是人体的机能"①。所以,尽管自然人活动的"彼此独立"和"互相结合"还并不是有用劳动的社会分工和社会结合,但它们仍然是有用劳动的原始形式,是有用劳动的社会化不可或缺的客观前提。

最初,有用劳动的"分工"和"结合",其本质是自然,而不是社会。在漫长的自然经济阶段,有用劳动的"分工"从属于自然人活动的"彼此独立",有用劳动的"结合"则是自然人的活动直接服从外部自然环境的偶然结果。借助劳动产品的缓慢积累,有用劳动应对外部自然的力量及其效率慢慢提高,自然人活动的彼此独立和互相结合越来越成为无关紧要的,有用劳动的分工和结合逐渐获得自己的社会属性。"产品要表现为商品,需要社会内部的分工发展到这样的程度:在直接

---

① 《马克思恩格斯全集》第44卷,人民出版社,2001年,第88页。

的物物交换中开始的使用价值和交换价值的分离已经完成。""这样的发展阶段是历史上完全不同的社会经济形态所共有的。"①从简单的商品生产开始,直到商品生产占据主导地位的资本主义市场经济,伴随着私人劳动及其产品的交换这种特殊的社会化方式,有用劳动的"分工"和"结合"才真正取得了自身的社会本性,劳动的"分工"和"结合"不再是自然人服从自然运动的偶然结果。一方面,有用劳动的分工表现为"私人劳动"——"彼此独立"的私人进行生产,它既决定于各不相同的具体有用劳动自身设定的特殊目的和要求,又从属于私人生产者的特殊需要和意志;另一方面,有用劳动的结合表现为私人生产者的产品交换,这种交换,既决定于多样的有用劳动彼此之间的内在联系,又是实现私人生产者的特殊需要和意志的中介。

在使用价值作为商品的长期历史发展中,有用劳动的社会化主要采用的是私人劳动及其产品的交换这种特殊形式,这种形式,曾经并且还在继续促进有用劳动社会化的发展。私人劳动及其产品交换,以私有制为前提,私有制因而被当作有用劳动社会化的根本前提和原因。马克思进一步的研究表明,私有制的产生以劳动产品剩余为客观的历史条件。资本主义私有制,其客观基础和历史前提是有用劳动社会化的间接形式——市场。在市场中,劳动的社会有用性被表现为货币,各种特殊形式的活劳动与劳动社会有用性之间的直接联系被消解,有用劳动社会化的实现取决于以货币形式的价值为尺度和中介的各种静态要素之间的普遍交换。私有制的产生与发展决定于有用劳动社会化水平,市场对有用劳动社会化的决定性作用是资本主义私有制的客观前提。一旦私有制形式再也不能适合有用劳动的社会化发展,它必定会被重新降低为有用劳动社会化偶然的或补充的条件。这是否也同时意味着,市场经济本质上的终结?或者说,随着私有制不再是所有制的主导形式,有用劳动社会化是否将同时终结市场这种间接形式而获得直

---

① 《马克思恩格斯全集》第44卷,人民出版社,2001年,第197—198页。

接实现呢？马克思曾经设想,在真正的共产主义社会,有用劳动的社会化就可以直接实现,"个人的劳动不再经过迂回曲折的道路,而是直接作为总劳动的组成部分存在着"。① 但是,在社会主义社会,即"在经过长久阵痛刚刚从资本主义社会产生出来的共产主义社会第一阶段",市场仍然是实现有用劳动社会化"不可避免的"间接形式。② 理论上来讲,实现有用劳动社会化的途径,可以越来越顺畅、越来越短,但无论如何,有用劳动的社会化绝不意味着各个活劳动本身的直接结合和交换。正如马克思所坚持的,活劳动总要以各种特殊的具体形式才能进行,其社会有用性也总要首先凝结在各不相同的、对象化的结果中;活劳动需要化身为不同的静态产品、按照统一的标准和尺度,才能进行超越"劳动肉身"限制的交换和结合,顺利实现其普遍的社会有用性。因此,市场对于实现劳动的社会有用性的中介作用,并不会因为公有制的建立而立刻被取消。相反,只有在充分发挥市场作用的前提下,公有制才能真正促进有用劳动社会化的发展。中国特色社会主义的实践也表明,即使建立了公有制,有用劳动的社会化也不能直接实现,市场作为实现有用劳动社会化的中介地位仍然是不可替代的。这就是社会主义市场经济的历史必然性。

3. **资本主义阶段有用劳动社会化的双重特性**。在资本主义阶段,有用劳动社会化具有两个基本特性:第一,有用劳动的社会化水平高度发达;第二,私人劳动及其产品交换成为有用劳动社会化的占支配地位的、甚至是唯一的形式。

一方面,使用价值作为商品,其社会本性获得足够充分的发展,甚至超过其自然本性而成为主导。此时,有用劳动的社会化水平已经高度发达:有用劳动是在整个社会的总体水平上才能提供。具体形式的单个劳动,只有作为整个社会总劳动的内在环节和构成因素,才能发挥

---

① 参见《马克思恩格斯选集》第3卷,人民出版社,2012年,第363页。
② 参见《马克思恩格斯选集》第3卷,人民出版社,2012年,第363—364页。

其对于使用价值作为商品的能动创造作用。"单个劳动本身不再是生产的,相反,它只有在征服自然力的共同劳动中才是生产的"①。另一方面,私人劳动和产品交换是有用劳动社会化的占支配地位的、甚至是唯一的形式。"使用物品成为商品,只是因为它们是彼此独立进行的私人劳动的产品。这种私人劳动的总和形成社会总劳动。由于生产者只有通过交换他们的劳动产品才发生社会接触,因此,他们的私人劳动的特殊的社会性质也只有在这种交换中才表现出来。换句话说,私人劳动在事实上证实为社会总劳动的一部分,只是由于交换使劳动产品之间、从而使生产者之间发生了关系。"②私人劳动并不是有用劳动的社会分工所采用的必要补充形式,而是有用劳动的社会分工所采取的主要形式甚至唯一形式;与此相应,私人产品的交换,也不是有用劳动的社会结合所采取的必要补充形式,而是有用劳动的社会结合所采取的主导形式。

资本主义阶段,有用劳动社会化的双重特性、互相作用,必然带来双重后果:一是任何具体形式的活劳动都成为与使用价值的社会本性根本无关的、完全偶然的东西;二是私人生产者赚取货币的主观意志成为使用价值社会化的根本动因和最终目的。在有用劳动社会化高度发达的条件下,当私人劳动和产品交换成为有用劳动社会化的唯一方式,任何其他形式的社会分工和社会结合乃至自然人的活动的彼此独立和互相结合,它们的"社会有用性"都将成为问题。单个的活劳动,它们不过是一定数量的劳动时间,而且是凝固在一定形式的物中的劳动时间,这种劳动时间必须作为私人产品,经过市场的普遍交换,转化成无差别的抽象劳动时间,才能变成整个社会劳动时间的一部分,进而成为社会的有用劳动的构成部分。任何具体形式的活劳动在被变成交易品成功售出之前,都与劳动的社会有用性无关,一切劳动都被毫无例外

---

① 《马克思恩格斯全集》第31卷,人民出版社,1998年,第95页。
② 《马克思恩格斯全集》第44卷,人民出版社,2001年,第90页。

地、强行变成光秃秃的、自我同一的内容——自然人的单纯体力和脑力。"在资产阶级社会里,交换价值应被看作统治的形式,因此生产者把自己的产品当作使用价值的一切直接关系都消失了:一切产品都是交易品。我们就拿某个现代工厂如棉织厂的一个工人来说吧。如果他不生产交换价值,他根本就什么也生产不出来,因为他不能把手放在任何一件可以捉摸的使用价值上说:这是我的产品。"①因而,除了私人生产者的特殊需要和主观意志——源源不断地赚取货币,有用劳动社会化再也找不到其他更好的动因和目的了。"生产剩余价值或赚钱,是这个生产方式的绝对规律。"②

资本主义社会有用劳动社会化的双重特性之间有何内在关联?私人劳动及其产品交换成为有用劳动社会化占支配地位的、甚至是唯一的形式,这是有用劳动的社会化高度发达的必然结果吗?或者,高度发达的有用劳动社会化只能采用私人劳动和产品交换作为主要形式或唯一形式吗?私人劳动及其产品交换成为有用劳动社会化占支配地位的、甚至是唯一的形式,当然与有用劳动社会化的高度发达相关,但是,它在本质上并不是高度发达的有用劳动社会化单方面的结果,而是私有制与高度发达的有用劳动社会化相结合的结果。在实际的历史进程中,使用价值作为商品的发展,大部分时间与私有制的发展是"同频共振"的。商品使用价值越发达,私有制就越发达;反过来,私有制越发达,商品也就越发达,直到资本主义市场经济出现。于是,问题就变成,私有制与有用劳动高度发达的社会化,这二者之间,究竟有何内在关联,以至于它们能如此长久地结合在一起?私有制与高度发达的有用劳动社会化又有何根本冲突,以至于后者的更进一步发展必然会抛弃前者?要回答这样的问题,就需要价值正式出场了。

---

① 《马克思恩格斯全集》第 31 卷,人民出版社,1998 年,第 352—353 页。
② 《马克思恩格斯全集》第 44 卷,人民出版社,2001 年,第 714 页。

二、价值的本质：劳动社会化的结晶

通过使用价值的历史发展，马克思揭示出，使用价值作为商品，是人类历史上迄今为止最为复杂的使用价值。商品则将迄今为止最为复杂的使用价值作为一个本质属性包含在自身之内，同时又在自身之内包含了另一个复杂的社会属性——价值。价值明确标志着商品和其他劳动产品的本质区别，是劳动社会化的结晶。

(一) 价值的内容及其同质性、凝固性

价值是一种实在的社会存在，是内容与形式的统一。对价值的内容与形式，马克思进行了必要的区分。价值的内容就是固化在一定的作为劳动产品的使用价值中的人类劳动力。"使用价值或财物具有价值，只是因为有抽象人类劳动对象化或物化在里面。"① 价值的内容，不过是凝结在商品中的无差别的人类劳动；它是包括商品在内的一切劳动产品所共有的因素，即对象化在一定形态的物质存在中的人的体力和脑力。凝固的、无差别的人类劳动作为价值的内容，具有同质性，价值可以在量上进行比较。价值的内容还具有凝固性。"处于流动状态的人类劳动力，或人类劳动形成价值，但本身不是价值。它在凝固的状态中，在对象化的形式上才成为价值。"②

价值内容的同质性与凝固性，使得人类生产中潜在的不同于自然过程的连续性、统一性和累积性得到初步确立。在使用价值作为劳动产品的生产中，除了自然过程，再没有其他任何连续性、统一性和累积性可言。价值内容的同质性与凝固性，使得价值的保存和累积成为可能。商品生产必须保存已经包含在作为生产资料的产品中的价值，同时形成新的价值。在此，人类生产不同于纯粹自然过程的连续性、统一

---

① 《马克思恩格斯全集》第44卷，人民出版社，2001年，第51页。
② 《马克思恩格斯全集》第44卷，人民出版社，2001年，第65页。

性和累积性第一次得以确证。"就生产资料来说,被消耗的是它们的使用价值,由于这种使用价值的消费,劳动制成产品。生产资料的价值实际上没有被消费,……这个价值被保存下来,……。"①

真正的价值不是纯粹的理论抽象,而是实实在在的社会存在物。只有内容而没有形式,价值最多只能是一种单纯思辨的理论对象,而不是实际的客观存在。凝固的、无差别的劳动,作为价值的内容,只有获得一定的、合乎其本性的表现形式,才能成为真正的价值——独立的、一般的、恒定的客观社会存在。

(二) 价值的表现形式及货币

价值具有实在的表现形式,并不是赤裸的"人的体力和脑力"。价值内容具有同质性、凝固性,这种内容要求其表现形式必须具有同质性、凝固性。直到货币出现,价值才在各种不同的、暂时的使用价值之外,获得了合乎自身本性的、一般的、恒定的表现形式。

无差别的、凝固的人类劳动,起初只是蕴藏在各不相同的有用劳动中的一种潜在属性,还不是真正的价值。真正的价值是以一般的、恒定的社会形式实实在在地、明白地表现出来的"无差别的、凝固的人类劳动"。价值获得适合其本性的表现形式,离不开产品交换的发展。"在交换过程中,各种不同的劳动产品事实上彼此等同,从而事实上转化为商品。"②当交换已十分广泛,有用物是为了交换而生产,它们作为价值的特性早在生产过程中就必须预先被注意到,只有在这时,劳动产品分裂为有用物和价值物,才在实践中变得重要起来。③

价值,当然首先凝固在各种劳动产品即不同的、暂时的使用价值之中。但各不相同的、暂时的使用价值,不仅与价值的同质性不相适应,而且与价值的凝固性不相适应。价值需要按照自身的同质性和凝固

---

① 《马克思恩格斯全集》第44卷,人民出版社,2001年,第241页。
② 《马克思恩格斯全集》第44卷,人民出版社,2001年,第106页。
③ 参见《马克思恩格斯全集》第44卷,人民出版社,2001年,第90页。

性,在各种暂时性的使用价值之外,找到某种一般的永恒的表现形式。直到货币从产品交换的历史进程中产生,价值才能摆脱各种不同的、暂时的使用价值,真正获得既适合其同质性、又适合其凝固性的表现形式。"这个需要一直存在,直到由于商品分为商品和货币这种二重化而最终取得这个形式为止。"① 这时,价值和使用价值的对立统一才真正出现,真正的商品生产拉开了序幕。一方面,价值的同质性,把货币作为自己的本质的表现形式,从而摆脱劳动特殊有用形式的限制和束缚。另一方面,以坚硬、稳定的货币作为表现形式,价值的凝固性被表现为一种独立的、长久的客观存在。"货币力求通过它对流通持否定态度,即对同现实财富的交换,同易逝的商品……的交换,持否定态度,来把自己确立为不灭的价值,永恒的价值。"②

在货币这种形式中,价值才被确立为独立的、一般的、永恒的社会存在物。一旦价值表现为货币,劳动的能动有用性的发挥,除了必然受制于自然事物的形态及其运动规律、劳动自身特定的具体形式,还将越来越受制于货币。在资本主义社会,货币,甚至变成劳动发挥其有用能动性的唯一制约因素,劳动的能动作用变成了货币或资本的"能动"作用。也正因为如此,马克思才指出,商品的神秘性质,既不在其使用价值,也不在其价值内容,而在其价值形式。"商品的神秘性质不是来源于商品的使用价值。同样,这种神秘性质也不是来源于价值规定的内容。""劳动产品一采取商品形式就具有的谜一般的性质究竟是从哪里来的呢?显然是从这种形式本身来的。"③

(三)价值与私人占有的对立

价值在本质上是劳动社会化的结晶,其产生和发展,与私有制并无内在的必然联系。价值,无论是其凝固的一般内容,还是其恒定的货币

---

① 《马克思恩格斯全集》第 44 卷,人民出版社,2001 年,第 106 页。
② 《马克思恩格斯全集》第 31 卷,人民出版社,1998 年,第 36 页。
③ 《马克思恩格斯全集》第 44 卷,人民出版社,2001 年,第 89 页。

形式,正是在有用劳动不断发展的社会化进程中孕育、发明的。资本主义私有制的独特内容和基础就在于,它是价值——特别是货币形式的价值——的私人占有,而不是某种特殊的使用价值的私人占有。资本主义私有制的特殊性在于,货币形式的价值是满足特殊个人不断扩张的追逐财富的欲望的手段和工具,个人为了满足其特殊的财富追求,不得不把"货币"不断地投入有用劳动的社会化进程,从而极大促进了有用劳动社会化的发展。一旦有用劳动的社会化发展超过了特殊个人财富欲望的范围,价值就会无法顺利投入有用劳动的社会化过程,从而动摇乃至消解价值自身存在的根基。价值的社会本质与私人占有之间的这种对立,是资本主义私有制自身无法克服超越的内在矛盾。不过,无论所有制的具体形式怎样,只要劳动的社会化需要借助劳动分工及劳动产品的普遍交换来完成,价值、货币在劳动社会化发展的地位和作用就是不能替代的。正因为价值是有用劳动社会化发展的结果,也只有社会劳动才能真正实现对它的支配和占有。只要能够顺利实现社会劳动对价值的支配和占有,不管公有制,还是私有制,价值和货币都能一样容受。这就是市场经济与私有制的可分离性,或者说,市场经济与公有制本质上的可结合性。

三、商品的辩证本质:价值与使用价值的对立统一

商品是由不断扩大的价值和使用价值的矛盾所推动的辩证的社会统一体。在商品中,价值和使用价值的任何一方都不能占据固定的支配地位:价值和使用价值只能交替出现,轮番上场;商品时而表现为价值,时而又表现为使用价值;这种社会运动一旦停止,商品就立即宣告死亡。"商品作为这种统一体,作为商品,不是一种静止的(固定的)存在,而只是处在社会的流通运动中……"①"两个规定的统一表现为非

---

① 《马克思恩格斯全集》第 31 卷,人民出版社,1998 年,第 370 页。

静止的、经历一定阶段的、同时总是双方的运动。"①马克思深入研究商品生产过程,揭示出引起商品价值和使用价值的矛盾不断扩大的唯一能动的否定因素,既不是使用价值,也不是价值,而是"活的有用劳动"本身。

(一) 使用价值作为劳动产品的决定作用

商品生产过程既是制造使用价值的过程,又是价值形成过程;价值只能在制造商品使用价值的过程中形成。在商品生产中,使用价值的制造始终是不以人的意志为转移的首要内容。使用价值作为劳动产品,既是商品使用价值制造过程得以进行的客观基础和历史前提,又是决定商品价值形成的客观因素。

1. 使用价值作为劳动产品是商品使用价值制造的客观基础和历史前提。商品生产过程,首先是有用劳动的过程,即制造某种使用价值的过程,而不是价值形成过程。在商品使用价值的制造中,始终起作用的是作为劳动产品的使用价值,而不是物的自然有用性。商品使用价值的制造具有社会本性。商品使用价值的制造,不仅需要以自然有用物为前提,更需要以使用价值作为劳动产品为决定性的客观因素。无论是前提、结果,还是在过程中发挥作用的客观因素,都是作为劳动产品的使用价值。劳动过程最初只发生在人和天然存在的生产资料之间,商品使用价值的制造过程,主要发生在作为产品的劳动力和同样作为产品的生产资料之间。劳动,"它的产品是使用价值,是经过形式变化而适合人的需要的自然物质"。②"同一个使用价值,既是这种劳动的产品,又是那种劳动的生产资料。所以,产品不仅是劳动过程的结果,同时还是劳动过程的条件。"③

在商品使用价值的制造过程中,价值不起作用。生产资料"在劳

---

① 《马克思恩格斯全集》第31卷,人民出版社,1998年,第372页。
② 《马克思恩格斯全集》第44卷,人民出版社,2001年,第211页。
③ 《马克思恩格斯全集》第44卷,人民出版社,2001年,第212页。

动过程中只是作为使用价值,作为具有有用属性的物起作用"。①"在纺纱开始时,必须先有这两种产品。但是,亚麻和纱锭是过去劳动的产品这件事,对这个过程本身来说是没有关系的。"②亚麻和纱锭作为过去劳动的产品,当然蕴涵了一定的价值,但是这种价值在劳动过程中并不起作用。在劳动过程中,亚麻和纱锭只是作为一定的使用价值发挥作用,它们旧的使用价值形式在劳动过程中被消灭,变成新的使用价值形式;它们原本所蕴涵的价值在此期间既不发挥作用,也不发生真正的变化,只是伴随着后来形成的价值一起,寄居到新的使用价值中。在商品生产过程中,已有的价值,只是作为静态的、被动的因素,被转移到同样是静态的被动的、单纯作为结果的产品的价值中。"就生产资料来说,被消耗的是它们的使用价值,由于这种使用价值的消费,劳动制成产品。生产资料的价值实际上没有被消费,因而也不可能再生产出来。这个价值被保存下来,但不是因为在劳动过程中对这个价值本身进行了操作,而是因为这个价值原先借以存在的那种使用价值虽然消失,但只是消失在另一种使用价值之中。"③

2. 使用价值作为劳动产品是商品价值的"形成"和"永存"的客观决定因素。 价值的"形成""保存"和"积累"并不是由价值自己决定的,而是由商品使用价值的制造决定的。"为了把自己的劳动表现在商品中,他必须首先把它表现在使用价值中,表现在能满足某种需要的物中。"④离开作为劳动产品的使用价值,劳动不能创造价值,价值也就不能得到"保存"和"积累"。使用价值作为劳动产品,既然是决定商品使用价值制造的客观基础和历史前提,它也因此而成为决定价值"形成"和"永存"的客观因素。所谓价值的创造过程,不过是活的有用劳动把自己对象化在作为劳动产品的使用价值中。

---

① 《马克思恩格斯全集》第 44 卷,人民出版社,2001 年,第 239 页。
② 《马克思恩格斯全集》第 44 卷,人民出版社,2001 年,第 213 页。
③ 《马克思恩格斯全集》第 44 卷,人民出版社,2001 年,第 241 页。
④ 《马克思恩格斯全集》第 44 卷,人民出版社,2001 年,第 207 页。

只有制造使用价值,劳动才创造价值。在制造商品使用价值的过程中,一方面,只要"生产新的使用价值",就能转移、保存生产资料的价值。"只要使用价值是有目的地用来生产新的使用价值,制造被用掉的使用价值所必要的劳动时间,就成为制造新的使用价值所必要的劳动时间的一部分,也就是说,这部分劳动时间从被用掉的生产资料转移到新产品上去。"①马克思还强调,只有制造新的使用价值的过程才能保存生产资料的价值。"生产资料的价值由于转移到产品上而被保存下来。这种转移是在生产资料转化为产品时发生的"②,"生产资料在丧失自己的使用价值的同时并不丧失价值,因为它们通过劳动过程丧失自己原来的使用价值形态,实际上只是为了在产品上获得另一种使用价值形态。"③另一方面,只要"生产新的使用价值"就会在新产品追加价值,并且追加价值的原因就在于制造新的使用价值。离开使用价值的制造活动就不能追加价值,哪怕花费大量的劳动时间。"当劳动通过它的有目的的形式把生产资料的价值转移到产品上并保存下来的时候,它的运动的每时每刻都形成追加的价值,形成新价值。"④正是根据"新的使用价值"的形成与否,马克思才能把商品的"生产"与"消费""分配""流通"等区分开来。"流通费用本身并不创造价值,而是实现价值的费用,是对价值的扣除。……那种通过流通转化为货币的潜在价值,是作为生产过程的结果而预先存在的。"⑤流通或交换本身之所以并不创造价值,是因为流通本身与商品使用价值的制造无关,流通本身的实质只是价值的形态变化。

在商品使用价值的制造中,追加新价值和保存旧价值同时完成,而且只能通过这种过程来完成。"工人不保存旧价值,就不能加进新劳

---

① 《马克思恩格斯全集》第44卷,人民出版社,2001年,第233页。
② 《马克思恩格斯全集》第44卷,人民出版社,2001年,第232页。
③ 《马克思恩格斯全集》第44卷,人民出版社,2001年,第235—236页。
④ 《马克思恩格斯全集》第44卷,人民出版社,2001年,第242页。
⑤ 《马克思恩格斯全集》第31卷,人民出版社,1998年,第13页。

动,也就不能创造新价值,因为他总是必须在一定的有用的形式上加进劳动;而他不把产品变为新产品的生产资料,从而把它们的价值转移到新产品上去,他就不能在有用的形式上加进劳动。"①劳动只有对象化在作为劳动产品的使用价值中,才能追加新价值同时保存已有的价值,价值才能真正获得"永恒的生命"。

(二) 活劳动是唯一能动的创造因素

如果说,商品生产必须首先是商品使用价值的制造,其实质和关键是以劳动产品为客观前提的使用价值的反复更新,那么,究竟何种因素才是导致使用价值更新的直接动因呢? 在马克思看来,只有在活劳动能动的否定作用下,作为劳动产品的使用价值才能得到更新,形成新的追加价值,同时保存已有价值。

1. 作为劳动产品的使用价值并不能自我更新,它不过是活的有用劳动的转瞬即逝的形式。活劳动及其数量是创造商品使用价值的决定要素。② 只有在活劳动的能动作用下,劳动产品作为使用价值才能作为现实的使用价值起作用,进而得到更新;在此过程中,活劳动不会局限于任何特殊的劳动产品,它能够采取任何形式而对任何潜在的使用价值能动地发挥作用。离开活劳动的能动作用,单纯的物质因素当然不会真正成为使用价值。"机器不在劳动过程中服务就没有用。不仅如此,它还会受到自然的物质变换的破坏力的影响。铁会生锈,木会腐朽。纱不用来织或编,会成为废棉。活劳动必须抓住这些东西,使它们由死复生,使它们从仅仅是可能的使用价值变为现实的和起作用的使用价值。它们被劳动的火焰笼罩着,被当作劳动自己的躯体加以同化,被赋予活力以在劳动过程中执行与它们的概念和使命相适合的职能"。③ 只有与活劳动相接触,现有的作为劳动产品的使用价值,才能

---

① 《马克思恩格斯全集》第44卷,人民出版社,2001年,第240页。
② 参见《马克思恩格斯全集》第31卷,人民出版社,1998年,第94页。
③ 《马克思恩格斯全集》第44卷,人民出版社,2001年,第214页。

得到进一步更新。"产品作为生产资料进入新的劳动过程,也就丧失产品的性质。它们只是作为活劳动的物质因素起作用。"①"它们投入劳动过程,从而与活劳动相接触,则是使这些过去劳动的产品当作使用价值来保存和实现的唯一手段。"②活劳动作为能动的因素,能够扬弃使用价值任何既定的性质和形式,从而把它们作为暂时的和需要被否定的东西;尽管使用价值的既定性质和形式对活劳动来说是必要的客观条件。"如果工人的特殊的生产劳动不是纺纱,他就不能使棉花变成棉纱,因而也就不能把棉花和纱锭的价值转移到棉纱上。不过,如果这个工人改行当木匠,他仍然会用一个工作日把价值加到他的材料上。"③正是抓住"活劳动"这个能动的因素,马克思才能揭示商品使用价值不断丰富和拓展的真正动因,以及其中所体现的人与自然之间内在关系的不断深化和发展。"劳动首先是人和自然之间的过程,是人以自身的活动来引起、调整和控制人和自然之间的物质变换的过程。"④"劳动作为这种有目的的生产活动,纺纱、织布、打铁,只要同生产资料接触,就使它们复活,赋予它们活力,使它们成为劳动过程的因素,并且同它们结合为产品。"⑤

2. 活劳动得天独厚的性能就在于,它在把自己对象化于一定的使用价值的过程中,形成新的追加价值同时保存价值。"由于加进价值而保存价值,这是发挥作用的劳动力即活劳动的自然恩惠。"⑥在商品生产过程中,价值并不能自我形成和自我保存。借助货币,价值获得了独立于暂时的使用价值的永久的、固定的表现形式,这使得价值仿佛获得了"不死的生命"。然而,价值本身的凝固的同一性并不能真正实现

---

① 《马克思恩格斯全集》第44卷,人民出版社,2001年,第213页。
② 《马克思恩格斯全集》第44卷,人民出版社,2001年,第214页。
③ 《马克思恩格斯全集》第44卷,人民出版社,2001年,第233页。
④ 《马克思恩格斯全集》第44卷,人民出版社,2001年,第207—208页。
⑤ 《马克思恩格斯全集》第44卷,人民出版社,2001年,第233页。
⑥ 《马克思恩格斯全集》第44卷,人民出版社,2001年,第240页。

价值的不灭性。在商品生产总体中,"不灭性表现为它唯一可能成为的东西,表现为易逝性的不断消逝——过程——生命"。① 价值"只有当它像吸血鬼一样,不断地吸吮活劳动作为自己的灵魂的时候,才获得这样的能力"。② 价值只有不断吸收新的活劳动,才能保持自身的继续存在和扩张。在商品生产过程中,价值的这种存在方式所包含的唯一能动因素就是活劳动,价值必须通过活劳动才能"降生"并获得"永生"。"在劳动过程中,劳动不断由动的形式转为存在形式,由运动形式转为对象性形式。"③"生产资料的价值由于转移到产品上而被保存下来。……它是以劳动为中介的。"④只有活劳动才是真正能动的因素。只是通过活劳动,才能加进新价值,商品生产才成为真正自我运动的、"创造价值"的过程。"当劳动通过它的有目的的形式把生产资料的价值转移到产品上并保存下来的时候,它的运动的每时每刻都形成追加的价值,形成新价值。……它是真正的再生产,不像生产资料的价值只是表面上的再生产。"⑤

通过对商品生产过程的深入研究,马克思所做出的、不同于资产阶级经济学家的全新发现就在于,使用价值作为劳动产品对于价值的决定作用。商品生产在现当代已经发展到以价值为内在环节和连续基础,西方经济学商品理论主要集中于研究由价值规律支配的经济现象,使用价值作为劳动产品对于商品生产的地位和重要意义几乎难见踪影。马克思首先强调,劳动制造商品使用价值的过程,以使用价值作为劳动产品的前提和基础,并且决定劳动创造价值的过程。这一观点的伟大之处,不仅在于指出劳动创造价值需要既定的自然物质条件和社会历史条件,而且将制造使用价值的劳动同其他各种形式的劳动耗费

---

① 《马克思恩格斯全集》第31卷,人民出版社,2001年,第36页。
② 《马克思恩格斯全集》第31卷,人民出版社,2001年,第36页。
③ 《马克思恩格斯全集》第44卷,人民出版社,2001年,第221页。
④ 《马克思恩格斯全集》第44卷,人民出版社,2001年,第232页。
⑤ 《马克思恩格斯全集》第44卷,人民出版社,2001年,第242页。

区别开来,进而揭示出,活劳动作为制造商品使用价值的唯一能动因素,它只有在制造使用价值的过程中才能真正创造价值;商品的流通过程本身与使用价值的制造无关,因而与价值创造无关。流通中的劳动耗费只是对已经形成的价值的扣除,而不是价值创造。"劳动创造价值",就是"劳动时间对象化在某种使用价值中"①,这是马克思的商品学说不同于西方经济学商品理论的根本所在。

(三) 价值作为使用价值交换的尺度和中介

虽然,价值与商品使用价值是同时形成的,价值的形成由商品使用价值的制造过程决定,但是,这并不意味着价值只是完全附属于商品使用价值的偶然因素,与商品使用价值没有内在、必然的联系。实际上,以价值为尺度和中介,种种使用价值进行交换,是商品使用价值的社会本性使然。价值尺度和中介是商品生产的必然的内在环节。一方面,对于商品使用价值来说,交换并不是偶然的、可有可无的东西。因为,商品使用价值复杂的社会本性,并不能直接获得实现,而只能间接实现——各不相同的使用价值进行交换。另一方面,对于使用价值的交换本身而言,价值尺度和中介才是真正内在的必然环节。因为,价值作为尺度和中介,是在交换本身内部才得以确定的,是交换过程的结果,由交换过程决定。而且,经过交换的洗礼,价值发生了极其重要的形式变化。正是这种变化,才使得价值和交换行为,有可能反过来成为整个商品生产过程的内在环节和连续基础。

1. 价值与使用价值交换过程的内在关系。首先,价值作为交换的尺度和中介,决定于使用价值的交换过程。 价值本身是在制造商品使用价值的有用劳动过程中形成的,并不是使用价值交换的结果;更加显而易见的是,在最初的交换中,无论是动因、目的,还是交换行为的实际承担者,都不过是各不相同的使用价值。但是,这一切并不意味着,价值与使用价值的交换过程没有内在关联。实际上,价值尺度和中介,才

---

① 《马克思恩格斯全集》第44卷,人民出版社,2001年,第21页。

是交换真正内在的必然环节。丰富多样的使用价值,即使是作为交换发生的动因、目的和实际承担者,也不过是交换过程既定的外在必然前提。① 无论如何,一方面,不同使用价值本身并不能决定相互之间的交换行为的实际发生。它们只有依据双方共同的内在固定因素——价值——才能进行相互交换。② 另一方面,交换的尺度和中介只是由交换行为本身才确定,不能在交换之外决定。

其次,在使用价值的交换过程中,价值发生形式变化。价值作为交换的尺度和中介,是在交换过程中才确定下来的。经过交换过程,价值发生了形式变化。价值本身的内容,即自我同一的一定量的劳动力,它在制造商品使用价值的有用劳动过程中固定下来,在交换过程中,不会发生变化;但是这并不意味着,经过交换,价值仍然原封未动。走过曲折蜿蜒的使用价值交换之路,价值发生了唯一的、但却极其重要的形式的变化,即,价值的形式从最初的某种特殊的、暂时的使用价值的形式变为某种一般的、稳固的形式——货币。"如果撇开商品流通的物质内容,撇开各种使用价值的交换,只考察这一过程所造成的经济形式,我们就会发现,货币是这一过程的最后产物。"③

2. 以价值为尺度和中介的交换,实现了双重的扬弃。首先,"直接为个人而存在的使用价值"④被扬弃。在交换之前,商品使用价值就已形成,经过交换,商品使用价值本身的特定内容和直接的特殊形式都未发生改变。⑤ 然而,经过交换,使用价值潜在的社会性却得到实现,即"直接为个人而存在的使用价值"被扬弃,原本直接的、特殊的、封闭的使用价值转变为间接的、普遍的、社会的使用价值。"商品的交换价值所以只具有暂时的意义,是因为它扬弃了使用价值的片面性,——只是

---

① 参见《马克思恩格斯全集》第31卷,人民出版社,1998年,第372—373页。
② 参见《马克思恩格斯全集》第31卷,人民出版社,1998年,第391页。
③ 《马克思恩格斯全集》第44卷,人民出版社,2001年,第171页。
④ 《马克思恩格斯全集》第31卷,人民出版社,1998年,第391页。
⑤ 参见《马克思恩格斯全集》第31卷,人民出版社,1998年,第373页。

充当直接为个人而存在的使用价值,——即把使用价值供给人们:它除了使使用价值成为对他人(购买者)的使用价值以外,没有使使用价值发生任何变化。"①

其次,活劳动的特殊性被扬弃。劳动的社会分工和社会结合,是商品使用价值的内在必然要求,但社会劳动最终仍然要以特殊形式的活劳动来展开,特殊活劳动与社会劳动这一辩证关系以一种一般的、对象化的形式表现出来,这就是价值作为使用价值交换的尺度和中介的历史必然性之所在。通过以价值为尺度和中介的交换,特殊活劳动被扬弃,或者说,特殊活劳动潜在的社会性得到实现;交换,既是对特殊活劳动的否定,它否定活劳动直接的特殊形式,又是对特殊活劳动的肯定,它肯定活劳动间接的社会有用性。

特别是,当价值获得货币这个一般的表现形式之后,以价值为尺度和中介的交换,就能够以一种独立于任何特殊使用价值的、一般的对象化形式,肯定、衡量特殊活劳动的社会有用性;彼此独立的特殊的活劳动,能够以这种对象化的一般形式,从社会劳动中,获取与自己曾提供的活劳动在量上相等的那个份额。这样,劳动的一般等同性作为价值的内容,原本是社会生产和交换发展的产物,这时,反过来又成为促进生产和交换进一步发展的一般中介。正是由于这种扬弃,交换和作为货币的价值,才能毫无例外地把潜藏在一切特殊的活劳动中的社会本性都挖掘出来,商品生产从此进入前所未有的新阶段。

3. 社会劳动与活劳动分裂的可能性。价值作为交换的尺度和媒介,对于实现商品使用价值的社会性具有不可替代的重要意义,因而是商品生产进一步发展的不可或缺的、客观的历史前提。在复杂的历史进程中,以价值为尺度和中介的交换方式,可能反过来成为特殊的活劳动与社会劳动分裂和对立的客观条件。特别是,当货币从交换中产生并析出,交换行为本身就可以否定任何特殊的活劳动,因而,从单纯的

---

① 《马克思恩格斯全集》第31卷,人民出版社,1998年,第391页。

交换观点来看，社会劳动，从而使用价值的社会化生产就可以成为与任何特殊的活劳动无关的东西，这就使活劳动与社会劳动的分裂和对立成为可能。"虽然价值存在于某种使用价值中是很重要的，但是商品的形态变化表明，它存在于哪一种使用价值中是没有关系的。"①"在商品的交换关系本身中，商品的交换价值表现为同它们的使用价值完全无关的东西"。②

社会劳动与活劳动的分裂，必然使活劳动与使用价值的内在联系被打断，活劳动成为纯粹抽象的否定性。只有在与使用价值的内在联系中，活劳动本身才能作为唯一的能动因素，真正发挥其不断更新使用价值，进而保存、创造价值的积极作用。一方面，在有用劳动和交换的高度社会化阶段，使用价值的制造在社会总体的水平上才是可能的；活劳动作为单个人的活动，虽然是整个商品生产中不可或缺的、唯一能动的因素，但它只有在劳动的社会结合中，才能成为使用价值生产的有效因素。另一方面，"价值增殖的前提也不是单纯的劳动"③。活劳动不能凭空创造价值，它说到底要以自然物的有用性为前提才能进行创造。在真正的商品生产中，活劳动能动作用的发挥离不开社会劳动，离不开自然。当活劳动被剥夺了自然条件，社会劳动与活劳动分裂，活劳动与使用价值内在联系必然被打断。这样的活劳动当然无法发挥其能动的创造作用，它只能是抽象的否定性。

四、资本主义商品生产的核心及其必然规律

不断扩大的价值和使用价值的矛盾，推动商品加速运动和发展。商品生产发展到一定高度，以货币形式的价值为中介和尺度的交换成

---

① 《马克思恩格斯全集》第44卷，人民出版社，2001年，第51页。
② 《马克思恩格斯全集》第44卷，人民出版社，2001年，第236页。
③ 《马克思恩格斯全集》第30卷，人民出版社，1995年，第511页。

为整个商品生产过程的内在环节和连续不断的基础,这是资本主义商品生产客观的历史前提。资本主义商品生产本身的核心在于货币形式的价值被私人占有,而使用价值及其社会化生产不过是它附带的因素和纯粹的手段,甚至是一种完全不必要的负担和累赘。因此,社会劳动与活劳动的分裂,而价值取得主体地位,就成为资本主义商品生产的必然规律。

(一)社会劳动与活劳动的分裂

资本主义商品生产,以社会劳动与活劳动的分裂为前提和结果。在资本主义条件下,社会劳动与活劳动分裂,并且是对活劳动的否定。社会劳动发展的结果必然是这种分裂的进一步扩大,"活劳动"必然被牺牲。"正像劳动的产品一样,劳动本身作为特殊的孤立的劳动者的劳动被否定了。被否定的孤立劳动,实际上是被肯定的社会劳动或结合劳动。"①

在资本主义生产中,社会劳动与直接的活劳动无关。社会劳动并不是直接的活劳动之间的彼此结合,因为它并不服从于作为直接的劳动者——工人,而是服从于作为直接的非劳动者资本家的"意志和智力"。"在资本的生产过程中,……劳动是一个总体,是各种劳动的结合体,其中的各个组成部分彼此毫不相干,所以,总劳动作为总体不是单个工人的事情,而且,即使说它是不同工人的共同事情,也只是从这样的意义来说的:工人们是被结合在一起的,而不是他们彼此互相结合。这种劳动就其结合体来说,服务于他人的意志和他人的智力,并受这种意志和智力的支配"。② 社会劳动只能附属于由资本家私人控制的货币形式的价值,成为资本的化身。这样的社会劳动,仿佛是"黑洞";而活劳动则不得不采用雇佣劳动的形式,变成随处飘荡的"幽灵"一般的存在。

---

① 《马克思恩格斯全集》第30卷,人民出版社,1995年,第464页。
② 《马克思恩格斯全集》第30卷,人民出版社,1995年,第463—464页。

在与社会劳动分裂的情况下,活劳动并不能够进行"分工"或"结合"。进行"分工"或"结合"的,只是社会劳动。社会劳动"它实际上是实行联合者,它绝不是作为工具同单个工人发生关系,相反,工人却作为有灵性的单个点,作为活的孤立的附属品附属于它"。① 活劳动本身,不是彼此之间"自己互相结合",也不是运用自己的劳动工具来引起或支配现有劳动资料的变化,而是反过来,外在的社会劳动,不断吸收它们,把它们结合在一起;活劳动不再表现为使用价值反复更新的能动的主体因素,它们作为被孤立的活劳动,最多只能作为"有灵性的单个点",成为社会劳动的附属品和奴隶。

劳动的有用性,即活劳动与使用价值的统一是马克思说明商品的产生、发展的根本前提和出发点。活劳动与使用价值的统一最初主要是自然的。在资本主义商品生产中,活劳动与使用价值的自然联系被人为阻断,直接的活劳动或劳动者的个体存在变成单纯的否定因素即雇佣劳动,使用价值对活劳动而言成为纯粹外在的必然性。这究竟是为什么呢?"需要说明的,或者成为某一历史过程的结果的,不是活的和活动的人同他们与自然界进行物质变换的自然无机条件之间的统一,以及他们因此对自然界的占有;而是人类存在的这些无机条件同这种活动的存在之间的分离,这种分离只是在雇佣劳动与资本的关系中才得到完全的发展。"②对资本主义生产中社会劳动与活劳动的分裂、直接活劳动被孤立的现实,马克思既没有用"人的自私自利本性"来解释,也没有仅仅根据商品辩证本质中所蕴含的社会劳动与活劳动分裂的抽象可能性来说明,而是指出,造成活劳动被"孤立"的根本的历史前提是,活劳动被剥夺最基本的客观条件,如土地和劳动工具,从而变得一无所有。资本主义生产"其前提是劳动从它同它的客观条件的原始共生状态中脱离出来,由于这种脱离,一方面,劳动表现为单纯的劳

---

① 《马克思恩格斯全集》第 30 卷,人民出版社,1995 年,第 464 页。
② 《马克思恩格斯全集》第 30 卷,人民出版社,1995 年,第 481 页。

动,另一方面,劳动的产品作为对象化劳动,同[活]劳动相对立而获得作为价值的完全独立的存在。劳动同劳动相交换……是以劳动者一无所有为基础的。"①

(二) 价值取得主体地位

在资本主义商品生产中,以货币形式独立存在的价值,成为能动的主体即资本,吸取活劳动,从而实现自我增殖。使用价值的社会化生产,不过是价值无限增殖和扩张的迫不得已的前提。一方面,活劳动是纯粹的否定性,它被社会化使用价值所吸收,成为资本永续存在的被动和从属的因素。"工人是把自己作为结果出卖的。作为原因,作为活动,工人被资本所吸收,并体现为资本。"②另一方面,社会化的使用价值不是满足各不相同的人的物质和精神需要的手段,而是资本的"化身"。"使用价值绝不是本身受人喜爱的东西。在这里,所以要生产使用价值,是因为而且只是因为使用价值是交换价值的物质基质,是交换价值的承担者。"③资本凌驾于使用价值的社会化和活劳动之上,成为宰制整个商品生产过程的主体。"资本的实质并不在于积累起来的劳动是替活劳动充当新生产的手段。它的实质在于活劳动是替积累起来的劳动充当保存并增加其交换价值的手段。"④

资本主义商品生产中价值取得主体地位,这种转变之所以发生,不是单纯出于私人欲望,而是以发达的商品生产为客观历史前提。活劳动的社会化、使用价值的社会化生产是商品使用价值发展的内在本质和发展趋势。起初,价值是活劳动社会化的结晶,是活劳动借以实现自身社会化和使用价值社会化的基本尺度和中介;商品生产的进一步发展使得价值成为使用价值社会化生产的内在环节和连续基础;最后,借助货币这一形式,价值反过来成为,在使用价值社会化生产之外独立自

---

① 《马克思恩格斯全集》第 30 卷,人民出版社,1995 年,第 511 页。
② 《马克思恩格斯全集》第 31 卷,人民出版社,1998 年,第 69—70 页。
③ 《马克思恩格斯全集》第 44 卷,人民出版社,2001 年,第 217 页。
④ 《马克思恩格斯选集》第 1 卷,人民出版社,2012 年,第 342 页。

存的客观实在。至此,价值取得主体地位的客观条件已然成熟。"纯粹的和一般的价值存在要以这样一种生产方式为前提,在这种生产方式下,单个的产品对生产者本身来说已经不是产品,对单个劳动者来说更是如此,而且,如果不通过流通来实现,就等于什么也没有。"①"历史表明,流通本身怎样导致资产阶级的、即设定交换价值的生产,并且怎样为自己创造出一个同自己曾直接赖以出发的那个基础完全不同的基础。"②"作为最适当的交换价值从流通中产生并独立化,但又重新进入流通,在流通中并且通过流通而使自己永久化和自行增殖(倍增)的货币,就是资本。"③

发达的商品生产只是价值取得主体地位必要的客观前提之一,价值真正取得主体地位还需要另一个客观前提——活劳动的彻底被剥夺。价值转变为资本,正是这双重前提相互叠加发生作用的必然结果。这一转变虽然有助于活劳动加速摆脱特殊使用价值的束缚,但同时也使得社会劳动与活劳动的分裂更为迅速地不断深入和加剧,最终使活劳动彻底沦为使用价值社会化生产的纯粹被动因素。

(三) 价值的私人占有

社会劳动与活劳动的普遍分裂,以及价值取得主体地位、成为资本,二者都是资本主义商品生产自身的必然规律,而不属于商品生产的本质规定。它们的发生都指向同一个前提:活劳动的彻底被剥夺。这个前提就其必然性而言,是资本主义商品生产本身造成的。资本的灵魂在于价值的私人占有,从而一切社会劳动的普遍的物质条件的私人占有。这本身就意味着私人对社会劳动的巧取豪夺,因为价值并不是特殊私人活动的结果,而是社会劳动的结晶。

价值的私人占有与价值的社会本性根本对立。为了解决这种对

---

① 《马克思恩格斯全集》第 30 卷,人民出版社,1995 年,第 207 页。
② 《马克思恩格斯全集》第 31 卷,人民出版社,1998 年,第 368 页。
③ 《马克思恩格斯全集》第 31 卷,人民出版社,1998 年,第 387 页。

立,资本不得不"化身"在某些社会化的使用价值形式——比如机器体系乃至全球化、智能化的供应链中;在一定水平和范围内,资本是能够适应使用价值社会化生产的要求的。但是,这并不意味着使用价值社会化的本质就是资本,决不能将资本与使用价值的社会化混同,或将资本当做使用价值社会化最适合的形式。资本的本质是价值的私人占有,它与使用价值及其社会化的任何形式都完全可分。"作为价值来说,资本对采取任何特定的使用价值形式都是无所谓的,它可以把任何一种使用价值形式作为自己一视同仁的化身来加以采用或者抛弃。"①这样,马克思就令人信服地阐明了资本主义商品生产的内在限制:价值的私人占有,它如何以使用价值的社会化生产为前提、以价值规律为杠杆,从使用价值社会化生产的"推进器"而转变为"制动器"。

结语:公有制与市场经济有机结合

商品生产辩证的社会运动昭示出市场经济辩证的社会本性——以使用价值的社会化生产为前提和基础的价值的社会本性。市场经济的这种社会本性,它与以公有制为主体的社会主义所有制在本质上并不冲突。相反,只有与社会主义公有制的有机结合,市场经济才能真正实现其社会本性和目的——使用价值的社会化生产。中国共产党以马克思主义理论特别是唯物史观为指导,在建设社会主义的实践中,对市场经济的社会本性的认识也越来越清楚,明确提出"把中国特色社会主义制度与市场经济有机结合起来"②。社会主义市场经济的要义就在于,它遵从商品生产的社会本性,重视和维护"活劳动"即劳动者在商品辩证的社会运动中能动的主体地位。

---

① 《马克思恩格斯全集》第 31 卷,人民出版社,1998 年,第 94 页。
② 《中共中央国务院关于新时代加快完善社会主义市场经济体制的意见》,《新华每日电讯》,2020 年 5 月 19 日。

社会主义市场经济的根本目的就是要满足"人民日益增长的美好生活需要"。为了实现这个目的,既要充分利用价值、货币以及资本等形式来促进使用价值的社会化生产,又要切实防止社会劳动与活劳动的分裂。按照市场经济的辩证本性,在社会主义公有制基础上,这二者是可以统一起来的。因为,如果只有活劳动才是整个商品生产中唯一能动的创造因素,而使用价值的社会化生产是劳动创造价值的唯一基础和途径,那么,价值、货币以及资本等等就无法离开活劳动,它们也不得不服从使用价值社会化生产的根本规律。在中国的社会主义市场经济实践中,从建立健全现代产权制度,到建立健全现代资产监管体制,特别是国有资产监管体制,其核心和关键就是解决如何最大程度地发挥价值、货币及不同的价值所有制形式对使用价值社会化生产的促进作用,同时最大程度地确保广大的劳动者与社会化生产的内在联系。中国共产党十九届四中全会的《决定》明确指出,国有资产监管体制的焦点在于"资本监管",这是社会主义市场经济的又一理论"创新"。

(作者　华东理工大学马克思主义学院副教授)

The Dialectical Development of Commodities and the Essential Characteristics of the Socialist Market Economy

WANG Bang-qiong

Abstract: Can socialist public ownership adapt to the development of market economy, or, why does socialist public ownership play an irreplaceable role in the development of market economy in contemporary China? In order to answer this question, it must be theoretically explained that the dialectical nature of market economy. In the first volume of Das Kapital and related manuscripts, with his materialist conception of history, Marx finds the dialectics of the commodity development, scientifically explains the essence of commodity production and the historical development of market economy from simple commodity economy to commodity economy of capitalism, and reveals the special content and necessary laws of capitalist market economy. And it lays the theoretical basis of science to explore the essence of the socialist market economy for China in new era.

Key Words: Use-Value; Useful Labour; Social Labour; Value

作为社会形式的价值

——重新理解《资本论》中的"价值"范畴

潘裕文

摘要: 关于马克思价值学说的传统解读,大多采取了以"劳动"解释"价值"的路径,本文试图采取一种与传统解读相反的重新理解,以揭示"价值"范畴在马克思政治经济学批判中的独特意义。马克思批判地指认出古典政治经济学将价值还原为劳动的局限性,即劳动本身并不能直接转换或等同为价值,他因此提出了与劳动价值论截然不同的理解:价值是一种社会形式,是劳动得以抽象化和结晶成对象性的形式前提。马克思对"价值"范畴的揭示,并不仅仅是一个理论工作,而是一种介入现实的实践——在资本主义社会的结构配置之中,价值不仅揭示了资本建构的秘密,而且也透露了资本崩溃的命门。

关键词: 价值　社会形式　劳动价值论

马克思对资本主义社会一个重要的指认是:价值是资本主义社会生产的核心特征,"它是资本本身的和以资本为基础的生产的最抽象的表现。价值概念泄露了资本的秘密"。[①] 毋庸置疑,"价值"这一范畴在马克思政治经济学批判中有着独特的意义。但是,对这一范畴的

---

① 《马克思恩格斯全集》第31卷,人民出版社,1998年,第180页。

理解却众说纷纭，主要呈现出三种形态：第一种把马克思解读为经济模型的构建者，将其价值理论理解为"劳动价值论"并纳入经济理论，可以被严格地数学化和公式化；第二种以价值形式为焦点，这种分析由鲁宾（I. I. Rubin）最先开启，并影响和形成了以巴克豪斯（H.-G. Backhaus）为旗手的"新马克思阅读"运动和以阿瑟（C. J. Arthur）为代表的"新辩证法学派"。他们重点关注马克思《资本论》第二版对第一版的修改，强调价值形式分析是对资本主义生产方式分析的关键点；第三种对马克思的价值理论展开了质疑和批评。米克（Ronald L. Meek）将这些批评者归结为三类：其一是纯庞巴维克式的攻击，主张价值的边际效用，认为马克思的价值学说站不住脚；其二是承认马克思的价值学说具有一定的合理性，但应该被边际效用说代替或与之调和；其三则认为劳动价值论本身就是马克思体系中的一个累赘。① 这些理论差异产生的原因有马克思著作形态的复杂性和多变性、马克思学说的政治化和意识形态化以及马克思学说与其理论资源的混淆不清等等。除此之外，在这些学说中，价值概念往往处于晦暗不明的阴影中：价值要么完全被经济术语化，要么过度地被形而上学化。在马克思主义研究内部则尤其流行一种换算式的理解："价值"被换算为"劳动"（更严谨地说是"抽象劳动"）或者"交换价值"。詹姆逊（Fredric Jameson）对此有精辟的自我反思：

单独来看，词语"价值"倾向于只有交换价值的意思，好像只有当我们必须在使用和交换两个相反意义中进行选择的时候，价值这一观念才会出现，如果不曾出现或不再存在这种选择局面，这样的价值概念或许就会一并消失。②

这种轻率的等同化处理，使得"价值"范畴总是突然出现又突然消

---

① ［英］米克：《劳动价值学说的研究》，陈彪如译，商务印书馆，2014年，第246—247页。

② ［美］弗雷德里克·詹姆逊：《重读〈资本论〉》，胡志国译，中国人民大学出版社，2018年，第18页。

失,价值、使用价值、交换价值和劳动等范畴之间的关系也变得暧昧不清。用阿尔都塞的术语来说,"价值"成为了理解马克思的一个隐性的症候(symptom)——学者们在此心照不宣地陷入沉默。因此,我们有必要重新理解《资本论》中的"价值"范畴。重新理解并不是为"价值"寻找一个确定无疑的定义,而是要追问范畴的给出方式和它的理论意义。在这里,我倾向于赞同阿瑟所提出的辩证逻辑:不存在既定的简单定义,范畴的概念应该保持一种"流动性",应该被"视作复杂总体的暂时的和未成熟的抽象要素",并且在辩证发展的过程中不断被重新概念化。① 但我的阐释路径与阿瑟并不完全相同。在马克思那里,范畴是对资本主义现实运动的具体把握,为了保证客观有效的理解,范畴的内涵无疑是动态的;但是,他并不致力于"范畴完备性的叙述"(这正是黑格尔主义者阿瑟的目标),也不满足于对现存事物肯定的理解中把握现实的秘密,而是致力于范畴暂时性和否定性的叙述,力图把握现存事物所蕴含的危机。作为资本主义最抽象的表现,价值范畴在其丰富化的过程中蕴涵了对资本主义否定性的理解。

为了完成这种意义上的重新理解,本文主要从三方面展开:(1)梳理古典政治经济学视域中的"价值"及其价值学说,揭示出马克思与其理论资源的差异;(2)论述马克思对劳动价值论的批判与超越,揭示他对价值理论的重新定位;(3)基于《资本论》,同时结合《1857—1858年经济学手稿》《政治经济学批判》第一分册和《剩余价值理论》来剖析"价值"范畴的概念和意义。

一、古典政治经济学中的"价值"范畴

在斯密之前,经院哲学和重商学派已经就"价值"问题展开了两种

---

① [英]克里斯多夫·约翰·阿瑟:《新辩证法与马克思的〈资本论〉》,高飞等译,北京师范大学出版社,2018年,第41页。

方向的讨论：一种是从商品生产者出发,强调价值成本论;另一种是从商品交换者出发,强调价值对于市场价格的均衡或者直接把价值等同于商品的市场价格。① 由于深受重农主义影响,斯密的视域更倾向于生产领域,他的价值学说主要体现在《国民财富的性质和原因的研究》中。在这本研究"如何增加国民财富"的书中,斯密从讨论分工开始,分工的发展形成了商业社会;随后,斯密探讨商业社会最重要的媒介——货币的起源和效用,在讨论货币作为媒介所遵循的法则时,他引出了"价值"。与前辈们相比,斯密做的第一个贡献是区分了价值的两种意义："表示特定物品的效用"的价值是使用价值;"表示由于占有某物而取得的对他种货物的购买力"的价值是交换价值。做出这一区分后,使用价值便被他搁置不谈,而只讨论交换价值。后面斯密对价值作了定义：对商品生产者来说,商品的价值"等于使他能购买或能支配的劳动量"。② 也就是说,"价值"与"交换价值"是两个可以互相替换的词。最后,斯密把交换价值的真实尺度归结为一般社会劳动,这是他对价值学说的第二个贡献。然而,他在"劳动"上陷入了混乱,马克思总结为："一方面认为商品的价值决定于生产商品所必要的劳动量;另一方面,又认为商品的价值决定于可以买到商品的活劳动量。"③并且,他在价值尺度的测量上也陷入了困难,不同种类的劳动彼此的变量因素太多,很难确定固定的比例。因此,斯密自己也认为劳动价值论仅适用于简单交换阶段,当商业社会进一步发展,商品的价值不再由物化在商品中的劳动决定,而是由构成商品"自然价格"的工资、利润和地租决定。

斯密的混乱成为李嘉图的理论起点。李嘉图做了两点重要修正：

---

① 详细论述参见[英]米克：《劳动价值学说的研究》,陈彪如译,商务印书馆,2014年,第一章。
② [英]亚当·斯密：《国民财富的性质和原因的研究》,郭大力译,商务印书馆,1983年,第25—26页。
③ [德]马克思：《剩余价值理论》第1册,人民出版社,1975年,第47页。

(1)使用价值不可或缺,但无法成为交换价值决定因素或尺度;(2)商品的价值由劳动时间决定。李嘉图认为,斯密陷入劳动价值论与生产成本论的混乱的原因是:当他提出一个时间性的问题时(不同时期的不同劳动如何被量化),他仍然采用非时间性的应对策略(不同熟练程度和强度的劳动有质的不可通约性)。李嘉图指出,在特定时期,劳动的熟练程度和强度经过市场调整后就会发挥适当的价值尺度的功能,这形成了一个相对稳定的比例,所以,在不同的时期,劳动对商品价值所发挥的作用都是相等的。① 李嘉图通过引入时间变量,把价值和劳动问题转向了量化的方向。李嘉图的理论成也简单,败也简单。把"劳动"直接等同于"劳动量",也就完全回避了"劳动"的质的问题和矛盾。马克思把李嘉图的方法总结为:他往往事先预设了某种规定性,然后通过"跳过必要的中介环节",来"直接证明各种经济范畴相互一致"。②

在古典政治经济学的视野中,价值实际上无异于交换价值。他们以价值为起点,继而却弃之不谈,最终把价值和价值实体(即劳动)解释为经济领域中一个可计量的物(劳动时间化)。并且,他们的理论呈现出一种矛盾的论述:作为内在规律被揭示出来的价值学说与现行的经济现象往往无法一致,因而缺乏现实解释力。在斯密那里,劳动价值论始终摇摆不定:"虽然劳动是一切商品的真正价值或交换价值的真正尺度,但一切商品的价值通常不按劳动来衡量。"③在李嘉图那里,他一开始就假定了价值、商品、工资、资本、利润甚至一般的利润率,现实物化劳动的比例必然难以与这些预设完全一致。

这种矛盾的叙述其实是由斯密开启的。马克思认为,斯密在其研究中有双重理论任务:一方面要揭示资产阶级社会的内部联系,另一

---

① [英]大卫·李嘉图:《政治经济学及赋税原理》,郭大力、王亚南译,译林出版社,2014年,第6—7页。
② [德]马克思:《剩余价值理论》第2册,人民出版社,1975年,181页。
③ [英]亚当·斯密:《国民财富的性质和原因的研究》,郭大力译,商务印书馆,1983年,第27页。

方面要把"生活过程中外部表现出来的东西,按照它表现出来的样子加以描写、分类、叙述并归入简单概括规定之中"①。这种双重视角使得他不得不同时采取两种完全矛盾的表述方法:一种侧重内在联系,另一种则与内在联系毫无关系。这两种表述方法在斯密之后出现了分野:古典政治经济学家侧重于研究资产阶级生产关系的内部联系,而庸俗经济学只是对生活现象观念进行单纯的复写。

马克思将古典政治经济学的研究方法总结为:"通过分析,把各种固定的和彼此异化的财富形式还原为它们内在的统一性,并从它们身上剥去那种使它们漠不相关地相互并存的形式;它想了解与表现形式的多样性不同的内在联系。"②这导致的理论后果是:(1)忽略了中介环节,直接进行同一性还原;(2)将社会生产的历史形式误认为一种自然形式。

从马克思的批判中,我们可以发现,古典政治经济学表达了一个现实的矛盾:资产阶级社会生产关系表现出来的经济现象,同其潜在的联系和中介环节似乎是疏离的,但他们自身显然没有意识到这个矛盾:"它甚至从来也没有提出过这样的问题:为什么这一内容采取这样的形式呢?"③捕捉到这一矛盾的马克思实际上站在了古典政治经济学与庸俗经济学所形成的差异中,对两方进行了双重批判,并敞开了一个新的总问题:这个形式是什么?

二、从劳动价值论到价值形式论

政治经济学家们虽然在"价值"的概念上陷入了混乱,但正是这种混乱的话语说出了价值学说本身的矛盾:商品的价格虽然不完全由价

---

① [德]马克思:《剩余价值理论》第2册,人民出版社,1975年,182页。
② [德]马克思:《剩余价值理论》第3册,人民出版社,1975年,第555页。
③ [德]马克思:《资本论》第1卷,人民出版社,2004年,第98页。

值决定,但是商品价格的变化和均衡却不得不依赖于价值所提供的解释。换句话说,"价值"在资本主义的生产中行使着主导性的作用,但这种作用在资本主义社会中往往被遮蔽了。这不禁让人想到柏拉图的理念论:万事万物因摹仿理念而存在,理念为事物的存在提供了根据,但理念在现实世界并没有"现实"的存在,因为所有事物都是它不完满的摹本。如此看来,价值的存在有种深不可测的重要意义,它仿佛是经济领域中的一个没有完满现实性却又充当现实存在事物根据的神秘理念。价值不等同于价格或效用,并没有现实可感的实体存在,因而这种神秘性只能是从价值这种形式本身来的。这就好比被幕布遮盖的东西看起来神神秘秘,但掀开幕布后里面的东西并没有什么稀奇。神秘性不在于幕布里的东西,而在于东西被幕布遮盖住这一形式。

劳动价值论在马克思那里,完全更换了面孔、切换了轨道,变成了价值形式论。如果说劳动价值论是以"劳动"为车轮向前推进,那么,价值形式论就是以"劳动价值论"为车轮往前推进。注意,这里不是将"劳动价值论"踩在脚下,而是要以此为线索,来考察它的社会条件。在这个意义上,马克思是在进行一种意识形态批判。

即使是在古典政治经济学时期,也会有人否认劳动价值论是真理,但这并不意味着它就是一种虚假的意识或头脑中的妄想。意识形态同时具有幻想和真理的面孔,因为它是关于社会现实矛盾的意识。一方面,就意识形态产生的客观机制而言,对现实的认识只有依靠现实才得以成立,批判扭曲的意识形态,着力点在于打破塑造它的客观性基础。另一方面,就意识形态产生的主观机制而言,人们对自身意识的扭曲程度是无意识的,"他们没有意识到这一点,但他们这样做了"①,并且这种"幻觉正在建构他们的现实,正在结构他们真实的社会行为"②。意

---

① [德]马克思:《资本论》第1卷,人民出版社,2004年,第90页。
② [斯洛文尼亚]斯拉沃热·齐泽克:《意识形态的崇高客体》,季广茂译,中央编译局出版社,2014年,第30页。齐泽克认为这句话是马克思对意识形态最基本的定义。

识形态批判就是重返被意识形态所压抑的无意识语境,重新建构意识。这两个面向分别是唯物论和唯心论的处理方式。尽管在很多论述中,马克思呈现出一种唯物论的批判面相,但实际上他同时看到了这两种传统的困境,并试图将两者综合起来进而超越它们。这里要引进柄谷行人一个颇具启发意义的理解——"移动"(migration)。"移动"不仅是一种思想上的"跳脱"——在不同甚至对立的思想传统之间来回跳跃,也是一种具身意义上的"移动"。众所周知,马克思是一个流亡者,他的研究不仅交织了复杂的思想传统,也以多样的国际环境为底色。在他的论述中,多次指出德国与德国之外的国家的差异,并且他本人非常喜欢开展一种"跳出式"的思考和批判,比如《德意志意识形态》就是"必须站在德国以外的立场上来考察一下这些喧嚣吵嚷"①。不同的国家、社会环境、思想传统和话语体系,所呈现出来的意识形态面貌截然不同:"在德国哲学家眼里,物质性的东西一直在受到压抑"②,马克思采取的批判就会更倾向于第一种意识形态的批判;而在英国和法国,这些"物质性的东西"(经济)毫不隐讳地明摆着,"是具有自然性而且很自明的一种事实,也是自我充足且透明的一种概念,而恰恰就在这里,古典经济学的超越论的'价值'概念才重新被问起"。③ 马克思对古典经济学家采取的主要是第二种意识形态批判——"价值"等核心概念因其自明性,俨然已经成为一种无意识地应用,因此,这些概念及其给出方式本身应受到批判。

但是,批判不是在概念的区域打转,否则就会变成"用词句来反对词句"。对于马克思来说,经济范畴和经济规律不能被单纯地看作逻辑推演的产物,它们有现实的生长基础,也有历史前提。在致库格曼的

---

① 《马克思恩格斯全集》第3卷,人民出版社,1960年,第20页。
② [日]柄谷行人:《马克思,其可能性的中心》,中田友美译,中央编译局,2004年,第104页。
③ [日]柄谷行人:《马克思,其可能性的中心》,中田友美译,中央编译局,2004年,第106页。

书信中,马克思指出他对价值的分析和说明被包含在对现实关系所作的分析中,"科学的任务正在于阐明价值规律是如何实现的",而不是提前给出科学。①

三、一个新的"价值"范畴

"价值"范畴诞生在以商品经济为特征的资本主义社会中。商品是马克思政治经济学批判的出发点,但饶有趣味的是,马克思并没有把"商品"当作"物"来考察,毋宁说他一开始就将作为"外界的对象"的商品排除在讨论之外,他首先分析的是商品所表现的形式——使用价值与价值。在这里,我们仍然要稍作停顿,思考一下这里存在的两个问题:(1)为什么是商品?(2)为什么不以商品的物性为起点,而以商品的形式为起点?

在《资本论》的第一手稿(即《1857—1858年经济学手稿》)中,马克思一开始研究的对象是货币,因为当时他仍然处于与古典政治经济学对话的框架中。古典经济学家们用价值消解了货币的神秘性——货币不过是内在于劳动产品中的交换价值的表达,是一种流通手段,进而解构了重金主义。但这种透视化处理反而使得货币的秘密变得扑朔迷离:货币只有作为同商品实体相分离的交换价值,才能现实地成为货币,这与经济学家所提出的"商品与货币的本质统一"正好是矛盾的。仔细推敲,这里的矛盾不是货币与商品之间的矛盾,而是商品同它的交换价值之间的矛盾,也就是商品自身的矛盾。因此,一个隐性的、作为前提的范畴——"商品"就呼之欲出了。马克思对他原本的思路做了修正:

有必要对唯心主义的叙述方式作一纠正,这种叙述方式造成一种假象,似乎探讨的只是一些概念规定和这些概念的辩证法。因此,首先

---

① 《马克思恩格斯文集》第10卷,人民出版社,2009年,第290页。

是弄清这样的说法：产品（或活动）成为商品；商品成为交换价值；交换价值成为货币。①

自此，"商品"被证明为"表现资产阶级财富的第一个范畴"。问题是，既然马克思要纠正古典政治经济学那种唯心主义的叙述方式，为什么他在分析中却要排除商品的物性呢？因为标识商品的并不是有用物，而是它呈现的形式。"商品只有当它的所有者不把它当作使用价值来对待时，才成为商品，才实现为交换价值。"②也就是说，被马克思悬搁的"物"是非历史的、自在的物，他研究的是物的社会历史形式。

从有用物到商品，这中间经历了使用价值向交换价值的转变。这种转变并不是直接的，因为使用价值与交换价值之间有着不可逾越的壁垒。从单个商品来看，使用价值是商品固有的自然属性，而交换价值则是在与另一个商品（使用价值）交换的过程中才成为商品的社会属性；从整个商品世界来看，使用价值是商品交换的前提，交换价值则是商品最抽象的表现。这两个层面的"交换价值"并不相同：前者指具体的交换比例，后者指再生产的表现形式。然而，无论是在个别的交换过程，还是在全面的再生产过程中，使用价值与交换价值都处于一种分离的状态。一边，使用价值似乎总要隐退，尽管它能作为人的需要构成某些交换的动机，但交换一旦开始，它就变得毫无意义。与前资本主义社会的物物交换相比，资本主义社会商品交换的本质特征是：它们是按量的关系来展开的，商品交换恰恰是要抽去特殊的使用价值才能实现。另一边，当使用价值得到实现时，交换价值也是不在场的。当商品变成可以满足消费者特定需求的有用物时，它身上的交换比例就会全然消失。"使用价值和交换价值虽然在商品中直接结合在一起，同样它们又是直接分开的。"③马克思曾对二者的关系做过一个形象的比喻："一

---

① 《马克思恩格斯全集》第30卷，人民出版社，1995年，第101页。
② 《马克思恩格斯全集》第31卷，人民出版社，1998年，第294页。
③ 《马克思恩格斯全集》第31卷，人民出版社，1998年，第293页。

个物体不断落向另一个物体又不断离开这一物体。"①阿瑟把这种分离状态解读为"缺失的二元性"(the duality of absence):"在一种层次、区域或视角上不存在的,会在另一种层次、区域或视角上存在","使用价值在远离交换规定性的层面上仍然有效"。② 我认为,他的解读把握到了马克思的一个核心观点:商品形式的二重性,即使用价值与交换价值,不在于二者是两种不同的形式,而在于二者是分离和对立的形式。普遍的抽象性与特殊的物质性的分离正是商品形式的本质特征。

显然,这种分离状态无法保证使用价值与交换价值普遍而必然的转换,在这背后,有一个更为基础的前提。特殊的差异性按照特定的比例进行交换,这个质量互换的过程必须要经过等同化的处理。前面提到古典政治经济学把这个等同性归结为:劳动时间。许多阐释者认为马克思忠实地继承了这种观点,差别只是他把量化劳动的前提归结为抽象劳动,而这种抽象劳动形成了价值。在这种传统理解中,马克思的贡献只有两点:(1)发现了"抽象的无差别的人类劳动";(2)将抽象劳动再度命名为"价值"。这种解读表面上看顺理成章,仔细推敲却漏洞百出:(1)马克思所谓的"抽象劳动"是什么意义上的"抽象"?如果只是概念层面的抽象,那么,这项工作已经被斯密率先完成了。(2)如果把使用价值和交换价值的等同化固定为内在于劳动产品的某种自然特性(凡是劳动就要耗费时间),那么,这种劳动可以被推广到任何时代,包括还没有商品的原始时代。(3)如果"价值"只是抽象劳动的别称,那么,这个范畴就没有存在的必要,前文所说的价值的主导作用也将深埋于地下。因此,我们必须肯定,马克思的价值理论与劳动价值论截然不同,单纯的劳动耗费并不能自然地通约成"抽象劳动",也不能直接形成价值,更不能充当使用价值与交换价值的转换机制。

---

① [德]马克思:《资本论》第1卷,人民出版社,2004年,第125页。
② [英]克里斯多夫·约翰·阿瑟:《新辩证法与马克思的〈资本论〉》,高飞等译,北京师范大学出版社,2018年,第175页。

事实上,在《资本论》正式出版前的手稿写作中,马克思一直在与传统劳动价值论拉开距离,从而确立并夯实"价值"范畴的基础性位置。

为了阐明资本的概念,必须从**价值**出发,并且从已经在流通运动中发展起来的交换价值出发,而不是从劳动出发。正像不可能从不同的人种直接过渡到银行家,或者从自然直接过渡到蒸汽机一样,从劳动直接过渡到资本也是不可能的。①

1859年的《政治经济学批判》中,马克思总结了商品分析的经济史(也就是劳动价值论的发展史)。他指出,古典政治经学家的共同成果是把商品归结为二重形式劳动,即把使用价值归结为实在劳动,把交换价值归结为社会劳动,但是,他们并不了解"那种使劳动成为交换价值的源泉的特定的社会形式(gesellschaftlichen Form)"②。商品在交换过程中表现为抽象无差别的社会劳动,这种抽象性和无差别性并不是劳动产品自身固有的特性,而是外在于劳动活动的某种社会形式作用的结果。因此,马克思所谓的"抽象劳动",是一种发生在社会过程中的现实抽象,而表现"现实抽象"这一效能的社会形式则被马克思确立为"价值"范畴。这种社会形式作用有两层含义,一层是指历史的社会情势,一层是指特定社会内部的联系过程。就第一层含义来看,不同的人

---

① 《马克思恩格斯全集》第32卷,人民出版社,1998年,第36页。
② 《马克思恩格斯全集》第31卷,人民出版社,1998年,第447页。德文参考 *Marx Engels Werke Band. 13*, Berlin: Dietz Verlag, 1961, p.40。这里有必要作一译法的澄清,马克思在《资本论》及其手稿中使用了三个十分形似的词:gesellschaftliche Form、Gesellschaftsform、Gesellschaftsformation,其中前两个词被中译本统一译为"社会形式",最后一个则被译为"社会形态"。如果我们对这三个词的构造以及它们在具体语境中的意义进行考究,会发现:在第一个词中,"社会"是形容词,修饰作为名词的"形式",因此这个词重心应该偏向"形式",强调一种具有社会规定性力量的形式(这正是本文想要凸显的)。后面两个词中,"社会"均是名词,强调社会本身的变形或内在结构配置。英译本把 gesellschaftliche Form 译为 socialform,把 Gesellschaftsform 译为 the form of society,则更直白地表明二者的区别。

类劳动具有等同性需要在历史的社会情势中才能表现出来。马克思说,尽管亚里士多德已经意识到交换的前提需要等同性,但他无法找到这种等同性,因为他所处的希腊社会是建立在不平等的奴隶劳动的基础之上。如果一切劳动要表现为等同的人类劳动并且凝结成价值,需要这样一种社会情势:商品经济占据主导地位,人与人之间彼此是商品占有者的关系,"人类平等概念已经成为国民的牢固的成见"①,也只有在这样的社会中,才能自然地得出劳动一般的概念抽象。因此,抽象劳动作为共同的社会实体以及作为形式的价值是历史特殊性的社会存在。

就第二层含义来看,抽象人类劳动只有在特定的社会联系过程的作用之下才能结晶成价值:只有当生产一个使用物所耗费的人类劳动表现为该物的"对象的"属性(gegenständliche Eigenschaft)时,它才能具有价值,也才能从劳动产品转化为商品。② 价值的形式作用就内在于它作为这种"幽灵般的对象性"(gespenstige Gegenständlichkeit)的结果之中。按照马克思的说法,价值对象性就是"对象"(物)的属性,但又并非物天生自带的属性,而是另一个东西被对象化(vergegenständlicht)或被赋形(materialisiert)在该物中,从而成为该物"自身"的属性。③ 之所以产生这样的结果,与劳动对象化的形式有关。马克思的语境里暗含了两种不同的对象化形式:一种发生在产品的生产过程(形成使用价值),另一种发生在商品的交换过程。前一过程中,对象性并不与生产者相分离,产品是为了满足人的需要而被生产和继续

---

① [德]马克思:《资本论》第 1 卷,人民出版社,2004 年,第 75 页。
② [德]马克思:《资本论》第 1 卷,人民出版社,2004 年,第 77 页,德文参考 *Marx Engels Werke Band. 23*, Berlin: Dietz Verlag, 1962, p. 76。值得注意的是,Gegenstand 在德语中既指"对象"之意,也指示"物"。本文认为,马克思使用 Gegenständlichkeit 同时兼顾了这两种意义,即对象性是一种特殊的"物性"。
③ *Marx Engels Werke Band. 23*, Berlin: Dietz Verlag, 1962, p. 53. materialisiert 在德语中是指赋予某物以形象。中译本译为"物化",既不够贴切,又容易与作为术语的"物化"(Verdinglichung)相混淆。

存在的,仍然属于生产者(所以马克思称之为"使用物");后一过程中,对象性被赋形在商品中,商品虽然为生产者所造,却不属于生产者,它作为价值在市场中与其他商品(或货币)发生关系。在希腊社会中,对象化劳动主要以第一种形式出现;而在以商品经济为基础的资本主义社会中,第二种对象化劳动则占据主导地位,一切生产都是为了创造价值而生产,一切私人劳动都是社会总劳动的一部分,因而彼此相等。价值既是生产劳动的原因,又是生产劳动的结果。由于生产商品的劳动具有这般价值规定性,商品世界到处呈现出一种拜物教的性质——人们之间的社会联系不仅表现为物本身的属性,而且要以此为中介。

因此,劳动与价值之间形成了一种"实体与形式"的新关系:价值在赋予生产劳动以社会形式的过程中使得使用价值转换为交换价值,抽象劳动构成价值实体。

由于价值实体的抽象化,价值在现实中表现为纯粹的量——劳动时间或货币(价格)。但这个量化的关系恰恰具有一种"质性规定":商品生产者的社会联系被抽掉所有内容,呈现为一种可计算的货币关系。古典政治经济学抓住了这个量的表象,却忽视了建构这个表象的同质化基础——价值。他们将货币看作真实的,而把价值看作货币的衍生物。现实的逻辑正好是颠倒的。

当货币还没有出现时,商品交换的两极表现为相对价值形式和等价形式,因为一件商品的交换价值无法通过自身来衡量,而必须通过另一件商品相对地表现出来。每一件商品都可以无限延长它的等价物系列,以至于让整个商品世界成为反映它自身价值的镜子。如此一来,每件商品的相对价值都无法真正得到完整的表现,因为总会出现新的商品作为新的等价物;并且,这些价值系列交集而成的特殊等价物彼此排斥,无法保证交换有效且持续的展开。这个悲剧表明,货币并不是物物交换自然发展的结果,而是简单价值形式成熟的体现。当我们孤立地考察一个商品 A 时,它并不具有交换价值,它的使用价值和价值还只是处于潜在的对立状态;一旦 A 与另一个商品 B 进行交换并用 B 来衡量自身的交换价值,在这一关系中,A 只是充当使用价值,而 B 则充当价值形式,于是,原本处于胚胎中的矛盾或对立就外化为使用价值与交换价值的对立。因此,价值形式既是使用价值向交换价值转换的机制,又是这两种分离且对立的形式的矛盾表达,交换的加深和扩大必然会促进矛盾的发展和外化,这就要求价值去谋取一个独立的现实形式——被社会公认的、固定的一般等价物(即货币),从而让这些矛盾获得运动的形式。诚然,某个商品成为货币商品是偶然的,需要经过社会历史的层层拣选才最终确定下来,但是,货币的出现和固定却是价值形式发展的必然要求。古典政治经济学家没有发现这种必然性,因为价值是一种幽灵般的对象性(没有感性的存在),一旦它同一种特殊商品的自然形式结合在一起,结晶成货币形式,价值的"中介运动在它本身的结果中就消失了,而且没有留下任何痕迹",因此,马克思说,"货币拜物教的谜就是商品拜物教的谜,只不过变得明显了,耀眼了。"①

　　交换价值在货币身上取得了一种与流通过程相独立的形式,这使它能够被直接实现出来。但这种形式仍然是消极和被动的:作为价值尺度和流通手段,货币自身并不能提供连续性和自我再生产的可能性。要使交换价值得到保存,价值必然要成为一个自行运动的主体,而这又要求它与某种可以不断对象化劳动的主体形式结合在一起,这个主体就是劳动力(工人)。由于劳动力的使用价值就是劳动的对象化,即价值的创造,所以,当货币占有者购买了作为商品的劳动力后,他所获得的价值必定大于他所投入的价值。"一旦货币表现为不仅与流通相独立并且在流通中保存自己的交换价值,它就不再是货币,——因为货币作为货币不能超出消极的规定,——而是资本了。"②成为资本之后,价值是处于运动中的价值,劳动被吸纳为资本价值增殖的要素,价值不再是单纯的等价交换关系,而是剥削关系。

---

① [德]马克思:《资本论》第 1 卷,人民出版社,2004 年,第 112—113 页。
② 《马克思恩格斯全集》第 30 卷,人民出版社,1995 年,第 215 页。

在"劳动—商品—货币—资本"的转换过程中,价值始终充当了形式规定的角色:一方面,这种形式规定是以资本主义社会的生产方式为前提的,表现为历史的关系;另一方面,价值规定的各要素是在这个历史的过程中发展起来的,因而又表现为这一过程的结果。作为一种能动的社会形式,价值的终极意义在于它构筑了整个商品世界和资本体系的地基。马克思对"价值"这一范畴的揭示,并不仅仅是一个理论工作,而是一种介入现实的实践——在资本主义社会的结构配置之中,价值不仅揭示了资本建构的秘密,而且也透露了资本崩溃的命门。价值的暂时性和否定性表现为两个方面,首先是蕴含在价值内部的自我否定,其次是社会历史对这一形式的必然废除。

首先,价值潜藏着自身的反面——"价值丧失"(Entwertung)。① 前面提到,作为资本主义社会对立形式的中介,价值必须要不断地为这些对立和矛盾创造运动,它只有在不间断的运动中才能保持自身的存在,并且也只有在运动中才能发挥它的形式规定性。但是,这种运动的原动力并不在于价值本身,而在于诸要素现实发展所形成的合力。因此,价值运动始终伴随着脆弱性,一旦它运动得稍微缓慢一点,或者在稍长的时间里停滞下来,整个资本增殖过程就不得不面临价值丧失。在价值运动的内部中,价值丧失主要表现为:由于缺失某一基本要素,整个价值运动失调或中断。以使用价值和交换价值为例。如果生产劳动没能形成使用价值,那么,它根本就不会被投入市场。"如果物没有用,那么其中包含的劳动也就没有用,不能算作劳动,因此不形成价值。"② 严格地说,这是一种极端的情况,并不能构成价值丧失,因为价值尚未形成。更为普遍的情况是交换价值的缺失。"资本的价值增殖过程(Verwer-tungsprozeß)同时表现为资本的价值丧失过程

---

① 大卫·哈维将"价值丧失"创造性地阐发为"反价值"(anti-value),并提出一种贬值理论,参见[英]大卫·哈维:《马克思与〈资本论〉》,周大昕译,中信出版社,2018年。
② [德]马克思:《资本论》第1卷,人民出版社,2004年,第54页。

(Entwertungsprozeß)",因为"过程的产品在其直接形式上不是价值,而是首先必须重新进入流通才能实现为价值"。① 在这个意义上,价值丧失是价值增殖的一条必经之路,如果不能顺利地进入流通和交换,轻则是一次交易失败,重则是资本增殖的崩盘。如经济疲软,消费水平普遍低下,导致大量货物积压,进一步加速经济下行。在价值运动的外部,还有另一种价值丧失,或者更准确地说是"非价值"(Nicht-Wert)。当劳动力成为商品,成为使资本发酵的酵母,他们就完全被剥夺了劳动的对象,只作为纯粹的主体存在。马克思说,他们是"现存的非价值"(existierende Nicht-Wert),因为他们完全被排除在对象的财富之外。② 这就是资本增殖的吊诡之处:价值的源泉是非价值。无产阶级既是资本世界的建设者,又是它的掘墓人,一旦社会财富(价值)的集中和非价值的社会化到达资本主义不能相容的地步,剥夺者本身就要被剥夺,整个资本世界就会崩塌。

在大部分情况下,价值丧失和非价值的确会给资本带来危机,但并不会直接引发资本解体,有时候它们甚至会构成资本进一步发展的机遇。在马克思看来,对资本主义的更要紧的否定不是中断价值运动,而是废除价值,并且这种废除正是资本主义矛盾运动的顶点。前面提到,马克思与古典政治经济学的根本区别在于:构成价值的劳动,不是超历史地存在的、具有一种永恒和自然形式的劳动,而是在特定社会中被抽象化、具有历史形式的劳动。这就意味着,价值以及这种抽象劳动只是历史特殊性的社会存在,它们会随着资本主义生产力的发展而被废除,而非实现。马克思指出,资本运动本身是矛盾的,它一方面让社会必要劳动时间成为财富的唯一尺度和源泉,另一方面又竭力把社会必要劳动时间缩减到最低限度。③ 因此,生产力发展的必然趋势是社会

---

① 《马克思恩格斯全集》第30卷,人民出版社,1995年,第381—382页。德文参考 *Marx Engels Werke Band. 42*, Berlin: Dietz Verlag, 1983, p. 316。
② *Marx Engels Werke Band. 42*, Berlin: Dietz Verlag, 1983, p. 217。
③ 《马克思恩格斯全集》第31卷,人民出版社,1998年,第101页。引述有改动。

必要劳动时间的减少,它愈发不能作为财富的尺度,以价值为基础的生产必然要被变革,这带来了重新定义劳动和社会中介形式的可能。废除价值也伴随着废除非价值的劳动,人们将有可能重新占有自身的能力和社会的财富,个人将成为真正有意义的存在。这就是历史唯物主义的本质要义:价值范畴的否定性就在于它是历史特殊性的。

(作者 复旦大学哲学学院博士生)

Value as a Social Form: A Reinterpretation of the Category of Value in Capital

PAN Yu-wen

Abstract: Most of the traditional interpretations of Marx's theory of value explain the concept of value by the concept of labor. This paper intends to provide a reinterpretation contrary to the traditional interpretation in order to reveal the unique significance of the category of "value" in Marx's critique of political economy. Marx criticizes the limitations of Labor Value Theory which reduces value to labor. In his view, labor itself cannot be directly transformed or equivalent to value. Therefore, he proposes a completely different understanding from Labor Value Theory: value is a social form and the formal prerequisite for abstract labor. Marx's revelation of the category of "value" is not just a theoretical work, but a practice of intervening in reality. In the structural configuration of capitalist society, value not only reveals the secrets of capital construction, but also reveals the possibility of capital collapse.

Key words: value; social form; Labor Value Theory

《当代国外马克思主义评论》稿约

1. 《当代国外马克思主义评论》是由复旦大学当代国外马克思主义研究中心主办的学术丛刊,现已被收录为 CSSCI 来源期刊(集刊类)。本刊以关注当代国外马克思主义研究的最新动态,加强国内外马克思主义研究的交流与合作,促进马克思主义研究的发展为宗旨,欢迎海内外专家学者赐稿。

2. 本刊学术性和思想性并重,倡导从哲学、社会学、史学、政治学、经济学、法学、伦理学、宗教学、人类学、心理学、美学和文艺批评等专业的角度展开对当代国外马克思主义的研究。

3. 本刊主要栏目为:研究性论文,专题论文,论坛,书评,学术动态,笔谈,访谈等。其中研究性论文一般限制在 1 万—2 万字,专题论文一般限制在 1.5 万—3 万字,书评一般限制在 1 万字以内。

4. 本刊对于来稿的形式作如下规定:原则上只接受电子投稿;电子版稿件请用 Word 格式,正文 5 号字体;注释和引文一律采用脚注;正文之前请附上英文标题、中英文的摘要和关键词,作者简介,并请注明作者联系方式。

5. 本刊采用匿名审稿方式,收稿后 3 个月内将通知作者稿件的处理意见。

6. 来稿经采用发表后,将赠刊 2 本并致薄酬。

7. 凡在本刊上发表的文字不代表本刊的观点,作者文责自负。

8. 凡在本刊上发表的文字,简繁体纸质出版权和电子版权均归复旦大学当代国外马克思主义研究中心所有,未经允许,不得转载。

9. 编辑部联系方式和来稿地址:上海市邯郸路 220 号,复旦大学光华楼西主楼 2622 室,复旦大学当代国外马克思主义研究中心,《当代国外马克思主义评论》编辑部,邮编:200433　电子信箱:marxismreview@ fudan. edu. cn

本刊除由本刊编辑部及复旦大学当代国外马克思主义研究中心享有文稿发表及传播权外，已许可中国知网以数字化方式复制、汇编、发行、信息网络传播本刊全文。本刊支付的稿酬已包含中国知网著作权使用费，所有署名作者向本刊提交文章发表之行为视为同意上述声明。如有异议，请在投稿时说明，本刊将按作者说明处理。

图书在版编目(CIP)数据

当代国外马克思主义评论. 总第 23 辑/复旦大学当代国外马克思主义研究中心编. —上海：上海三联书店，2022.3
ISBN 978-7-5426-7682-5

Ⅰ.①当… Ⅱ.①复… Ⅲ.①马克思主义－研究－国外－现代②西方马克思主义－研究－现代 Ⅳ.①A81②B089.1

中国版本图书馆 CIP 数据核字(2022)第 034510 号

当代国外马克思主义评论(总第 23 辑)

编　者 / 复旦大学当代国外马克思主义研究中心

责任编辑 / 徐建新
装帧设计 / 徐　徐
监　制 / 姚　军
责任校对 / 王凌霄　荀娇娇　林志鸿

出版发行 / 上海三联书店
　　　　　(200030)中国上海市漕溪北路 331 号 A 座 6 楼
邮　箱 / sdxsanlian@sina.com
邮购电话 / 021-22895540
印　刷 / 上海惠敦印务科技有限公司

版　次 / 2022 年 3 月第 1 版
印　次 / 2022 年 3 月第 1 次印刷
开　本 / 640mm×960mm　1/16
字　数 / 320 千字
印　张 / 23.5
书　号 / ISBN 978-7-5426-7682-5/B·771
定　价 / 76.00 元

敬启读者，如发现本书有印装质量问题，请与印刷厂联系 021-63779028